曲阜师范大学青年学术文丛

国家社科基金重点项目（项目编号：04ASH001）

# 中国大学入学公平提升：

## 基于教育双重价值框架
## 的理论分析与实证检验

## Research on Promotion of
Collegе Entrance Equity in China Based
on Dual Value of Education

张立新　著

山东人民出版社

国家一级出版社 全国百佳图书出版单位

图书在版编目（CIP）数据

中国大学入学公平提升：基于教育双重价值框架的理论分析与实证检验/张立新著. —济南：山东人民出版社，2014.11

ISBN 978-7-209-08759-9

Ⅰ.①中… Ⅱ.①张… Ⅲ.①高等学校—入学考试—考试制度—研究—中国 Ⅳ.①G632.474

中国版本图书馆 CIP 数据核字（2014）第 261568 号

责任编辑：王　晶

中国大学入学公平提升：基于教育双重价值框架的理论分析与实证检验

张立新　著

山东出版传媒股份有限公司
山东人民出版社出版发行
社　　址：济南市经九路胜利大街 39 号　　邮　编：250001
网　　址：http://www.sd-book.com.cn
发行部：(0531)82098027 82098028
新华书店经销
青岛星球印刷有限公司印装

规　格　16 开 ( 170mm×240mm )
印　张　21
字　数　330 千字
版　次　2014 年 11 月第 1 版
印　次　2014 年 11 月第 1 次
ISBN 978-7-209-08759-9
定　价　45.00 元

如有质量问题，请与印刷厂调换。电话：(0532)88194567

# 总 序

学术者，天下之公器也；青年者，学术之希望也。"青年学术文丛"即以汇聚青年、襄助学术为宗旨，以积累吾校青年俊彦之著述，展现人文社会科学之成绩为鹄的。

作为山东省重点高校，曲阜师范大学以"学而不厌，诲人不倦"为校训，秉承"孔颜型范，春秋学统，海岱情怀，洙泗遗风"，数十年来为社会培养众多精英人才及优秀师资，享誉海内。

"南沂西泗绕晴霞，北岱东蒙拥翠华。万里冠裳王者会，千年邹鲁圣人家。"岱岳之阳，洙泗之滨，钟灵毓秀，人杰地灵，斯为黄帝诞生之地，少昊活动之墟，商奄旧壤，周公封国，素称人文荟萃之域，周礼尽在之邦。当春秋战国之际，天子失官，学术下移，私学兴起，诸子争鸣，九流十家，蔚为大观，此中华文化之轴心时代也。而此轴心时代之轴心人物，则鲁国之仲尼也。仲尼祖述尧舜、宪章文武，集上古文明之大成，端赖鲁国历史人文之得天独厚也。

遥想当年，夫子承上启下，继往开来，删订诗书，修起礼乐，赞明易道，制作春秋；杏坛设教，修成康之道，述周公之训，以教七十子，使服其衣冠，修其篇籍，弟子三千，七十二贤，成儒家之集团，士阶层亦以此登上历史舞台，兹后诸子蜂起，百家争鸣，演为中国思想文化之黄金时代。时人已赞其"大哉孔子""天将以夫子为木铎"，弟子更叹"天纵之圣""自生民以来未之有"。炎汉以降，士大夫及庶民无不尊崇孔子之道，其影响垂两千余年，且远播海外诸国，沾溉后世，垂范千秋。近世史家柳翼谋谓："孔子者，中国文化之中心也"，西哲雅斯贝斯将孔子与苏格拉底、佛陀、耶稣并誉为人类思维范式的奠定者，良有以也。

孔子者，伟大教育家；曲阜，东方之圣地。立上庠于斯，其义深且大焉，非特有功于一时一地，尤别具文化传承与创新之大义也！曲阜师范大学建校迄今，庶乎一甲子矣。经数代曲园人之耕耘，今日之曲阜师大，已成师范教育之沃土，综合性之高等学府，拥有曲阜、日照两大校区，占地两千余亩，涵盖文、理、工、法等十大门类，名家荟萃，桃李芬芳，人文底蕴深厚，九州海外驰名。

然忆昔建校之时，新中国初建，百废待兴，亿兆斯民，同心同德，戮力建设，气象一新。1955年，山东省师范专科学校建于泉城济南。翌年，举校迁圣地，更名曲阜师范学院，升为本科院校。长校者，高赞非先生也。高先生出郯城高氏，幼承庭训，及长，师事大儒黄冈熊十力与大儒桂林梁漱溟二先生，宅心仁厚，学养深邃。受命出任曲阜师院院长，筚路蓝缕，艰困万端，书"犹有洙泗遗风，更加众志成城"一联，勉励师生，奋力开拓，使曲园迅速崛起于教育界，其德其勋，永铭史册。尤可言者，高先生自建校伊始，即于孔子文化研究，颇属意焉。曲园之孔子研究，今日于学界占居一席之地，赖高先生开创之力也。戊午年杪，改革开放，国家兴，曲园亦随之振兴，文、史、哲、政、经、法、教、管、艺诸科，蓬勃发展，欣欣向荣。

"旧学商量加邃密，新知培养转深沉。"数十年来，曲园之人文学术，扎根文化圣地，吸纳传统养分，根深叶茂，硕果累累。洙泗学人，僻处小邑，登三尺讲台，授业传道，退而伏案，执笔撰著，孜孜矻矻，未敢或怠，于学问亦三致其意焉。虽未得大都市之声华，然反得以沉潜学术，安心著述，此其失之东隅，得之桑榆之谓乎！

学术之事，诚非同寻常之事也。梁任公有言："学术思想之在一国，犹人之有精神也……欲觇其国文野强弱之程度如何，必于学术思想焉求之。"王静安亦谓："提倡最高之学术，国家最大之名誉也。"国家且勿论焉，而学术之于大学，事业之基也；之于学人，立命之本也。夫子倡"为己之学"，后儒秉"知行合一"之教，华夏两千余年之人文学术史，群星璀璨，光耀千古，不逊泰西。然近代以来，重理轻文之风大扇，新世纪以来，商业大潮席卷而来，人文社科无用论，甚嚣尘上；人文学者之清贫，有目共睹。尤其青年学者，于学术念兹在兹，精力充沛，意气风发，思维活跃，惜乎其资历尚浅，负累甚大，困难与机遇并存，痛苦与快乐兼有，民间所谓"青椒"一族是也。虽甘心寂寞，清贫自守，怎奈"压力山大"何！若此，欲得学术繁荣，岂不是痴人说梦耶？职是之故，纾困解难，助其一臂之力，走上学术之康庄大道，则学校主事者之所思所念也。有鉴于此，学校社科处积极谋划方案，多方筹集资金，设立"青年学术文丛"，以襄助青年学者专著之出版，推动我校人文社科学术之繁荣发展。

本文丛面向全校人文社科领域青年学者全面开放，凡符合条件之学者皆可自愿申报，学校组织专家匿名评审，入选者由学校组织统一出版。自2013年始，每年拟出版一辑，每辑不超过10种。

综观当今之世，学术之发展繁荣，端在打破学科藩篱，开展学科对话，实现协同创新。然突破成规，谈何容易？必当审慎擘划，期以长远。千里之行，始于足下，九尺之台，起于累土。此"曲阜师范大学青年学术文丛"计划，面向人文社科诸学科，海纳百川，兼容并包，搭建不同学科交流之平台，其我校人文社会科学协同创新之起点乎？其我校人文社科学术发展繁荣之基础乎？

《曲阜师范大学青年学术文丛》编委会

2013 年 7 月

# 前　言

在经济领域市场化和全球化的影响下，国际高等教育领域也呈现出一种"经济主义"的发展态势，高等教育作为一种服务被提供和消费已经成为一种不争的事实而存在。我国作为一个正处于转型期的发展中国家，市场经济体制发展还十分不完善，经济发展水平较低且发展极其不平衡，人均收入水平低且存在巨大的贫富差距。在这种国情下，高等教育领域以市场为导向的改革不可避免地出现实践与政策以及行为与观念之间的巨大偏差和冲突，导致了高等教育领域高消费和滥消费的非理性现象，进而进一步加深了高等教育不公平。而这已经成为高等教育发展所面临的现实困境以及构建社会主义和谐社会亟待解决的现实问题。高等教育是关系到国家前途和命运的基础性产业，高等教育公平是社会公平的重要基础，因此，探索如何推进高等教育的理性与公平参与，既是促进高等教育自身发展的需要，也是消解社会矛盾、促进社会和谐发展的迫切需要。

本书着眼于最基本的高等教育不公平问题——大学入学不公平，在回顾教育公平和教育价值方面相关研究的基础上，从教育双重价值的视角将大学入学的非理性参与以及不公平两大问题联系起来置于一个统一的框架下进行思考。在对相关理论分析和评述的基础上，分析了中国社会转型对大学入学公平在主客体两个向度的基本规定性，我国现阶段大学入学公平的内涵选择和应该遵循的基本原则，以及教育内在价值与大学入学不公平的关系，提出了基于教育双重价值视角的我国大学入学公平提升研究的理论框架。

在系统阐释教育双重价值框架基础上，提出了关于大学入学不公平内因的理论假说：上层社会群体对大学教育消费性价值的过度追求从根本上导致了大学入学的不公平。在此基础上，通过构建包含教育双重价值的理论模型和实证模型证明了该理论假设，并就所发展的内因理论提出了相关的理论与现实证据。然后，遵循内因与外因之间相互联系和作用的法则，在选择和分析若干影响大学入学不公平的外部因素以及在论证相关政策合理性的基础上，提出了关于大学入学不公平内外因联系的四个理论假设。在此基础上，通过构建包含教育双重价值的模型并运用经济学的相关理论与方法，从理论和实证的角度证明了这四个理论假设，从而建立了提升大学入学公平的三条一般性路径：引导个体教育选择、实施非统一的学费政策和教育补贴政策。

结合相关统计资料，从城乡、区域、性别和阶层四个维度测量和分析了我国大学入学的不公平状况，结果发现，我国现阶段大学入学不公平问题非常突出，并且正向更深的隐性层次发展。具体表现为，优势群体凭借其各种优势资本超额占有了更多和更优质的入学机会，而劣势群体以比优势群体更高的学术成绩却获得了相对较少的和低层次的入学机会。大学入学选拔中的社会选择优先于技术选择，看似公平的高考制度安排背后却隐藏着深层次的教育不公平和社会不公平。不同群体教育类型（大学类型及学科专业类别）选择的差异则进一步揭示了优势群体优势资本的手段性以及过度追求教育消费性价值的目的性，表明本书提出的内因理论与内外因联系路径理论具有现实适用性。

最后，沿着所建立的提升大学入学公平的三条一般性路径，在分析制约我国大学入学公平提升的相关因素和具体问题的基础上，依据防止上层社会群体为过度追求教育消费价值而利用金钱和特权等优势资本对大学入学机会寻租，或降低其寻租概率和空间这一指导思想，从三个方面提出了提升我国大学入学公平的策略和措施。具体包括：在个体教育选择引导方面，提出了入学学术能力标准提升、教育体制与结构改革、大学教育各个环节的突破三条具体路径和一种包含教育双重价值的选择价值指数引导方法；在非统一纯学费价格政策的实施方面，提出了学费政策与教育补贴政策的优化措施、建议以及两者相互协调的具体匹配方式；在资格审查技术保障方面，提出了改进大学入学学术能力资格审查技术、教育补贴获得资格审查技术以及助学贷款偿还信用审查技术的具体思路和措施。

# 目 录
## contents

# 第一章　绪　论

## 第一节　研究背景与问题的提出

从全球看，高等教育的服务性和消费性越来越突出。一方面，受经济领域市场化和全球化的影响，20 世纪 90 年代各国高等教育开始面临财政困难，"全球高等教育处于危机之中（The World Bank，1994）"①。另一方面，教育经济理论研究取得了较大的进展，尤其是关于教育收益率的研究和"教育成本分担理论"（Johnstone，1986）② 的提出，为高等教育的进一步发展和改革提供了理论基础。在这种现实背景和理论研究的双重驱动下，全球高等教育领域也呈现出一种"经济主义"的发展态势，表现为市场导向的改革，而不是公共所有或政府计划和控制（Salmi & Verspoor，1994）。③ 高等教育作为一种服务贸易已经于 1994 年底被列入《服务贸易总协定》的框架之内，截至 2006 年 2 月已有 47 个成员单位提出特殊承诺于教育服务贸易（Knight，2006），④ 国际教育服务贸易的格局已经形成。中国已经就教育服务贸易在初等教育、

---

① The World Bank. *Higher Education*：*Lessons of Experience*［R］. Washington, DC, 1994：1.

② D. B. Johnstone. *Sharing the Costs of Higher Education*：*Student Financial Assistance in the United Kingdom*，*the Federal Republic of Germany*，*France*，*Sweden*，*and the United States*［M］. New York：College Entrance Examination Board, 1986.

③ J. Salmi, A. M. Verspoor. *Revitalizing Higher Education*［M］. Oxford：Pergamon, 1995：322 – 363.

④ J. Knight. *Higher Education Crossing Borders*：*A Guide to the Implications of GATS for Crossborder Education*［M］. COL（the Commonwealth of Learning）and UNESCO, 2006：72 – 73.

中等教育、高等教育、成人教育以及其他教育领域做出了承诺（Knight，2006）。① 因此，从全球来看，高等教育作为一种服务和消费已经成为一种不争的事实。但是，学术界对于教育能否被视为一种消费、能否通过市场的方式进行运作尚有争议。教育界对于这样一个事实也越来越担忧：以促进贸易、实现经济效益为目标，但不具有教育权威的世贸组织——可能会对教育的可持续发展产生负面影响（UNESCO，2004）。② 因此，从国际高等教育的发展看，高等教育作为一种服务被消费是实践与观念相冲突的一个结点，而如何从理论上解析高等教育消费应有的内涵、应有的运作机理及其运作所必需的基本条件是保障高等教育健康发展的需要。

中国高等教育正经历着以市场为导向的改革。20世纪90年代以来，国内学术界和教育界虽然在理论和实践上对教育产业化以及扩大高等教育消费进行了探索，但对于教育能否进行产业化存在对立性的分歧，是"近年来存在分歧最大的论题"（宁本涛，2006）。③ 教育部自2004年开始多次严词否定教育产业化："中国政府从来没有提出教育要产业化"（周济语），④ "教育部历来是坚决反对教育产业化的"（张保庆语），⑤ "教育部从来都是反对教育产业化的"（王旭明语）。⑥ 但教育产业化的实践并未因此而停止，反而愈演愈烈。而高等教育消费热则主要是由国家政策性驱动产生的一种行为和现象。自1997年以来，由于国内需求不足，经济增长乏力，中央政府把扩大国内需求作为保持国民经济快速稳定发展的基本政策导向，而高等教育也被纳入到扩大消费需求的政策框架之内，并于1999年开始实施扩招战略。各级政府也都把着力启动和扩大高等教育支出（包括政府支出和个人支出）作为培育和扩

---

① J. Knight. Crossborder Education：An Analytical Framework for Program and Provider Mobility [M] // in J. Smart and B. Tierney（eds.），*Higher Education Handbook of Theory and Practice*，Netherlands，Dordecht：Springer，2006：345 - 395.

② UNESCO. *Higher Education in a Globalized Society*，ED - 2004/WS/33（Paris），2004：9.

③ 宁本涛. 对"教育产业化"争论的再思考 [J]. 当代教育科学，2006，(18)：7 - 9.

④ 蓝燕. 教育部部长说，政府从未提出教育要产业化，高校毕业生总量仍供不应求 [N]. 中国青年报，2004 - 01 - 07.

⑤ 新华网. 教育部副部长张保庆：坚决反对把教育产业化 [EB/OL]. http：// news. xinhuanet. com/newscenter/2004 - 09/02/content_ 1938790. htm.

⑥ 教育部. 教育部2006年第3次新闻发布会，介绍近期教育改革与发展的有关情况（文字实录）[EB/OL]. http：//www. moe. edu. cn/publicfiles/business/htmlfiles/moe/moe_ 2281/200602/14063. html.

大消费热点的手段之一。但是从实际效果看，由于社会保障体系的不完善，高等教育支出在一定程度上挤占了其他方面的消费，在整体上并没有起到扩大内需的目的，甚至还延缓了消费结构的升级。与此同时，高等教育领域高消费和滥消费的非理性现象普遍存在，一方面追求高学历和高水准教育，另一方面从众与攀比性地参与各种考证、培训。这种外部政策驱动的无序的、非理性的教育消费行为给高等教育发展带来了诸多难以克服的问题。而对于上学"贵"的问题，时任教育部发言人王旭明于 2006 年抛出了这样的言论："非义务教育阶段的教育已经成了家庭的一种消费，既然是消费，就要根据自己的经济、智力实力来选择。北大、清华这些优质教育资源是有限的，自然比较贵，不是所有人都消费得起的。就好比逛市场买东西，如果有钱，可以去买 1 万元一套的衣服；如果没钱，就只能去小店，买 100 元一套的衣服穿。现在很多人不考虑自己实力如何，都想让孩子往好学校里挤，这是非理性的，也是形成'上学贵'观念重要来由之一。"① 这一观点遭到了很多人的反对，当然也有一部分人持赞成态度。由此可见，中国高等教育消费正面临着实践与观念、政策之间的矛盾冲突，是目前社会普遍关注的焦点之一。引导人们理性地认识和参与高等教育消费，是中国高等教育健康发展的迫切需要。

国家教育投入不足和高等教育高收费进一步增加了低收入群体接受高等教育的难度，加剧了高等教育不公平问题，从而引发了更加严峻的社会矛盾和社会不公平问题。从国家投入来看，1996—2011 年期间中国教育财政性教育经费占 GDP 的比例远低于国际平均水平（图 1-1），1993 年《中国教育改革和发展纲要》提出的到 2000 年财政性教育经费要达到 GDP 的 4% 的目标，结果到 2011 年仍然没有实现。而大学学费的增长速度远远快于国家财政投入的增长速度，也远远高于人们的收入增长速度。中国青少年研究中心发布的《"十五"期间中国青年发展状况与"十一五"期间中国青年发展趋势研究报告》显示，扣除价格因素的影响，大学学费的涨幅几乎 10 倍于居民收入的增长。高昂的学费已经超出了广大普通家庭的承受能力。有数据显示，2004年供养一个大学生，需要一个城镇居民4.2年的纯收入，需要一个农民13.6年

---

① 李柯勇，李亚杰，吕诺. 教育部回应乱收费质疑［EB/OL］.［2006-03-06］http://www.xinhuanet.com/chinanews/2006-03/06/content_6394812.htm.

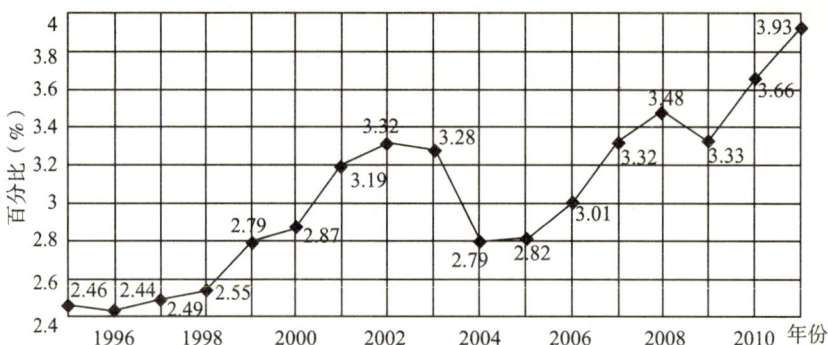

**图 1 - 1  我国财政性教育经费占 GDP 的比例（%）**

注：根据 1995—2011 年全国教育经费执行情况统计公告中的数据绘制

的纯收入，这还没有考虑吃饭、穿衣、医疗、养老等费用（徐殿龙、刘晓阳，2005）。① 中国扶贫基金会 2004 年对优秀特困高考生家庭进行的大规模入户调查则显示，如果按照每名贫困大学生每年平均支出 7 000 元计算（含学费、生活费和住宿费），一个本科生 4 年最少花费 2.8 万元，相当于贫困县一个农民 35 年的纯收入。中国社会科学院 2005 年《教育蓝皮书》的调查显示，子女教育费用在中国居民总消费中排在第一位，超过了养老和住房。高收费政策的实施使得高等教育不公平进一步向隐性和深层发展。有调查数据显示，虽然近几年城乡学生的增幅基本达到了平衡，但是入学不公平问题更加严重：低阶层家庭子女的平均录取分数段普遍高于高阶层的子女，农村学生的录取分数最高；高阶层的子女在重点高校和优势学科占有较大的份额，其中重点高校中的国家管理干部子女是城乡无业、失业人员子女的 17 倍；农村学生主要集中在相对薄弱的地方院校，并分布于农林、军事、教育等收费较低的学科；城市人口拥有高中、中专、大专、本科、研究生学历的人数，分别是农村人口的 3.5 倍、16.5 倍、55.5 倍、281.55 倍、323 倍（杨东平，2006）。② 入学的不公平又进而带来了城乡学生之间在就业、收入等方面差距的连锁反应，进一步加深了城乡贫富的鸿沟。此外，高等教育不公平及其原因还表现为省际、招生手段等方面。高等教育高消费和滥消费在一定程度上加剧了大

---

① 徐殿龙，刘晓阳. 中国培养一个大学生需要多少钱？[J]. 金融信息参考，2005，(10)：25.

② 杨东平. 中国教育公平的理想与现实 [M]. 北京：北京大学出版社，2006：203 - 219.

学入学的不公平。而大学入学不公平竞争和不公平的结果，正成为社会矛盾的主要爆发点。因此，探索如何保障和实现大学入学的公平参与，既是适应高等教育自身发展的需要，也是适应社会和谐发展、消解社会矛盾的需要。

而高等教育高消费和滥消费在一定程度上是长期以来经济领域过度强调物质生产、GDP 至上、金钱至上等发展理念在教育领域的反映和延伸，即强调"接受高等教育——获得高工资的工作——高收入——高消费——物质欲望和虚荣心的满足"这一路径，因而使高等教育的生产性价值得到了过度的扩张，而高等教育促进"人"自身发展的消费性价值却长期被忽视，从而导致了教育价值的残缺。这种发展观带来了经济领域和教育领域乃至"人"域的非可持续和非全面发展。因此，从生产性价值和消费性价值相结合的双重价值的角度探讨高等教育高消费、滥消费以及由此导致的大学入学不公平问题的解决思路和措施，是贯彻科学发展观、促进高等教育和谐发展以及促进个人全面而自由发展的需要。

综上所述，无论从国际高等教育服务贸易的发展还是国内高等教育改革的实践来看，高等教育作为一种消费已经成为一种不争的事实，但这与人们的思想观念以及高等教育政策之间还存在着巨大冲突。从中国高等教育消费的现状看，教育不公平尤其是入学不公平问题非常突出，已经成为制约高等教育发展乃至社会发展的障碍之一。因此，从大学教育双重价值的视角探讨大学入学公平问题的内在原因，探索促进高等教育入学公平的提升模式及其方法，对于促进个人、高等教育以及社会的和谐发展都是一种非常迫切的需要。

## 第二节 研究的目的与意义

### 一、研究的目的

以科学发展观统领高等教育的改革与发展，发挥高等教育在和谐社会建设中的作用，实现高等教育的和谐发展，是高等教育界面临的重大理论课题和实践任务。高等教育和谐发展必然要求发展以人为本、促进公平、充满活力和协调有序。而保证大学入学的公平参与则是高等教育和谐发展的基础保障，也是高等教育效率、效益提高的基础保障。因此，本书的研究目的主要是从大学教育的双重价值的视角探讨大学入学不公平的原因，进而提出从根本上提升大学入学公平的路径以及具体策略和措施，为推进中国大学入学公平提供理论指导和政策建议。

### 二、研究的意义

#### 1. 现实意义

高等教育的非理性消费及其公平问题是中国现阶段非常突出的社会性问题。公平是社会公平和构建和谐社会的重要基础，温家宝在 2007 年的政府工作报告中指出："教育公平是重要的社会公平"。十七大报告中又突出强调了"教育公平是社会公平的重要基础"，把教育问题放在了实现社会公平的特殊地位。因此，本课题的研究适应国家整体发展的需求，对于贯彻科学发展观和促进社会公平具有重大的现实意义。其次，中国高等教育发展面临着规模扩张、学费上涨、财政压力和就业压力大等问题，而这些问题又进一步催化和加剧了高等教育不公平问题。因此，本课题将高等教育非理性消费和不公平两个问题联系起来，从教育的基本价值尤其是消费性价值入手探讨大学入学不公平问题产生的内因和解决思路、措施，一方面有助于深化对教育消费的认识和对教育公平问题的理解，另一方面有助于突破高等教育发展所面临的现实困境，对于促进高等教育公平问题的解决和高等教育的可持续发展具有重要的现实意义。

#### 2. 理论意义

高等教育公平涉及不同的维度和层面，但最终体现在接受教育的"人"上，而教育价值能带来个人效用的满足和提高，是人们追求的对象。因此，教育公平和教育价值之间必然存在着有机的联系。而目前对高等教育公平问题的研究主要关注外部因素，忽视了内在原因；主要关注教育的生产方面的价值，而忽视了教育的消费方面的价值。因此，本研究从教育双重价值的角度探讨大学入学不公平问题，一方面可以为学者们提供一个新的研究视角；另一方面有助于创新教育价值与教育公平理论，对于进一步完善教育经济学和教育社会学的理论框架与内容具有重要的理论意义。

## 第三节 国内外研究现状综述

### 一、教育公平的研究现状

国内外相关研究一般不加区分地使用教育（不）公平和教育（不）平等，并且大都认为教育公平或平等是教育系统公正地向所有人提供高质量的教育，而不论他们的背景或者居住地如何（Sherman 等，2007）。[1] 此外，由于国情、社会文化背景和所处发展阶段的影响，国外尤其是美国等西方发达国家在此方面的研究主要关注性别、种族、宗教等方面的教育不公平或不平等上。由于本书的研究基本不涉及这些方面，故对这些方面不作介绍分析，仅从以下几个方面进行综述。

1. 教育公平的影响因素研究

（1）经济因素与教育公平。

这里所说的经济因素主要是指家庭的收入、学费、政府再分配等方面。研究结果主要发现：

第一，家庭收入状况是影响教育公平的重要因素。国外学者不仅关注家庭收入对入学的影响，还关注家庭收入对学业成绩的影响。Sylwester（2003）[2] 使用一些国家的横截面数据研究了高等教育较高的入学率是否与收入不平等（用基尼系数衡量）的增加或减少相关。结果表明，两者之间存在负相关关系，即入学率与收入不平等或基尼系数之间存在负相关关系。Blanden 和 Machinn（2004）[3] 使用英国20世纪70年代、80年代、90年代三个时期的纵向数据，研究了英国高等教育快速扩张期间，来自富裕和贫穷两种家庭背景的学生的高等教育入学与成绩随时间的变化情况，一个重要发现

---

① J. D. Sherman, J. M. Poirier. *Educational Equity and Public Policy*：*Comparing Results From* 16 *Countries* ［R］. Montreal：UNESCO Institute for Statistics, 2007.

② K. Sylwester. Enrolment in Higher Education and Changes in Income Inequlty ［J］. *Bulletin of Economic Research*, 2003, 55（3）：249 –262.

③ J. Blanden, S. Machin. Education Inequality and the Expansion of UK Higher Education ［J］. *Scottish Journal of Political Economy*, 2004, 51（2）：230 –249.

是与收入高度相关，富裕家庭的子女从中得到了更多的好处。Sazama (1992)① 的研究认为，入学成本对于中等收入家庭来说是造成不平等的重要来源，其影响大约是资助变量的 10 倍。国外学者研究还发现，由教育程度不同带来的工资收入差距会影响教育的需求，从而影响教育的公平程度。Azuma 和 Grossman (2003)② 研究发现，美国的改革增加了对教育程度高的工人的需求，同时也提高了工人能力溢价。在短期，教育程度较高的工人数量是既定的，其需求增加必然会带来收入不平等的增加。但从长期看，对教育程度高的工人的需求增加会抵消较多的人选择更多教育的效果。能力溢价越大，则选择接受更多教育的人就越少。因此，从长期看提高能力溢价的改革也会导致教育程度高的工人供给的减少。Preston 和 Green (2004)③ 使用 1960—1990 年期间 85 个国家 15 岁以上人口的教育与收入情况的数据，考察了教育 GINI 系数与收入 GINI 系数之间的相关系数，发现两者之间呈正相关，相关系数达 0.44。

国内学者的研究主要强调家庭收入及经济分层对入学公平的影响。周采 (2006)④ 认为，收入分层是导致高等教育不公平的一个重要因素。钟宇平和陆根书 (2005)⑤ 对高中生高等教育需求决定因素的分析表明，家庭年收入水平介于 5 000—20 000 元的学生，其高等教育需求要显著高于年总收入水平低于 5 000 元的学生。收入状况不仅影响入学机会，还会带来学生在专业、学校选择方面更深层次的不平等。例如，钟宇平、占盛丽 (2004)⑥ 的研究发现，学生的家庭收入越低，越倾向于选择农林地质类学校、一般大学及教育、农林、地矿等专业，学生家庭收入越高，越倾向于选择综合和工程为主的学

① G. W. Sazama. Has Federal Student Aid Contributed to Equality in Higher Education [J]. *The American Journal of Economics and Sociology*, 1992, 51 (2): 129 – 146.

② Y. Azuma, H. I. Grossman. Educational Inequality [J]. *Labour*, 2003, 17 (3): 317 – 335.

③ J. Preston, A. Green. Educational Inequality and Social Cohesion: A Time Series Analysis [EB/OL]. Working Paper, 2005, from: http://www.ioe.ac.uk/schools/leid/staff/PrestonAndGreen.pdf.

④ 周采. 公共经济学视野中的高等教育公平 [J]. 南京师大学报：社会科学版, 2006, (5): 73 – 80.

⑤ 钟宇平, 陆根书. 高中生高等教育需求的经济动因分析 [J]. 高等教育研究, 2005, 26 (6): 28 – 33.

⑥ 钟宇平, 占盛丽. 从公平视角看公立学校收费 [J]. 高等教育：人大复印资料, 2004, (2): 30 – 31.

校、重点大学及外语、新闻、艺术、管理、经济、法律及医学专业。高等教育收费改革的实施，不仅可能引发教育机会的不公平，也可能导致不同群体高等教育结果的不公平，即家庭经济状况不太好的学生就读的学校质量较差，所选专业也一般是市场价值不高的低收费专业，从而影响他们的生活前景。更多的研究表明：家庭收入水平较低的学生更多集中于第三层次的高校，而家庭收入水平较高的学生则更多集中于第一层次的高校（别敦荣、朱晓刚，2003；杨东平，2006）。[①][②]

第二，学费与高等教育公平之间存在密切关系。国外学者认为，免费或低学费以及借款困难会带来高等教育的不平等。M. 布雷（2001）[③] 认为，免费的高等教育等于用公共资金补贴高收入阶层。与出身于较贫困阶层的同龄人相比，出生于富裕阶层的年轻人更有可能进入高等学校，高等教育补贴有可能主要为富人造福。Eicher（2001）[④] 认为，不取消高校免费入学制度，实际上就是坚持把穷人的收入做有利于富人的两次再分配，免费高等教育既不能保证有效又不能保证平等。Hendel 等（2005）[⑤] 认为教育负担将增加收入不平等。当教育借款困难时，缺乏大学教育意味着没有能力或者具有高能力和低财政资源。当政府项目使得借款和/或较低的学费容易负担时，高能力者接受教育就会提高能力溢价，降低了非技术工人的工资。

国内学者有三种观点：第一种观点认为，收费有助于弥补公共财政投入的不足，扩大高等教育规模，提高高等教育质量，从而有助于促进高等教育公平，但应该采取差别学费或资助的方法，以确保贫困家庭子女的入学。例

---

① 别敦荣，朱晓刚. 我国高等教育大众化道路上的公平问题研究 [J]. 北京大学教育评论，2003，1（3）：54－59.

② 杨东平. 中国教育公平的理想与现实 [M]. 北京：北京大学出版社，2006：203－219.

③ [英] 马克·布雷. 高等教育筹措经费前模式、趋势与选择方案 [J]. 教育展望，2001，（3）：54－69.

④ J－C. Eicher. The Costs and Financing of Higher Education in Europe [J]. *European Journal of Education*，1998，33（1）：31－39.

⑤ I. Hendel, J. Shapiro, P. Willen. Educational Opportunity and Income Inequality [J]. *Journal of Public Economics*，2005，89（5－6）：841－870.

如，李文利（2001），[1] 张小萍、谭章禄（2005），[2] 黄晓慧、唐见兵（2007），[3] 陶爱萍、石涛（2007）[4] 等认为，收费促进了高等教育公平的提升，差别收费制度具有合理性，为确保中国高等教育成本补偿政策的正面影响，应该在实施大学收费政策的同时，辅以相应的学生资助政策或根据学生的需求价格弹性而制定的差别收费，以保障低收入阶层受教育机会的公平。第二种观点认为，收费是导致高等教育不公平的主要原因之一，应该降低学费并加大对贫困学生的资助。谢作栩、陈小伟（2007），[5] 徐国兴（2004），[6] 任丽娟、陈佳琪（2005），[7] 刘奕、张帆（2004）[8] 等学者的调查研究发现，学费对低收入阶层子女具有非常大的负面影响，学费的提高使一部分学生丧失了接受高等教育的权利，并进一步扩大了收入差距和社会不公平，应该根据学生能力和家庭收入状况对学生收取不同的费用并实施贫困资助。第三种观点认为，收费政策在不同的情况下对公平的影响是不同的，应该具体情况具体分析。例如，查显友、丁守海（2006）[9] 运用统计原理对高等教育缴费标准与失学概率间的理论关系的研究结果表明，低收费政策和高收费政策对于改善教育公平的比较效应是随不同情况而改变的，在当前贫富悬殊较为严重的情况下，低收费政策并不能明显改善低收入阶层的教育机会和社会福利，相反，高收费高资助政策的效应要更加显著。刘民权、俞建托、李鹏飞

---

① 李文利．高等教育成本补偿政策对社会公平的促进作用．江苏高教，2001，（3）：54-56.

② 张小萍，谭章禄．基于教育公平的高等教育收费策略［J］．辽宁教育研究，2005，（9）：26-28.

③ 黄晓慧，唐见兵．高等教育中的社会公平研究［J］．江淮论坛，2007，（3）：184-187.

④ 陶爱萍，石涛．高等教育收费中的价格歧视和教育公平［J］．兰州学刊，2007，（5）：199-201.

⑤ 谢作栩，陈小伟．中国大陆高校学费对不同社会阶层子女的影响——实证调查与分析［J］．教育与经济，2007，（2）：12-15.

⑥ 徐国兴．高等教育学费和机会均等［J］．教育与经济，2004，（4）：6-11.

⑦ 任丽娟，陈佳琪．高等教育收费制度与社会公平研究［J］．辽宁大学学报：哲学社会科学版，2005，33（6）：122-125.

⑧ 刘奕，张帆．我国居民高等教育支付能力及学费政策的实证研究［J］．中国软科学，2004，（2）：14-20.

⑨ 查显友，丁守海．低收费政策能改善教育公平和社会福利吗？［J］．清华大学教育研究，2006，27（1）：65-70.

（2006）① 认为，当前中国高等教育机会不公平是家庭收入与学费的综合影响所致，可以通过对各方面的综合调整来缓解高等教育机会不公平。

第三，教育补贴是促进教育公平的一种重要手段。国内外关于教育补贴对教育公平影响的研究结果一般都表明，教育补贴是一种促进教育公平的有效政策措施。国外的研究一般侧重于各种补贴的综合效应及其对学费的折扣作用，这些研究中教育补贴的含义很广泛，涉及奖学金、政府资助、毕业税、所得税甚至资本市场的信贷融资等方面。其主要结论包括：教育补贴或学费补贴是一个非常重要的政策工具，它在所得税政策为非最优的情况下具有很显著的福利效果和总效果（Spadaro，2006；Bohaceka、Kapicka，2008）；②③教育补贴对于修复市场无效是次优的，而一些与收入保险联系的教育的公共产权融资方式是融资高等教育的最优方式，它们对于促进教育公平比政府直接补贴更有效（Jacobs 和 van Wijnbergen，2007）；④ 以未来收入为偿还条件的助学贷款对于处理资本短缺和保险市场失灵是更公平的方式，信贷约束限制了低阶层或贫困群体子女的大学入学（Checchi，2003；Restuccia & Urrutia，2004）⑤⑥；教育公平面临着来自教育补贴的扭曲和所得税扭曲效果之间的平衡（Dur & Teulings，2004）⑦。但也有一些研究结果与这些主流观点不一致。例如，有的研究表明，政府资助对于教育公平的影响效果并不显著（Sazama，

---

① 刘民权，俞建托，李鹏飞. 学费上涨与高等教育机会公平的问题分析——基于结构性和转型的视角 [J]. 北京大学教育评论，2006，4（2）：47 – 61.

② K. A. Spadaro. Education, Redistributive Taxation and Confidence [J]. *Journal of Public Economics*, 2006, 90（1 – 2）：171 – 188.

③ R. Bohaceka, M. Kapicka. Optimal Human Capital Policies [J]. *Journal of Monetary Economics*, 2008, 55（1）：1 – 16.

④ B. Jacobs, S. J. G. van Wijnbergen. Capital Market Failure, Adverse Selection and Equity Financing of Higher Education [J]. *FinanzArchiv*, 2007, 63（1）：1 – 32.

⑤ D. Checchi. Inequality in Incomes and Access to Education: A Cross – country Analysis (1960 – 95), *Labour*, 2003, 17（2）：153 – 201.

⑥ D. Restuccia, C. Urrutia. Intergenerational Persistence of Earnings: The Role of Early and College Education [J]. *American Economic Review*, 2004, 94（5）：1354 – 1378.

⑦ R. Dur, C. Teulings. Are Education Subsidies an Efficient Redistributive Device? [M] // in J. Agell, Keen, M. Keen, A. J. Weichenrieder（eds.）, *Labor Market Institutions and Public Regulation*, Cambridge, Massachusetts: MIT Press, 2004：123 – 161.

1992)①；还有一些实证研究发现，信贷约束对贫困群体的教育融资和大学入学的限制效果并不是非常显著（Keane 和 Wolpin，2001）②，甚至影响非常小（Shea，2000；Cameron and Taber，2004）③④。国内的研究则侧重于贫困生助学体系方面，在此不再赘述。

（2）招生考试政策与教育不公平。

国外的研究侧重于考试的具体形式和招生标准对教育公平的影响。例如，Germain（2001）⑤ 研究表明，标准化考试对学生具有负面的影响，它通过考试歧视和误用考试分数而延续并强化了教育不公平现象。考试结果被越来越多地用于分析政策、项目、学校和教师成就等方面，并且正被不适当地作为"教育看门人"来做出关于学生、教师、学校以及学校系统的重要决定。Jung（2002）⑥ 研究了大学内的标准课程、考试及评估等对残疾大学生学生生涯和未来就业等方面的不公平影响，也得出了类似的结论。Shulruf、Turner 和 Hattie（2009）⑦ 研究认为，较为公平的招生考试政策应该更重视学生的质量（学术成绩）而不是学生家庭的收入，这种政策可以增加代表份额不足群体的入学。国内的研究一般侧重于高考录取分数在区域之间的不公平，学者们一般都提出改革高考制度来促进教育公平。例如，吴根洲（2007）⑧ 通过对"985"高校在各省的录取分数和录取率的比较分析发现，"985"高校高考录

① G. W. Sazama. Has Federal Student Aid Contributed to Equality in Higher Education ［J］. *The American Journal of Economics and Sociology*，1992，51（2）：129 – 146.

② M. P. Keane，K. I. Wolpin. The Effect of Parental Transfers and Borrowing Constraints on Educational Attainment ［J］. *Inter – national Economic Review*，2001，42（4）：1051 – 1103.

③ J. Shea. Does Parents' Money Matter？［J］. *Journal of Public Economics*，2000，77（2）：155 – 184.

④ S. V. Cameron，C. Taber. Estimation of Educational Borrowing Constraints Using Returns to Schooling ［J］. *Journal of Political Economy*，2004，112（1）：132 – 182.

⑤ B. F. Germain. Standardized Testing + High – Stakes Decisions = Educational Inequity ［J］. *Interchange*，2001，32（2）：111 – 130.

⑥ K. E. Jung. Chronic Illness and Educational Equity：The Politics of Visibility ［J］. *Nwsa Journal*，2002，14（3）：178 – 200.

⑦ B. Shulruf，R. Turner，J. Hattie. A Dual Admission Model for Equity in Higher Education：A Multicohort Longitudinal Study ［J］. *Procedia Social and Behavioral Sciences*，2009，（1）：2416 – 2420.

⑧ 吴根州."985"高校高考录取公平问题研究［J］. 教育与考试，2007，（4）：18 – 21.

取的公平状况亟待改善。徐佳丽（2007）[1] 研究了城乡之间高考录取的公平情况，发现目前高等教育存在许多不公平的表象，并提出应该树立公平理念、改革高考制度、健全资助制度来促进教育公平。

（3）国家体制、教育政策与教育不公平。

该方面的研究表明，国家体制、教育政策在很大程度上影响了教育公平状况，并影响其发展的方向和深度。例如，Matear（2006）[2] 从公平的视角探讨了智利自 1990 年恢复民主体制后的高等教育政策，研究发现影响入学公平的三个障碍是院校的拨款安排、招生程序以及二级教育的质量。进而，Matear（2007）[3] 认为，智利面临的挑战是在军政府（1973 至 1990 年）引入的新自由模式的法律禁锢的教育体系下贯彻公平导向的政策，因为这会造成政策与实践之间的紧张，并且实践已经制约了一个高度市场化的体系中政府公平地分配优质教育的努力作用。Quadrado、Loman 和 Folmer（2001）[4] 研究了西班牙区域教育发展不平等的状况。结果表明 1964—1974 年的教育不平等，其部分原因是由于当时重构区域教育系统的行动。1981—1991 年间教育的不平等进一步加剧的原因是由于分权引起的。Caldwell 等（2007）[5] 认为，入学的行动和政策导致了供给与需求的错配，带来了人才供给的结构性短缺。教育领导者应该能够在骚动的时期做出理性的决策，从伦理的角度来分析困境可以加深对情况的了解和采取更有效的方法超越困境。Osborne（2005）[6] 研究了北爱尔兰的高等教育部门对教育平等的公共政策设计及其政策实施，结果表

---

① 徐佳丽. 和谐社会视阈下的高考录取制度公平的构建 [J]. 国家行政学院学报，2007，（10）：31 - 33.

② A. Matear. Barriers to Equitable Access: Higher Education Policy and Practice in Chile Since 1990 [J]. *Higher Education Policy*, 2006, (19): 31 - 49.

③ A. Matear. Equity in Education in Chile: The Tensions Between Policy and Practice [J]. *International Journal of Educational Development*, 2007, 27 (1): 101 - 113.

④ L. Quadrado, S. Loman, H. Folmer. Multi - dimensional Analysis of Regional Inequality: the Case of Higher Educational Facilities in Spain [J]. *Regional Science*, 2001, 80 (2): 189 - 209.

⑤ C. Caldwell, J. P. Shapiro, S. J. Gross. Ethical Leadership in Higher Education Admission: Equality vs. Equity [J]. Journal of College Admission, 2007, 195 (1): 14 - 19.

⑥ R. D. Osborne. Equality in Higher Education in Northern Ireland [J]. *Higher Education Quarterly*, 2005, 59 (2): 138 - 152.

明进展非常有限。杜瑞军（2007）[①] 通过回顾新中国成立以来的高校招生政策，发现中国高等教育入学机会的分配标准经历了由新中国成立初期的学术和政治双重标准，到教育"革命"时期政治标准被突出强调，"文革"后学术标准被重新确立，进而到当前经济实力成为影响机会分配的重要因素的变革历程。结果表明国家教育改革的政策与行动影响了教育公平的走向。

（4）教育扩张对教育不平等的影响。

国内外在该方面的研究发现，教育扩张虽然增加了入学机会，并促进了各群体之间在入学数量上的公平，但却导致了教育不公平问题向更深层发展，其影响程度因各国而异。Blanden 和 Machinn（2004）[②] 的研究认为，高等教育扩张进一步扩大了贫穷与富裕家庭子女入学的差距。Kikkawa（2004）[③] 从日本与美国比较的角度分析了教育扩张与教育不平等之间的关系，结果表明：教育扩张削弱了日本的社会经济与文化教育的生产过程，同时微观层面的不平等仍然存在；而美国的教育扩张无论对于性别不平等还是社会经济再生产过程的影响都小于日本。尽管教育扩张削弱了教育不平等在美国是成立的事实，但在日本这一效果不明显。他总结认为，教育扩张的宏观影响以及教育不平等的微观结构经历了渐进式的改革。杨春梅（2006）[④] 认为，规模扩张虽然扩大了入学机会，是各国推进高等教育公平的重要策略，但实践却表明：扩张并没有扩大弱势群体的入学机会；学生的选择和学业保持常常是受到忽视的一个与高等教育公平有关的维度；学生的先前学术背景与能否接受高等教育和完成学业更为相关。许多国家推进高等教育公平的行动表明，解决高等教育公平问题不能仅仅集中于高等教育阶段，或仅仅集中于扩大入学机会，解决高等教育公平唯一长期的方法是综合、系统的方法。钟秉林、赵应生（2007）[⑤]

① 杜瑞军. 从高等教育入学机会的分配标准透视教育公平问题 [J]. 高等教育研究，2007，28（4）：29 - 35.

② J. Blanden, S. Machin. Education Inequality and the Expansion of UK Higher Education [J]. *Scottish Journal of Political Economy*, 2004, 51 (2): 230 - 249.

③ T. Kikkawa. Effect of Educational Expansion on Educational Inequality in Post - industrialized Societies: A Cross - cultural Comparison of Japan and the United States of America [J]. *International Journal of Japanese Sociology*, 2004, (13): 100 - 119.

④ 杨春梅. 国外高等教育公平问题与改革趋势 [J]. 外国教育研究，2006，33（1）：27 - 31.

⑤ 钟秉林，赵应生. 我国高等教育大众化进程中教育公平的重要特征 [J]. 北京师范大学学报：社会科学版，2007，（1）：5 - 10.

认为，中国高等教育大众化在"量"的层面促进了高等教育公平，并使高等教育公平呈现出若干重要特征，但区域失衡和阶层分化加剧、收费标准与人民群众承受能力之间的矛盾凸显，公平与效率的矛盾依然突出，应采取措施进一步促进高等教育公平逐步由"量"的公平向"质"的公平转变。

2. 教育公平与效率之间关系的研究

国外在该方面的研究表明教育公平不会给学术价值和教育效率带来影响。例如，Sá、Florax 和 Rietveld（2004）[1] 使用荷兰的数据研究了区域高等教育需求的决定因素，结果发现，学术价值和社会公平是相互兼容的。Waltenberg 等（2007）[2] 使用巴西数据对教育机会平等化改革中教育经费再分配的分析发现，以生均支出为工具实施机会均等政策所需要的支出是目前最低成就学生支出平均水平的 6.8 倍，货币和非货币投入的再分配，大大减少了财政需要的再分配（大约23%），事实上机会平等不会给效率方面带来任何特殊的成本或利益。

国内学术界对教育公平与效率之间的关系认识不统一。一些学者认为两者之间不存在直接的矛盾关系（胡建华，2003）[3]。一些学者认为两者之间的问题主要集中在教育资源的公平和效率的价值判断上，尤其是高等教育资源的合理分配上，其关键是如何正确处理公平和效率关系的指导思想问题（陈昌贵，2003）[4]。还有一些学者认为，高等教育公平是一个复杂的不断发展的概念，其核心是制度或规则公平。在高等教育公平与效率的相互关系中，两者是相互影响、相互制约的。高等教育效率是高等教育公平的前提和手段，高等教育公平是高等教育效率的目的。通过一定的政策和措施可以实现高等

① C. Sá，R. J. G Florax.，M. P. Rietveld. Determinants of the Regional Demand for Higher Education in the Netherlands：a Gravity Model Approach［J］. *Regional Studies*，2004，38（4）：375 – 392.

② F. D. Waltenberg，V. Vandenberghe. What does It Take to Achieve Equality of Opportunity in Education? An Empirical Investigation Based on Brazilian Data［J］. *Economics of Education Review*，2007，9（2）：1 – 15.

③ 胡建华. 高等教育领域中的公平与效率是一对矛盾吗?［J］. 江苏高教，2003，（1）：62 – 64.

④ 陈昌贵. 公平与效率：我国高等教育的对策趋向［J］. 中山大学学报（社会科学版），2003，43（3）：104 – 108.

教育公平与效率的和谐共生（陈彬，2003）①。总的来看，学者们都认为，教育公平与教育效率是一个矛盾统一体，没有效率的公平和没有公平的效率都是不可持续的。

3. 教育公平测量的研究

国内外学者使用不同的方法和指标对教育不公平进行了测量。其中包括教育基尼系数、教育标准差、受教育年限、注册率、学术成就等。Thomas 等（2000）② 以 GINI 系数以及标准差计算了 1960－1990 年期间 85 个国家 15 岁以上人口的教育不平等状况，并考察了其分布趋势。结果发现：大多数国家的教育平等呈下降趋势；以基尼系数测量的教育不平等与平均受教育年限之间呈负相关关系；如果使用教育标准差，那么呈现出显著的教育库兹涅茨曲线的特征；性别之间的教育不平等存在，并且随着时间的发展而增强；人均 GDP 增量与教育不平等负相关。Qian 和 Smyth（2008）③ 使用教育基尼系数测量了中国的教育不平等。Bensimon 等（2003）④ 引入了一个教育公平计分卡的框架来强调美国高等教育问责制缺乏一个公平的指标，该框架将教育结果公平分为进入、保持、制度接受力、卓越等 4 个二级指标、12 个三级指标。Barro（1991）⑤、Mankiw 和 Romer（1992）⑥、Levine 与 Renelt（1992）⑦、

① 陈彬. 论中国高等教育公平的价值追求与政策抉择［J］. 华中师范大学学报：人文社会科学版，2003，42（2）：128－135.

② V. Thomas, Y. Wang, X. B. Fan. Measuring Education Inequality: Gini Coefficients of Education［R］. *The World Bank Policy Research Working Paper* 2525, January 2001.

③ X. L. Qian, R. Smyth. Measuring Regional Inequality of Education in China: Widening Coast－Inland Gap or Widening Rural－Urban Gap?［J］. *Journal of international development*, 2008, 20（2）: 132－144.

④ E. M. Bensimon, L. Hao, L. T. Bustillos. "Measuring the State of Equity in Public Higher Education"［C］// in *Harvard Civil Rights and University of California Conference on Expanding Opportunity in Higher Education: California and the Nation*. Sacramento, CA, California, 2003.

⑤ R. J. Barro. Economic Growth in a Cross Section of Countries［J］. *Quarterly Journal of Economic*, 1991, 106（2）: 407－443.

⑥ N. G. Mankiw, D. W. Romer. A Contribution to the Empirics of Economic Growth［J］. *Quarterly Journal of Economics*, 1992, 107（2）: 401－437.

⑦ R. Levine, D. Renelt. A Sensitive Analysis of Cross Country Growth Regression［J］. *American Economic Review*, 1992, 82（4）: 942－63.

Levine和 Renelt（1993）① 等用注册率为指标，Barro 和 Lee（1997）② 等使用平均受教育年限，Birdsall 和 Londono（1997）③、Inter-American Development Bank（1999）④ 等使用教育标准差测量了教育不平等。

4. 对中国高等教育公平现状、问题和对策的研究

这是国内高等教育公平研究最集中的一个方面，涉及城乡、区域、阶层、性别等方面的高等教育不公平，以定量分析为主，其中具有代表性研究有苟人民（2006）⑤、李文利（2006）⑥、庞国斌（2007）⑦、吴梅兴（2007）⑧、曾五一和李海涛（2007）⑨、罗立祝（2008）⑩ 等。主要研究结论包括：①目前中国高等教育面临的最突出和最迫切解决的问题是与能力、经济状况相关的入学公平问题；②城乡之间、阶层之间的高等教育公平问题在数量方面得到了一定的缓解，但是仍然非常突出，且在质量方面向深层发展；③区域之间的高等教育公平问题主要表现在东西部地区的教育资源配置以及各省份之间的入学标准上；④各高校之间的不公平主要是表现在国家拨款、政策的倾斜上，进而影响了教育其他方面的不公平；⑤高等教育公平问题的起因是多方面的，涉及入学标准、学费、教育资源、家庭收入等各个方面；⑥在对策上，包括完善制度和政策、扩大高等教育规模、加大投入、优化资源配置、提高

① R. Levine, S. J. Zervos. What We Have Learned About Policy and Growth from Cross – country Regressions? ［J］. *American Economic Review*, 1992, 83 (2): 426 – 430.

② R. J. Barro, J. W. Lee. International Measures of Schooling Years and Schooling Quality ［J］. *American Economic Review*, 1997, 86 (2): 218 – 223.

③ N. Birdsall, J. L. Londono. Asset Inequality Matters: An Assessment of the World Bank's Approach to Poverty Reduction ［J］. *American Economic Review*, 1997, 87 (2): 32 – 37.

④ Inter – American Development Bank. *Facing up to Inequality in Latin America: Economic and Social Progress in Latin America*, 1998 – 99 Report, Johns Hopkins University Press, 1999.

⑤ 苟人民. 从城乡入学机会看高等教育公平 ［J］. 教育发展研究, 2006, (5A): 29 – 31.

⑥ 李文利. 高等教育财政政策对入学机会和资源分配公平的促进 ［J］. 北京大学教育评论, 2006, 4 (2): 34 – 46.

⑦ 庞国斌. 公平理论视阈下我国公共高等教育投资资源配置若干思考 ［J］. 教育科学, 2007, 23 (4): 5 – 9.

⑧ 吴梅兴. 当前我国高等教育公平存在的主要问题与对策 ［J］. 高教探索, 2007, (1): 64 – 66.

⑨ 曾五一，李海涛. 中国区域间教育平等状况的统计考察 ［J］. 统计研究, 2007, 24 (7): 29 – 33.

⑩ 罗立祝. 社会阶层对保送生高等教育入学机会的影响 ［J］. 高等教育研究, 2008, 29 (8): 38 – 44.

资源利用效率等措施。虽然个别研究在数据分析的基础上提出了"高收费 + 高资助"的对策，但没有从理论上深入论证。

### 二、教育价值与教育的消费方面的研究现状

#### 1. 对教育的属性和价值的研究

学术界对于教育属性的理解是分别从静态、动态的视角出发的，将教育视为生产、支出、消费及其行为或过程。因此，学者们在研究中对于教育投资和消费的表述方式存在一定的差异，例如"教育是投资""教育是生产""教育是消费""教育支出是投资""教育支出是消费"等。为了涵盖这些说法以及综述上的方便，下文中有一些陈述将生产、支出至于括号内。

关于教育（支出）属性或价值的辩论开始于人力资本投资理论的孕育和发展时期。在 20 世纪 60 年代的人力资本革命之前，教育被视为一种消费品，忽视了教育能增加未来收入这样一个事实。在这种背景下，舒尔茨、贝克尔等学者于 20 世纪 60 年代提出了人力资本投资理论，认为教育是一种能够增加个人下一期工资的投资，是经济增长的源泉。人力资本投资理论实质上假定人力资本作用的发挥是无条件的，因此遭到了一些学者们的质疑。尤其是 20 世纪 70 年代，各国政府赋予教育发展的目标任务并未实现，与人力资本理论的论断并不一致。故自从人力资本投资理论提出以来，学者们就开始了对教育（支出）属性的争论，主要集中在两个方面：教育是投资还是筛选装置；教育是投资还是消费。对于区分教育是一种人力资本投资还是一种对人的原始才能类别的筛选这一经典问题的所有分析都是令人沮丧的，这一复杂的问题尚没有得到科学的结论（Eliasson, 1994）[①]，两种观点的支持者之比倾向于或者等于 1∶1（Griliches, 1988）[②]。对于教育（支出或社会资源用于教育的投入）是消费还是投资，是生产性投资还是非生产性投资，这是一个有争议的问题（王善迈，1996）[③]，目前学术界主要有以下三种观点：

（1）教育（支出）是消费或主要是消费。

① G. Eliasson. Educational Efficiency and the Markets for Competence [J]. *Vocational Training*, 1994，(2)：5-11.

② Z. Griliches. *Technology, Education and Productivity* [M]. New York：Basil and Blackwell, 1988.

③ 王善迈. 教育投入与产出研究 [M]. 石家庄：河北教育出版社，1996：75.

这种观点认为，虽然教育会生产劳动能力，教育支出是提高劳动质量、发展和提高人的智力的投资，虽然智力较高的劳动力投入生产以后可以大大提高劳动生产率，创造更多的物质财富，但那是在教育的过程结束之后，劳动力投入物质资料生产过程之后发生的。而且只有劳动力和生产资料结合之后才能变成现实生产力，才能提高劳动生产率，那是物质生产的结果。而作为教育本身，它只消耗人力、物力和财力，却不能直接生产任何物质财富，因而用于教育的支出是一种消费支出。显然，这种观点只关注受教育期间的效用，忽视了教育效益的滞后性和长期性。还有学者把教育支出的投资回报作为消费部分的副产品，例如 Nerdrum（1999）[1]指出："一些人选择成为学生主要是能够参与这样的生活方式。其主要目标是针对当前消费，他们考虑其他影响，例如正的货币回报，作为纯粹的正的副产品。"

将教育作为一种消费的研究以及论证教育具有纯消费性的相关研究比较少。Youn Kim（1988）[2] 在一个完全的消费者需求模型中将教育作为私人物品，使用 translog – LES 方法分析了 1958—1982 年期间美国多元商品框架下的教育消费需求，检验了现有研究中使用的诸如教育与其他商品之间的同质性和可分离性的各种教育需求限制条件，识别了需求偏好变化的模式。结果表明，消费者的需求偏好朝向教育消费，并且消费者遭受了由于价格变化带来的福利损失。Kodde 和 Ritzen（1984）[3] 通过使用一个整合了教育的投资与消费两方面的二阶段支出模型研究发现，与纯的人力资本模型相比，个人需求更多的教育，其原因是由于教育消费获得的直接效用引起的。教育的正的边际效用是学校教育的金钱与非金钱收益联合决定最优教育数量的结果。Toma 和 Long（1987）[4] 使用美国 1960 年、1970 年和 1980 年人口普查的公共事业样本，用回归分析法估算政府雇员对私人或公共学校教育选择的影响。结果

① L. Nerdrum. *The Economics of Human Capital：A Theoretical Analysis Illustrated Empirically by Norwegian Data*［M］. Oslo：Scandinavian University Press. 1999.

② H. Youn Kim. The Consumer Demand for Education, *Journal of Human Resources*, 1998, 22（2）：173 – 191.

③ D. A. Kodde, J. M. M. Ritzen. Integrating Consumption and Investment Motives in a Neoclassical Model of Demand for Education［J］. *Kyklos*, 1984, 37（4）：598 – 605.

④ E. F. Toma, J. E. Long. Public Employees' Consumption of Government Goods：The Case of Education［J］. *Public Choice*, 1987, 53（3）：289 – 296.

表明：政府职员与其他个人没有差别。仅当对他们自己有利时，他们才通过消费公共提供的物品支持公共部门；当地的教育家比私营部门的雇员倾向于消费公共教育，但是其他公共职员则不是；其他政府工作者甚至倾向于不如私立部门的工作者支持公立学校；只有那些从公共学校部门扩张中直接受益的政府雇员才可能选择消费公共学校教育。Duchesne 和 Nonneman（1998）① 使用一个能整合消费和需求两方面的高等教育需求模型，基于 1953—1992 年时间序列数据实证研究了比利时高等教育注册惊人增长背后的决定性因素，结果发现：自 1950 年起，收入增长尤其是收入平等化已经很清楚地成为刺激高等教育参与的要素，收入和放弃的收入似乎驱动了注册，而且收入、机会成本和工资差异对潜在的非高等教育机构的学生比大学候选人的影响要大，这表明了高等教育消费方面的重要性或者资本进入的不完善。Oosterbeek 和 van Ophem（2000）② 对荷兰年轻人的样本数据研究发现，个人可以从学校获得直接的效用，这是他们最大化其终生效用而不是终生收入方法。这可以解释为什么荷兰年轻人的教育投资远远超过人力资本理论的最佳值，由此，他们得出如下结论：关于学校教育的消费动机确实重要。

国内学者关于教育消费属性的研究，例如蔡永莲（2002）③、刘社建（2002）④、刘方棫（2001）⑤、刘社建（2003）⑥ 等，大都把教育消费笼统地视为教育支出甚至教育投资。虽然也有个别学者对高等教育消费学的基本理论框架进行了初步探讨，认为高等教育消费学就是从消费经济的角度，将教育作为一种消费对象，研究教育消费的消费主体、消费客体、消费结构、消费水平、消费方式、消费市场等一系列的问题（李正明、邓国用，2006）⑦，但其着眼点主要局限于高等教育具有拉动消费、促进经济增长等工具性作用

① I. Duchesne, W. Nonneman. The Demand for Higher Education in Belgium [J]. *Economics of Education Review*, Vol. 17, No. 2 (1998), pp. 211–218.

② H. Oosterbeek, H. van Ophem. Schooling Choices: Preferences, Discount Rates and Rates of Return [J]. *Empirical Economics*, Vol. 25, No. 1 (2000), pp. 15–34.

③ 蔡永莲. 高等教育非公共消费研究 [D]. 上海：华东师范大学博士论文，2002：5.

④ 刘社建. 教育消费的经济学分析 [J]. 经济经纬，2002，(6)：18–21.

⑤ 刘方棫. 应进一步加强教育消费的研究 [J]. 经济经纬，2004，(1)：155–156.

⑥ 刘社建. 中国教育消费经济研究 [M]. 郑州：河南人民出版社，2003：76–77.

⑦ 李正明，邓国用. 高等教育消费学基本理论框架初探 [J]. 湖南师范大学社会科学学报，2006，35 (4)：78–82.

上，机械地套用经济学的研究逻辑和框架结构，没有考虑到教育领域的特殊性，显然是欠妥的。

（2）教育（支出）是投资（生产）。

自人力资本投资理论开创之后，教育（支出）是投资（生产）便成为非常主流的观点了。这种观点一般认为，接受教育或教育支出能增加人们的生产能力和未来的工资，从而带来经济收益。国内外学者进行了大量的相关研究，试图证明教育的投资属性和估算教育的投资回报。在证明教育的投资属性方面，较著名的是人力资本理论经典作家的研究成果，他们把教育看成是一种人力资本投资，由此认为花费金钱和时间来获得教育能提高个人的生产率、劳动市场的价值以及提高个人的收入。例如 Schultz（1960，1961）[1][2]、Denison（1985）[3] 等关于教育对经济增长贡献份额的测算，以及 Becker（1964）[4]、Mincer（1958，1962）[5][6] 等学者关于人力资本、培训与收入分配之间关系的研究，等等。在估算教育投资回报方面，比较典型的是希腊籍英国著名经济学家 Psacharopoulos 自 20 世纪 60 年代末 70 年代初开展的对于教育经济效益和教育对经济影响的一系列研究，涉及地方教育投资回报率（Psacharopoulos，1969）[7] 和教育投资的影子回报率（Psacharopoulos，1970）[8]、

---

① T. W. Schultz. Capital Formation by Education [J]. *Journal of Political Economy*, 1960, 68 (6): 571 – 583.

② T. W. Schultz. Investment in Human Capital [J]. *The American Economic Review*, 1961, 51 (1): 1 – 17.

③ E. F. Denison. *Trends in American Economic Growth 1929 – 1985* [M]. Washington, D. C.: Brookings Institution, 1985.

④ G. S. Becker. *Human capital, A Theoretical and Empirical Analysis, With Special Reference to Education* [M]. New York: Columbia University Press, 1964.

⑤ J. Mincer. Investment in Human Capital and Personal Income Distribution [J]. *The Journal of Political Economy*, 1958, 66 (4): 281 – 302.

⑥ J. Mincer. On – the – Job Training: Costs, Returns, and Some Implications [J]. *The Journal of Political Economy*, 1962, 70 (5): 50 – 79.

⑦ G. Psacharopoulos. *The Rate of Return to Investment in Education at the Regional Level* [M]. Honolulu: Economic Research Center, University of Hawaii, 1969.

⑧ G. Psacharopoulos. Estimating Shadow Rates of Return to Investment in Education [J]. *Journal of Human Resources*, 1970, 5 (5): 34 – 50.

教育获利能力（Psacharopoulos，1972）[①] 的估算研究，并且他一直坚持该方向的研究，例如对人力资本与回报率关系（Psacharopoulos，2004）[②]、教育回报的更新（Psacharopoulos，2004）[③]、教育投资的价值（Psacharopoulos，2006）[④]等方面，其研究结果很好地证明了关于教育是一种人力资本投资的论断。

国内也有一些学者研究认为教育是一种投资。例如，郝庆堂和王华春（1998）[⑤] 认为，教育支出应属于生产性投资，是用于劳动力再生产、促进社会发展的投资并可以得到补偿和获得经济收益的投资。林荣日（2001）[⑥] 认为，教育投资是纯粹的投资行为。赖德胜（1998）[⑦]、李元春（2003）[⑧]、赵力涛（2006）[⑨] 等则进行了很多实证研究，但基本都属于对国外相关研究的初步引进、介绍或者已有模型下的数据替换的验证性研究。

（3）教育（支出）具有投资（生产）和消费二重属性和价值。

这种观点认为，一方面，教育事业的进行总是要消费一定的物质资料，但教育过程中却不生产任何物质资料，因此，教育支出具有消费性；但另一方面，教育支出可以提高劳动力素质和智能，为物质资料再生产准备了必要的条件，劳动力投入物质生产后，又可以生产更多的物质资料，因而教育支出又具有生产性。

即使是人力资本投资理论的经典作家也不否认教育具有消费属性和消费性价值。舒尔茨（1990）[⑩] 指出："……不过，在教育产生某种消费资本的意

---

① G. Psacharopoulos. The Profitability of Higher Education：A Review of the Experience in Britain and the United States ［M］∥ in H. J. Butcher and E. Rudd（eds.），*Contemporary Problems in Higher Education：An Account of Research*，London：McGraw - Hill，1972：361 - 371.

② G. Psacharopoulos，H. Patrinos. *Human Capital and Rates of Return* ［M］. *International Handbook on the Economics of Education*，Cheltenham：Edward Elgar Publishers，2004：1 - 57.

③ G. Psacharopoulos，A. Patrinos. Returns to Investment in Education：A Further Update ［J］. *Education Economics*，2004，12（2）：111 - 135.

④ G. Psacharopoulos. The Value of Investment in Education：Theory，Evidence and Policy ［J］. *Journal of Education Finance*，2006，32（2）：113 - 136.

⑤ 郝庆堂，王华春. 基础教育经济学 ［M］. 长春：辽宁大学出版社，1998：131 - 134.

⑥ 林荣日. 教育经济学 ［M］. 上海：复旦大学出版社，2001：97 - 98.

⑦ 赖德胜. 教育与收入分配 ［M］. 北京：北京师范大学出版社，1998.

⑧ 李元春. 对中国城市教育收益率的实证分析 ［J］. 教育与经济，2003，（4）：41 - 43.

⑨ 赵力涛. 中国农村的教育收益率研究 ［J］. 中国社会科学，2006，（3）：98 - 109.

⑩ ［美］舒尔茨. 人力资本投资——教育和研究的作用 ［M］. 蒋斌，张蘅，译. 北京：商务印书馆，1990：35 - 36.

义上，这些开支中有一部分无疑是消费，这种消费资本具有改善学生今后的生活的消费口味和消费质量的属性。""学校教育无论现在（例如和大学里的同学们交往可能立即得到愉快）或将来（增长欣赏优秀作品的能力）都可以使人得到满足。由于学生的利益在将来才能获得，学校教育就具有投资性质。作为一种投资，它不是影响将来的消费，就是影响将来的收入。因而，学习教育的消费成分就包括两部分，一部分是当前的消费，另一部分为将来的消费"①。（舒尔茨，1982）"教育投资的消费部分之实质是耐用性的，甚至比物质的耐用消费品更加经久耐用。归于教育投资的持久性耐用消费成分是未来满足的源泉，然而这些满足却无法包括进对个人收入的衡量和国民收入的衡量范围中。"②（舒尔茨，1990）由此可见，舒尔茨将教育的经济效益分为三种：一是现在的消费，即直接的消费收益；二是将来的消费收益；三是生产者将来的能力。贝克尔（1989）③也指出："一些活动影响货币收入，而另一些影响心理收入，即消费。……在职培训主要影响货币收入，而高等教育可以既影响消费又影响货币收入"。但他们都非常遗憾地指出，已有研究由于忽视了教育消费方面的研究而低估了教育的真正价值（Schultz，1967）④，从而不断遭到抨击（贝克尔，1995）⑤。

国内外学术界普遍能够接受教育具有投资和消费两方面属性和价值这一折中的观点，一些学者还实证了个体教育消费动机的重要性以及投资与消费相结合的分析框架的适用性。美国著名经济学家金德尔伯格（1986）⑥在《经济发展》一书中指出："对人力资本投资的某些（也许是全部）形式带有消费成分。教育可被视为对生产者能力的投资和对消费能力的投资，同时他本身也可被视为消费。正规教育的参加者在提高其未来生产率水平的同时，

① ［美］舒尔茨. 教育的经济价值 ［M］. 曹延亭，译. 长春：吉林人民出版社，1982：20.

② ［美］舒尔茨. 论人力资本投资 ［M］. 吴珠华等，译. 北京：北京经济学院出版社，1990：26.

③ ［美］贝克尔. 人力资本 ［M］. 梁小民，译. 北京：北京大学出版社，1989：1.

④ T. W. Schultz. The Rate of Return in Allocating Investment Resources to Education ［J］. *Journal of Human Resources*，1967，2（3）：293 – 309.

⑤ ［美］贝克尔. 人类行为的经济分析 ［M］. 王业宇，陈琪，译. 上海：上海三联书店，上海人民出版社，1995：153.

⑥ ［美］金德尔伯格，赫里克. 经济发展 ［M］. 张欣，译. 上海：上海译文出版社，1986：121.

从这种行动中得到了某种消费性价值。"英国学者 Belfield（2000）① 认为，教育既可以看作消费品，也可以看作投资品：作为个人效用的一部分，教育既产生直接的好处，也产生将来的收益流。挪威学者 Alstadsæter（2005）② 认为，教育既是一种投资也是一种消费，教育投资的回报是以后生活中比较高的工资。作为一种消费品的教育，其价格等于上学期间放弃的工资和未来没有选择一种能够获得比较高的工资收入的职业所放弃的收入。厉以宁（1995）③ 认为，当把教育当做服务部门看待时，教育所提供的是一种服务，教育投资的生产性质是不明显的；然而当把教育当做人力资本开发部门看待时，教育投资则具有明显的生产性质。靳希斌（2005）④ 认为，教育消费是一种投资性消费，兼具投资和消费双重性质：一方面，教育消费是家庭日常生活开支的一部分，体现为一种消耗性支出，人们为接受教育支付了费用，也付出了时间和精力；另一方面，它又是一种人力资本投资，在享受教育服务所提供的特殊服务从而满足发展和提高需要的同时，也提高了自身的知识和技能，提高了劳动生产率。部分学者则从计量的角度研究了解释教育支出动机的模型。Oosterbeek 和 Webbink（1995）⑤ 发现教育既是投资选择又是消费品的综合模型对于解释年轻人的教育选择以及消费动机和投资动机问题是最佳的。Oosterbeek 和 van Ophem（2000）⑥ 在确定教育偏好和人力资本生产的结构参数的实证模型中区分了学校教育的消费动机和投资动机，发现两者都非常重要。

虽然很多学者普遍接受教育具有投资和消费的双重属性和价值，但不是一概而论的。主要分为以下几种意见：

---

① C. R. Belfield. *Economic Principles for Education：Theory and Evidence* ［M］. Glos：Edward Elgar Publishing Limited，2000：48.

② A. Alstadsæter. *Tax Effects on Education. Department of Economics* ［R］. Norwegian School of Economics and Business Administration，January 4，2005.

③ 厉以宁，闵维方. 教育的社会经济效益 ［M］. 贵阳：贵州人民出版社，1995：105.

④ 靳希斌. 教育经济学 ［M］. 北京：人民教育出版社，2005：259.

⑤ H. Oosterbeek，D. Webbink. Enrolment in Higher Education in the Netherlands ［J］. *De Economist*，1995，143（3）：367 – 380.

⑥ H. Oosterbeek，H. van Ophem. Schooling Choices：Preferences，Discount Rates and Rates of Return ［J］. *Empirical Economics*，2000，25（1）：15 – 34.

一些学者根据所处时代和教育过程来区分教育的属性。例如，王善迈（1996）① 认为，在现代生产和现代教育的条件下，教育支出是具有生产性的投资。他提出三条理由：教育支出是用于劳动力的支出；在现代生产条件下，教育是生产力的重要因素之一；教育支出同样可以得到补偿并获得经济收益。但他又着重指出，并不是在任何时代、任何条件下的教育支出都是具有生产性的投资，只是在现代生产和现代教育条件下的教育支出才是生产性投资。教育支出具有生产性投资的性质，并不否定教育支出具有消费的一面。就教育过程本身而言，它只是消费人力、物力和财力。因此，教育支出仍然具有消费的一面。

有的学者从教育类型、教育层次、教育活动的角度区分教育的属性。例如，张学敏（2001）② 等认为，个人教育支出的性质与教育的类型有关，普通教育可以视为一种能够满足人们特殊消费需要的"耐用消费品"，即可以满足受教育者心理上的或精神上的满足，并且这种投资所形成的收益和满足更具有耐久性，甚至使受教育者终身受益。而专业教育在理论上可视为一种能改善个人未来收入状况的"资本品"，即可以视为一种收益率极高的投资活动。Wang（2006）③ 认为，在教育领域内，用于校舍和大型教学设施的基本建设虽属于投资，但绝不是生产性投资，实际上是保证教育日常消费的长期消费。教育的日常消费，主要是教师及教育行政人员工资和经常性事业经费。但是这种消费不会带来直接收益，因此可以说，教育消费实际上自己消费了自己生产的服务。但他认为，教育消费可能对经济产生直接的促进作用，但这种作用很有限，并不是教育的根本特征。Lazaer（1977）④ 的研究发现，在他的接受低水平高等教育的男性样本被视为不良的消费，而硕士和博士则被视为消费品。

有一些学者认为需要根据经济发展和就业状况来确定教育的属性，但这

① 王善迈. 教育投入与产出研究［M］. 石家庄：河北教育出版社，1996：77 - 79.

② 张学敏. 教育经济学［M］. 重庆：西南师范大学出版社，2001. 109 - 110.

③ X. H. Wang. Questions and Explorations on the Attributes of Education as an Economic Sector［J］. *Chinese Education and Society*，2006，36（5）：75 - 82.

④ E. Lazear. Education：Consumption or Production［J］. *Journal of Political Economy*，1997，85（3）：569 - 597.

个观点存在一定的分歧。美国著名的经济学家 W·阿瑟·刘易斯（1983）[①]认为："教育提出的困难是，它既是消费项目，又是投资项目。……花费在能够直接增加生产的教育设施上的钱就像花在灌溉方面的钱一样是一种资本投资。困难在于对那些有助于欣赏而不是有助于生产的教育——譬如扫盲，界限划在哪里。……但如果大多数农民、搬运工、理发匠或佣人是有文化的，他们的生产率将会大大提高，以至补足他们受教育的经费还有余。……从经济观点来说，这部分教育不是有利可图的投资，而是同其他消费品，如衣服、房屋或留声机一样的消费品。""从社会的观点来看，大学教育是一种消费还是一种投资的问题，完全取决于供求关系。在那些每年培养大批找不到职业的文科大学毕业生的低收入国家，大学教育基本上是一种消费，难以维持。……但是在经济发展的相当快的社会里，情况就完全不同了。"Von Recum（1981）[②] 认为经济发展水平决定了教育消费和投资属性的强弱，在富裕的社会中，教育将主要表现出消费属性，而投资属性将逐渐失去意义。陶美重、强侠（2006）[③] 认为，当高等教育的接受者不能顺利地从劳动力市场上找到自己合适的位置，其人力资本不能转化为货币价值时，教育支出就是一种纯粹的消费行为。刘维奇、靳共元（2006）[④] 认为，教育既具有消费属性又具有投资属性。人们在不同的收入情况下，教育支出显示属性的侧重不同，高收入者更侧重于其消费倾向，低收入者更侧重于其投资倾向。

还有一些学者从辩证的角度综合分析了教育的双重属性。例如，杨葆焜（1995）[⑤]、范先佐（1999）[⑥]、王培根（2004）[⑦] 等认为，对于教育投资性质的分析，必须辩证地看待。首先，从消费与生产的关系来看，教育是一种有

---

① ［美］刘易斯．经济增长理论［M］．周师铭，沈炳杰，沈伯根，译．上海：上海三联书店，上海人民出版社，2005：221－225.

② H. Von Recum. Education in the Affluent Society：Problems and Conflicts ［J］. *International Review of Education*，1981，27（1）：3－14.

③ 陶美重，强侠．个人高等教育消费的经济学分析［J］．湖北社会科学，2006，（5）：156－160.

④ 刘维奇，靳共元．我国教育消费结构失衡研究：收入分配视角的考察［J］．工业技术经济，2006，25（7）：114－116.

⑤ 杨葆焜，范先佐．教育经济学新论［M］．南京：江苏教育出版社，1995：76－78.

⑥ 范先佐．教育经济学［M］．北京：人民教育出版社，1999：191－193.

⑦ 王培根．高等教育经济学［M］．北京：经济管理出版社，2004：90.

形消费，又是潜在的生产，消费了教育费用，获得的是劳动能力的提高，这有助于个人收入的增加和社会劳动生产率的增加，是一种长期投资。其次，从教育的经济效益来看，教育投资是必要的消费又是"扩大"了的生产。随着生产的发展，人们逐渐认识到一定数量的教育消费，能够带来比消耗掉的费用更多的经济效益。再次，从教育收益的周期看，教育投资的收益具有一定的滞后性，一般要在较长的时间之后才能见效。最后，从教育过程和生产过程来看，教育过程是人力与物力的消费，又是生产过程的必要准备。教育过程需要消耗教师的精力和时间以及大量的物质财富，虽然这一过程中师生的劳动不直接创造价值，但为生产过程准备了必要的合格劳动力。这些劳动力与其他生产力因素在生产过程中的结合就能创造物质财富，创造出更高的使用价值与价值。

2. 对教育消费性收益的研究

（1）对教育消费性收益的研究。

在《教育大百科全书——教育经济学卷》中，McMahon（2006）[1] 将"教育的消费性收益"定义为"在人的一生中由教育所带来的非货币回报"，不仅包括学生在校期间所享受到的非货币性的满足，还包括一个人在退休之前以及退休之后，由教育所带来的家庭生产效率的提高和闲暇时间最终消费满意程度的改进，以及家庭主妇花在操持家务、抚育儿童等非市场时间内所做贡献的增加。美国教育经济学家科恩（1989）[2] 将教育给个人带来的收益分为"消费"和"投资"两类，根据他的观点，教育为个人带来的产生目前满足的收益便是教育的消费性收益。在顾明远（1992）[3] 主编的《教育大辞典》中，教育的消费性收益的界定基本与科恩的思想一致，即"上学期间教育为学生及其家庭带来的满足"，而且这种满足是由教育的"精神性产出"或"情感性产出"带来的。台湾学者林文达（1984）[4] 认为，因教育被运用于投

---

① ［瑞典］胡森，［德］波斯尔斯韦特. 教育大百科全书——教育经济学卷［M］. 杜育红，曹淑江，孙志军译. 海口：海南出版社，重庆：西南师范大学出版社，2006：24.

② ［美］科恩. 教育经济学［M］. 王玉昆，李国良，李超，译. 上海：华东师范大学出版社，1989：30－31.

③ 顾明远. 教育大辞典：第6卷［M］. 上海：上海教育出版社，1992：330.

④ 林文达. 教育经济学［M］. 中国台北：台湾三民书局，1984：87.

资生产而增加的各种满足人类欲望的效用就是教育的投资利益，如果教育不是被用来投资，而是被用来供直接满足人类需要时，其所表现满足欲望的量就是教育的消费利益。杨晓霞（2001）[①] 认为，学生的教育消费性收益至少包括：求知欲的满足、知识的乐趣、与老师、同学交往的愉悦感、学业成就感，这些收益主要侧重于精神方面，能产生当前的满足且具有持久性。杨秀芹（2002）[②] 认为教育的消费性收益包括：发生在教育过程中的个体的收益（包括利用所学的知识和技能作用于其他活动而获得的间接满足、学习兴趣的满足）；重叠于教育过程及延续于教育过程之后的消费性收益（主要包括因受教育而惠及自己和家人的健康、产生的代际效应、家庭生活的和谐美满、提高个体的协调和管理能力等）。

综上可知，目前学术界对于高等教育能产生非常重要的消费性收益及非货币性回报这一观点达成了共识（Wolfe & Haveman，2003）[③]，但存在一定的分歧：首先是时间上的分歧，即学生离校后获得的由教育带来的非货币收益是否应该属于教育的消费性收益；第二是来源的分歧，即教育的非货币回报来源于教育投资还是教育消费（从前面的论述我们可知，舒尔茨将目前的非货币收益归功于教育消费，而将未来的非货币收益归功于教育投资）。

（2）对教育的各种消费性收益的理论研究和度量。

国内外很多学者在该方面进行了大量的研究，结果表明，教育的消费收益非常高，甚至平均能达到学生预期从他们所受高等教育获得的货币报酬的50%~60%（McMahon，2006）[④]。从已有文献看，对教育的非货币性收益研究可以分为宏观和微观两个层面：

一些学者从宏观上研究了教育的非货币收益及其影响。例如，Heckman、

① 杨晓霞. 关注学生的教育消费性收益 [J]. 江西教育科研，2001，（9）：9 – 10.
② 杨秀芹. 试论教育的消费性收益 [J]. 青年探索，2002，（3）：45 – 48.
③ B. Wolfe, R. Haveman. Social and Nonmarket Benefits from Education in an Advanced Economy [M] // in Y. Kodrzycki (eds.), *Education in the Twenty First Century: Meeting the Challenges of a Changing World*, Boston: Federal Reserve Bank of Boston, 2003: 97 – 142.
④ ［瑞典］胡森，［德］波斯尔斯韦特. 教育大百科全书——教育经济学卷 [M]. 杜育红，曹淑江，孙志军，译. 海口：海南出版社，重庆：西南师范大学出版社，2006：143.

Lochner 和 Taber（1999）[①] 使用美国的男性收入的数据研究发现：第二最高能力四分位中的人们从大学教育中享受了很大的非货币收益；在最低的两个和最高的能力四分位中的个人则承受非货币成本。Grossman（2005）[②] 从理论和经验两方面研究了教育对非市场产出的影响，包括某一时刻即时的一般消费模式、储蓄和消费增长率、自身健康和健康生产的投入、多产和反映其健康的和认知发展的儿童质量或福利等方面。Carneiro、Hansen 和 Heckman（2003）[③] 使用大量的数据集估算表明：忽视精神上的收获，40%的人后悔上大学；一旦他们考虑到精神上的收益和上大学的成本，只有8%的大学毕业生后悔上大学。因此，他们认为从大学中得到的很大一部分收益是非金钱的。此外，他们还发现，选择上大学的很多人在上大学时承受了一种非金钱成本。

更多的学者从微观层面研究了教育的各种非货币回报，主要包括如下几方面：①教育对人们偏好产生影响。研究结果一般认为，教育会推迟人们的需求满足，并导致了一个较低的目前消费的时间偏好和一个比较高的未来消费的时间偏好（Becker & Mulligan，1994）[④]；学校教育灌输勤奋、成就、守法、合作和竞争的价值观（Arrow，1997）[⑤]。②教育对犯罪产生影响。一些研究证明教育尤其高等教育对于犯罪行为具有更明确的态度和社会规范，是防范或减少个人参与诸如购物盗窃、故意破坏艺术的行为和威胁、攻击和伤害之类的犯罪行为的潜在的重要因素，受教育年限越长犯罪的可能性越小，但却会增加逃税的可能性（Groot，2004）[⑥]。测量表明，教育减少犯罪效果的外

① J. J. Heckman, L. Lochner, C. Taber. General – equilibrium Cost – benefit Analysis of Education and Tax Policies [M] // in G. Ranis, L. K. Raut（eds.）, *Trade, Growth, and Development*, Amsterdam: Elsevier Science, 1999: 291 – 349.

② M. Grossman. *Education and Nonmarket Outcomes* [R]. National Bureau of Economic Research Working Paper 11582, August 2005.

③ P. Carneiro, T. K. Hansen, J. J. Heckman. Estimating Distributions of Treatment Effects with an Application to the Returns to Schooling and Measurement of the Effects of Uncertainty on College Choice [J] *International Economic Review*, 2003, 44（2）: 361 – 422.

④ G. C. Becker, C. Mulligan. On the Endogenous Determination of Time Preference [J] *The Quarterly Journal of Economics*, 1997, 112（3）: 729 – 758.

⑤ K. Arrow. The Benefits of Education and the Formation of Preferences [M] // in J. Behrman, N. Stacey（eds.）, *The Social Benefits of Education*, Ann Arbor: The University of Michigan Press, 1997: 11 – 16.

⑥ W. Groot, H. M. van den Brink. *The Effects of Education on Crime* [R]. University of Amsterdam, 2004: 6.

部性是私人教育回报的14%到26%，这表明犯罪行为的减少在很大程度上归功于教育的社会回报率（Lochner & Moretti，2004）①。但也有研究表明，一个国家的平均教育水平对于杀人和抢劫的数量没有统计上的重大影响（Fajnzylber、Lederman & Loayza，2002）②，学校教育对青少年犯罪既会不产生影响也会产生集中的影响（Jacob & Lefgren，2003）③。③教育对健康、死亡率、吸烟等产生影响。研究结果表明，教育对于健康具有非常大的正因果影响（Adams，2002；Lleras-Muney，2005）④⑤，与死亡率负相关（Arendt，2005）⑥，与吸烟行为负相关（Miranda & Bratti，2006）⑦。有数据显示，教育的健康回报至少增加了教育总回报的15%，甚至达到55%（Cutler & Lleras-Muney，2006）⑧。就不同类型的经济环境而言，开放经济中的教育质量和学校教育年限对收入增长和死亡率降低的影响效果比封闭经济中的影响要强（Jamison等，2007）⑨。在不同的职业群体中，具有非职业中介水平教育的群体在健康、财富和幸福方面的得分最高（Hartog & Oosterbeek，1998）⑩。就不同类型的教育而言，为公立学校的学生提供免费的二级后教育比健康投资将更具有成本

① I. Lochner, E. Moretti. The Effect of Education on Crime：Evidence from Prison Inmates, Arrests and Self – reports ［J］. *American Economic Review*, 2004, 94（1）：155 – 189.

② P. Fajnzylber, D. Lederman, N. Loayza. What Causes Violent Crime? ［J］. *European Economic Review*, 2002, 46（7）：1323 – 1357.

③ B. Jacob, L. Lefgren. Are Idle Hands the Devil's Workshop? Incapacitation, Concentration, and Juvenile Crime ［J］. *American economic Review*, 2003, 93（5）：1560 – 1577.

④ S. Adams. Educational Attainment and Health：Evidence from a Sample of Older Adults ［J］. *Education Economics*, 2002, 10（1）：97 – 109.

⑤ A. Lleras – Muney. The Relationship Between Education and Adult Mortality in the United States ［J］. *Review of Economic Studies*, 2005, 72（1）：189 – 221.

⑥ J. Arendt. Does Education Cause Better Health? A Panel Data Analysis Using School Reforms for Identification ［J］. *Economics of Education Review*, 2005, 24（2）：149 – 160.

⑦ A. Miranda, M. Bratti. *Non – Pecuniary Returns to Higher Education：The Effect on Smoking Intensity in the UK* ［R］. The Institute for the Study of Labor（IZA）in Bonn, Discussion Paper No. 2090, April 2006.

⑧ D. M. Cutler, A. Lleras – Muney. *Education and Health：Evaluating Theories and Evidence* ［R］. NBER Working Paper No. W12352, June 2006：1 – 39.

⑨ E. A. Jamison, D. T. Jamison, E. A. Hanushek. The Effects of Education Quality on Income Growth and Mortality Decline ［J］. *Journal Economics of Education* Review, 2007, 26（6）：771 – 788.

⑩ J. Hartog, H. Oosterbeek. Health, wealth and Happiness：Why Pursue a Higher Education? ［J］. *Economics of Education Review*, 1998, 17（3）：245 – 256.

效率(Muennig & Fahs, 2001)①。此外，还有学者研究了教育在公民接受新事物、人口生产、配偶选择、民主化进程、社会凝聚力、社会慈善事业发展等方面的影响。Wolfe（1995）②、美国高等教育政策研究所（IHEP, 2005）③ 等学者和机构还对高等教育的货币和非货币收益进行了研究和总结，见表1－1。

表1－1　　　　　　　　　　　　高等教育收益的分类

| 类型 | 公共的 | 私人的 |
|---|---|---|
| 社会的 | 减少犯罪率；增加慈善捐赠、社区服务；增加生活质量、社会内聚力和多样性的评价；改善适应和使用技术的能力 | 改善的健康、生命预期；子孙改善的生活质量；更多的业余爱好和休闲活动 |
| 经济的 | 增加的税收；更大的生产力；增加的消费；增加的劳动力弹性；减少对政府财政支持的依赖 | 更高的工资和收益；工作；更高的储蓄水平；改善的工作条件；个人和职业的流动 |

**3. 对教育消费性价值的研究**

从国内外相关文献看，仅有北欧及英国的少数学者对教育消费性价值进行了较为深入的研究。挪威学者 Alstadsæter（2004）④ 认为教育消费性价值的度量是一个重要的但在个人教育选择中仍然被忽视的因素。她把高等教育的非金钱回报划分为有意识的和无意识的两部分，并把高等教育的消费性价值定义为有意识的教育非金钱回报。已有研究表明，教育消费性价值是教育回

① P. Muennig, M. Fahs. The Cost – Effectiveness of Public Postsecondary Education Subsidies ［J］. *Preventive Medicine*, 2001, 32（1）: 156 – 162.

② B. Wolfe. Nonmarket Outcomes of Schooling ［R］. Institute for Research on Poverty, Discussion Paper no. 1065 – 95, May 1995.

③ Institute for Higher Education Policy. *The Investment Payoff*: *A 50 – State Analysis of the Public and Private Benefits of Higher Education* ［M］. Washington, DC, February, 2005: 4.

④ A. Alstadsæter. *Measuring the Consumption Value of Higher Education* ［R］. Norwegian School of Economics and Business Administration, April 2004.

报的重要构成，是影响个人教育选择的主要内在因素之一。Alstadsæter
（2004）[1] 利用独特的挪威面板数据进一步估算了 20 世纪 60 年代期间教师学
院的消费性价值，结果显示：挪威教师学院毕业生愿意支付该类型教育的消
费性价值的事前价格预计为个人潜在的终生收入现值的 38%；消费性价值的
事后价格估计约为潜在终生收入现值的 46%。由此证明，教育的消费性价值
是存在的，并且它是个人教育选择背后的一个重要因素。英国学者 Walker 和
Zhu（2003）[2] 的研究表明，在英国，艺术学位具有负的工资回报，而工程学
位的工资回报是巨大的。这意味着艺术毕业生具有一个很大的教育消费性价
值，这样他们愿意放弃选择工程学科获得的收益。这些放弃的收益是艺术学
位的消费性价值的价格。较多的研究表明，教育消费性价值的大小及其控制
与税收类型和个人教育选择之间存在密切的关系，具体的结论主要包括：在
存在关于资本收入的正税收的情况下，比例所得税会增加教育消费性价值的
重要性而降低其他价值的重要程度，从而诱使个人选择具有高消费性价值和
低努力成本的教育类型，由此造成教育投资过度以及能力错配和失业，政府
可以通过实施有差别的学费或税率政策修正这种扭曲（Nielsen & Sorensen，
1997；Alstadsæter 等，2008）[3][4]；教育具有不被征税的正的消费性价值，有助
于加强累进所得税以防止过度教育（Alstadsæter，2003）[5]；累进税制能带来
个人教育选择的扭曲并诱使他们更多地选择具有高消费性价值的教育类型，
而个人愿意放弃未来的工资回报是为了享受具有高消费性价值的教育类型
（Alstadsæter，2003）[6]；比较高的工资所得税可能会诱使学生更多地选择高消

① A. Alstadsæter. *Measuring the Consumption Value of Higher Education* ［R］. Norwegian School of E-
conomics and Business Administration, April 2004.

② I. Walker, Y. Zhu. Education, Earnings and Productivity: Recent UK Evidence ［J］. *Labour Mar-
ket Trends*, 2003, 111 (3): 145 – 152.

③ S. B. Nielsen, P. B. Sorensen. On the Optimality of the Nordic System of Dual Income Taxation
［J］. *Journal of Public Economics*, 2005, 63 (3): 311 – 329.

④ A. Alstadsæter, A – s. Kolm, B. Larsen. Money or Joy: The Choice of Educational Type ［J］. *Eu-
ropean Journal of Political Economy*, 2008, 24 (1): 107 – 122.

⑤ A. Alstadsæter. Does the Tax System Encourage too much Education? ［J］. FinanzArchiv: Public Fi-
nance Analysis, 2003, 59 (1): 27 – 48.

⑥ A. Alstadsæter. *Income Tax, Consumption Value of Education, and the Choice of Education Type*
［R］. CESifo Working Paper No. 1055, October 2003.

费性价值的教育类型，使用递减劳动税和统一的高学费是最优的选择（Mal-chow-Moller & Skaksen，2003）①；在存在劳动收入税的情况下，教育的非货币成本可能会增加最优的教育补贴，而非金钱回报则具有相反的效果，尤其是如果它们可以作为学术努力的补充或替代时，因此教育补贴可以在减轻由重新分配政策带来的税收扭曲中发挥重要作用（Bovenberg & Jacobs，2005）②。Dur 和 Glazer（2008）③ 研究认为，在存在教育消费性价值的前提下，富人的入学率高于穷人，故应在资格审查的基础上对富人征收较高的学费。

4. 对教育消费力的研究

中国个别学者研究了教育消费力。尹世杰（1992）④ 提出了"文化教育是第一消费力"的观点，并给出了五点理由：文化教育是提高劳动力素质、提高生产力的极其重要的条件和消费力的基础；文化教育能直接提高消费者消费消费资料的能力；发展文化教育，有利于发展享受资料、发展资料的消费，有利于提高消费层次，扩展消费力；发展文化教育，有利于促进消费合理化，提高消费效益；文化教育有利于提高消费者的权益意识和抗逆能力，保护消费力。此后，有一些学者对尹世杰的观点进行了解读和发展。例如，黄河清（1993）⑤ 从消费力的划分、消费力结构以及消费力结构与消费结构的关系分析入手阐述了对"文化教育是第一消费力"的认识，认为：文化教育是第一消费能力，科学艺术是第一消费动力。周觉（2003）⑥ 认为，文化教育能提高人们的物质消费力和精神消费力，促进人的全面发展。总的来看，教育是消费力的观点仍然是把教育本身当做一种投资，一种能提高消费力的投资，而不是消费。

---

① N. Malchow-Moller, J. R. Skaksen. *How to Finance Education：Taxes or Tuition Fees?*［R］. CE-BR discussion paper, 2004：2003 – 2028.

② A. L. Bovenberg, B. Jacobs. Redistribution and Education Subsidies are Siamese Twins［J］. *Journal of Public Economics*, 2005, 89（6）：2005 – 2035.

③ R. Dur, A. Glazer. Subsidizing Enjoyable Education［J］. *Labour Economics*, 2008, 15（5）：1023 – 1039.

④ 尹世杰. 文化教育是第一消费力［J］. 消费经济, 1992,（5~6）：13 – 19.

⑤ 黄河清. 对文化教育是第一消费力的认识［J］. 消费经济, 1993,（2）：38 – 42.

⑥ 周觉. 论全面小康建设中的文化教育是第一消费力［J］. 消费经济, 2003, 19（2）：52 – 54.

5. 对大学生消费和中国家庭教育消费的调查与研究

（1）对大学生日常消费的调查研究。

美欧等国家的大学生消费问题的调查研究属于院校研究的范畴。这些国家的大学一般都设有院校研究办公室，甚至还成立了全国性的院校研究会，其中院校研究的一项重要职能就是对学生的追踪调查和管理（程星、周川，2003）①。以美国为例，较为著名的是美国加州洛杉矶大学的高等教育研究所承担的"合作院校研究项目（Cooperative Institutional Research Program，CIRP）"② 之下的大学生调查（College Student Survey，简称 CSS）和一年级大学生调查（CIRP Freshman Survey）。美欧国家在这方面的调查研究非常深入，大学生日常消费属于其中的主要内容之一。我国学术界对大学生消费的调查研究主要包括两个方面：

第一个方面是对大学生消费者身份的认识。有两种观点：一种观点认为，大学生是消费者，因为在任何一种教育模式中，学生都是直接或间接的交费者，从学校和学生的经济关系分析，都应该认为学生是交了费的教育服务消费者（刘俊学，2002）③。另一种观点认为教育的性质决定了大学生不是消费者（刘清生，2005）④。而大样本调查和分析结果则显示，有较大比例的学生具有消费者身份意识，大学生应该具有高等教育服务消费者的身份（赵雄辉，2007）⑤。

第二个方面是对大学生开展消费现状、消费结构、消费观念和消费特点的调查分析。国内学者及专业机构面向大学生开展了大量的问卷调查和研究。例如，环亚在线传媒顾问在北京、上海、广州、西安、武汉 5 地 15 所高校开展的"中国高校大学生休闲食品品牌态度"⑥ 调查活动；新生代市场监测机

① 程星，周川. 院校研究与美国高校管理［M］. 长沙：湖南人民大学出版社，2003. 4 - 10.

② HERI of UCLA. *Cooperative Institutional Research Program*［EB/OL］. 2008 - 10 - 18，http：// heri. ucla. edu/cirp. html.

③ 刘俊学. 高等教育服务质量论［M］. 长沙：湖南大学出版社，2002：117.

④ 刘清生. 评"受教育消费论"［J］. 内蒙古师范大学学报：教育科学版，2005，（11）：10 - 12.

⑤ 赵雄辉. 试论大学生的高等教育服务消费者身份［J］. 江苏高教，2007，1：50 - 52.

⑥ 大市场·广告导报编辑部. 两项调查揭示大学生的消费形态［J］. 大市场·广告导报，2006，（7）：50 - 53.

构与中国青年校园先锋文化有限公司合作进行了专门针对中国大学生群体进行消费趋向、品牌观念、媒介接触、价值观念、生活形态的年度连续性调查研究；王宝状等（2007）[①] 对师范类、医学类、经济类等不同高校大一与大四学生的消费调查，等等。尽管这些调查研究的结果存在一定的分歧，但大多数都认为：目前大学生的消费结构是不合理的，高消费和浪费严重，已经成为家庭尤其是农村家庭的负担；在校大学生的消费呈现多层次现象，并且消费结构正在发生新变化，普遍存在非理性消费现象，甚至存在消费主义开始蔓延的趋势（唐琳，2005）[②]。对此，学者们还提出了加强大学生的消费教育、思想道德教育、感恩教育等对策和措施。

（2）对中国不同地区和阶层家庭教育消费状况的调查和研究。

一些学者和机构对中国社会各阶层家庭的教育消费情况进行了调查研究，例如，蒋乃华（2002）[③] 调查了扬州市城市家庭教育的支出情况；陈新力（2005）[④] 调查研究了重庆市低收入群体教育消费的水平和结构等情况；陈曙红（2006）[⑤] 调查研究了中国新中产阶级的教育消费情况及动因；何智蕴、董乃涵（2007）[⑥] 对中美家庭教育消费不平衡进行了比较，等等。虽然这些调查和研究针对不同的地区和不同的社会阶层，但研究结果都表明：中国城乡和不同社会阶层之间家庭教育消费存在巨大的差距，并进一步拉大了贫富差距；家庭教育支出与受教育程度、父母收入与受教育程度、行业收入水平等正相关；家庭教育支出的动因都是"投资于未来"，具有普遍的功利性目的。

在促进教育消费方面，学者们提出的对策主要包括：建立个人信用体系，用证券化方式变现教育贷款，发行教育债券等（黄佳，2002）[⑦]；通过改善办

---

① 王宝状，张秀明，张根昌. 当代大学生消费心理现状及其消费观教育［J］. 中国高教研究，2007（6）：72 - 73.

② 唐琳. 弥漫在大学中的消费主义［J］. 中国青年研究，2005，3：87 - 90.

③ 蒋乃华. 城市教育消费中的性别差异［J］. 中国人口科学，2002，（2）：66 - 70.

④ 陈新力. 重庆市低收入群体子女教育消费内部结构分析［J］. 消费经济，2005，21（1）：73 - 75.

⑤ 陈曙红. 新中产阶级的教育消费及其动因探析［J］. 学术交流，2006，（9）：127 - 132.

⑥ 何智蕴，董乃涵. 中美家庭高等教育消费不平衡比较［J］. 比较教育研究，2007，（5）：13 - 17.

⑦ 黄佳. 促进教育消费的金融和财政措施［J］. 消费经济，2002（3）：39 - 41.

学模式、收入分配状况以及发展劳动力市场来扩大高等教育供给，同时深化经济体制改革和完善助学保障制度，确保高等教育消费适度超前发展（燕云捷；2004)[①]；采用各种营销手段来吸引和服务高等教育消费者（楚红丽，2007)[②]；在高考加分和自主招生过程中增设"公示"环节并建立资金使用的硬约束机制（李正明，2006)[③]；引入法律手段构建教育消费知情权保障机制（苗绘、杨颖秀，2004)[④]；从教育参与主体着手引导教育消费健康发展（周晓丽、陶美重，2006)[⑤]。从整体上看，这些措施是从教育发展的角度出发的，并没有从受教育者角度提出切实有效的措施，且在研究中混淆了教育投资与教育消费的区别。

### 三、国内外研究现状评述

1. 对教育公平研究的评述

国内外学者在教育公平的影响因素、教育公平的度量、教育公平与效率之间的关系、中国高等教育公平的现状、消除教育不公平的对策与措施等方面进行了大量研究，为本课题提供了一定的研究基础，主要表现在以下几个方面：

（1）已有研究将入学标准（学术能力或考试）、家庭收入、学费、国家资助、借贷限制、教育扩张、教育政策不仅视为高等教育公平问题产生的根源或影响因素，也视为解决高等教育公平问题的主要途径或突破口。这为本书教育公平问题原因的再探索和教育公平提升模式的研究提供了一定的前提和思路。

（2）已有研究在对教育公平与教育效率之间关系的认识上，基本达成一致意见：两者是相互矛盾、相互促进的统一体，可以达成和谐统一，共同推

---

① 燕云捷. 发展我国高等教育消费的对策与建议 [J]. 西北工业大学学报：社会科学版，2004，24（4）：78 - 79.

② 楚红丽. 营销视角下的高等教育消费行为及其特点分析 [J]. 煤炭高等教育，2007，25（1）：28 - 31.

③ 李正明. 论高等教育消费环境的和谐 [J]. 消费经济，2006，22（5）：31 - 33.

④ 苗绘，杨颖秀. 教育知情权及其保障机制的构建 [J]. 中国教育学刊，2004，（8）：25 - 27.

⑤ 周晓丽，陶美重. 教育消费扩张的正负效应及引导策略 [J]. 教育导刊，2006，3（上半月）：11 - 14.

动高等教育在质与量方面的和谐统一和可持续发展。这为本书提供了关于教育公平的理论基础，为本书以效率为基础的教育公平的限定和研究提供了一定的理论支持。

（3）已有研究表明，中国高等教育公平问题虽然在"量"的方面有所缓解，但在"质"等方面向更深层次发展。总的来说，中国高等教育发展面临的最基础、最突出的不公平是与入学标准以及家庭经济状况、学费和国家资助等相联系的入学公平问题。这为本书高等教育入学公平问题的研究提供了研究的迫切性。

（4）在对教育公平的度量方面，已有研究在方法和指标方面为本书进一步构建相关指标体系提供了研究基础。

已有研究还存在很多不足，为本研究提供了一定的研究空间：

（1）已有研究更多地从入学标准、学费、经济收入等外部因素入手来探讨高等教育公平问题解决的对策，还鲜有研究从教育公平问题产生的内因上入手。而教育消费过程即是教育参与过程，获取教育的消费性收益是人们参与教育的主要动机之一。因此，有必要在一个包含教育生产性价值和消费性价值两方面完整价值的综合框架中探讨高等教育公平产生的原因，构建内因与外因之间的有机联系，探索高等教育公平提升的一般性路径。

（2）已有研究在不同的框架下对入学标准（学术能力或考试）、家庭收入、学费、国家资助、借贷限制、教育扩张、教育政策等单一或少数几个因素进行了研究，但高等教育公平问题是诸多因素共同影响而导致的结果，因此有必要将这些因素纳入到一个独立的统一框架下，探讨这些因素之间的联系，以及它们与内源性因素之间的联系及其对高等教育公平的综合影响。

（3）已有对教育公平的度量研究仅从区域、群体层面和度量的角度出发，而高等教育公平的研究不仅要关注宏观层面，还要关注个人层面；不仅要以度量为目的，还应促进入学的选择，因此有必要探索一种促进个人高等教育选择、衡量微观层面教育公平程度的度量方法。

2. 对教育价值及教育的消费方面的研究评述

已有研究在教育（支出）的属性和价值、教育的消费性收益与消费性价值、教育消费力、大学生消费状况以及中国城乡、区域和社会各阶层家庭教育消费状况等方面进行了卓有成效的工作，这些研究为本书奠定了研究基础，并提供了一定的研究可行性和必要性，主要表现在以下几个方面：

（1）目前学术界能够普遍接受教育具有投资（生产）和消费两方面的属性和价值，或者教育支出具有投资和消费二重性和双重价值这一观点。该观点的支持者包括人力资本的主要创始人、著名经济学家、诺贝尔奖获得者。因此，教育具有消费属性和消费性价值这一观点是成立的，或者至少可以从生产和消费两方面价值的视角来研究教育。这为本书提供了研究的可行性之一。

（2）一些研究结果表明，随着教育层次的上升，教育的投资性逐渐减弱，教育的消费性逐渐得到增强，即低层次的教育更多地表现为一种投资，而高层次教育的消费性凸显。由此可以认为高等教育具有消费的属性及特征。这为本书提供了研究的可行性之二。

（3）一些研究表明，随着社会进步和物质丰裕程度的不同，以及在不同的收入情况下，教育支出表现的属性也不同。在贫穷和物质短缺的社会，以及收入水平较低的情况下，教育支出主要表现为投资倾向；而在物质较富裕的发达社会，或者收入水平较高的情况下，教育支出更多地表现为消费倾向。而中国正处于经济发展迅速、物质财富不断增长、人民收入水平不断提高的阶段，所以基于生产性价值和消费性价值构成的教育双重价值的视角研究大学入学公平是适宜的，具有一定的超前性。这为本书提供了研究的可行性之三。

（4）关于中国大学生以及家庭高等教育消费状况的研究表明：中国高等教育高消费、滥消费的无序性、非理性的行为和现象普遍存在；同时，城乡之间、阶层之间存在巨大的高等教育不公平现象，并由此导致了贫富差距的进一步拉大。而教育的理性选择是教育公平的前提之一。因此，有必要将教育的消费方面纳入到分析框架之中，从教育双重价值的视角对中国高等教育的发展进行重新审视，探寻高等教育的理性选择的引导及环境建设，进而促进大学入学的公平。这为本书提供了研究的可行性之四。

（5）已有文献对教育消费性收益、教育消费性价值、教育消费力等方面的研究表明，教育消费具有增强人们未来消费能力、带来消费效用等方面的功能。这说明教育的消费方面具有一定的功用价值，这些价值是人们竞争追求的对象，因而可能是导致教育不公平的内在因素之一。这为本书提供了研究的可行性之五。

已有研究还存在很多不足之处，这为本书提供了一定的研究空间，主要表现在以下几点：

（1）在教育支出属性的研究方面，学者们分别从教育类型、教育层次、教育过程、教育活动、就业状况等方面来分析，尽管很多学者赞同教育既是投资也是消费的观点，但他们在原因和内容的认识上还存在很大的分歧，甚至对教育消费本身的认识也存在一定的偏差，在分析中往往出现教育支出、投资、消费等交叉混用的现象。而且目前尚没有关于教育消费属性的比较系统的研究和分析，这在一定程度上阻碍了教育的消费方面研究的进一步开展。

（2）学术界对于教育的各种消费性收益的研究很多，但非常零散，对于教育消费性收益内涵的认识还存在时间（受教育结束之后的非货币收益是否应该被包含）和来源（归因于投资还是消费）上的争议。已有研究主要关注教育消费的收益效应，忽视了教育消费性收益对于教育消费的反作用（例如对教育公平的影响）的研究。并且这些研究大都是在教育投资框架下进行的，没有摆脱教育投资框架的束缚，尚缺乏在教育消费框架尤其是投资与消费相结合的框架下的研究。

（3）在对中国在校大学生消费以及中国城乡和社会各阶层家庭教育消费的调查和研究方面，更多地停留在对学生衣食住行费用和学费的调查分析上，缺乏对受教育者及其家庭的教育消费行为及其过程的深入研究，缺乏深刻的理论支持，使得研究流于形式，千篇一律。并且研究的对象仍然是个人或家庭的教育支出、教育投资或日常生活消费，存在概念混用的现象。关于促进中国教育消费的建议和对策的研究，其实质是针对中国高等教育发展中的具体问题提出的，并没有在一个统一的框架下针对高等教育发展面临的基本问题提出一套相对完整的政策建议。这方面的研究还需要在明晰教育消费对于作为高等教育基本问题的大学入学公平之影响基础上，寻找问题解决的根本对策。

# 第四节 研究内容与研究方法

## 一、研究内容与逻辑结构

本书从教育双重价值的视角探讨大学入学不公平问题产生的根本原因，在此基础上通过构建影响大学入学不公平的内外部因素之间的联系，从而得出大学入学公平提升的一般性路径，然后沿着一般性路径提出中国大学入学公平提升的具体策略和措施。具体内容主要包括以下六个方面：

1. 文献综述和问题的提出

该部分依据中国现实背景和理论发展的需求提出本书需要研究的问题。通过对国内外的相关研究进行回顾梳理和分析，明确可以对本书起到借鉴、启发、可以继承和发展的观点和内容，并归纳出已有相关研究的不足，提出本书研究的思路、研究视角的可行性、必要性以及研究的主要内容。

2. 本课题研究的理论基础和理论框架

该部分从中国社会转型对大学入学公平的基本规定性出发，在分析和借鉴若干公平观、公平与效率的关系等相关理论的基础上，提出中国现阶段大学入学公平应该选择的内涵及其应遵循的基本原则，并在分析大学教育价值与大学入学公平之间关系的基础上，提出基于双重价值视角的中国大学入学公平提升研究的理论分析框架。

3. 大学入学不公平的内因考察

该部分在分析大学教育所具有的生产性价值和消费性价值两种基本价值的基础上，提出关于大学入学不公平产生的内在原因的理论假设。然后，借鉴相关理论，并运用数学方法证明这一理论假设。最后就所发展的内因理论提出理论与现实两方面的证据支持，并运用因子分析方法对此进行了实证。

4. 大学入学不公平内外因联系的建立

该部分在选择和分析若干影响大学入学不公平的外部因素的基础上，提出关于大学不公平内外因联系的若干理论假设。在此基础上，通过运用数学和经济学的相关方法证明这些理论假设，从而构建大学入学公平提升的一般性路径。

5. 中国大学入学公平的现状分析

该部分通过问卷调查和统计分析等方法，实证分析城乡、区域、性别以及阶层四个方面对中国大学入学在数量和质量两个层面的公平状况和存在的问题，进一步从整体上进一步验证教育价值追求对于大学入学不公平的影响，为大学入学公平提升策略的提出奠定现实分析基础。

6. 中国大学入学公平的提升策略与措施研究

该部分沿着上一部分所提出的一般性路径，针对中国的现实状况，提出提升中国大学入学公平的策略、具体措施以及实施方法。

本书的逻辑结构如图 1-2 所示。

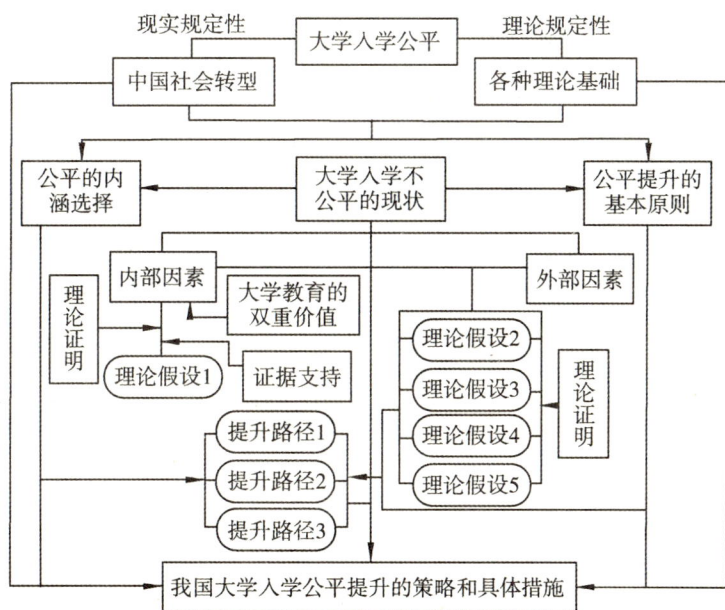

**图 1-2　本书的逻辑结构**

## 二、研究方法

### 1. 系统研究方法

大学入学公平是一个综合的、全面的、动态的研究课题，不仅包含层面多，影响因素广，而且各个层面和影响因素之间又存在着错综复杂的作用关系。需要运用经济学、社会学、管理学、教育学等多学科的理论与方法综合地、全面地研究，才能实现内容与过程、理论与方法的有机结合。

2. 文献梳理与理论综合相结合

在梳理教育公平、教育价值、教育消费等相关研究的基础上，综合各种公平理论、公共物品理论、寻租理论、社会分层与社会流动理论、内外因辩证关系理论，探寻各种理论对公平与效率在内涵、特征等方面认识的共通之处及其相互联系，构建基于教育双重价值框架的大学入学公平提升的理论分析框架。

3. 定性研究与定量研究相结合

在对相关概念及其内在联系定性分析的基础上，提出关于大学入学公平与教育价值之间内在联系的理论假说，进而使用问卷调查、数学推演、因子分析、logistic 回归等定量方法对大学入学不公平的现状、问题、内在原因、内外因之间的联系进行实证分析，实现大学入学不公平问题与教育价值的有机对接。

4. 比较分析与对策分析相结合

通过城乡比较、省际比较、性别比较和阶层比较来分析中国大学入学公平的现实状况和现存问题，进而依据理论分析结果提出大学入学公平提升的对策和措施。

# 第二章　大学入学公平研究的理论基础

　　任何事物的产生和发展都有它深刻的时代和社会背景。现阶段中国的大学入学不公平问题是社会转型进程中阶层迅速分化的必然产物，同时社会转型又对大学入学公平的价值判断提出了新的客观要求。本章的目的是在对相关理论基础分析的基础上，结合中国社会转型对大学入学公平的基本规定性，分析和限定大学入学公平应该遵循的原则，进而构建大学入学公平问题研究的一个理论分析框架。

## 第一节　公平的内涵、类型及特征

### 一、公平的内涵及其考察维度

　　"公平"是一个难以明确界定且颇具争议的复杂概念，它与"公正""正义""平等""均等"等词语语义相近。从历史上看，学术界并没有对这些词语做严格的区分，并且时常将它们不加区别地使用：在价值判断层面，"公平"和"公正"往往被混用，而在现实层面，"公平"和"平等"往往被交叉使用。即使在词典中，这些词语也被用来作相互间的解释。而要把公平作为一个研究对象的载体和一个可以依托的决策依据，就必须辨别这些词语，弄清它们之间的细微差别，并在特定的语境中赋予公平一个恰当的含义。

　　从基本词义来看，公平具有"公"和"平"两方面的含义，其对应的英文词语是"equity，equitable"或"fairness，fair"。"公"就是公正、正义、合理，内在地要求着合规律性和合目的性的统一。"公正"与"正义"的概念紧密联系，英文对应的词语是"justice，just"，是带有明显价值取向的抽象概念，强调公道、正当和合理性。而"平"是指平等、平衡，体现着对客观层面权利和利益分配的要求。"平等"与"均等"是密切联系的概念，对应的英文词语是"equality，equal"，是指在程度、价值、质量、性质、能力或状况上与他人或他物相同或相等，强调"相同""相等""等同"，是对一个可以客观地度量的事实性状态的客观判断，是一个可度量和操作的具体概念。由此可见，"公平"不等于"平等"或"均等"，前者强调的是在对客观事实主观评价基础上的平等，并以承认某种或某些合理性差异为前提，而且只有在此前提下才具有可操作性，因此是相对的平等，比"平等"或"均等"更抽象，更具道德意味、伦理性和历史性（杨东平，2006）①。而后者强调的是一个客观事实，有差别就是不平等，因此本身就具有绝对性和可操作性。"公平"与"公正"之间也存在一定的区别，前者在价值判断基础上具有可操作性，而后者是纯粹的价值判断，侧重"基本价值取向"，不具有可操作性。由此可知，"公平"是一个含有道德规范和价值判断的规范性的多维概念，可以视为"公正"和"平等"的复合语。它是指以一定的价值规范（公正原则）对人的权利、财产等方面在性质和数量上平等状况的推断，可以理解为基于某种公正、合理性原则和客观现实基础之上的平等。"公平"包括应然和实然两个层面。在应然层面，"公平"强调以什么样的原则或标准行事是正当的、合理的，具有质的特性。在实然层面，"公平"强调在某一特定价值判断基础之上的平等，即公平的可操作性，具有量的特性。

从公平的内涵看，至少需要从两个维度对其进行考察评价。第一个维度是社会基本的价值认同。公平是人们对某种社会现象或关系是否公正合理的一种道德评价，必然离不开人们的价值判断。在社会发展的过程中，人们必然会形成一些基本的价值认同，这些基本的价值认同是考察公平问题的基础。但仅从此维度考察公平是不够的，因为对于特定的事物或行为，人们具有不同的利益基础和要求，并且是不断发展变化的，这就决定了社会价值判断在此单一的维度下必然走向多元化和离散化，势必会造成公平观的混乱，难以达成社会共识。因此就需要求助于其他维度。第二个维度是客观事实基础。公平是一种调节人们之间社会关系和利益分配的规范，必然具有客观的内容，

---

① 杨东平. 中国教育公平的理想与现实［M］. 北京：北京大学出版社，2006：4-5.

因此对公平的考察不能脱离客观存在，"研究公平就必须探寻实践的内在结构和功能"（夏文斌，2006）[①]。

## 二、公平的层次与类别

公平内涵的复杂性决定了其类型也是纷繁复杂的，从不同的视角和不同的标准看，公平可以有不同的层次、形式或类别。从事物发展的过程看，有起点公平、过程公平和结果公平；从质与量的角度看，有质量公平和数量公平；从价值取向和调整主体看，有市场公平（以效率为价值取向，调整主体为市场）和社会公平（以平等稳定和谐为价值取向，调整主体为政府）；从行为主体延续的角度看，有代内公平和代际公平；从行为主体的范围看，有个体公平和群体公平、有横向公平（对地位相同的人给予相同的对待）和纵向公平（对地位不同的人给予不同的对待）；从规则体系看，有分配规则公平、交换规则公平、均衡规则公平等；从平等的层次看，有均等性的公平和非均等性的公平；从公平作用的领域看，有政治公平、经济公平、伦理公平等；从公平的程度看，有形式公平（强调规则和程序的合理性）和实质公平（强调结果的平等）；从公平的对象和层次看，有权利公平、机会公平、规则公平、效率公平（与效率内在统一的公平）、要素公平（承认人们所拥有的某些要素在交易中的价值）、分配公平和社会保障公平，等等。不同的学者主张不同的公平。公平的不同层次与类别的划分，满足了从不同视角研究和探讨现实公平问题的需要。因此，我们可以根据理论与实践的需要，从不同的视角选择相应的层次和类别来认识具体的公平问题，探讨其产生的根源及影响因素，从而提出促进公平的相应措施与对策。

## 三、公平的特征

从内涵及其构成来看，公平是公正与平等相互联结和不可分割的整体，仅有公正之心、公正之态度、公正之标准而脱离特定对象平等状况的描述不能称其为公平；同样，仅有平等之果而离开了社会公正之标准和规范也得不出公平与否或公平程度如何的推断。而公平中公正与平等的有机结合，使公

---

① 夏文斌. 公平、效率与当代社会发展［M］. 北京：北京大学出版社，2006：12.

平成为具有多重复杂特征的统一体。就如博登海墨（1987）① 和萨托利（1993）② 所说，"正义具有一张普洛透斯似的脸，变幻无常、随时可呈不同形状，并且有极不相同的面貌。当我们仔细查看这张脸并试图解开隐藏其表面之后的秘密时，我们往往会深感迷惑。""平等问题的复杂性——我把它称为迷宫——其程度要比自由的复杂性更大。"具体而言，公平的基本特征可以概括为如下几点：

1. 公平是平等性与差异性的统一

公平承认合理差异基础上的平等，而并非绝对意义上的平等。只有承认某些现实差异的合理性才能有效率地推进实质意义上的公平，才能促进公平的不断升级。因此，也只有承认差异存在的公平才有效率，才能避免公平走向绝对平等的平均主义。

2. 公平是客观性与主观性的统一

公平作为人们的一种价值判断，往往受社会群体或个人的价值观及切身利益的制约。因此，对同一事物，来自不同地区、阶层、群体的个人以及从不同的角度可能有不同的认识和判断。因此公平必然具有主观性。但是，人们的价值需要不是凭空产生的，一定社会关系中所形成的公平观总是与特定的经济结构、政治结构和文化结构相适应，归根到底是由一定的社会生产方式决定，它反映的内容也是一种不依人的主观意志为转移的客观存在。因此，公平又具有客观性，积淀着历史规律的内在依据。所以，适宜的公平观需要主观与客观的内在契合。

3. 公平是理想性与现实性的统一

公平是永恒的命题，是人类不断追求的理想，具有理想性。但就特定时代的特定事物来说，公平又是一个适时性的问题。对于具体的实际问题，人们需要根据公平的原则，从理论上审视，做出比较准确的价值判断与价值选择。因此，公平又具有现实性。

4. 公平是历史相对性与人类普遍性的统一

公平依赖于一定的历史条件而存在，从最古老的自然形成的原始公社中

① ［美］博登海墨. 法理学——法哲学及其方法［M］. 邓正来等，译. 北京：华夏出版社，1987：238.

② ［美］萨托利. 民主新论［M］. 冯克利，阎克文，译. 北京：东方出版社，1993：357.

的公平理想到现代的公平要求，历经了漫长而曲折的过程。在这一历史发展过程中，公平观念遵循着否定之否定的规律。新的公平总是在否定旧的公平中为自己开拓道路。文明每前进一步，不公平也同时前进一步。"从古到今，没有永恒不变的公平"（马克思、恩格斯，1993）①，公平在不同的社会发展阶段具有不同的内容。因此，公平具有历史相对性。而公平作为人类永恒的命题，体现着人们对自由、平等的追求，本身具有一种普遍性。这种普遍性在横向上表现为超越阶级限制的普遍认同的公平原则，在纵向上表现为追求终极目标而对公平原则和内容的一定程度的历史继承。

## 第二节 相关理论分析与评述

### 一、若干公平观的理论考察与比较

公平是一个十分宽泛的范畴，是一个跨学科的复杂理论问题。它可以是社会学的范畴，也可以是法学的范畴，还可以是伦理学的、经济学的范畴，如此等等。从公平内涵可以看出，对于公平的判断，关键在于对"公平"中"公正"或"正义"的判断。西方学者分别在不同的范畴内研究了公平的本质、特征、历史发展，提出了各自的公平观，虽然这些典型的公平观主张不同甚至对立，但是它们所共同关注的公平要素以及所揭示的公平的基本特征可以为我们进一步限定大学入学公平的内涵和设计大学入学公平的原则提供理论依据。

1. 若干公平观的内容分析及其评述

（1）边沁和密尔以效用基础的功利主义公平观。

以边沁和密尔为代表的功利主义以趋乐避苦的自然主义人性论为理论基础，以实际达到的总效用最大化作为公平的价值标准。其价值标准包括三个方面：第一，对于行动、规则、机构等所作的任何选择都应该根据结果来评价。第二，每一项选择的后果都应根据它自身产生的效用来衡量，而不直接考虑诸如权利、责任等的实现或违背，凡是符合功利原理的行动就是正当的，

---

① 中共中央编译局. 马克思恩格斯选集：第 3 卷 [M]. 北京：人民出版社，1995：335.

就应当去做；否则就是不正当和不应去做的。"功利原理是这样的原理，它按照看来势必增大或减少利益有关者之幸福的倾向，以及促进或妨碍此幸福的倾向，来赞成或非难任何一项行动。"① （边沁，2000）第三，每一项选择按照它所产生的效用的总量来评判，要求大多数人的效用总和最大化，追求"最大多数人的最大幸福"是最高的善。显然，功利主义从本质上说是目的论和后果论的。功利主义者虽然将"最大多数人的最大幸福"作为道德生活的目的，但仍以个体行为及其目的为理论出发点和归宿，把个人利益置于最高的地位。他们认为，个人的存在是真实的，而社会是虚拟的和个人的简单加总。因此，国家和社会利益、价值就是组成它们全体个人的利益、价值之总和（边沁，2000）②；只有培养个性才能产生出发展得好的人类（密尔，1982）③。

功利主义论者将功利或福利视为正义、自由、平等的权利的基础和解决各种价值冲突的唯一办法。他们认为，正义具有权利相关性，其实质性内涵就是权利。法律、道德、应得、守信和平等五个方面的公正概念中都内隐着相应权利的含义和主张，任何不公正都是对相应权利的侵犯（密尔，1957）④；政府和法律只是促进人民最大福利和保障个人自由与平等权利的工具，它们"对个人的合法干涉唯一的根据在于自我防卫，个人行为凡是不涉及他人的部分都属于个人自由权利的范围，不应对之干涉"（舒远招、朱俊林，2005）⑤；政府应让个人在市场经济条件下自由地参与竞争，充分地发挥其自主性和能动性。由此可见，功利主义以效用为首要原则和最终目的，并由此引申出来正义、权利、平等、自由等"次级原则"。在次级原则中，正义是最神圣、最应遵守的首要原则，正义所保护的权利也是最神圣和最重要的，但前提就是每个个体都有平等享有这些权利的自由。

功利主义理论自创立之日起就在理论上和实践上赢得了众多拥护者，但

① ［英］边沁. 道德与立法原理导论［M］. 时殷弘，译. 北京：商务印书馆，2000：58.
② ［英］边沁. 道德与立法原理导论［M］. 时殷弘，译. 北京：商务印书馆，2000：58.
③ ［英］密尔. 论自由［M］. 程崇华，译. 北京：商务印书馆，1982：24－25.
④ ［英］密尔. 功利主义［M］. 唐钺，译. 北京：商务印书馆，1957：48－49.
⑤ 舒远招，朱俊林. 系统功利主义的奠基人——杰里米·边沁［M］. 保定：河北大学出版社，2005：73－76.

同时也招致了众多的批评。学术界对功利主义的批评主要集中在其效用或福利概念的不稳定性和难测性、抽象个人与抽象社会之间关系的虚假性，以及对分配以及非效用因素的漠视、对少数人利益的忽视等方面，尤其是追求简单快乐和唯效果主义的倾向所导致的拜金主义、享乐主义和极端个人主义，成为普遍批评的对象。

（2）罗尔斯的"作为公平的正义"观。

罗尔斯（2005）[①] 将其"作为公平的正义"的一般正义观描述为："所有的社会基本善——自由权和机会、收入和财富以及自尊的基础——都应被平等地分配，除非对一些或所有社会基本善的一种不平等分配有利于最不利者。"这一正义观包括两个原则（罗尔斯，2005）[②]：第一，平等自由原则："每个人对所有人所拥有的最广泛平等的基本自由体系相容的类似自由体系都应有一种平等的权利"。该原则是一种横向的、平均性的公平原则，用于确保公民的平等与自由，体现了"自由"的价值，构成了罗尔斯正义观的目标层次的内容。第二，机会公平原则和差别原则："社会和经济的不平等应该这样安排，使它们（I）在与正义的储存原则一致的情况下，适合于最少受惠者的最大利益；并且（Ⅱ）依系于在机会公平平等的条件下职务和地位向所有人开放。"该原则是一种纵向的、不均等的公平原则，用于调节社会和经济利益的分配，体现了"平等"的价值，构成了正义观的手段层次的内容。其中（I）可以理解为被调整的适用于制度或社会基本结构的效率原则；（Ⅱ）可以理解为职位是向才能开放的一种开放社会体系，突出了在不公平的社会现实中为处境不利者提供机会和利益的补偿。

罗尔斯（2005）[③] 同时还赋予了上述两个原则以"词典式序列"的安排：第一个原则优先于第二个原则，而第二个原则中的机会公平原则又优先于差别原则。具体表述为两个优先规则：第一个优先规则为自由的优先性："两个

---

① ［美］罗尔斯. 正义论［M］. 何怀宏，何包钢，廖申白，译. 北京：中国社会科学出版社，2005：303.

② ［美］罗尔斯. 正义论［M］. 何怀宏，何包钢，廖申白，译. 北京：中国社会科学出版社，2005：302 - 303.

③ ［美］罗尔斯. 正义论［M］. 何怀宏，何包钢，廖申白，译. 北京：中国社会科学出版社，2005：302 - 303.

正义原则应以词典式次序排列，因此，自由只能为了自由的缘故而被限制。这有两种情况：（Ⅰ）一种不够广泛的自由必须加强由所有人分享的完整自由体系；（Ⅱ）一种不够平等的自由必须可以为那些拥有较少自由的公民所接受。"第二个优先规则为正义对效率和福利的优先："第二个正义原则以一种词典式次序优先于效率原则和最大限度追求利益总额的原则；公平的机会优先于差别原则。这里有两种情况：（Ⅰ）一种机会的不平等必须扩展那些机会较少者的机会；（Ⅱ）一种过高的储存率必须最终减轻承受这一重负的人们的负担。"罗尔斯在提出这两个优先原则的过程中，实际上提出了第三个优先原则：正当对善的优先。"作为公平的正义"正义观要求人们在无知之幕的假设下接受一种平等自由的原则，是一种义务论或道义论。

在正义原则的基础上，罗尔斯（2005）[①]还提出了适用于个人的公平原则："一个人必须按照体制规则的规定去尽自己的责任，但必须满足两个条件：一，这个体制是正义的（或公平的），就是说，它实现了正义的两个原则；二，人们已经自愿地接受了这种安排的利益，或者为了促进自己的利益已经自愿地利用了这种安排所提供的机会。"适用于个人的公平原则包含两部分，第一部分是有关体制和惯例必须是正义的，第二部分则是说明有哪些必不可少的自愿行动。罗尔斯提出，作为公平的正义原则的实施需要一种制度保障和道德保障。制度保障包括政治上的一种正义的宪法和经济上的一套科学合理的经济责任体系。

罗尔斯的正义论体系完整、论证缜密，所研究的问题涉及伦理学、政治学、法学、经济学、社会学等广泛领域，表现出一种试图调和自由和平等主义以达到全面和综合的倾向，因此具有巨大的理论上的伸缩空间，以致具有相当不同倾向的学者都能从中各取所需地找到证明自己观点的材料或抨击的对象。总的来说，罗尔斯正义观中第一个原则是人们能够普遍接受的，而第二个原则争议则比较大。争议主要表现在其理论预设的不现实性、将补偿不平等的平均主义视为效率的模糊观点、主张为储存率设定上限和仅强调需求而忽视给予的做法、优先维护自由权的形式平等与试图达到实质平等两者之

---

① ［美］罗尔斯. 正义论［M］. 何怀宏，何包钢，廖申白，译. 北京：中国社会科学出版社，2005：111-112.

间矛盾的难以调和等方面。

（3）诺齐克的"持有正义"论。

诺齐克的持有正义论以"权利原则"为核心，旨在维护个人权利的神圣性和绝对性，尤其是经济领域中的"权利"。他用他认为更中性的"持有"来代替"分配"一词，并认为，经济领域中的"个人权利"意味着个人对经济利益"持有的权利"或"持有的资格"，并且这种"持有"的"权利"或"资格"如果从"持有"中来，那么要保证个人权利的正义性，就必须使"持有"具有"正义性"。持有正义原则首先涉及两个方面：一是获取的正义，即对持有的最初获得或对无物主的获取是否正义。通过"合法"手段实现的持有是正义的。二是转让的正义，即持有从一个人手中到另一个人手中的转让过程是否正义。通过合法的自愿交换、馈赠等方式完成的转让是正义的。个人按照持有正义原则持有的同时也对持有具有了权利。但并非所有实际持有都符合这两个正义原则，例如通过盗窃、欺骗、抢夺、受贿等方式而持有的就是不正义的。为了使整体的持有都具有正义性，就必须矫正实际持有中的不正义。这就引出了持有正义的第三个原则，即矫正的正义原则。总之，"持有正义的理论的一般纲要是：如果一个人按获取和转让的正义原则，或者按矫正不正义的原则对其持有是有权利的，那么，他的持有就是正义的。如果每个人的持有都是正义的，那么持有的总体（分配）就是正义的。"（诺齐克，1991）①

诺齐克的持有正义充分贯彻了权利原则，个人权利具有绝对性、否定性和彻底边界约束性，任何行为和分配模式，如果侵犯个人权利，都是不正当和非正义的。为了最大限度地保障这种权利，诺齐克提出了"最弱意义的国家"概念，即管事最少、除了保护性功能之外再无其他功能的最低限度的"守夜人"式的国家，其中，个人权利优先于国家权利，个人权利决定国家的性质、合法性及其职能；国家以保护个人权利为最高准则，国家只能作用于个人权利之外的活动空间。但诺齐克把个人权利作为道德的"边际约束"来对待，即不管当事者行为的动机和目的如何，也不管其行为来自哪里，只要

---

① ［美］诺齐克. 无政府、国家与乌托邦［M］. 何怀宏等，译. 北京：中国社会科学出版社，1991：158.

它侵犯了个人的权利其行为就是非正义的，就须加以禁止。个人权利的边际约束排除了用目的正当性来证明手段的正当性的可能性，排除了为了某（些）人的利益而牺牲另一（些）人的利益具有正当性，也排除了为了国家或社会利益而侵犯个人权利具有合法性。诺齐克（1991）[①]总结说："个人是目的而不仅仅是手段；他们若非自愿，不能够被牺牲或被使用来达到其他的目的。个人是神圣不可侵犯的。"

诺齐克的持有正义观从自然法和社会契约的思想试验出发论证了个人权利和自由的超功利的正当性与优先性。学术界的批评主要集中在以下几点：第一，在持有正义原则中，正义与自愿相互定义，而两者在一定程度上具有互斥性，这就很容易陷入一个死循环，产生难以调和的矛盾。第二，持有正义原则基于个人而非整体，强调个人主义，最终可能会导致社会越来越不平等的状况，从而失却社会正义。第三，持有正义原则主张，不正义的获取或转让，不论年代多么久远，中间经历了多少传递环节，现在的拥有都是不公正的。而要辨明所有持有是否正义是极其繁难的事，因而对非正义的占有彻底矫正几乎是不可能的。

（4）哈耶克基于正当行为规则的正义观。

哈耶克在批判唯社会论者以"社会正义"为核心理念的正义观的过程中构建并捍卫了具有否定性价值的自由主义的正义观。他"试图通过将其正义概念与'社会正义'脱离关系，回归正义的原义——私法社会的规则公正和原则上由限制政府权力的非随意独断性，来挽救正义这个概念。（帕普克，2001）"[②] 哈耶克（2000）认为，真正的"正义"概念不同于"社会正义"，正义是人之行为的一种属性，"唯有人之行为才能被称为是正义的或不正义的。"[③] 这种正义仅仅关注程序或游戏规则公正，是一项行动"服从它所应当

---

① ［美］诺齐克. 无政府、国家与乌托邦［M］. 何怀宏等，译. 北京：中国社会科学出版社，1991：158.

② ［德］帕普克. 知识、自由与秩序［M］. 黄冰源等，译. 北京：中国社会科学出版社，2001：197.

③ ［英］哈耶克. 法律、立法与自由：第二、三卷［M］. 邓正来等，译. 北京：中国大百科全书出版社，2000：50.

遵循的规则问题（哈耶克，2000）①"因此，哈耶克的正义观可称为基于正当行为规则的正义观。正当行为规则就是用同样的规则对待不同的人，即"法律面前人人平等"。哈耶克（1997）②认为，衡量"正义"的普遍规则必须在"法治秩序"中求得，"法律面前人人平等"是社会公平的唯一诉求，"是我们能够在不摧毁自由的同时所确保的唯一一种平等"，"法律面前人人平等"在市场经济中的具体表现就是"机会平等"。机会平等是主体参与某种活动和拥有相应条件方面的平等，其含义包括（哈耶克，1997）③：阻碍某些人发展的任何人为障碍都应当被清除；个人所拥有的任何特权都应当被取消；国家为改进人们之状况而采取的措施，应当同等地适用于所有的人。

哈耶克（1997）④认为自由与平等是不相容的，自由不仅与任何种类的平等毫无关系，而且还必定会在许多方面产生不平等。这是个人自由的必然结果，也是证明个人自由为正当的部分理由。哈耶克所指的自由是一种消极自由，即指这样一种状态：除规则所禁止的以外，一切事情都为许可。他反对为制造实质性平等而放弃一个自由社会的基本原则，任何人具有的先天或后天优势都会使整个社会获益，因此没有必要消除因为出身和继承所带来的不平等。只有利用市场竞争来决定应得的报酬，才能激励人们对社会总资产的贡献，市场机制是实现正义、保障个人自由的最佳工具。对于个人禀赋和财富的差异所导致的以及市场竞争中必然出现的收入和机会不平等，哈耶克提出了两个解决办法：一是逐渐增加社会成员上下流动的可能性，其主要手段就是确立一种普遍的教育制度，因为确立这样一种教育制度的做法至少可以使在自由制度下处于不平等地位的人们尤其是年轻人，通过自身的努力来实现自己的目的。二是确立最低收入保障制度，哈耶克（2000）⑤认为，"只

---

① [英] 哈耶克. 法律、立法与自由：第二、三卷 [M]. 邓正来等，译. 北京：中国大百科全书出版社，2000：50.

② [英] 哈耶克. 自由秩序原理：上 [M]. 邓正来等，译. 上海：生活·读书·新知三联书店，1997：112.

③ [英] 哈耶克. 自由秩序原理：上 [M]. 邓正来等，译. 上海：生活·读书·新知三联书店，1997：102 – 103.

④ [英] 哈耶克. 自由秩序原理：上 [M]. 邓正来等，译. 上海：生活·读书·新知三联书店，1997：233.

⑤ [英] 哈耶克. 法律、立法与自由：第二、三卷 [M]. 邓正来等，译. 北京：中国大百科全书出版社，2000：151.

要人们是在市场以外向所有那些出于各种原因而无力在市场中维持基本生计的人提供这样一种统一的最低收入保障，那么这种做法就未必会导致对自由的压制，也不会与法治相冲突"。

哈耶克的理论具有综合的性质和特点。他对很多重要概念有自己明确的界定，从而形成了一个逻辑上自洽的完整体系，但这同时也导致了其理论的局限，例如其学术思想的开放性和意识形态的封闭性，理论体系的综合性和哲学预设的矛盾性，理论逻辑的彻底性和理论主张的可行性等。在公平问题上，他对作为"法律面前人人平等"重要内容构成的"权利公平"缺乏深入的研究，而"权利平等"不仅仅是对市场经济产生的两极分化的纠偏，更是一个社会法律制度的基本内容。所以，哈耶克对市场经济中"机会公平"带来的社会贫富分化问题的解决显得乏力，这也是其公平观的重大缺憾。

（5）马克思、恩格斯基于全面而自由发展的公平观。

马克思、恩格斯提倡个人权利的平等与自由，他们从政治、经济以及人权等角度解释道："一切人，或至少是一个国家的一切公民，或一个社会的一切成员，都应当有平等的政治地位和社会地位。"① 但他们认为平等不应是一种表面的东西，它应该成为实际的、有内容的东西，"抽象的平等理论，即使在今天以及在今后较长的时期里，也都是荒谬的。"② 马克思、恩格斯的公平观是一种合乎社会经济发展规律和人的自由发展为原则的动态公平观，主要表现为以下两点：

第一，公平的标准随着社会经济关系的变化而变化，公平原则的前提与根据只能在人类的历史中寻求。首先，社会经济是不断发展的，公平是动态的和历史的，没有普遍的、永恒的公平准则。恩格斯指出，公平的观念"是一种历史的产物，这一观念的形成需要一定的历史条件，而这种历史条件本身又以长期的以往的历史为前提。"③ "关于永恒公平的观念不仅因时因地而变，甚至也因人而异"④。其次，公平作为道德和法的观念，是由经济关系决定的，人们关于公平的标准是随着经济关系的变化而变化的，公平"始终只

---

① 中共中央编译局. 马克思恩格斯选集：第3卷 [M]. 北京：人民出版社，1995：143.
② 中共中央编译局. 马克思恩格斯全集：第20卷 [M]. 北京：人民出版社，1971：670.
③ 中共中央编译局. 马克思恩格斯选集：第3卷 [M]. 北京：人民出版社，1995：448.
④ 中共中央编译局. 马克思恩格斯选集：第3卷 [M]. 北京：人民出版社，1995：212.

是现存经济关系的或者反映其保守方面、或者反映其革命方面的观念化的神圣化的表现"①。因此，公平的内容是具体的，公平的标准是依不同的社会经济关系为转移的，时代只能根据历史进程提出符合时代发展水平的公平要求。

第二，公平是有差别的公平，公平的准则是促进人的全面而自由发展。首先，马克思、恩格斯承认地域之间的差别。正如恩格斯指出的，"在国和国、省和省甚至地方和地方之间总会有生活条件方面的某种不平等存在，这种不平等可以减少到最低限度，但是永远不可能完全消除。"②　其次，马克思、恩格斯认为，公平具有阶级性，体现的是处于不同经济地位的人们对待利益调节关系的基本价值取向。私有制是造成资本主义社会不公平的根源。按照他们的设想，真正的公平在于社会成员对生产条件的共同占有和联合劳动，实行各尽所能、各取所需，在于消除私有制、消灭阶级，在于人类自由全面的发展。马克思、恩格斯同时还指出了实现真正公平的重要路径，即快速发展生产力。"生产力的这种发展""之所以是绝对必需的实际前提"，是因为人们"是在现有的生产力所决定和所容许的范围之内取得自由的。"③　而且，"社会阶级的消灭是以生产的高度发展阶段为前提的。"因此，他们强调，无产阶级取得政治统治后，要尽可能增加生产力的总量。

综上可知，马克思、恩格斯的公平观是一种"大公平观"，它同全人类解放联系在一起，实现了人类公平观念的革命性超越。但20世纪以来，社会主义国家在经济上发展缺乏动力，在政治上不但没有扩大原有的公民自由，反而存在着明显的倒退。此外，苏联解体、东欧剧变，以及当代资本主义的发展并没有像马克思、恩格斯预测的那样走向灭亡等事实对马克思主义理论提出了严峻挑战，更是令人们产生了对马克思、恩格斯公平观的怀疑。

（6）德沃金的权利公正论。

德沃金认为，基于权利的理论才是建构公正理论的最好选择，平等权利是最重要的个人权利，它又包括两种权利：第一是受到平等对待的权利，是形式上的平等，它要求平等分配某些利益和机会。第二是作为一个平等的个

---

① 中共中央编译局. 马克思恩格斯选集：第3卷［M］. 北京：人民出版社，1995：212.
② 中共中央编译局. 马克思恩格斯全集：第19卷［M］. 北京：人民出版社，1963：8.
③ 中共中央编译局. 马克思恩格斯选集：第3卷［M］. 北京：人民出版社，1995：507.

人而受到对待的权利，属于实质上的平等，要求政府给予每个人平等的关心和尊重。德沃金认为，因为资源有限、个人禀赋不同，很难做到形式平等，但应做到平等地对待所有的人，给予平等的关怀。因此，在这两种权利中，第二种权利是"权利公正论"的基本要求，人们所具有的各种自由权都是从平等权中推导出来的。因此，"权利公正论"以平等权为核心，公正和权利共存共生，公正就是确定人们应享有哪些权利，从而确保人们受到合乎权利要求的对待。

德沃金认为，平等权利必须遵循两个基本原则：一是重要性平等原则，强调"人人平等"。该原则不主张人在所有事情上平等，而是指"人生取得成功而不虚度是重要的"并且"对每个人的人生都同等重要"（德沃金，2003）①。该原则要求政府在力所能及的范围内，采用相应的法律和政策来保证公民的命运不受其他诸如经济背景、性别、种族、特殊技能等不利条件的影响。二是具体责任原则。该原则是指，就一个人选择过什么样的生活而言，在资源和文化所允许的选择范围内，他本人应当承担因自己的选择而产生的责任。这就要求政府努力使其公民的命运同他们自己做出的选择密切相关（德沃金，2003）②。为了能同时体现这两个原则，德沃金提出了"资源平等论"，即：按照平等原则给人们分配相同的物质资源并消除自然天赋上的差别以保证起点平等；按照个人责任原则，个人应该承担实现起点平等之后出现的结果不平等的后果。在保证起点平等方面，德沃金认为，在经济上，只有市场机制能基本上使每个人都具有同等的自由来进行交易，但市场机制有缺陷，必须通过社会福利政策等对市场做出某些修正；在政治上，民主政治或代议制的民主政治最能实现同等的关心和尊重的权利。在德沃金看来，资源平等体现了自由与平等的内在统一。一方面，每个人在资源平等框架下被平等地尊重关切；另一方面，在资源分配过程中，个人依据于其偏好、抱负、生活计划等选择的自由都得到了充分的体现。这里的平等是指在人们在支配资源方面平等，自由是指消极自由——不受法律限制的自由。德沃金对平等

---

① ［美］德沃金. 至上的美德：平等的理论与实践［M］. 冯克利，译. 南京：江苏人民出版社，2003：573.

② ［美］德沃金. 至上的美德：平等的理论与实践［M］. 冯克利，译. 南京：江苏人民出版社，2003：575.

与自由关系的主张有两点：其一，自由与平等不会冲突，在资源平等的观点下，自由变成了平等的一个方面，这对范畴可以和谐地相融于一种平等观之中；其二，如果自由与平等出现冲突，那也是"自由必败无疑的冲突"（德沃金，2003）①。

学术界对德沃金权利公正论的批判主要有两种：一种批判认为德沃金在资源平等与福利平等之间的区分是不完全的，但主要针对理论的某些细节，并没有超出其框架范围。例如，认为德沃金对于道德权利来源、道德权利和实在权利的关系、个人权利与社会群体权利可能冲突的解决、平等与自由之间非冲突关系的论证等方面都没有给出令人信服的答案。另一种批判认为德沃金的资源平等论在整体上是不成立的。但总的来说，以第一种批判为主。

（7）麦金太尔等人的社群主义公平观。

社群主义以麦金太尔、桑德尔、沃尔泽等学者为代表，其出发点和核心概念是社群。在方法论上，他们认为，理解人类行为的唯一正确方式是把个人放到社会的、文化的和历史的背景中去考察。在规范理论方面，他们断定，作为公平的正义不可能对善具有优先性，反之，对善的感知应当具有绝对的优先性。社群主义有两种含义（Walzer，1983）②：一是认为"在道德问题上，主要的观点乃诉诸共同意义"；二是认为"社群本身是一种善——也许是最重要的善"。社群主义公平观的主要论点有：①没有永恒的正义，正义观念来自于对社会现实和历史的理解。正义总是存在于各种具有不同需求的具体社群之中，每个成员都把社群的共同目标当做其自己的目标，都拥有一种社群成员资格。②社群成员资格决定分配的正义，社群优先于个人，社群共同善优先于正义。其论述思路可归纳为：权利以及界定权利的正义原则都必须建立在社群共同善之上，因此，善优先于权利和正义。而普遍的善其物化形式就是公共利益，于是善优先于权利，即公共利益优先于个人权利。③正义规则的实施必须有一定的德性基础。正义与德性相关，德性优先于正当（权利），正义取决于德性。"正义的规则只有对那些具备正义美德的人来说才有意义"，

---

① ［美］德沃金. 至上的美德：平等的理论与实践［M］. 冯克利，译. 南京：江苏人民出版社，2003：142.

② M Walzer. Spheres of Justice：A Defence of Complex Equality［M］. Oxford：Basil Blackwell，1983：29.

"因为只有那些具有正义德性的人才有可能知道怎样运用法则（MacIntyre，1984）。"① 故社群主义者都主张，国家在道德问题上应该承担起对公民美德教育的责任，同时加强各方面基础设施建设，积极促进公民和社群的善，改善社会福利。

社群主义的公平观允许不平等的存在，强调根据每个人的能力或资源进行提取，按照社会认可的需要进行分配。非常具有代表性的是沃尔泽的"复合平等"论，它有两层含义：第一层是"正义要求捍卫差别"（Walzer，1994）②，所捍卫的差别是各种各样的：不同的善，不同的领域，不同的分配程序，不同的分配理由，不同的给予者和接受者。善的社会意义保证了善的分配之正义性。若某种善的社会意义意味着不平等，那么对该善的不平等分配也是正义的。第二层含义是反对越界。如果每一种善都是特殊的，都有其独特分配的方式、机构和标准，那么这种善的力量就应该被限制在其领域之内。要维护每一种善及其领域的差别，就必须反对一种善转变为另一种善，反对一个领域的善越过、侵入和统治另一个领域的善，这种越界是"对分配正义的主要挑战"（Walzer，1994）③。

社群主义倡导从权利政治转向公益政治，具有积极合理的意义。但由于社群主义理论在某种程度上是作为对自由主义的批判和回应而产生和发展的，故在论证上缺乏系统性，存在很多缺陷。学术界的批评主要集中在如下几点：社群主义完全以社会整体为本位，漠视个人的价值和主观能动作用；过分地强调公共利益的相容性必然会导致个人的"搭便车"动机；对边缘群体的排斥是社群主义所面临的独特困难（金里卡，2004）④，其坏处在于会造成多数主义，强化对多数人的道德立场的接受（Arthur & Davison，2002）⑤；社群间的不可比性，忽视了权利、正义和公共理性等基本标准的普适性，容易导致相对主义和诡辩。

---

① A MacIntyre. After Virtue ［M］. Notre Dame：University of Notre Dame Press，1984：273.

② M Walzer. Thick and Thin ［M］. Notre Dame：University of Notre Dame Press，1994：33.

③ M Walzer. Thick and Thin ［M］. Notre Dame：University of Notre Dame Press，1994：33.

④ ［加］金里卡. 当代政治哲学 ［M］. 刘莘，译. 上海：上海三联书店，2004：475.

⑤ J Arthur, J Davison. Experiential Learning, Social Literacy and the Curriculum ［M］// D Scott, H Lawson, et al. *Citizenship education and the curriculum*. 2002：31.

（8）森的基于可行能力基础的弱公平观。

森主张以能否提高人们赖以进行基本活动的能力来衡量公平，是一种"弱公平原则"，具体表述为：假定在某一既定收入水平上，A 的福利水平低于 B，然后在 n 个人（包括 A 和 B）中分配既定数量的收入，那么社会的最优选择是给个体 A 比个体 B 更高的收入（Sen，1997）①。即：在平等扩展每个人自由的基础上，社会应给予基本能力处于不利地位者更多的社会资源。森对此作了三点说明：①弱公平原则关注人们扩展自由的基本能力，体现了对人的最基本需要的底线关怀。②弱公平原则没有给出确定的绝对数量，仅仅给出了调整的方向。③弱公平原则依赖于个体之间的比较，涉及"收入、财富、幸福、自由、机遇、权利或需要的满足等等"（Sen，1992）②。森（2002）③ 认为，扩展自由对发展具有建构性和工具性双重作用，包括两个命题：①扩展自由是发展的首要目的。森所谓的"自由"是一种实质自由，即人们能够过自己愿意过的那种生活的"可行能力"。森眼中的自由不仅仅包括基本的经济生活的物质保障权利和基本的意见表达和政治参与权利，更扩及基本的教育文化权利。他认为，发展旨在扩展自由，而扩展自由需要消除"那些限制人们自由的主要因素"（森，2002）④。②扩展自由是促进发展的主要手段。森认为，扩展自由可以对发展过程做出富有实效的贡献，其手段性作用主要由政治自由、经济条件、社会机会、透明性担保和防护性保护等不同种类和层次的工具性自由建构而成。扩展自由被视为一种具体的可行能力，一个人的"可行能力"指的是此人有可能实现的、各种可能的功能性活动的组合。可行能力不仅要考虑个人所拥有的基本物品，还包括有关的个人特征，它们决定基本物品在多大程度上有助于个人实现其目标（Sen，2002）⑤。一个人的可行能力越大，他过某种生活的自由也就越大（Sen，1985）⑥。可行能力

---

① A K Sen. On Economic Inequality［M］. expanded edition. Oxford：Clarendon Press，1997：18 - 20.

② A K Sen. Inequality Reexamined，［M］. New York：Harward University Press，1992：20.

③ ［英］森. 以自由看待发展［M］. 任赜，于真，译. 北京：中国人民大学出版社，2002：30.

④ ［英］森. 以自由看待发展［M］. 任赜，于真，译. 北京：中国人民大学出版社，2002：2.

⑤ A K Sen. Freedom，Rationality and Social Choice：Arrow Lectures and Other Essays［M］. Oxford：Clarendon Press ，2002：4 - 15.

⑥ A K Sen. Commodities and Capabilities［M］. Amsterdam：North-Holland，1985：353.

的视角将人的主体性从生产向生活领域拓展，从而将能力与自由有机地统一起来。

森的公平观反对将某些价值要素"绝对地"优先于另外一些价值要素。他认为，应该扩大信息基础，以构成实质自由的功能性活动为评价标准；对各种价值要素共同考虑，区别对待。对于自由与平等的关系，森将两者视为不同类型的价值，具有空间性，避免了两者之间的矛盾冲突。他认为，自由与平等在概念上是独立的，两者是不同范畴的价值，平等成为自由分配的一种模式，而且自由成为一种可分配之价值，是平等空间的一种被选对象，它们相互依赖，并不属于彼此竞争的价值，无法互相替代（Sen，2002）①。

森的公平观对正义的补偿功能要求很低，将公平的要求降低到现实社会可以接受和实施的程度，并且其正义内容对社会每个成员发展自身的实质性自由都是有利的。所以，森的公平观不但具有很大可操作性，而且在直觉上更符合人们对平等的诉求。学术界对森的理论的批判主要集中在公平度量的指数问题，即如何把代表自由的各种能力进行比较，最终形成一个具有参考意义的综合指数，这也是各种公平理论都无法逃避的一个问题。

2. 各种公平观公平要素的考察比较

通过上述分析可以知，各种公平观都非常关注平等与自由的关系，正当、权利与善的关系，关注法律、政府与个人的角色，都承认差异并关注效率。但是这些公平观对这些要素的理解存在着很大差异，尤其是在哪种要素占优先地位、哪种要素应作为公平的衡量标准等问题上，各种公平观的分歧较大甚至完全对立。

（1）各种公平观中平等与自由的博弈。

平等与自由的冲突实质上是公平与效率的冲突，这种冲突一直是各种公平观的主要话语之一，各种公平观对"自由"与"平等"之间关系的认识不同，主要有相互冲突、和谐相容、相互独立三种观点。从而，各种公平观对自由与平等冲突的处理方式也存在一定的差异。罗尔斯、诺齐克、哈耶克等人的主张是建立在自由和平等必然冲突的假设基础之上，都以自由优先的方式来处理两大价值之间的冲突。德沃金认为自由和平等不会有冲突，两者可

---

① A K Sen. Inequality Reexamined［M］. New York：Harward University Press，1992：22.

以和谐地相融于一种公平观之中，但平等是最高价值，是自由主义的原动力。他主张通过真实的机会成本使自由与平等这两种美德合为一体。森将自由与平等视为不同类型的价值，认为两者在概念上是独立的，并不属于彼此竞争的价值，无法互相替代，因而可以避免相互冲突。从公平观的发展演进看，平等与自由之间的博弈在历史的脉络中趋于缓和，并向融合和和谐的方向发展。

（2）各种公平观中正当（权利）与善的博弈。

很多公平观都提到一个命题："正当"（right）、"权利"不同于"善"（good）。所谓"正当"与正义同义，就是要确定可以做什么——做哪些事就是行为者的权利，它体现个人拥有的独立意志，对于个人"right"范围内的事可以自行决定做与不做。关于行为正当与否的判断一般称为"权利或义务（或道义）判断"。而所谓"善"有两个层次的含义：既可用于一切事物，指"好处""利益"等实质性的价值对象；又可用于人及其品质、心性、动机、行为等，指"善""好"等属性或价值性质。前者构成"非道德价值判断"，后者构成"道德价值判断"。"善"是人从伦理学、经济学等种种实用观点所确定的价值，是行为所具有的能够达到目的、满足需要、实现欲望的效用性。行为的善或善性便是所谓的"应该"，就是指在诸多"right"的选择中应该做哪些事——所做的事情出自良知、体现道德并有利于他人或社会，从而得到社会的赞许。善与正当或权利谁更优先的问题是义务论与目的论的根本分野所在。义务论把针对人的行为出发的道德义务判断视为更基本、更优先的，善恶的价值标准最终要归结到行为的正当与否，故认为正当优先于善。罗尔斯、诺齐克、哈耶克、森等都是义务论者。目的论则认为善是据以判断正当与否的根本标准，人的行为本身并无价值，正当性并非自足独立的，但都是有目的的，都是要达到某种结果的，只有行为所追求或所达到的目的价值才能衡量行为之正当性与否。因此目的论认为善优先于正当。功利主义者和社群主义者都是目的论者。从公平观的发展来看，正当与善的关系也不断向温和和融合的方向发展。

（3）各种公平观对国家和法律的认识。

各种公平观都主张通过国家和法律手段保障个人基本的权利和自由。但是关于政府和法律在什么程度上发挥作用，不同的公平观认识不一。自由主义者，包括罗尔斯、诺齐克、德沃金、斯密等人，提倡国家道德中立的立场，即国家（政府）应当中立于其公民所追求的所有善的生活观念，平等地宽容它们；国家的任务在于制定和维持一些规则以使它们的公民能够去过他们想过的生活；政治道德应当只关心权利（正当），而让个人去决定他们自己的善。以边沁和密尔为代表的功利主义公平观也提倡政府与法律的消极干预。法律优先论的提倡者哈耶克则主张以法律作为衡量人行为正当性的规则，无论法律有多坏，公民都应该遵守，国家为改进人们之状况而采取的措施应当同等地适用于所有的人。德沃金提倡通过市场机制和民主政治相结合来保障人们自由交易和个人权利。而社群主义者主张国家在道德问题上应该放弃中立立场，积极促进公民和社群的善。森主张通过国家的一系列政治和社会安排来弥补市场的缺陷。马克思和恩格斯则强调国家和法律是阶级统治的工具。由此可见，国家和法律作为各种公平观关注的要素之一在不同的层次上发挥了作用。

（4）各种公平观对市场和效率的认识。

虽然各种公平观对市场和效率的理解有所不同，但都体现了对市场和效率的关注。功利主义效用最大化的公平原则表明了对效率的关注，主张个人在市场经济条件下自由地参与竞争。罗尔斯从通过强调扩展那些机会较少者的机会理解效率，他在论述中阐明了他的作为公平的正义观的第二个原则即包含效率原则。诺齐克的自由至上主张捍卫市场自由，认为市场所决定的分配状况，无论多么不平等，都是正义的（黄有光，2003）[①]。哈耶克将市场机制作为保障自由和正义的最佳工具，强调不平等的积极作用，充分体现出对效率标准的重视。德沃金认为，在分配资源时，市场机制最符合平等关心和尊重的原则。社群主义强调根据每个人的能力或资源进行提取，按照其社会认可的需要进行分配，同样体现了效率的含义。森的扩展人类可行能力的主张以及马克思和恩格斯的经济规律决定论也都包含着对市场机制的强调和对效率的诉求。所以，各种公平观不仅强调正义与平等，还试图将效率因素包含进来。

---

① 黄有光．效率、公平与公共政策［M］．北京：社会科学文献出版社，2003：209.

（5）各种公平观对天赋和差异的认识及其处理方式。

不同的公平观对待个人天赋和差异的认识和处理方式都存在一定的差异。罗尔斯认为个人的天赋才能和与生俱来的优越条件不是"道德上"应得的，公平原则应该将天赋差别排除在外，应该补偿差别以实现机会公平。德沃金认为个人应对其选择负责，但不应该对禀赋等因素负责，政府可以做到的就是平等的关切，给人们分配相同的物质资源，并消除人们在自然天赋上的差别保证起点平等，在此基础上所产生的结果不平等则由个人负责。功利主义者关注总量的效用，允许较大的差别存在。诺齐克认为符合正义的差别是合理的，天赋是人所拥有的一种权利，不管天赋从道德来看是否是任意的、偶然的，只要这种权利不侵害别人的生存就应得到保护。哈耶克也认为没有必要消除因为出生和继承所带来的不平等，他提出通过教育和最低收入保障来处理市场中必然出现的收入差距。社群主义者允许不平等的存在并且捍卫差别的存在，认为只要不平等是社会善决定的就是正当的。森主张社会应该在平等扩展每个人自由的基础上给予基本能力处于不利地位者更多的社会资源。马克思和恩格斯认为差别可以降低到最低限度但不能消除，根本的方法是大力发展生产力。总的来看，这些公平观一般都认同通过一定的政策来补偿差别，尽管补偿程度不同，但一般都认同补偿那些影响公平的基本差别因素。

（6）各种公平观的最终目的。

公平的对象是人和社会，但不是抽象、空泛的人和社会。如果人与人相互隔绝，就没有公平与否的问题。功利主义以个体行为及其目的为理论出发点和归宿，把个人利益置于最高的地位。罗尔斯的公平正义观确定的一整套原则来分配社会的基本的善，最终指向人的发展。诺齐克的持有正义论以个人自由为出发点，捍卫个人权利。德沃金的公平观认为社会政策和制度都是实现个人目标的手段，个人权利是最基本的。社群主义以实现更多人的权利平等为目标，同时也强调个人的需要。森的公平观以扩展人们的实质自由为首要目的。马克思和恩格斯的公平准则就是促进个人的全面而自由发展。由此可见，从终极意义上说，各种公平观的最终目的都指向人，都是为了人的发展。

（7）各种公平观的公平衡量原则。

对于公平的判断关键是对"公平"中"正义"的判断。从哲学的层面上讲，正义是指人的群体活动中的一种"合理的关系"，是对人的生存方式及社会关系是否具有合理性的追问。以边沁和密尔为代表的功利主义学派倡导"最大多数人的最大利益"，把经济福利即总效用作为公平的标准；罗尔斯从无知之幕后人的理性中推理出"作为公平的正义"的两个词典式序列原则；诺齐克提出持有正义三原则，主张只要是自愿的交易就都是公正的；哈耶克认为公平的标准是以法律来衡量的正当行为规则；德沃金以平等权利为标准；森提出基于可行能力的"弱公平原则"；社群主义者认为社会的实质生活以忠实于社会成员之共享理解的方式进行就是正义的；马克思和恩格斯认为社会经济关系决定公平的标准，其最高标准是人的全面而自由发展。总之，目的论将正义原则一般归结为某种利益，以行为的结果来评判公平与否；而道义论则将正义原则看作理性的自然引申，以行为自身的正当性来判断公平与否。

## 二、公平与效率关系的相关理论

### 1. 公平与效率的关系

对于公平与效率之间关系的认识，学术界主要有三种观点：第一种观点认为，公平与效率相互排斥，此消彼长，不可兼得，强调公平必然会降低效率，追求效率必然会导致不公平。第二种观点认为，公平与效率之间是对立统一的辩证关系，要对两者兼顾，尽可能削弱它们之间的对立面而增加其统一性，使之相互促进，共同提高。第三种观点认为，公平与效率之间是内在统一的关系，两者相辅相成、互为条件、相互促进，具有内在的统一性，追求公平就是为了提高效率，提高效率的目的就是为了促进公平，因此两者必须同时兼顾，缺一不可。对于公平与效率关系的处理，西方学术界一般采取两者不同组合的三种方式：

（1）公平优先论。

主要代表人物是一些伦理学家、社会学家、政治学家和关注经济伦理问题的经济学家，如罗尔斯、德沃金、罗宾逊夫人。他们认为，公平是一种社会制度的首要价值，具有优先性。尽管市场在资源配置上具有不可替代的作用，但它并不是万能的，它不可能产生符合现代社会要求的合乎正义的分配。自由市场体制所强调的机会均等并不是真正的公平，在资本分布、天赋状态及教育水平等方面都不具备平等意义的条件下，机会具有很大的盲目性。如果任由市场自由运作，必然导致人们之间分配上的巨大差异，这种贫富上的分化对人的尊严、社会的稳定以及人类的生存都会造成威胁，因此，在市场分配之外，应该通过国家的经济干预、制定新的合乎正义的制度等手段对分配进行调节。

（2）效率优先论。

主要代表人物是新自由主义经济学家和强调自由竞争的货币主义经济学家，如哈耶克、罗宾斯、弗里德曼等。他们认为，自由是保证市场经济正常运行、提高资源配置效率的前提条件，因而效率与自由是不可分割的，效率的提高需要自由经营、自由竞争和资源的自由流动；公平可以在市场中自发形成。因此，效率具有优先性：从政治层面上说，效率优先是对个人自由选择的认同；从经济层面上说，效率优先能调动人的积极性；从道德层面上说，效率优先可以促使经济人形成一种勤奋努力、敢于负责的市场道德（夏文斌，2006）①。因而，增进公平不能以牺牲效率为代价，损害效率和自由的公平是不可取的。

（3）公平与效率兼顾论。

主要代表人物有伯格森、布坎南、奥肯等。他们认为，公平和效率同等重要，没有先后次序，但二者在冲突时可以并且应该达成妥协。某些场合，推进公平必须以牺牲效率为代价，而某些场合提高效率必须以牺牲公平为代价，因此两者必须达成妥协，但其中任何一方面的牺牲必须被判断为可以获得另一方面，最好能根据实际需要找到效率与公平之间的最佳结合点。而且，该种观点认为，在不同的领域中，两种价值占据着不同的位置。在社会和政治权利领域中，公平优先于效率；而在经济领域，效率获得了优先权。

从理论和实践的发展脉络看，人类对于公平和效率关系的认识经历了从对立到统一的演进过程。目前，对两者关系认识存在分歧的一个主要原因在于对其概念的理解有所不同，尤其是将公平视为平等或平均主义导致了公平与效率的对立。从根源上看，公平与效率之间的矛盾并不是内源的，而是由于人为因素导致的政府失灵和市场失灵所带来的，例如公平由于公共政策在一定程度上破坏市场机制的初始条件而影响效率的提高，而效率则由于权钱

---

① 夏文斌. 公平、效率与当代社会发展 [M]. 北京：北京大学出版社，2006：122－124.

交易等寻租行为导致的不良竞争而影响公平的推进。从概念的学科来源看，效率更多的是经济学上的概念，而公平虽然也有经济学上的意义，但更多的是社会学和伦理学上的概念，两者不存在必然的矛盾。从公平与效率的内在联系看，两者并不是非此即彼、相互排斥的，而是可以内在统一的，是可以相互协调、相得益彰的。一方面，公平是合法的和持久的效率源泉。首先，公平能够通过自由竞争来促进效率的提高。公平竞争拒绝特权、确保优胜劣汰，高效率是公平竞争的必然结果。其次，公平有助于提高劳动者的积极性，而效率的提高从根本上取决于人的积极性的发挥。另一方面，效率是公平扩展的基础和动力，效率的提高为更大范围内实现公平创造了条件。首先，越是有效率越是能够有物质条件来推动公平的实现。社会发展的内在性就是力图最优化现有资源的配置，以提高社会生产力的发展，从而从根本上为实现社会公平奠定坚实的物质文化基础。其次，效率要求推动公平机制的建立、维持和变革，内在地要求人们在公平的条件下参与竞争和承担义务。历史上每种社会公平机制的建立和演变都来源于效率的要求。因此，只有提高效率才能实现更深层次的公平；只有实现社会公平才能有效地提高效率。从更高层次上讲，公平与效率又只是手段，人的全面发展才是真正的目的。效率与公平和人的全面发展是内在统一的，其统一的基础和归宿是人的全面发展（傅如良，2005）[①]。

从静态的视角看，公平与效率的关系有三种形态，如图 2 - 1 所示，$A$、$B$ 分别代表公平与效率，三个图形分别表示两者互斥、相交和一致三种情形。除非将公平理解为彻底的平均主义或者将效率单纯地理解为数量的增加，公平与效率之间的关系一般不会是相互对立和排斥的。也就是说，一般情况下，公平与效率的并集 $AB$ 不为空集，公平内含着效率的内容，效率也内含着公平的内容。

---

① 傅如良. 综论我国学界关于公平与效率问题的研究 ［J］. 湖南师范大学社会科学学报，2005，34（1）：15 - 19.

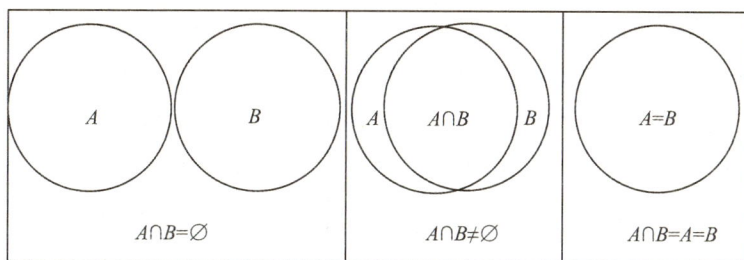

图2-1　公平与效率的关系

从动态的视角看，公平既是目标变量也是过程变量，效率是达到公平目标的过程变量。在达到公平这一最高价值目标的过程中，需要经过无数个随遇公平的稳态能级，效率促进低稳态能级的公平向高一级稳态能级发展。而每一个公平稳态能级区间的拐点都是该能级区间内的效率最高点，即公平推进效率。库兹涅茨所提出的"倒 U 型理论模型"就是表明公平与效率动态演进的一种理论。能否促进效率是公平的本质内涵，能否促进公平也是效率的本质要求。

2. 公平与效率内在统一关系的实现路径

由以上论述可知，公平和效率在一定的条件或范围内可以实现内在统一。例如，罗尔斯（2005）[①] 认为，在自然的自由体系中，效率原则受到背景制度的约束，一旦这些约束被满足，任何由此产生的有效的分配都被承认是正义的。这是以效率为出发点来推理公平实现的途径，即效率在其约束条件被以某种方式得到满足之后就具有公平的含义。因此，寻找相关约束条件的满足是实现两者内在统一关系的关键，可以从理论上找到公平与效率的一个相对稳定的均衡点。

经济学对公平问题的探讨是伴随着效率问题的探讨而展开的。经济学中效率的核心概念是"帕雷托最优"，即：在不使任何人境况变坏的情况下，而不可能再使某些人的处境变好。但帕雷托准则的一个重大缺陷就是没有考虑公平，并且过于理想化，在现实中很难实现。基于此，一些经济学家对帕雷托准则进行了改进。比较著名的是卡尔多—希克斯改进，即如果一个人的境

---

① ［美］罗尔斯．正义论［M］．何怀宏，何包钢，廖申白，译．北京：中国社会科学出版社，2005：72.

况由于变革而变好，因而他能够补偿另一个人的损失而且还有剩余，那么整体的效益就改进了，社会资源的再分配就是有效率的。卡尔多—希克斯改进考虑的仍然是整体损失的补偿，并没有考虑对个人的实际补偿。为了弥补这一缺陷，伯格森和萨缪尔森提出了"社会福利函数"理论，把道德标准作为社会福利标准不可缺少的因素，强调公平问题应该和效率问题一样由一定的道德标准去解决，只有公平与效率问题同时得到解决才能实现福利最大化。森将帕累托准则从市场效率的视角推广到实质自由的视角，他认为效率本身并不保证公平，为了社会公平和正义，应该让市场更好地运作和具有更高的公平性，即必须通过创造基本的社会机会来补充并且使所提供的机会可以被合理地分享，同时需要适当的公共政策来提供教育等至关重要的资源。这也是市场机制取得巨大成功的条件。（森，2002）① 可见，森主张通过市场机制和公共政策相结合来实现公平与效率的统一。

此外，一些经济学家把"嫉妒"一词引入经济学领域来探讨公平与效率的统一。美国经济学家弗利·科姆等学者从经济学意义上阐述了公平的定义：在自己持有的物品组合和他人持有的物品组合之间不存在偏向选择，即不存在嫉妒和羡慕的状态。在这种状态下，每个人对自己持有的物品组合都感到满意，也就实现了公平。他将嫉妒定义为某人认为当他同别人处于相同位置时，其效用水平却比别人低。哈尔·范里安发展了这种观点，他将效率与公平结合起来讨论公平的范畴，他指出并技术性地证明了一种分配既是平等的又是有效率的，那就是公平（Varian，1999）②。也就是说，在保证效率的前提下，如果在一种分配中没有任何一个人羡慕另外一个人，那么这种分配就是公平的。

综上可知，从经济学的角度看，帕累托最优在人际补偿条件下可以实现与公平的统一。实际上，人们接受市场体制，同时也接受了一个基本的公平观念——机会公平。根据福利经济学第一、二定理可知，市场机制在理论上可以实现帕雷托最优。而现实中市场机制很难达到理想状态，市场机制的良

---

① ［英］森. 以自由看待发展［M］. 任赜，于真，译. 北京：中国人民大学出版社，2002. 135.

② H R Varian. Intermediate Microeconomics：A Modern Approach［M］. New York：W. W. Norton & Company Ltd，1999.

性运行还有赖于最基本的机会补偿，这就需要政府的参与。因此，市场机制和政府机制的协同配合是实现公平与效率内在统一的有效途径。具体来讲，市场机制主要解决机会公平条件下的效率以及通过效率实现公平的问题，而政府机制主要解决市场机制运行的阻力问题，保障最基本的公平底线——机会公平。

### 3. 教育公平与效率内在统一的实现

学术界一般认为教育公平和效率之间可能兼容也可能冲突（Lwvin & Henry，1995）①。实现两者的兼容统一有两条路径：一是以效率的提升来改善教育公平。为了保证因效率提升而增加的教育产出不被优势群体大量占有，政府不仅需要控制教育资源在不同群体中的分配，而且要对教育资源的具体配置和使用进行干涉，这种干预是强干预。二是以公平的改善来提升效率。政府主要以弥补弱势人群的教育资源供给不足为主要任务，关于教育资源配置和使用的决策主要由家庭和学校来完成，这种干预为弱干预。

在教育资源配置不公平与非效率共存状况下，社会一方面可以通过提升资源利用效率来增加社会总福利水平，另一方面可以对因效率提升而增加的教育产出进行更为公平的分配，从而降低教育产出的不公平程度，实现公平与效率的统一。基于此逻辑，McMahon（1982）② 提出了兼顾公平与效率的人道发展标准：效率增进而不降低公平；公平增进而不降低效率；效率和公平共同提升。如图 2 - 2 所示，有两个受教育者 A 和 B，横坐标和纵坐标分别代表他们各自所获得的教育收益，假定双方教育支出的边际收益皆为递减。教育部门利用现有的教育资源，以不同的教育投入要素组合可以获得一系列最大教育收益。将这些最大教育收益在 A 和 B 之间所有可能的分配组合连接成曲线 $I$，该曲线即为教育生产的最大可能性边界。曲线 $U_1$ 和 $U_2$ 为社会总福利的无差异曲线。假设 M 点为教育产出的最优配置，A 所获得的教育产出大于 B，且 M 点不在生产最大可能性边界上，此时教育分配不公平和生产无效率

① H M Lwvin. School Finance［M］// M Carnoy, et al. International Encyclopedia of Economics of Education. New York：Pergamon, 1995：412 - 419.

② W W McMahon. Efficiency and Equity Criteria for Education Budgeting and Finance［J］// W W McMahon, T G Geske, et al. Financing Education - Overcoming Inefficiency and Inequity. Chicago：University of Illinois Press, 1982：1 - 30.

共存。在教育生产效率得到改进后，社会福利无差异曲线由 $U_1$ 提升为 $U_2$，并形成社会福利最大化的教育产出配置 $N$ 点。图中阴影部分即为效率和公平共同提升的区域。根据 McMahon 的人道发展标准，从初始状态 $M$ 到均衡点 $N$ 的转化过程实现了公平与效率共同提升的教育人道发展。显然，McMahon 的该模型是一种以效率提升来实现效率和公平的教育发展道路。

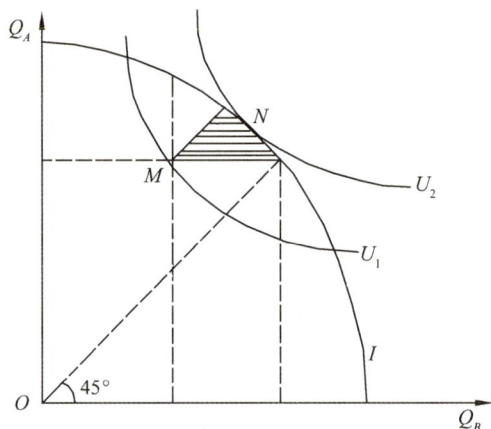

图 2-2　公平与效率相统一的实现

### 三、公共物品与外部性理论

公共物品是相对于私人物品而言的，常常被等同于集体物品或者社会物品。公共物品一般被定义为，主要由市场提供的，具有消费的非排他性和非竞争性两大特性的物品。公共物品从不同的角度可以分为不同的种类：根据公共物品的特性可以分为纯公共物品和准公共物品；根据公共物品的消费属性可以分为满足人们物质消费需求的公共物品和满足人们精神消费的公共产品；根据公共物品的消费范围可以划分为全国性和地区性公共物品；根据公共物品的供给可以划分为国有公共物品和私有公共物品。公共物品一定具有正的外部性。

外部性理论的奠基人是马歇尔，而现代意义上的外部性理论是由庇古提出，并由科斯等做出了重要发展（俞海山、周亚越，2005）[①]。外部性（externality）又称外在经济、外溢性、溢出效应、外在性等，是一个经济主体（个人、家庭、企业等）的行为对其他经济主体在收益或者成本方面所产生的影响。外部性具有正负两方面。正外部性又称外部的经济性或者正的外部效应，是指私人成本大于社会成本、私人收益小于社会收益的情况。负外部性则与正外部性相反。外部性从不同的角度还可以划分为技术外部性和货币外部性、生产外部性和消费外部性、代内外部性与代内外部性、制度外部性与科技外部性、竞争外部性与垄断外部性、环境外部性与非环境外部性，等等。

外部性问题主要是因为边际私人成本和边际社会成本，边际私人收益和边际社会收益不一致造成的。以图 2-3 来说明，其中，$MSC$ 为边际社会成本曲线，$MPC$ 为边际私人成本曲线（供给线），$MSB$ 为边际社会收益曲线，$MPB$ 为边际私人收益曲线，$MC$ 为边际成本曲线，$MB$ 为边际收益曲线（需求线）。图 2-3 中（I）表示存在负外部性的情形，即当边际私人成本低于边际社会成本时，市场均衡量 $Q'$ 大于社会均衡量 $Q$，导致社会净福利损失（阴影部分的面积）。而存在正外部性时情况则相反，即 $Q' < Q^*$，外部性导致需求量减少进而带来社会净福利的减少，如图 2-3 中（II）中阴影部分所示。综合起来分析的结论是：负的外部性导致市场生产/消费的数量大于社会合意的数量，正的外部性导致市场生产/消费的数量小于社会合意的数量。这是因为私人部门的经营决策是以边际私人成本和边际私人收益为基础做出的，而不是边际社会成本和边际社会收益。因此，外部性的存在会导致市场失灵，无法达成社会资源的有效配置。外部性问题的解决需要公共部门的介入来使外部性内部化，以实现社会所需要的均衡状态。具体方法有税收与补贴、罚款、总量控制、自愿协商、重新界定产权、法律手段，等等。

---

[①] 俞海山，周亚越. 消费外部性：一项探索性的系统研究［M］. 北京：经济科学出版社，2005：22.

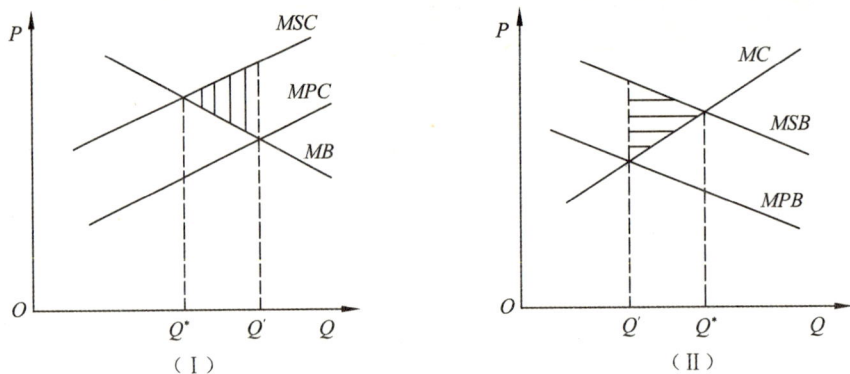

图2-3　负外部性和正外部性

　　高等教育作为一种准公共物品并且具有很强的正外部性的观点早已被
Becher（1974）[1]、Levin（1987）[2] 等经济学家证明，并得到了学术界的普遍
认可。高等教育的外部性是指教育的生产和消费以及教育成果的应用在市场
之外对他人所产生的积极正面影响。高等教育的外部性可以用图2-4来说
明。$P$ 轴表示教育的收益和成本，$Q$ 轴表示受教育的数量。个人需求曲线 $D_p$
反映了边际个体收益 $MPB$（包括市场的和非市场的）。教育的边际成本随着
所提供教育的增长而增长，表示为供给曲线 $S$。假设提供的教育数量仅仅考虑
个人的需求，则所提供的最优资源量为需求曲线 $D_p$ 与供给曲线 $S$ 的交点 $M$ 的
纵坐标 $P_1$。外部收益用另一需求曲线 $D_e$ 表示。个人需求与外部性所导致的社
会需求之和用总需求曲线 $D_t$（$D_t = D_p + D_e$）表示。总需求曲线 $D_t$ 和供给曲线
$S$ 的交点 $N$ 的纵坐标决定了用于教育的最优的资源水平，即 $P_2$。由此可见，
在市场机制下，教育的正的外部性使受教育者并未获得教育的全部受益，使
得受教育者对教育支出缺乏足够的动力和积极性，从而使教育需求量达不到
社会合意的数量，导致效率的损失。教育外部性的存在影响教育决策，使教
育供给与需求偏离最优状态。

　　[1]　G S Becker. A Theory of Social Interactions [J]. Journal of Political Economy, 1974, 82（6）:
1063-1093.

　　[2]　H M Levin, Education as a Public and Private Goods [J]. Journal of Policy Analysis and Management, 1987, 6（4）: 628-641.

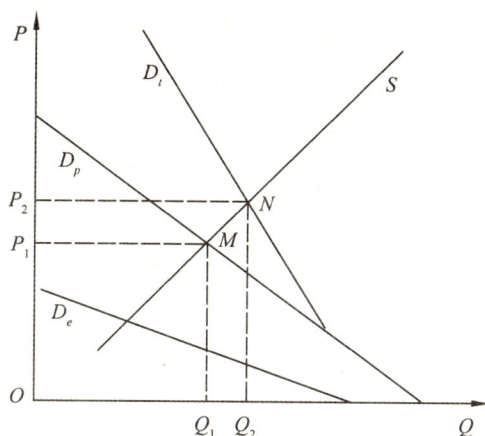

图2-4 高等教育的外部性

### 四、寻租理论

"寻租"这一概念是由美国经济学家克鲁格正式提出的。"租"是利用政府的立法和管制来向他们自己转移利益（租金）。寻租活动，从广义上讲，是指人类社会中非生产性的追求经济利益的活动，或者说是指那种维护既得利益或是对既得利益进行再分配的非生产性活动；从狭义上讲，是指利用行政法律手段阻碍生产要素在不同行业之间自由竞争以维护或攫取既得利益的行为。寻租可以分为以下几种：为获得垄断地位而进行的寻租；为维持已获得的垄断地位而进行的寻租，称为护租；为防止他人寻租有可能对自己造成损害而进行的寻租，称为反寻租或避租；利用权力就具体经济行为进行寻租；政治寻租，即为获得经济租金而在政治市场上活动、游说所造成的资源耗费。

寻租的主要特点和影响包括：间接造成了资源配置的扭曲，阻止了有效生产方式的实施；直接浪费了资源，对整个社会无效率可言；导致其他层次寻租活动；导致交易费用增加；严重阻碍创新；会形成特殊的利益集团，导致分配不公格局刚性化；进一步破坏制度和规则。寻租活动有合法与非合法（偷盗抢劫、行贿受贿、走私贩毒等）之分。由此可见，寻租是不公平竞争条件下的负和博弈，具有负的外部性。寻租产生的根本原因是由于有大量的制度租金存在，其产生的根源主要有公共权力失控、制度缺陷。因此，要治理寻租，就必须规范相应的制度以及国家公共权力的使用。

### 五、资本划分、社会分层与社会流动理论

学术界关于资本划分的研究，最具有代表性的是法国著名社会学家布迪厄（Bourdieu）。他将资本划分为经济资本、文化资本与社会资本三种基本形式，并进一步讨论了三种资本之间的关系：经济资本可以在当下转换成金钱，这一转换过程是以私人产权的形式制度化的；文化资本在某些条件下能够转化成经济资本，这一转换过程是以专业资格或教育证书的形式制度化的；社会资本由社会联系构成，在一定条件下也可以转换为经济资本，而这一转换过程是以某种高贵身份的形式制度化的（1997）①。此外，很多学者对资本进行了进一步划分，其中经常使用的一种资本形式是政治资本或组织资本。组织资本也可以称为权力资本，主要指依据国家政权组织和执政党组织系统而拥有支配社会资源（包括人和物）的能力（陆学艺，2004）②。在一定的条件下，各种资本形式可以互相转换，同时能够在代与代间被不同程度地继承或传递。因此，各种资本结合在一起共同决定着社会的分层与流动。

在当代社会分层研究领域，存在着多种多样的阶层划分标准，例如收入或财富、权力关系结构、职业、消费水平或消费方式等。长期以来，在该研究领域存在着两大理论流派，一派是马克思主义的阶级分析，另一派是韦伯主义的社会分层研究。传统的马克思主义学派与韦伯学派在阶级阶层定义和划分标准方面采取了截然不同的立场，并引发了长久持续的争论。马克思主义学派以生产资料占有形式作为划分阶级的唯一标准，遵循的是经济决定论的划分原则。韦伯学派采用多元划分标准，包括身份（声望、消费模式、生活方式等）、经济状况（收入、财富、雇佣关系等）和政治权力，但强调身份认同，被认为是文化决定论的划分原则。马克思主义者与韦伯主义者在阶级阶层研究领域中的争论持续了一个多世纪，但近几十年来，两派学者的观点日益趋同，并发展出了多种划分理论。目前国内关于社会分层的研究中，最有影响力的是"当代中国社会结构变迁研究课题组"在以职业分类为基础、

---

① P Bourdieu. The Forms of Capital [J] // A H Halsey, H Lauder, B A S Wells, et al. Education: Culture, Economy, Society. Oxford: Oxford University Press, 1997: 47 - 58.

② 陆学艺. 当代中国社会流动 [M]. 北京: 社会科学文献出版社, 2004: 2.

以组织资源、经济资源和文化资源的占有情况为标准的社会阶层划分的理论框架下提出的"十大社会阶层论"（陆学艺，2004）[①]。社会分层是社会结构中的重要社会现象，被视为社会流动和社会变迁的焦点。

社会流动包括个体或群体的水平流动和垂直流动。水平流动是指个人或群体在同一等级的不同位置之间的横向流动，不会导致社会成员在社会等级序列中的地位改变。垂直流动则直接导致社会分层体系中个人或群体跨越等级界限的位置流动，分为向上流动和向下流动，前者指一个人从下层地位或职业向上层地位和职业的流动，后者指上层地位和职业向下层地位和职业的流动。一般而言，社会流动是阶层生产和再生产的重要途径，垂直流动的畅通与否被视为衡量一个社会封闭或开放的重要标志，是社会现代化和社会进步程度的体现。但是，社会分层以及各阶层的资本差异必然导致排斥与反排斥的现象：上层社会成员为维护自身的社会地位和社会利益而必然力求排斥下层社会成员的进入，而下层成员为追求更高的地位和利益也必然会力求跨越阶层界限而向更高的阶层流动。在现代社会中，教育尤其是高等教育已经成为社会流动和社会分层的最主要的因素，也是社会分层和社会流动研究所关注的焦点。但教育作为地位和资源的主要分配机制，并不肯定意味着社会平等或社会的开放性，因为下层群体由于缺乏各种经济资本和社会资本，更缺乏包括语言方式、行为方式、知识、风格等在内的文化资本以及组织资本，因此往往很难突破上层群体所设定的诸多屏障。

### 六、内外因辩证关系理论

唯物辩证法主张从事物的内部、从一事物对他事物的关系去研究事物的发展，即把事物的发展看做事物内部的必然的自己的运动，而每一事物的运动都和它的周围其他事物互相联系着和互相影响着。事物发展的根本原因，不是在事物的外部而是在事物的内部，在于事物内部的矛盾性。任何事物内部都有这种矛盾性，因此引起了事物的运动和发展，而一事物和他事物的互相联系和互相影响则是事物发展的第二位的原因。单纯的外部原因只能引起事物的机械的运动，即范围的大小、数量的增减，不能说明事物何以有性质

---

① 陆学艺．当代中国社会流动［M］．北京：社会科学文献出版社，2004：13．

上的千差万别及其互相变化，即使是外力推动的机械运动，也要通过事物内部的矛盾性。唯物辩证法就有力地反对了形而上学的机械唯物论和庸俗进化论的外因论或被动论。总的来讲，内外因之间的辩证关系可以归纳为：内因是事物发展变化的根据，是事物自身运动的源泉和动力，它规定了事物发展的基本趋势和方向。外因是事物变化发展的必要条件，外因通过内因起作用，事物发展是内外因共同作用的结果。

## 第三节　中国社会转型对大学入学公平的基本规定性

### 一、社会转型在客体向度上对大学入学公平的要求

"社会转型"是一个具有特定含义的社会学术语，它"意指社会从传统型向现代型的转变，或者说由传统型社会向现代型社会转型的过程，说详细一点，就是从农业的、乡村的、封闭的半封闭的传统型社会，向工业的、城镇的、开放的现代型社会的转型。"① （郑杭生等，1997）这是发达国家经历社会转型一般模式。但中国作为一个后发国家，没有经过资本主义的充分发展就直接进入了社会主义社会，因此在社会转型模式上与发达国家相比存在着巨大的差异。对此，郑杭生（2005）② 认为，中国当代的社会转型兼具双重使命，即从前现代性社会向现代性社会的变迁，以及由旧式现代性向新型现代性的双重转型。王雅林（2003）③ 认为，中国将经历从农业社会向工业社会的转型，也将经历从工业社会向知识社会的转型，体现为农业社会——工业社会——知识社会"三分范式"的"双重社会转型"（图2-5、图2-6），体现为时空的高度压缩。这两种观点从不同的角度比较准确地把握了中国社会转型的特点和方向。"三分范式"和"双重转型"是中国社会转型在客体向度上的独有特点，这种特点决定了农业生产力、工业生产力和知识生产力三元结构并存和逐步推进，工业化、信息化相互推动。"三分范式""双重转

① 郑杭生，李强，李路路等．当代中国社会结构和社会关系研究［M］．北京：首都师范大学出版社，1997：19.
② 郑杭生，李路路．社会结构与社会和谐［J］．中国人民大学学报，2005，（2）：2-8.
③ 王雅林．中国社会转型研究的理论维度［J］．社会科学研究，2003，（1）：87-93.

型"和三元结构生产力的并存必然会在政治、经济、文化等领域形成巨大的势差，从而导致社会阶层、区域的变迁和人口的不断流动和迁移。而我国自20世纪90年代中期开始出现向下流动增加、跨阶层长距离流动减少（郑杭生、刘少杰，2007）①，由此导致了当前我国的社会阶层结构的发育程度远远落后于经济发展水平，在形态上相对于正常形态而言不合理，两极分化加重，居于中层群体的比例还非常低，还不足以构成一个阶层，最重要的一种原因可能是存在一种"总体性精英阶层"，他们过多地垄断着社会资源，侵犯了社会众多阶层的利益（钱民辉，2005）②。这一方面意味着快速的经济增长并没有自发地带动社会阶层结构按照理想的模式分化和演进，经济发展成果并没有自发地达到所有阶层共享的效果；另一方面，意味着阶层之间的合理流动机制也不是自发形成的，相反，优势阶层在阶层分化中具有更强势的力量，其结果是上层群体在各个领域中获得越来越多的资源，在一定程度上降低了下层成员向上流动的机会，因为不仅原先那些阻碍阶层流动的机制仍然在发生作用，而且还出现了新的阻碍机制（郑杭生、刘少杰，2007）③。因此，当前我国社会阶层结构发育程度低、社会阶层流动性差已经成为制约中国当前社会转型的巨大阻力。

图 2 - 5　发达国家的社会转型

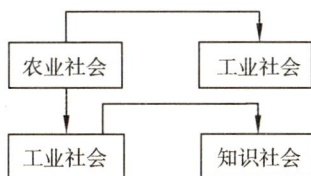

图 2 - 6　中国的社会转型

---

① 郑杭生，刘少杰. 中国社会发展研究报告 2007 [M]. 北京：中国人民大学出版社，2007：57.

② 钱民辉. 教育社会学——现代性的思考与构建 [M]. 北京：北京大学出版社，2005：112 - 113.

③ 郑杭生，刘少杰. 中国社会发展研究报告 2007 [M]. 北京：中国人民大学出版社，2007：51.

因此，社会转型在客体向度上必然要求高等教育办学主体、办学形式、办学层次、培养目标的多元化、多样化，来适应和推动多元生产力发展和社会流动的需要。从本质上讲，高等教育作为社会的主动力系统之一，主要是通过人才培养来实现的。所以，面向不同的社会阶层选择和培养合适的人才是推动社会转型中多元生产力发展的需要，是促进社会转型中社会合理流动和分层，尤其是促进中产阶层迅速崛起、优化社会结构的需要。在此背景下，大学入学公平是减小高等教育发展进而减小社会转型阻力的润滑剂，直接影响高等教育推动社会转型的质量和速度。而社会转型的背景反过来又影响大学入学的公平状况。

从高等教育的发展来看，中国高等教育虽然已经实现了从精英阶段向大众化阶段的变迁，但是这种变迁并不是在社会转型以及高等教育自身发展需求的推动下实现的诱致性变迁，而是政府行政力量主导的一种强制性变迁。这是因为：首先，原有的高等教育体制、结构、观念、投入还不具备扩张的可行性基础；其次，政府在高等教育扩招的设计上也没有考虑到社会发展的内在需要尤其是人才结构上的需要；再次，高等教育大众化的实现是在短期内的大幅扩招的背景下实现的，这种粗放式的发展必然会带来质量的整体下降。从结果上看，高等教育的发展不但没有很好地与社会政治经济发展形成良性互动，没有很好地发挥促进社会转型的动力作用，反而给社会发展带来了诸如就业、财政、公平等方面的巨大压力。

从人们接受高等教育的价值取向来看，双重转型的社会背景决定了在未来的很长一段时期内，人们接受高等教育必然具有以地位保持为取向、以生存为取向和以地位上升为取向等三种价值诉求共存的特点。第一，那些拥有较多的社会、经济、政治和文化资本的社会群体，总是希望子女通过高等教育将自身的优势传递下去，因此该群体以地位保持为价值取向。该种价值取向对应着高等教育的模式维护功能，维持了上层群体的优势地位及其代际传承。模式维护有利于保持社会的繁荣和进步，但是容易导致社会封闭和社会排斥，形成社会冲突。优势群体凭借其政治特权和经济财富优势扭曲了作为相对公平的选拔方式——考试制度而实现对其地位的维持，他们一方面通过缴纳高学费和特权审批等方式形成对大学入学机会的占有甚至垄断；另一方面通过支配和主导考试规则、考试内容和考试形式，使其子女更容易在考试中获取竞争位置（Bourdieu，1977；1996）①②。在中国现阶段的高考录取中，副省级城市的录取分数一般低于一般城市，城市录取分数一般低于农村，以及近些年出现的"标准分"、部分省市"单独命题"和部分高校"自主招生"等现象，或多或少地体现了社会优势群体的地位保持的价值取向。这种取向必然会加速大学入学不公平进而加速社会贫富分化的进程，激化社会矛盾。第二，处于底层社会的经济弱势群体希望通过高等教育摆脱生活窘境和劣势地位，他们接受高等教育侧重于生存取向，但同时又面临着高学费的巨大经济压力下的两难抉择。高等教育的特殊性又决定了这种以生存取向的价值诉求必然包含地位上升取向的内容。第三，除了上述两种群体外，还有一种群体希望通过高等教育获得更好的社会地位，因此以地位上升为主要价值取向。后两种取向对应的是高等教育的社会整合功能，即通过促进社会流动以协调社会各阶层的矛盾，保持社会的动态和谐发展。而合理的社会流动有助于激发人们的积极性和开拓进取精神，有助于促进社会开放和社会进步。由此可见，以后两种价值为导向的入学机会分配是公平与效率的统一，适应社会双重转型的需要。

　　基于上述分析可知，社会双重转型在客体向度上对大学入学公平提出的基本规定性是：在目标设计上，必须满足促进社会流动、化解社会冲突、推动生产力发展的根本要求；在价值取向上，应该遵循的优先次序依次是生存取向、地位上升取向、地位保持取向；在范围上，应该面向各阶层、各领域符合条件的所有人开放。这些基本规定性对大学入学公平提出的基本问题有：大学入学公平的具体原则是什么？人们通过什么方式或手段获得大学入学机会才是公平的？应该通过什么手段或方法来保障这种公平？这些问题将在后面的论述中逐步展开。

---

①　P Bourdieu，J C Passeron. Reproduction in Education，Society and Culture ［M］. London：Sage，1977.

②　P Bourdieu. The State of Mobility，Elite Schools in the Field of Power ［M］. London：the Polity Press，1996.

## 二、社会转型在主体向度上对大学入学公平的要求

长期以来，人类社会的发展走的是以征服自然、争夺资源和获取财富为中心，以"唯生产力论""唯 GDP 论""唯技术论"为主导的旧式现代性道路，人被视为实现发展的工具、人力资本，人的主体性价值被消融在对"物"的追求中，人被自己创造的客体所异化。其结果导致了诸如环境污染、道德滑坡、价值扭曲、贫富分化、暴力冲突等种种社会危机，造成了社会与自然、人与社会以及人与人之间的不和谐，各种不和谐因素伴随着全球化的进展已经进入了一个新的活跃期和多发期。一系列危机推动了国际社会对旧式现代性的质疑、检视、批判和反思。中国在近 30 年的快速转型中所取得的巨大社会进步和所付出的种种社会代价表明，中国现代社会转型不应该是对西方历史的重演，而必须走新型现代性的道路。所谓新型现代性，是指那种以人为本，人和自然双胜、人和社会双赢，两者关系协调和谐，并把自然代价和社会代价减少到最低限度的现代性（郑杭生、李路路，2005）①。中国在 21 世纪初提出的科学发展观、构建社会主义和谐社会等战略思想，正是植根于对现代性从旧式向新型现代性超越式转变之必要性的深刻认识，反映了社会发展的基本价值观，体现了中国社会发展在理论和实践上对以人为本以及人与自然、人与社会、人与人、人与自身关系的全面、协调发展的内在要求。中国从旧式现代性向新型现代性的转型不仅仅是客体的双重转型，还包括作为主体的"人"的双重转型。根据马克思关于三大社会形态的阐述和王雅林教授对人类社会形态演进对应关系的总结（表 2 - 1）可知，中国当前的社会转型在主体向度上是从以"人的依赖关系"为特征的社会形态和以"物的依赖性为基础的人的独立性"为特征的社会形态向"个人全面发展"和"自由个性"为特征的社会形态的双重转变，即"以人自身的发展水平和生存状态标定的'社会双重转型'"（王雅林，2003）②。

---

① 郑杭生，李路路. 社会结构与社会和谐 [J]. 中国人民大学学报，2005，（2）：2 - 8.
② 王雅林. 中国社会转型研究的理论维度 [J]. 社会科学研究，2003，（1）：87 - 93.

表 2 - 1　　　　　　　　　　　人类社会形态演进的对应关系

| 前农业社会 | 农业社会 | 工业社会 | 知识社会、不可预知的社会形态 |
|---|---|---|---|
| "人的依赖"社会形态 | "物的依赖"社会形态 | | "自由个性"社会形态 |
| 前封建社会、封建社会 | 资本主义社会 | | 社会主义、共产主义社会 |
| 前中华人民共和国 | 中国社会主义发展方向的选择 | | |

资料来源：王雅林. 中国社会转型研究的理论维变［J］. 社会学研究，2003，（1）：87 - 93.

　　高等教育是一种与"人"的转型密切相关的社会活动。从哲学的角度看，教育的功能有工具性和本体性两种基本价值取向。教育的工具性价值，是指在教育活动中，一个国家、某一社会群体或成员，出于受教育者身心发展需要以外的目的而对受教育者所施加的影响，即追求实际利益，表现为功利主义。教育的工具性价值强调为诸如获取财富、地位、维护阶级统治、促进经济发展等目的，将人培养成掌握一门专业知识和技能的"工具人"，强调人作为一种工具和手段的合理性，而忽视人自身的主体性需要。工具性价值主导的高等教育将导致受教育者丧失自我、迷失人生的意义，进而造成社会生活和社会关系的物化以及人的异化。教育的本体性价值，是指教育体系对受教育者身心发展需要的一定满足，它强调终极目的的合理性，关注对受教育者本体的关怀和对人生意义的理解，对生活有着规范和引导作用。教育的本体性价值最重要的体现的是人文精神的培养，培养和谐的"人"、生活的"人"，从而促进和谐的社会、有意义的社会的构建。高等教育的工具性价值和本体性价值是高等教育价值不可分割的两个方面：工具性价值应以本体价值为导向，避免极端功利化的倾向；本体性价值理性应以工具理性为支撑，为终极目的的实现提供有效和便捷的手段和方法。但在实践中，工具性价值随着物欲膨胀而得到了极大地扩张，从而使高等教育的本体性价值不断萎缩，造成了两者的严重失衡。这种失衡的结果是"人"的价值的缺失和不完善，进而导致整个社会价值尺度的扭曲和伦理准则的变形。近几年中国教育领域提倡"素质教育""人文教育""通识教育""科学教育与人文教育的统一"等的呼声日益高涨，恰恰反映了教育发展长期以来对教育本体性价值的忽视，同时也反映了理论与现实对教育本体性价值回归的急切呼唤。

　　基于以上分析可知，当前中国高等教育在价值层面上还不能适应社会转型中"人"的转型的需要。而"人"是教育与社会以及社会各子系统之间互动的中介，人是社会的主体，社会发展的最终目的在于人的解放和全面发展，在于满足人的本体发展的需要。因此，要寻找高等教育与社会转型之间互动的均衡点，就必须以"人"为切入点，即人需要什么样的教育和教育培养什么样的人。中国社会转型在主体向度上对高等教育提出的要求就是重视教育的本体性价值，发掘和满足人自身的需要，培养具有自由个性和独立人格的人，适应和推动社会转型在主体向度的需要。体现在对大学入学公平的要求上，主要有以下几点：首先，入学主体应该具有促进自身发展的内在需要和意愿。第二，入学主体应该具有实现自身发展和满足内在需要的能力或潜在能力，即应该符合大学入学的基本的能力标准。第三，入学主体应该根据自身发展的需要及其能力与资源状况选择适切的教育类型。这些要求引申出了如下基本问题：个人应该如何认识自身发展的内在需要？如何认识不同教育类型的价值与功能？个人如何根据自身发展的内在需要做出恰当的教育选择？公平政策的设计如何避免或减小能力标准之外诸因素对个人教育选择的约束？这些都是提升大学入学公平需要解决的重要问题。

　　通过以上分析，可以将中国社会转型对大学入学公平在主体向度和客体向度的基本规定性总结为图2-7。

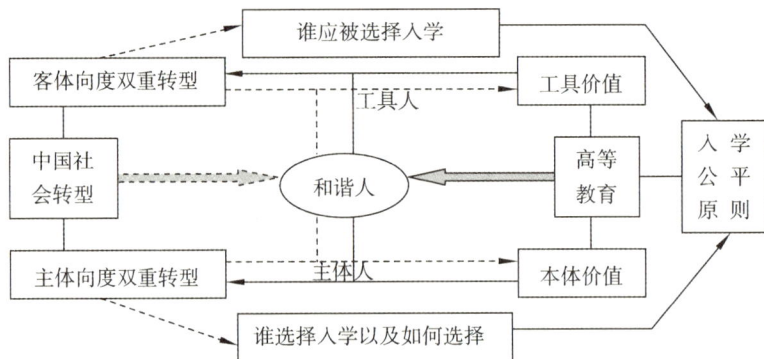

**图2-7　社会转型对大学入学公平的基本规定性**

# 第四节　大学入学公平提升研究的理论框架设计

大学入学公平问题研究的相关理论基础，以及社会转型对大学入学公平提出的现实要求，共同决定了大学入学公平的内涵选择及其提升的基本原则，进而在此基础上可以提出大学入学公平提升研究的理论分析框架，本书理论研究框架的提出过程可以表示为图 2-8。

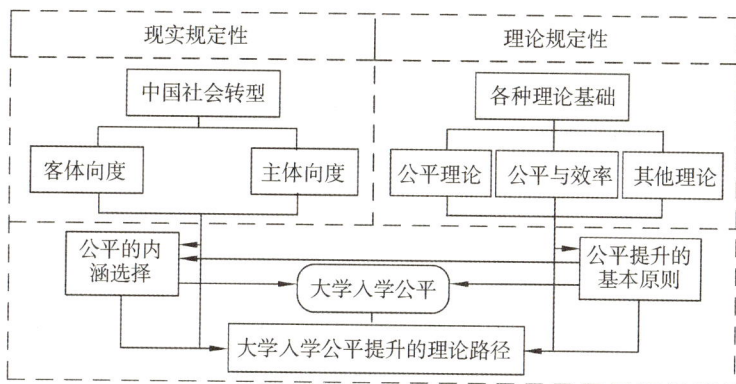

**图 2-8　大学入学公平提升理论框架的提出过程**

## 一、大学入学公平提升的原则设计

通过上述对若干公平观以及公平与效率之间关系的总结与分析可知，公平作为一种价值判断，应该遵循的基本原则包括基本权利保障、基本差别补偿、平等与效率相统一、促进个人自由发展。这几个方面不是孤立的，而是相互联系的，基本权利平等是前提性原则，基本差别补偿和平等与效率相统一是手段性原则，而促进个人自由发展是目标性原则。

### 1. 基本权利保障原则

保障基本的平等与自由权利是保障公平的前提。权利平等废除了基于性别、身份、出身、地位等附加条件的限制，不承认凌驾于法律之上的任何特权，体现了社会对所有成员的"不偏袒性"和"非歧视性"，平等自由权的显著特征就是"它们的获得与行使无需任何货币费用"（奥肯，1996）[1]。受教育权是公民的基本权利之一，受教育权平等是社会公平和正义的内在要求。中国的宪法和教育法都对此做了明确规定。而接受高等教育的权利则是个人参与高等教育的基本权利，是高等教育机会公平的基础，必须予以保障，中国的《高等教育法》规定："公民依法享有接受高等教育的权利。"因此，以任何特权剥夺任何人的教育权利都是不允许的。受教育权平等实质上就包含这样的含义：入学机会应该向合乎入学条件的所有人开放。这也是保障教育权平等的根本要求。高等教育是非义务制教育，大学入学公平必须建立在尊重个人兴趣爱好和个体自愿、自由选择的基础之上。

2. 基本差别补偿原则

公平承认差别的存在，但是为了促进公平，需要对阻碍公平的基本差别进行补偿，使更多的具有发展潜力的人获得大学教育的机会。阻碍公平的基本差别主要包括如下两方面：第一，由家庭经济背景差异带来的学费支付能力的差别。这种差别的补偿主要是对那些无力支付学费但符合大学入学条件的学生进行经济上的补偿，使之顺利入学。这种补偿是公平正义的，正如米勒所说："如果我们认为具备合适资格的人有接受高等教育的权利，那么，我们就会把从物质上保障这种权利作为一个正义问题归属给我们的同胞"，因为入学机会这种利益是"超越个人意见的社会价值"（米勒，2005）[2]。第二，个体大学入学之前所获教育资源的差异。这种差异直接导致个体之间学术成就的差异，进而影响大学的入学公平。但这种差异是由大学前教育阶段的公平状况决定的，无法在大学入学时对个体进行即时性补偿，需要在大学之前的教育阶段来解决。

3. 平等与效率相统一的原则

大学入学公平并不是让人人都接受同样的教育，并不是无条件的平均主义。一方面，高等教育是稀缺资源，大学入学机会是有限的，人们上大学必须符合一定的条件，平均主义的公平在现阶段是很难达到的。另一方面，个体之间存在着诸多差异，这些差异决定了大学入学必然是符合入学条件的人

---

[1] ［美］奥肯. 平等与效率［M］. 王奔洲等，译. 北京：华夏出版社，1999.6.
[2] ［英］米勒. 社会正义原则［M］. 应奇，译. 南京：江苏人民出版社，2005：12－15.

们按照一定的优先次序获得入学机会和选择相应的大学层次和类别，让更多的和更符合大学入学要求的人获得扩展自身可行能力的机会。正如亚里士多德所说："正义的分配是把具有恰当价值的事物授予应该收受的人"①。公平的这种基本规定性表明，公平自身内生着效率，美国著名的智囊机构兰德公司的一份研究报告已证实，教育公平能够给社会带来巨大的经济效益（Vernez 等，1999）②。因此，大学入学公平应该是正视客观差异的有效率的公平，是平等与效率相统一的公平。

4. 促进个人自由发展的原则

教育是促进个人全面而自由发展的主要手段，它不仅促进人的生产技能的提高，使人获得更高的工资报酬，还促进人的生活能力，使人生活得更加幸福。大学入学公平最终的目的性原则就是扩展人们的生产力和生活力，从而扩展人们的可行能力，促进个人全面自由发展，这种目的性体现了公平所包含的效率内容。

上述基本原则还隐含着另外一个基本原则：差别存在合理性原则。基本差别补偿原则并不是要求整齐划一，只是补偿基本的差别；平等与效率相统一原则和促进人自由发展原则下的公平显然也不是平均主义式的公平，而是追求效率与效用的公平。因此，允许客观差异存在的大学入学公平是合理的，大学入学应该适度地发挥能力禀赋、后天努力以及财富等各种要素差异的积极作用。

## 二、大学入学公平的内涵选择

大学入学公平随着时间、地点、条件的变化而变化，是一个动态的、历史的和相对的概念。入学公平既是人们的一种主观价值判断，一种理想的追求，也是一种不依人的主观意志为转移的客观存在，它不能脱离客观的事实而存在。大学入学公平在不同的国家、不同的地区、不同的民族在不同的历史时期都会有不同的差异性。因此，需要在特定的历史条件下确定大学入学

① 苗力田. 亚里士多德选集：伦理学卷［M］. 北京：中国人民大学出版社，1999：105 - 108.
② G Vernez, R A Krop, C P Rydell. Closing the Education Gap：Benefits and Cost［M］. Washington, D. C.：Rand, 1999：78 - 79.

公平的内涵。

就中国现阶段的情况来说，首先，区域、城乡之间在经济实力、教育资源等方面存在着巨大差异，因此不同层次和类型教育的公平目标必然会同时存在，区域、城乡之间高等教育机会分布不均衡的现象也将会长期存在。其次，由于贫富差距和社会阶层分化的拉大，不同社会阶层大学入学机会分布不平衡现象的出现是一种必然。第三，中国高等教育正处于大众化初级阶段，离实现普及化还需要很长一段时间，即使目前已经普及化的国家也没有达到人人都能接受高等教育的公平水平。第四，中国的教育体系在很多方面仍然是一个不十分连贯和通畅的体系，以招生为例，小学、中学按照地域和户籍招生，由于城乡分割的二元办学体制和独立的财源体制的影响，使得城乡的学生根本不能公平地享有受教育的权利和机会以及国家的公共教育资源。而大学的招生则按照考试分数和国家的省际招生指标的分配，采取分省定额划线录取的办法，各省市区的录取定额并不是按照考生数量平均分布的，而是按计划体制下形成的优先照顾城市考生的准则，因此存在同一份考卷，但各地录取分数线差异极大的现象，从而加剧了原本已经存在的城乡之间的教育不平等。最后，中国是一个发展中国家，投入到高等教育方面的财力还十分有限，还远远达不到使形式上的教育权平等实质化的水平。因此，从中国目前的现状与条件来看，提供给有上大学意愿的所有人以均等的大学入学机会是不可能的。只能寻找入学公平价值判断之确定点，赋予其符合现实需要的恰当内涵或标准，并在此基础上探寻推进大学入学公平的策略和措施。具体而言，中国目前的大学入学公平内涵的选择应该考虑以下三种差异因素的处理：

1. 能力禀赋与努力程度差异

虽然能力禀赋和后天努力程度受父母基因和家庭背景的影响，但是从大学入学的基本原则来看，基于这种客观差异的大学入学是合理和公平的。首先，个人生来就极为不同，即使所有的人都在极为相似的环境中长大，个人间差异的重要性亦不会因此而有所减小（哈耶克，1997）[①]。个人从父母继

---

① ［英］哈耶克. 自由秩序原理：上［M］. 邓正来等，译. 上海：生活·读书·新知三联书店，1997：104.

承而来的天赋能力起码是符合转让正义原则的，而这种天赋能力必然决定后天努力之有效程度，况且个人对后天努力所获成就的持有是正义的。故大学入学公平的价值确定不能抹杀个人先天能力和后天勤奋程度的不同这一客观存在。第二，高等教育需要一定的能力和努力来完成，而且不同类型的教育或专业需要不同程度的能力和努力，因此承认能力与努力差异的入学公平必然是合理的。第三，从公正或任何道德标准判断，通过个人能力和努力获得教育机会是个人享有的基本权利，是应得的和公平的，由此导致的教育机会不平等便是正当的和受保护的。正如布鲁贝克（1987）① 所指出的：“在一个民主社会中，阻止一个智力或性格与体力上属于强者的人取得凭天赋能力所能取得的成绩，其不公正和不民主和犯罪的程度正如阻止一个弱者在与同伴竞争时最大限度地发挥其能力一样，”“公正只有在机会与才能成正比例时才能得到最充分的体现。”哈耶克（1997）② 也指出，在谁“应当得到”高等教育这一问题上，虽然天赋的能力和天生的才能作为偶然因素，但却是相当重要的，因为文明的发展在很大程度上是个人充分利用了一切偶发因素和知识在新环境中所赋予的不可预测的有利条件。而那种力图通过消除偶然因素的影响来达到社会正义的想法是不现实的。第四，承认能力与努力差异的大学入学公平与国际标准是一致的，联合国教科文组织《21世纪高等教育：展望和行动》世界宣言第3条“入学公平（Equity of access）”③ 以及《世界人权宣言》26.1条都指出：“高等院校的录取应根据那些想接受高等教育的人的成绩、能力、努力程度、坚持和热爱，而且一个人一生中任何时候均可被录取进入大学学习，不论其种族、性别、语言、宗教，也不考虑其经济、文化或社会地位或是否体残”。总之，从终极意义上讲，让每个学生的个性和禀赋得到充分发展是最公平的，也是最有效率的；以能力和努力程度为入学条件是公平和合理的。

2. 各种资本差异

阶层的分化意味着来自不同阶层的群体拥有各不相同的资本，包括经济

① ［美］布鲁贝克. 高等教育哲学［M］. 王承绪等，译. 杭州：浙江人民出版社，1987：73.

② ［英］哈耶克. 自由秩序原理：上［M］. 邓正来等，译. 上海：生活·读书·新知三联书店，1997：104.

③ UNESCO. World Declaration on Higher Education for the Twenty‑First Century：Vision and Action［R］. Paris，9 October 1998.

资本、社会资本、文化资本、权力资本等，而这些资本的参与又会以各自不同的运作方式影响社会阶层之间的大学入学差距。这种参与在一定程度上是合理的。首先，高等教育是一种稀缺资源，需要大量的经济资本投入；同时高等教育又是一种准公共产品，在一定的限度内具有竞争性和排他性，需要各相关利益群体分担其成本。因此，大学入学机会的获得需要考虑参与者的经济资本能力。第二，高等教育机会是稀缺的，只能是部分人参与，免费入学制度实际上就是坚持把穷人的收入做有利于富人的两次再分配，实质上是让穷人来支付富人上大学的费用，既不能保证有效又不能保证平等（Eicher，1998）[1]。而收费则增加了高等教育经费，从而有利于扩展教育规模和提升教育质量，故有利于推进教育公平。第三，经济资本、社会资本、文化资本、权力资本等在一定程度上决定人们的偏好和教育类型的选择，进而影响大学入学公平。第四，允许和鼓励各种资本的合理参与有助于推进公平，符合中国现阶段的国情。党的十五大提出把按劳分配和按生产要素分配结合起来，党的十六大又进一步提出"劳动、资本、技术和管理等生产要素按贡献参与分配的原则，完善按劳分配为主体、多种分配方式并存的制度"。由此可见，各种资本参与大学入学机会的分配具有一定的政策基础。但是各种资本的参与具有一定的活动边界，任何优势资本的参与如果扭曲大学入学的基本条件就是不公平的，特权阶层利用政治特权、"富人用金钱为其子女换取大学教育机会是不正义的"（米勒，2005）[2]，要避免各种特权对弱势群体大学入学机会的绝对剥夺。

3. 城乡与区域差异

由于城乡与区域间差异的客观存在，以及教育体系中初等和中等教育与高等教育招生方式的不同，选择单一的标准进行大学入学机会的分配显然是不合理的，而应根据城乡与区域的人口、经济、文化背景以及各类型高等教育资源的分布情况选择适宜的分配方式。此外，由于城乡、区域间的物价水平、收入水平以及支付能力等也均有所不同。因此，大学入学公平的确定应

---

① J C Eicher. The Costs and Financing of Higher Education in Europe [J]. European Journal of Education，1998，33（1）：31 - 39.

② [英] 米勒. 社会正义原则 [M]. 应奇，译. 南京：江苏人民出版社，2005：12 - 15.

该正视城乡、区域之间在经济、教育发展等方面差异的客观存在。

以上三方面的差异是客观存在的，是大学入学公平内涵的确定应正视的现实基础。而正视这些差异则意味着大学入学公平本身包含着效率因素，是平等与效率的统一体。因此，本书所指的大学入学公平是基于差异性原则的公平，其本质内涵就是承认并合理地利用客观存在的各种差异，并对弱势群体进行适当的补偿，使任何想接受高等教育且具备合适资格的人都能进入适合于自己的大学或学科、专业进行学习并且不被大学拒绝或中退。其中，"合适资格"的获得，一方面以个人自获的内在条件为主，即个人利用自身的能力通过后天的努力获得入学资格，也就是达到大学入学的学术能力标准（中国现阶段主要是指高考分数线）；另一方面，"合适资格"应适当发挥先赋性和外在性要素的作用。这种公平是机会公平、规则公平、效率公平、要素公平的统一体，是中国现阶段大学入学公平的应有之义和必然选择。其中，基于学术能力的入学标准是不可动摇的价值准则。

### 三、大学入学不公平与教育价值的关系

"价值"是反映人类社会生活的普遍和基本的一个概念，它所反映的是主体与客体之间的一种关系，是某一事物或活动这一客体与人这一主体的需要之间的一种特定的关系。价值必须由两方面因素构成（刘茂芹，2000）①：一是某种事物具有满足人们某种需要的特定属性；一是人们对拥有这种属性的事物有所需求。

大学教育具有满足人们需要并被人们追求的多方面的价值，包括提高知识水平和技能、获得更好的职业、筛选所需要的人才、提高经济收入、提升社会地位、促进经济发展、促进社会流动、促进社会观念和伦理道德的变化、满足人们的心理需求，等等。正如马克思所说，教育是"人类发展的正常条件"和每一个公民的"真正利益"②。诺贝尔奖获得者阿马蒂亚·森（2002）③也指出，教育是人的可行能力的核心组成部分，具有重要的内在价值。正是

---

① 刘茂芹. 现代教育的经济价值 [M]. 武汉：华中师范大学出版社，2000：12.
② 马克思恩格斯论教育 [M]. 北京：人民教育出版社，1978：127.
③ [英] 森. 以自由看待发展 [M]. 任赜，于真，译. 北京：中国人民大学出版社，2002.

由于大学教育具有被人们追求的内在价值，人们追求大学教育内在价值的竞争必然会从根本上导致大学入学的不公平。因此，从大学教育内在价值的角度探讨大学入学不公平的问题，有助于从根本上探寻大学入学不公平产生的内在原因和解决的对策。

从经济的观点看，货币支出可划分为三种类型：纯消费性支出，可以满足消费者嗜好，但无法直接提高其生产力；纯生产性投资，可以提高生产力，但无法直接满足消费者嗜好；兼具生产性与消费性的投资，既能满足消费者嗜好又能直接提高生产力。一般地，常见的货币支出均属于最后一种。由绪论可知，学术界虽然对于教育属性和价值的认识存在较大的争议，但都普遍认可如下观点：教育支出作为一种培养人的活动的支出，兼具生产性和消费性。因此，教育的诸多价值可以归结为两种基本的内在价值：生产性价值和消费性价值，分别对应着教育的工具性价值和本体性价值。大学教育的生产性价值和消费性价值都是大学教育价值中相互促进和难以分割的部分，共同构成了作为一个整体的完整的大学教育价值，可称之为大学教育的双重价值。在实践中，仅仅关注其中的一种价值而忽视另外一种价值，必然会导致教育价值的缺失，从而带来诸如教育的非理性发展和"人"的非全面发展等严重后果。关于大学教育双重价值的分析详见第三章第1节。

传统的人力资本理论框架过多地关注教育的生产性价值而忽视了消费性价值的存在及其作用，因此其分析框架是不完整的，故其理论本身也必然存在着重大缺陷。仅包含生产性价值的教育公平研究框架及其研究结果也必然由于框架的不完整而失却一般性。而其他视角的教育公平研究也大都仅仅关注经济约束、制度约束等较为单一的因素，其研究大都是在非完整框架下进行的，因此所得研究结论的可信度也必然大打折扣。因此，从教育价值的角度研究大学入学的不公平问题，应该综合考虑大学教育的双重价值，只有这样，所使用的分析框架及其研究结果才会具有一般性意义。

### 四、中国大学入学公平提升研究的理论分析框架

上述分析提出了中国大学入学公平的内涵选择及其提升应该遵循的五条基本原则，以及大学入学公平提升研究的双重价值视角。在此基础上应进一步研究大学入学公平提升的一般性路径、具体策略与措施。具体研究内容包

括如下几个方面：

第一，大学入学不公平问题产生的内在原因。探讨大学入学不公平问题的内因就是寻找大学入学公平状况变化的根据和动力源泉，从而从根本上提升大学入学公平。本书在对中国大学入学公平状况以及对大学教育基本价值分析的基础上，提出并证明关于大学入学不公平内因的第一个理论假设。

第二，大学入学不公平问题的内因与外因之间的联系及作用方式，其目的在于通过控制外部条件实现大学入学公平的提升。对此，本书提出了四个理论假设，进而通过证明构建了内外因之间的联系。

第三，大学入学公平提升的一般性路径。在大学内外因之间联系构建的基础上可以找出促进大学入学公平的三条一般性路径。沿着这三条一般性路径可以提出中国大学入学公平提升的具体措施和建议。

综上所述，本研究的理论分析框架可归纳为图2－9所示的结构，可称之为基于双重价值视角的中国大学入学公平提升的理论分析框架。该框架将大

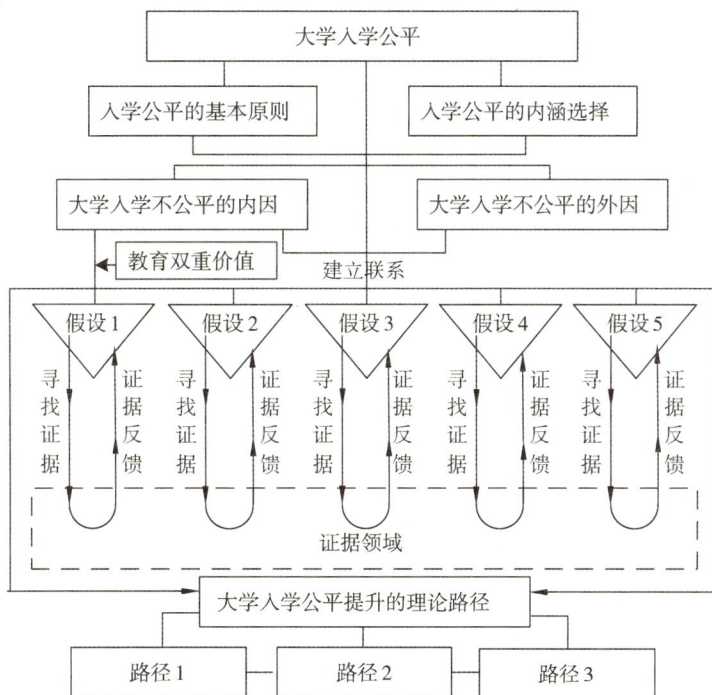

图2－9　基于双重价值视角的大学入学公平提升研究的理论框架

学教育的生产性价值和消费性价值均纳入到分析之中，因此是完整的并具有一般性，突破了以往相关研究仅仅关注生产性价值或其他单一的经济或制度因素的非完整框架的局限性，有助于进一步创新和完善相关学科的理论框架和理论内容，有助于从根本上探寻中国大学入学不公平问题的解决之策。

## 第五节　本章小结

本章首先分析了公平的内涵、类型及其特征，总结并比较了已有若干典型公平观所共同关注的公平要素及其处理方式，总结了公平与效率的关系并分析了公平与效率内在统一的实现方式，提出了有助于本书研究的其他几个基础性理论。然后，就中国社会转型在主体向度和客体向度上对大学入学公平的规定性进行了分析。在此基础上，提出并分析了中国大学入学公平提升应该遵循的五条基本原则以及中国现阶段大学入学公平应该选择的内涵，分析了大学教育价值与大学入学不公平之间的关系，最后提出了基于双重价值视角的大学入学公平提升研究的理论分析框架。

# 第三章　大学入学公平问题的内因考察

　　探寻导致大学入学不公平的内在原因是大学入学公平问题解决的前提和关键。第二章已经就大学教育价值与大学入学公平的关系进行了探讨，并将大学教育所具有的生产性价值和消费性价值合称为大学教育的双重价值。本章从大学教育双重价值框架的深入阐释入手，进一步构建教育双重价值与大学入学公平问题之间的联系，阐释并证明受教育者对教育价值的不均衡获取是导致大学入学不公平的根本原因。

## 第一节　大学教育的双重价值

### 一、教育双重价值的提出及发展境遇

　　根据第一章的文献综述可知，舒尔茨等学者早在人力资本理论创立之初的相关论述，实质上是在为人力资本设定双重完整能力框架的同时，也为教育预设了一个包含生产性价值和消费性价值的双重价值框架。根据他们的论述可知，教育的生产性价值是指教育能够"影响货币收入""提高未来生产率水平"，培养"生产能力和谋生能力"，而教育的消费性价值是指教育能够"影响心理收入"，改善"消费口味和消费质量"并带来"满足"，培养消费性能力或生活性能力。舒尔茨等学者为教育设定的双重价值框架与为人力资本所设定的双重能力基准性框架相对应，其目的显然是期望通过教育双重价值的获取来提升人们"作为生产者和消费者的能力"或者增加"货币收入和心理收入"的能力，即为了均衡发挥教育在人力资本形成中的作用。因此，教育双重价值框架作为人力资本理论的前提性框架，对于形成健康可持续的

人力资本观具有决定性意义，对于重塑完整的教育发展观以及"人"的发展观也必然具有重要的理论与实践价值。

由于教育的消费性价值因人、时间、偏好的稳定性等因素而异，没有统一的衡量尺度，很难使用固定的法则和合意的方式计量出来。这种难以度量的特征使得教育的消费性价值自人力资本理论发展之初就被学术界刻意回避、忽视、疏漏甚至否定，进而导致了教育双重价值框架的"难产"与畸形发展。舒尔茨（1967）[①] 在早期的文献中非常遗憾地指出："所有这些研究都遗漏了教育的消费性价值……这是一个严重的疏漏……从教育中预计得到的这一方面的收益都低估了教育的真正价值。"贝克尔（1995）[②] 也不得不承认："教育及其他人力资本投资的研究已由于忽视消费方面而不断地遭到抨击，尽管批评家们并不比其他人更成功地用一种行之有效的方法研究这些方面的问题"。长期以来，无论在理论还是实践上，教育的生产性价值都得到了足够的重视，教育的消费性价值及其作用却没有引起应有的关注，教育双重价值框架由起初所设定的双重价值轨道向生产性价值一侧严重偏离，由此导致教育价值系统的严重失衡。

教育双重价值系统的严重失衡无论对于理论还是实践的发展都具有巨大的负面影响。从对理论的影响来看，教育双重价值系统的严重失衡使人力资本理论的发展也逐渐偏离了起初所预设的基准性框架，过多强调人们作为生产者的能力而弱化了人们作为消费者的能力，从而使人力资本理论自身在发展过程中逐渐突显出难以弥补的内在缺陷。从对实践的影响来看，第一，理论与实践对教育消费性价值的长期漠视使人们形成了对教育消费的"庸俗化理解"，消解了教育消费性价值的真正价值和意义，成为教育消费主义的滥觞，使人们过多地追求文凭标签带来的符号价值，强调对教育机会占有而非对教育过程的切身体验，形成了教育的虚假需求和教育资源的浪费，引起了受教育主体的浮躁与不安，进而导致了整个教育领域精神的失守和功利主义的横行。第二，教育双重价值框架向生产性价值的过度倾斜使教育实践过分

---

① T W Schultz. The Rate of Return in Allocating Investment Resources to Education [J]. Journal of Human Resources，1967，2（3）：293－309.

② ［美］贝克尔. 人力资本 [M]. 梁小民，译. 北京：北京大学出版社，1989：1.

强调对"人"的工具性价值的发掘，"人"的工具理性得到了充分张扬，而"人"的价值理性被消融在对"物"的追求中，使受教育者在异化中逐渐丧失自我、迷失人生的意义，从而导致了"人"的不完整性，进而形成难以培养具有独立个性与创新性人才的困局。第三，过度强调教育生产性价值而形成的教育极端功利化倾向又不断向其他领域蔓延，助长了政绩至上、GDP 至上、金钱至上、技术至上的发展观。可以说，教育双重价值系统的失衡是导致教育领域、经济领域乃至"人"域非和谐发展的根本原因。

教育双重价值框架严重失衡及由此导致的严重后果，其根本原因在于学术界缺乏对教育双重价值框架的系统和清晰的论述，缺乏将教育消费性价值和生产性价值一同纳入到教育双重价值的统一框架下的具体和深入的研究。因此，有必要重拾教育的双重价值框架并对其进行系统的梳理和论证，以唤起教育理论界与实践界的重视，重塑可持续的教育发展观。

### 二、大学教育的生产性价值

根据学术界的相关论述，对教育的生产性价值可进一步做出如下限定：教育的生产性价值是指教育能够生产实质的（知识、技能等）和虚拟的（文凭、资格等）劳动能力，进而带来或提高人们的金钱或者可用金钱来衡量的经济收益，这种收益可称为金钱收益或货币性收益。西方当代经济学家对教育生产性价值的研究主要以人力资本投资理论和筛选理论等为核心展开的。

1. 人力资本投资理论对教育生产性价值的阐释与测量

二战后，西方一些国家出现了经济迅速复苏和快速发展的奇迹，这种难以解释的特殊现象引起了西方经济理论界的高度重视。舒尔茨、贝克尔、丹尼森等经济学家纷纷研究了这些现象产生的原因并将其归结为人力资本投资，由此人力资本投资理论应运而生。人力资本投资理论将人力资本视为体现在人身上的以人的知识、技能和生产能力为其表现形式的资本，该理论有两个核心观点：一是在经济增长中，人力资本的作用大于物质资本的作用；二是人力资本的核心是提高人口质量，教育投资是人力投资的主要部分。人力资本投资理论是在研究和测算教育与收入增长之间关系的过程中形成和发展的。舒尔茨等人通过实证分析，论证了教育→较高的劳动生产率→较高的工资收入之间的传导机制和正相关关系，从而证明了教育所具有的生产性价值，如

图 3 - 1 所示。这些实证研究主要包括以下两方面：

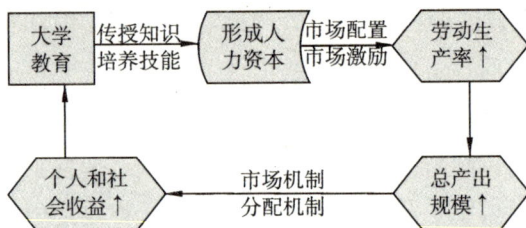

**图 3 - 1　人力资本理论的大学教育生产价值模型**

（1）对教育在经济增长中的贡献的测算。

该方面的测算所采用指标一般有三种：教育对经济增长速度的贡献；教育对经济总量的贡献；教育对经济增长额的贡献。估算教育对经济增长贡献的计量方法也很多，例如舒尔茨的经济增长余数分析法、丹尼森的经济增长因素分析法、苏联学者的复杂劳动简化法以及中国学者的多因素分析法等。总体而言，这些方法的基本原理大都建立在柯布 - 道格拉斯生产函数之上，即在一段时间内，经济增长是土地、资本和人力三要素有效组合的结果。而在增长过程中，土地被假定保持不变，增长的关键因素是劳动力和资本的增加。更正规的表述为，假设产出 $Q$ 是资本存量 $K$、劳动力 $L$ 以及技术进步水平 $A$ 的函数，同时也是全要素生产率量度，因此 $Q = f(K, L, A)$，其中 $A$ 被假定为时间 $t$ 的函数，利用增长率变换后得到如下公式：

$$\frac{\mathrm{d}A}{A} = \frac{1}{\varepsilon_{QA}}\frac{\mathrm{d}Q}{Q} - \frac{\varepsilon_{QK}}{\varepsilon_{QA}}\frac{\mathrm{d}K}{K} - \frac{\varepsilon_{QL}}{\varepsilon_{QA}}\frac{\mathrm{d}L}{L} \tag{3-1}$$

其中 $\varepsilon$ 为弹性系数。因此，$\mathrm{d}A/A$ 是产出增长和要素投入增长之间的剩余项，它测量出全要素生产率。

一些研究的测算结果表明，教育对经济增长的贡献很大。例如，舒尔茨（1960）[1] 测算出 1927—1957 年美国国民经济增长额中 33% 的贡献率是通过教育投资获得的；丹尼森（Denison, 1985）[2] 计算的教育在美国经济增长率中

[1]　T W Schultz. The Formation of Human Capital by Education [J]. Journal of Political Economy, 1960, 68（6）: 571 - 573.

[2]　E F Denison. Trends in American Economic Growth 1929 - 1985 [M]. Washington D. C.: Brookings Institution, 1985.

的贡献为 23% 。但是还有一些研究的测算结果表明，教育对经济增长的贡献并不像想象中那样高，教育作为一种人力资本投资只能解释经济增长中很小的一部分。例如鲍曼（Boman，1980）[①] 对 1950—1960 年间 22 个国家的计算表明，只有 4 个国家的教育直接贡献超过 10% 。笔者用类似的方法计算中国和东北三省在 1990—2005 年、1990—2000 年、2000—2005 年三个时期高等教育对经济增长率的贡献，结果表明高等教育可以解释经济增长率的 1.1% ~ 1.7% 。其原因可能在于：一方面，所使用的估算方法和数据可能存在问题；另一方面，这种估算可能忽视了教育对经济增长的一些非常隐蔽性的作用。

（2）对教育收益率的计算。

常用的方法有精确法、收入函数法和简捷法等。精确法是令贴现的投资成本流量的现值总数与它所产生的收益流量的现值总数相等，计算出贴现率。这种估算很容易在成本—收益剖面图中形象地表示出来，如图 3 - 2 所示。以高等教育投资为例，它包括直接成本 $C_2$（包括学生个人投资产生的和以政府对学生补贴的形式产生的），以及学生因在校学习而放弃的收入（机会成本）$C_1$。投资收益表现为与仅接受过较低层次教育的个人的收入相比较所增加的收入。仍以高等教育为例，在 $t$ 年内的直接成本（$C_{h,t}$）是在接受高等教育期间（$S_h$）发生的。间接成本是在学校接受高等教育时所放弃的收入带来的，每年总计为 $Es$。就收益而言，$t$ 年内的年收益等于高等教育毕业生的收入（$E_{h,t}$）和中等教育毕业生的收入（$Es$）两者之差。$t$ 的取值范围是从高等教育毕业之后这一年（$S_h + 1$）起到工作期限结束这一年为止（$N$）。令收益和成本流以贴现率 $r_h$ 时在第 1 年的贴现值相等，通过表达式（3 - 2）则可以求得高等教育的投资收益率（$r_h$）。

$$\sum_{t=S_h+1}^{S_h+N} \frac{(E_{h,t} - E_{s,t})}{(1+r_h)^t} = \sum_{t=1}^{S_h} \frac{E_{s,t} + C_{h,t}}{(1+r_h)^t} \qquad (3-2)$$

① M J Bowman. Education and Economic Growth：An Overview ［J］// T King，et al. *Education and Income：A Background Study for World Development Report*，World Bank Working Paper no. 402，Washington，D. C.：World Bank，1980：1 - 71.

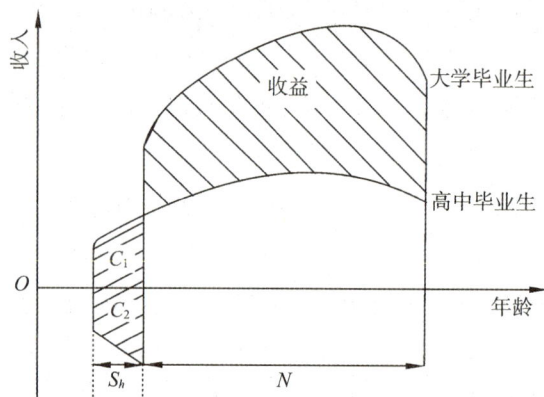

**图 3 - 2　估算大学教育收益的年龄——收入剖面图**

收入函数法也称明瑟法，所用的估算回归方程为方程式（3 - 3），这是很多教育经济学经典文献普遍使用的方法。其中，$E$ 代表年收入，$SCH$ 代表学校教育年限，$EX$ 代表工作年限。数据方面的要求与精确法基本一样。

$$\ln E = a + h \cdot SCH + c \cdot EX + d \cdot EX^2 \qquad (3 - 3)$$

这一方法给出了以 $\ln E$ 和 $S$ 的偏微分形式表示的收益率定义：

$$b = \frac{\partial \ln E}{\partial S} \qquad (3 - 4)$$

其离散形式为：

$$b = \frac{\ln E_s - \ln E_0}{\Delta S} \qquad (3 - 5)$$

其中，$E_s$ 和 $E_0$ 分别代表具有 $S$ 年和 $0$ 年教育的人们的收入。

简捷法中各级教育收益率的估算方程式为式（3 - 6）。其中，$r_i$ 是 $i$ 级学校教育的投资收益率，$AE_i$ 是受过 $i$ 级学校教育的工人的平均年收入，$AE_j$ 是受过低一级学校教育的工人的相应收入。这种方法假定收入不依赖于年龄，所以它比前两种方法需要更少的数据。但这种假定也带来了明显的缺陷，并且这种估算对平均收入的计算方法非常敏感，只适合于比较粗略的估算。

$$r_i = \frac{AE_i - AE_j}{K_i \cdot S_i \cdot AE_j} \qquad (3 - 6)$$

对教育收益率进行比较系统研究的代表人物是希腊经济学家普萨卡洛普

洛斯（Psacharopoulos），他（1985）[1] 对教育收益率研究进行总结（表 3 – 1）
后得到的基本结论是：初等教育的收益率高于其他阶段教育的收益；私人收
益率大于社会收益率，尤其是大学教育阶段更是如此；绝大多数收益率高于
10%，10% 是被普遍接受的机会成本；较贫穷国家的教育收益率较高，发展
中国家高等教育收益率可能会超过中等教育。但是，从对现有各种教育收益
率估算方法的分析可以看出，这些方法不可避免地存在这样一些缺陷：样本
覆盖面达不到要求，忽视了市场非竞争性、教育的外部性、各种外在因素的
综合效应以及教育质量差异等因素的影响，尤其是没有考虑教育的消费性收
益（Belfield，2007）[2]。这些缺陷必然会导致所测算出的教育收益率过高或过
低，致使研究结论具有一定的不确定性，很容易遭到人们的质疑和批判。

表 3 – 1　　　　　　　　　不同经济发展水平国家的教育收益率

| 国家组别 | 社会收益率（%） | | | 个人收益率（%） | | |
|---|---|---|---|---|---|---|
| | 初等教育 | 中等教育 | 高等教育 | 初等教育 | 中等教育 | 高等教育 |
| 非洲 | 26 | 17 | 13 | 45 | 26 | 32 |
| 亚洲 | 27 | 15 | 13 | 31 | 15 | 18 |
| 拉丁美洲 | 26 | 18 | 16 | 32 | 23 | 23 |
| 中等发达国家 | 13 | 10 | 8 | 17 | 13 | 13 |
| 发达国家 | — | 11 | 9 | — | 12 | 12 |

资料来源：G Psacharopoulos. Returns to Education：A further International Update and Implications
[J]．Journal of Human Resources, Vol. 24, No. 4（1985）：583 – 604.

2. 筛选理论对教育生产性价值的阐释

20 世纪 50 年代和 60 年代发展中国家的教育扩展并未加速这些国家的经
济发展，反而使受教育者大量失业。到 20 世纪 70 年代，人力资本投资理论
的许多论断与现实并不吻合，甚至截然相反，各国政府赋予教育发展的目标
任务也未实现。这些现象对风靡一时的人力资本投资理论提出了严重挑战。

---

① G Psacharopoulos. Returns to Education：A further International Update and Implications [J]．Journal
of Human Resources, 1985, 24（4）：583 – 604.

② C R Belfield. Economic Principles for Education：Theory and Evidence [M]．Glos：Edward Elgar
Publishing Limited, 2000：56 – 57.

在这种背景下，一些经济学家在对人力资本投资理论质疑的基础上提出了筛选假设理论（简称筛选理论，又叫文凭假说、羊皮纸假说或羊皮纸效应，因为西方历史上羊皮纸曾经是学历证书的制作材料，因此将学历证书的价值形象地称为羊皮纸效应，sheepskin effect），其观点认为，人力资本投资理论关于教育能提高人的知识技能从而提高劳动生产率、促进经济增长的论断是不正确或不完全正确的；教育的作用主要在于对具有不同能力的人进行筛选。

筛选理论承认教育与工资收入之间存在着正相关关系，但与人力资本投资理论不同的是，这种正相关性是因为：教育可以作为筛选识别装置（Collins，1979；Dore，1976)[1][2]，毕业文凭作为一种被筛选的信号，使持有者取得了高收入的工作。其核心思想是：教育投资→较高的文凭→较高的收入，如图3－3所示。该理论又分为强筛选和弱筛选两种观点（Psacharopoulos，1979)[3]。强筛选观点认为，接受教育较多的人收入较高，这是因为他们具有更高的生产率，但是较高的劳动生产率是由非教育因素产生的，即便他们没有接受如此多的教育，同那些接受较少教育的人相比，他们的劳动生产率本来就高。教育所起的全部作用就是向雇主表明谁的生产能力更高。强筛选的特征是，雇主将持续给予高教育程度者以高工资，而无论雇主对于雇员是否有了更多的了解。筛选理论的弱筛选观点认为，雇主认为大学毕业生即便没有毕业也具有较高的劳动能力，这就是接受更多教育或者接受更高教育的人获得专门的优势，这样他们就变得更具有生产能力、更容易成功，即便教育没有使他得到较高的劳动生产能力，没有使他们更容易成功。因此，弱筛选观点也就是说，教育文凭不仅仅标志着个体具备一定的知识、能力，而且教育过程促进了这些能力的形成和发展。弱筛选的特征是：雇主仅在缺乏信息的情况下，将教育当成一种信号，因此将给高教育程度者以高的起薪。由此可见，筛选理论所认可的是一种虚拟（强筛选）或半虚拟（弱筛选）的生产

---

① R Collins. The Credential Society：An Historical Sociology of Education and Stratification ［M］. New York：Academic Press，1979：73－89.

② R Dore. The Diploma Disease：Education，Qualification and Development ［M］. Berkeley CA：University of California Press，1976.

③ G Psacharopoulos. On the Weak Versus the Strong Version of the Screening Hypothesis ［J］. Economics Letters，1979，（4）：181－185.

性价值。

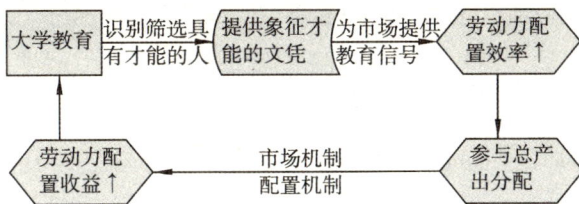

**图 3 - 3　筛选理论的大学教育生产价值模型**

　　筛选理论提出之后，国外很多学者设计了许多不同的实证检验方法，包括通过对拿到与未拿到文凭的个体之间的比较、专业与职业匹配的个体与不匹配的个体之间的比较、筛选性强与弱的行业或职业之间的比较、各教育水平的实际和预期收益之间的比较，以及通过考察招聘过程中不同求职渠道信息不对称现象的强弱、不同工作环境下过度教育的强弱程度、教育与劳动生产率两者之间直接关系的强弱等方式，对不同国家、地区的不同劳动力市场中教育的筛选理论进行了检验，并且在不同国家、地区得到了不同的结果。Layard 和 Psacharopoulous（1974）[①]、Blaug（1985）[②]、Ziderman（1990）[③]、Oosterbeek（1992）[④]、Groot 和 Oosterbeek（1994）[⑤]、Frazis（2002）[⑥] 等人的实证研究结果推翻了强筛选理论的观点，有力地支持了人力资本投资理论研

　　① R. Layard, G. Psacharopoulos. The Screening Hypothesis and the Returns to Education［J］. *Journal of Political Economy*, 1974, 82（5）: 985 - 998.

　　② M. Blaug. Where Are We Now in Economics of Education?, *Economics of Education Review*［J］. 1985, 4（1）: 17 - 28.

　　③ A. Ziderman. The Role of Educational Certification in Raising Earnings: Evidence from Israeli Census Data［J］. *Economics of Education Review*, 1990, 9（9）: 181 - 185.

　　④ H. Oosterbeek. Study Duration and Earnings: A Test in Relation to the Human Capital Versus Screening Debate［J］. *Economics Letters*, 1992, 40（2）: 223 - 228.

　　⑤ W. Groot, H. Oosterbeek. Earnings Effects of Different Components of Schooling, Human Capital Versus Screening［J］. *Review of Economics and Statistics*, 1994, 76（2）: 317 - 321.

　　⑥ H. Frazis. Human Capital, Signaling, and the Pattern of Returns to Education［J］. *Oxford Economic Papers*, 2002, 54（2）: 298 - 320.

究；而 Willis 和 Rosen（1979）①、Garen（1984）②、Hungerford 和 Solon（1987）③、Oosterbeek（1990）④、Frazis（1993）⑤、Bedard（2001）⑥、Strobl（2002）⑦ 等实证结果则拒绝了人力资本投资理论而有力地支持了筛选理论。还有一些研究，如 Liu 和 Wong（1982）⑧、Sakamoto 和 Chen（1992）⑨、Kroch 和 Sjoblam（1994）⑩、Groot 等（1997）⑪、Chatterjji 等（2003）⑫ 等，证实了教育既具有促进劳动生产率的功能，又具有促进匹配的信号功能。

综上可知，尽管实证方法和实证研究很多，但任何一种研究和方法对人力资本投资理论和筛选理论之争却不能给出一个完美无误的、确定的答案。随着时间的推移，两种理论都做出了妥协和进一步扩展了自己，并向融合的方向发展。总的来说，强筛选的观点是遭到强烈反对的，而弱筛选的观点一般被认为是成立的，即一般都承认教育具有技能培养和筛选的双重功能。这也正说明了教育价值的多元性，促进经济增长和带来教育收益的不仅仅是教育生产性价值方面的原因，而是教育的多种价值综合作用的结果。

① R. Willis, S. Rosen. Education and Self – selection［J］. *Journal of Political Economy*, 1979, 87（5）：S7 – S36.

② J. Garen. The Returns to Schooling：A Selectivity Bias Approach with a Continuous Choice Variable［J］. *Econometrica*, 1984, 52（5）：1199 – 1218.

③ T. Hungerford, G. Solon. Sheepskin Effects in the Education［J］. *The Review of Economics and Statistics*, 1987, 69（1）：175 – 177.

④ H. Oosterbeek. Education and Earnings in the Netherlands：An Empirical Analysis［J］. *European Economic Review*, 1990, 34（7）：1353 – 1375.

⑤ H. Frazis. Selection Bias and the Degree Effect［J］. *Journal of Human Resource*, 1993, 28（3）：538 – 554.

⑥ K. Bedard. Human Capital Versus Signaling Models：University Access and High School Dropouts［J］. *Journal of Political Economy*, 2001, 109（4）：749 – 775.

⑦ E. Strobl. Is Education Used as a Signaling Device for Productivity in Developing Countries? Evidence from Ghana［J］. *Applied Economics Letters*, 2004, 11（4）：259 – 261.

⑧ P. W. Liu, Y. C. Wong. Educational Screening by Certificates：an Empirical Test［J］. *Economic Inquiry*, 1982, 20（1）：72 – 83.

⑨ A. Sakamoto, M. D. Chen. Effect of Schooling on Income in Japan［J］. *Population Research and Policy Review*, 1992, 11（3）：217 – 232.

⑩ E. A. Kroch, K. Sjoblam. Schooling as Human Capital or a Signal：Some Evidence［J］. Journal of Human Resources, 1994, 29（1）：156 – 180.

⑪ W. Groot, H. Maassen van den Brink. Allocation and the Returns to Overeducation in the United Kingdom, *Education Economics*, 1997,（5）：169 – 183.

⑫ M. Chatterjji. P. T. Seaman, L. D. Singell. A Test of the Signaling Hypothesis［J］. *Oxford Economic Papers*, 2003, 55（2）：191 – 216.

### 3. 对教育生产性价值观的评述

以上分析表明了教育生产性价值的存在，即它能够促进经济增长和提高人们的收入。但是这一结论是建立在并不严格和非充分的证明基础之上的。而如果直接将这一结论及其推论用于国家政策的制定，必将导致严重的问题，因为任何社会行动都会有正功能、负功能、潜功能和显功能，并具有一定的特殊性和受特定的背景约束。正如著名教育家克拉克·科尔在广泛研究的基础之上所得出的结论：在美国制定政策的过程中，很少有像这么多确定无疑的信念（教育促进经济发展）建立在毫无证明的基础之上（Henry 等，1994）①。具体来讲，教育生产性价值观的缺陷和不足主要表现为以下几点：

（1）从教育与经济系统的作用机理看。

由于教育不仅与生产力系统之间存在互动关系，还与生产关系之间产生互动，将教育促进经济增长和提高经济收益仅仅归因于教育生产性价值的观点是不完善的。首先，教育对经济系统的作用效果存在正负两种可能。教育促进经济发展不仅仅是教育一厢情愿的事情，教育的不适当发展会给社会带来问题甚至危机。例如，一个过大的而不适当的教育结构很可能会导致就业问题，甚至经济危机。劳动力市场缺失或制度性分割、教育过度等因素都可以导致教育的投入不能带来所期望的经济增长和经济收益。其次，教育促进经济发展不仅仅是教育提高生产技能进而提高生产力的结果。教育的基本功能是培养人的基本素质，例如高尚道德、团结与合作精神等，教育通过对人才的培养为生产关系的总和——经济基础服务，改变人们在社会分工中的地位，直接影响生产关系的基础——生产资料的所有制关系，进而改变产品的分配关系，改变生产中人们的地位和相互关系。因此，教育的生产性价值之外的其他方面的因素在促进经济增长和提高经济收益方面也发挥了潜在的巨大作用。

（2）从生产性价值观所导致的后果来看。

如果仅将教育支出视为一种人力资本投资，过度强调教育对于专业知识和技能的培养在提高生产效率进而提高货币收益的作用，就会忽视人自身的

---

① M L Henry, C Kelly. Can Education do it Alone [J]. Economics of Education Review, 1994, (2)：97 – 108.

全面发展；如果过度强调教育的筛选作用，则会导致文凭的膨胀和教育过度，造成资源的浪费。由此可见，过度强调教育的生产性价值，就会形成以追求物欲的满足为导向的价值观，从而导致人在物欲的追求中被物所异化，丧失人的主体性。而这也正是现实中教育发展应该重视的主要问题之一。因此，大学教育还必须重视个人其他方面素质的培养。

（3）从教育生产性价值观的根本思想、方法论及其外延来看。

人力资本投资理论的根本思想及其实证方法忽视或忽略了人在教育过程中所获得的除专业知识和技能以外的其他方面的收获在提升个人和社会经济回报中的作用，而这些因素的作用是潜在的或者是明显存在的。筛选理论对现实中很多毕业生并没有从事所学专业的"改行现象"给出了一种解释。这在一定程度上说明：生产性价值只是大学教育的基本价值之一，而不是全部价值；大学教育必然还具有比生产性价值更重要或者至少同样重要的其他方面的基本价值，这些价值并不像专业知识技能那样可以直接作用于生产，而是需要通过人的进一步吸收和内化而间接地作用于生产，所带来的收益是非货币性的。

### 三、大学教育的消费性价值

#### 1. 大学教育消费性价值的内涵

教育不仅有助于个人今后的工作和提高收入，而且还会在其他方面对个人的一生产生不可忽视的影响。因为教育能够改变个人的信息集，进而对个人的偏好和行为产生普遍性的影响，这些影响大都是非货币性的。学术界将教育给人们带来的非货币性收益定义为教育消费性价值（educational consumption value）。

教育消费性价值主要影响个体、个体的家庭以及更广泛的社会。从社会的角度讲，教育消费性价值包括降低犯罪率、提高社会整体文明程度、增加公民的政治参与、改善工作与消费环境、提高慈善捐赠等方面；从个人和家庭的角度讲，教育消费性价值包括因教育而带来的高尚道德的养成、情趣的陶冶、理解和享受艺术、情感的和社会的调解（emotional and social adjustment）、获得判断能力和建设性思想（acquiring skills in critical and constructive thinking）、增进相互间的理解、了解新事物、认识新朋友、走向新的城市、享受大学生活、参加学生社团活动、促进身体健康、为家庭生活做准备、选择一个令人愉悦的职业、更好地抚育子女以及其他方面的满足等。这些无论在现在还是将来，都是一种消费。这种消费是提高个人修养、道德层次的最佳渠道，所带来非货币收益即消费性价值更能体现教育的根本作用和根本价值。

大学教育的消费性价值所带来的非货币性收益贯穿个人大学入学之后的生命历程。如图 3 - 4 所示，在水平轴上，$E$ 表示个人大学入学时的年龄，$G$ 表示个人大学毕业或开始工作时的年龄，$R$ 表示个人工作退休时的年龄，$D_1$ 表示个人在没有上大学的情况下的生命终点年龄，$D_2$ 表示个人具有大学教育经历的情况下的生命终点年龄。由此可将大学教育消费性价值按时间分为三部分：大学教育期间 $EG$ 内所获得的非货币性收益①，也是个人的大学教育的即时消费效应；自工作之后的所有生命时间内因大学教育带来的非货币性收益②；退休后由于大学教育的健康效应而带来的非货币性收益③，即大学教育的生命延迟效应。

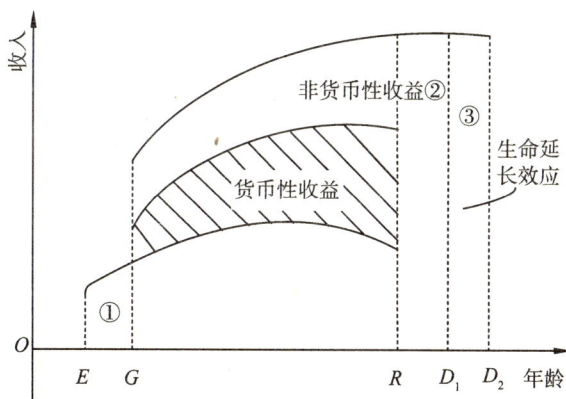

**图 3 - 4 大学教育的货币性与非货币性收益**

**2. 对大学教育消费属性及其消费性价值的系统论述**

从绪论的文献综述中可以看出，学术界的一些先驱性研究已经为教育的消费属性和消费性价值的存在提供了有力的证据，结果表明了教育的消费方面或消费动机的重要性。教育兼具投资与消费双重属性的观点已经得到了学术界部分著名学者的认可。但教育消费性价值难以度量的特征也阻碍了人们对教育消费性价值及其作用的深入和全面认识。人力资本投资理论在计算教育回报时也刻意避免了这一问题，从而导致了自身的重大理论缺陷。目前，我国学术界对于教育消费性价值的讨论还非常少并且还没有形成较为系统和清晰的论述。而消费属性作为教育支出双重属性的构成内容之一，从理论上讲，它在大学教育实践中必然扮演着重要的角色。因此，理论和实践对教育的消费属性和消费性价值认识的不足，必然会导致教育实践中教育价值的残缺，给教育发展进而对人的发展带来一系列的问题。为了进一步澄清大学教育的消费属性，使人们从观念上接受并认识到对大学教育消费性价值的作用，本书从如下几个方面进行系统论述。

（1）从已有理论对教育消费属性和消费性价值的揭示看。

对于教育具有消费属性和消费性价值的观点，已有的理论并没有持完全否定的态度，相反却提供了有力的理论支持。甚至人力资本投资理论也不例外。人力资本投资理论将教育的消费性价值作为人力资本的重要构成内容，只是在测算教育收益时因量化困难而将消费性价值忽视了。劳动力市场分割理论从分析劳动力市场的内部结构入手，说明不同种类或不同阶级的劳动者在劳动力市场上会受到不同的待遇。激进劳动力市场分割理论更是把分割看成是阶级斗争的产物。教育在劳动力市场分割中起着再生产社会关系的作用，培养个人具备在社会规范和价值体系等方面的阶层特征，从而强化工作之中的阶层差别。社会化理论也是一种认为教育的主要功能在于维护资本主义经济制度生存和发展的激进理论。其基本观点是，教育的经济功能源于它的社会功能，而教育的社会功能远比教育提高知识技能对经济的影响更重要。教育的经济价值是通过种种途径及手段使学生社会化，使不同阶级的学生经教育培养形成经济结构所需要的不同个性品质和特征，从而使资本主义经济机制能正常运转。劳动力市场分割理论和社会化理论等都是在质疑人力资本投资理论的基础上发展起来的，虽然劳动力市场分割理论和社会化理论并不完善，但它们都将教育经济价值的实现归因于教育培养个人习得统治阶级所需要的个性品质而非生产知识与技能，所以都有力地揭示了教育消费属性和消费性价值的存在。

（2）从教育对社会三大系统的作用机理看。

首先，教育对经济系统的作用更多的是体现了教育生产性价值的作用，尤其是教育对经济系统中生产力子系统的作用。而教育对于生产关系系统的作用则不仅体现了生产性价值的作用，它对于社会流动和社会分层的促进也体现了教育消费性价值的作用。第二，从教育对政治系统的作用看，教育具有政治功能，是政治社会化的重要机制。教育对于人们政治态度、价值观的灌输具有重要的意义。首先，表现在教育具有模式维护功能，能够维护现有的政治结构，为政治发展奠定重要的环境和社会基础。教育传播一定的政治意识形态，使受教育者形成适应和拥护一定社会政治制度的思想意识和行为方式，培养人们在知识技能等方面适应社会结构中的相应位置，使人们成为现有政治体系的合格公民；培养和选拔各领域的领导者和管理人才，使之成为统治阶级利益的接班人、代言人和拥护者，维护现有政治秩序的稳定。其次，表现在教育具有促进社会变革的功能。教育具有一定的再生产政治结构的功能。社会政治结构是随着阶级的出现而产生和发展起来的，具有强烈的阶级性。而从社会学的观点看，教育是阶级结构再生产的一个必要因素。教育不仅仅传播维护政治稳定的价值观，还创造和传播促进政治变革的价值观，引导人们发现和肯定自我价值，表达政治见解与意愿的能力，从而通过政治代理人的不断更新再生产了阶级结构。教育具有的促进社会流动和社会分层的功能再生产了人们的政治地位，从而也成为社会阶层再生产的重要力量。正如韦伯（刘精明，2005）[1] 所说："正式的教育是建立等级地位、形成等级生活的重要基础，不管人们的阶级地位（基于财产的地位）如何不一致，但是如果因教育而形成的生活方式是一致的，其等级地位就是相同的。"此外，学术自由和学术创新的理念和传统也在推动政治民主的进程和政治变革方面发挥了不可忽视的作用。第三，教育对文化系统的作用是"潜在的和更深层次的"（潘懋元，1995）[2]，教育具有的文化传承和创造功能，是文化变迁的核心力量。在文化传承与创造的过程中，教育根据需要来选择和整合文化。在人才培养上，教育要选择符合社会发展所需要的价值观、人生观和世界观，以及专业知识和技能，并选择符合学生个性要求的方式因材施教。在文化的

---

① 刘精明. 国家、社会阶层与教育［M］. 北京：中国人民大学出版社，2005：83.
② 潘懋元，朱国仁. 高等教育的基本功能：文化选择与创造［J］. 高等教育研究，1995，（1）：1－9.

传播方面，除了学校育人过程中的文化知识传授以外，教育更多地通过文化批判的方式对文化进行选择，引领社会文化向健康方向发展。因此，从教育对社会三大系统的作用看，无不体现了教育消费性价值的影响。

（3）从国际教育服务贸易的实践来看。

自从世界贸易组织拟定服务贸易总协定（GATS）之后，服务贸易市场得到了更加迅速有效的发展。教育服务贸易作为 GATS 中 12 类服务贸易之一，近年来也表现出了强劲增长的势头，日益成为国际贸易中一个重要的新兴领域。教育服务协议明文规定除政府彻底资助的教育活动外，凡收取学费、带有商业性质的教学活动均属教育服务贸易的范畴，它覆盖基础教育、高等教育、成人教育和技术培训等教育领域，提供服务的模式包括跨境提供、境外消费、商业存在、自然人流动。凡是参与 GATS 的成员单位均有权参与教育服务竞争，并需要遵守市场准入、国民待遇等义务的承诺。中国已经就教育服务贸易在高等教育等若干领域按四种服务提供方式在"市场准入"和"国民待遇"方面做出了具体承诺。自参与教育服务贸易以来，中国已经基本履行了所有的入市承诺并取得了很大的进展，其中：跨境提供教育服务正快速发展，一些高校建立并开通了汉语远程教学网；以境外消费的方式进口教育服务特别是高等教育服务已连续多年位居世界第一；教育服务贸易在商业存在的模式上有很大突破，根据教育部网站统计数据，国外教育机构来华合作办学发展迅猛，截止到 2005 年初已经有中外合作办学机构和项目一千多个，中国教育机构到国外的办学活动也已经启动，例如已经在国外建立孔子学院近300 所；中国教育领域人员的国际流动数量大幅度增加。因此，从国际教育服务贸易的发展以及中国参与和履行承诺的情况来看，高等教育作为一种服务被消费不仅仅作为一种理念存在，而且已经成为一种不争的事实或现实存在。

（4）从社会发展的趋势来看。

随着经济的发展，社会逐渐从以生产为主导向以消费为主导转变，教育领域也存在着类似的趋势。第一，20 世纪 20 年代之前，人们普遍认为教育是一种纯消费事业，教育支出是一种社会福利支出。第二，生产的扩大与专业化分工的出现对专门的知识及技术提出了需求，教育对社会生产的巨大作用日益充分地表现出来，知识日益成为社会生产的要素，同时由于人力资本投资理论的酝酿、形成与发展，教育逐渐被视为一种投资。第三，随着经济的不断发展和物质的不断丰裕，消费又会逐渐成为社会的主导，教育的消费属性也日益凸显。尤其是随着科学技术的加速发展，人类社会正在逐步脱离工业经济时代，走向知识经济时代。而在知识经济时代，知识成为社会的基础要素，是知识社会人的必备要素和生活必需品。在这种条件下，教育主要被用于劳动力的恢复、维持与延续，故教育在很大程度上已成为一种消费。第四，在物质财富极其丰裕的未来社会中，教育将完全成为人们享受生活的一种手段与方式。正如德国学者 von Recum（1981）[①] 所指出的："在一个富足社会，教育作为一种投资失去了最初的意义，日益被认为具有私人消费品的特征。……教育的消费方面，也就是那种并不主要服务于生产力增长目的的教育获得了更大的重要性。"

（5）从大学教育的实际过程来看。

从过程的角度理解教育消费有助于突破人们认识上的困境。目前，学术界更多地从静态的和一般物品消费的角度，将教育消费理解为个人或家庭用于教育方面的货币支出，并将其目标限定在获得更多货币回报和扩大内需上，犯了先验性的错误。这种理解在一定程度上误导了社会对教育消费的认识及其行为，教育消费被想当然地理解为"花钱买教育"甚至是"花钱买证书"，使人们的认识停留在片面的和肤浅的层次上，从而造成了教育消费主义的兴起甚至泛滥，不仅影响了大学教育活动的正常运行，还进一步恶化了教育质量和学术环境。由于高等教育领域不同于经济领域，大学不同于一般的经济部门，有着它自身的特殊性，例如组织内核的学术性、产出的模糊性、产品效益的滞后性、运营的公益性和非营利性、组织中权力结构的多元性、矛盾的多元复杂性、思想的超前性等不同于一般消费品的特殊性质，其消费的内涵、目的、手段等也必然具有特殊性。因此，不能完全照搬市场经济的运行规律，不能根据一般物品的即时消费来理解教育消费，个体从受教育开始之后的全部生命过程中均弥散着教育消费性价值的元素（如图 3 - 4 所示），必须从动态的角度来认识教育消费属性的本质内涵。

大学教育过程必然伴随着人力、物力与财力的消费，是"人"自身的生

---

① H Von Recum. Education in the Affluent Society：Problems and Conflicts ［J］. International Review of Education，1981，27（1）：3 - 14.

产过程，包括生活性消费和生产性消费两个环节。生活性消费是指受教育者在教育过程中的衣食住行方面的消费，满足的是生理上的需要，是一种纯消费。生产性消费则是指受教育者对教育本身的消费，满足的是心理上的需要，包括两个阶段：第一，接受大学教育时的即时消费，在内容上包括大学的课程、校园文化、社团活动、学术活动、社交活动、娱乐活动等，这个过程是个体之间在相互学习、理解和体会认识与自己不同的价值观念从而不断调整自身价值观和态度的过程，这个过程是个体自身良好素质的形成、调整、发展和提升的过程，即学生参与教育生产和自身生产的过程，其结果是个人获得了教育消费性收益和能带来货币回报的潜在的生产技能。第二，大学教育过程结束之后的事后消费，即对所获的教育消费性收益的消费，该过程也是毕业生参与社会生产的过程，其结果是带来了货币和非货币方面的更大的收益，并在整体上不断促进社会生产率和文明程度的提高。因此，大学教育消费不仅仅是支付教育成本购买一种学分或一种教育，也不仅仅是为了获得学历学位证书和找到一份能够赚钱的职位，而是购买一种进入和机会。教育机构出售的是教育的进入和机会，即进入大学享受大学课程学习、各种设施、校园文化、团体合作与交流的教育机会，学生还必须通过自己的努力来获得该种教育，个人的态度、行为和努力程度决定了个人从这种机会中获得的满足程度，决定了教育消费之后的消费能力和消费质量。因此，教育消费可以被视为个人对高等教育的选择、支付、参与、获益、享用的一个连续过程，其目标直接指向提升个人的综合素质和促进个人的全面自由发展。

（6）从大学教育生产性价值的实现来看。

大学教育具有生产性价值，但并不是在教育过程中直接实现的。教育过程不直接生产任何物质财富，而是直接"生产"人，教育的产出是凝结在人身上的特殊的东西，不能脱离作为主体的人而存在。正如 Bowen（1977）[①] 所总结的："大学教育的首要目的是按照所期望的方式对人进行改造，对人的这种改造对经济和社会乃至历史进程都产生深远的影响，但是，高等教育的首要目的是改变人的个性特征和行为方式。"受教育者如果不参与物质生产，那

---

① H R Bowen. Investment in Learning：the Individual and Social Value of American Higher Education [M]．San Francisco：Jossey – Bass Publisher，1977：432.

么教育的生产性价值就无法实现，只带来非金钱效用。只有当受教育者个人与物质生产过程的生产资料相结合时，才会创造物质财富，实现生产性价值。但是，教育生产性价值的实现不仅仅与个人的生产知识与技能有关，还受个人兴趣、守时、耐心、责任心、团结、服从、道德等方面素质的影响，而这些素质大都属于教育消费性价值的构成内容。这也正好解释了现实中相同教育程度和专业的毕业生但其收入水平却存在差异的现象。还有研究表明，发展中国家的劳动队伍如果不缺乏时间观念，则会增加高达 50% 的人力资本（McMahon, 2006）[1]。由此可以认为，教育消费性价值对于生产性价值的实现具有很大的潜在影响，它可以为生产性价值的实现提供持续的动力支持，甚至可以内生出生产力。一个简单的例子就是，一些毕业生从事专业不对口的工作且工作非常出色。所以，大学教育的消费性价值是不容忽视的，它至少和生产性价值一样重要。

（7）从大学教育的目的来看。

大学教育最本质的任务是培养高素质的人，促进人向更高层次全面发展。这既体现了社会发展的需要，也体现了人自身发展的需要，我们在把其社会功能摆在首位的同时，也应看到社会的需要和个人的需要互相渗透、不可分割。因为对一个家庭、一个人来说，接受高等教育本身，并不完全是为了社会，为了工作，还包含为了提高自身素质、提高家庭生活质量和生活情趣等，这从客观上反映了一种消费取向，体现着人们对精神价值的追求以及对未来生活的期盼和准备。另一方面，高校在办学实际当中，在课程设置上也并不单是考虑到学生毕业后求职的需要，有些课程的设置是为了提高学生的个人素质，并且受到学生的欢迎，对学生来说，这实际上也包含一种教育消费取向。著名教育家布卢姆在其经典著作《教育目标的分类》中也指出，任何专业课程的目标都可以分为三类：书本知识、心智技能、情商。其中，书本知识是指学生应该记忆的事实和概念的总和；心智技能是指学生们应该获得的动手能力和肌体协调能力；情商是指学生在课后应该具有的影响其行为的价值观，包括守时、耐心、幸福、责任心、事业心、团结、服从、道德等方面

---

① ［瑞典］胡森，［德］波斯尔斯韦特. 教育大百科全书——教育经济学卷［M］. 杜育红，曹淑江，孙志军，译. 海口：海南出版社，重庆：西南师范大学出版社，2006：153.

的素质。可见，课程的目标既指向提升教育的生产性价值，也直接包含着消费性价值的因素，尤其是心智和情商的养成。因此，消费性价值是大学教育价值不可缺少的构成内容之一，也是大学教育的固有属性之一。

3. 教育消费性价值观的重要意义

从教育过程中教育属性的表现及其发挥的作用看，教育消费性价值的最本质的意义在于其所具有的建构性（constitutive）价值，使人们拥有了更多的实质自由。根据阿马蒂亚·森（2002）① 对自由的建构性阐释，可以从主体的角度将教育消费性价值的建构性理解为两个层次：对个人的全面自由发展具有重要意义；对于个人获得有价值的成果的机会也是重要的。在现实中，教育消费性价值的建构作用可以在三个层次上发挥作用：对"人"自身的建构、对大学的建构以及对社会的建构。对"人"的建构是教育的本质任务。教育消费性价值观强调个人在教育中的主体地位，关注个人在教育过程中尽可能地利用大学所提供的一切可以利用的资源对自身进行"改造"和"重塑"，其目标直接指向个人的"质"的提升和全面而自由发展，这恰恰是教育所具有的最本质的功能和终极的目的，从根本上体现了对一般功利主义价值观的超越。教育消费性价值观强调保持教育的相对独立性，教育作为传播知识和追求自由与真理的事业，具有自身的发展规律和价值观体系，也应当具有自身的独立性。而独立性是理性的教育活动植根于社会土壤的首要条件，象征着教育存在的合法性（张启树，1999）②。正是由于这种独立性的存在才使教育有了自身存在的价值和自身发展的动力。教育消费性价值观重视教育的价值理性，而价值理性强调价值的合理性，关注对人自身的关怀，对人生意义的理解，对生活有着规范和引导的作用，是人生存的价值基础和信仰的依据。价值理性最重要的体现是人文精神，构建的是一个"人"的社会，一个有意义的社会。

因此，教育消费性价值观的发展不仅有助于个人层面的发展，它对于教育资源的有效利用、大学的长远发展、高等教育整体质量的提升乃至社会的整体进步都具有非常重要的意义。如图3-5所示（其中，虚箭头表示潜在的

---

① ［英］森. 以自由看待发展［M］. 任赜，于真，译. 北京：中国人民大学出版社，2002：13.
② 张启树. 论教育活动的相对独立性［J］. 教育理论与实践，1999，19（6）：7-11.

或隐性、间接的作用，实箭头表示显性的或直接的作用）。大学教育过程实质上也是个人与他人互构、个人与大学互构、个体生产与生活互构的过程。教育消费性价值在对"人"的建构中可以从根本上解决教育发展中的质量、公平、效率等问题，从而完成对大学教育本身的建构，实现教育理念、发展理念以及政策模式的全面创新。因此，从发展的视角和时代的需要来审视教育消费性价值，有助于深入理解教育的应有价值，在教育实践中正确把握教育价值的完整性，从而促进个人全面发展，引导大学的理性发展，推动国家和社会的全面和谐与进步。

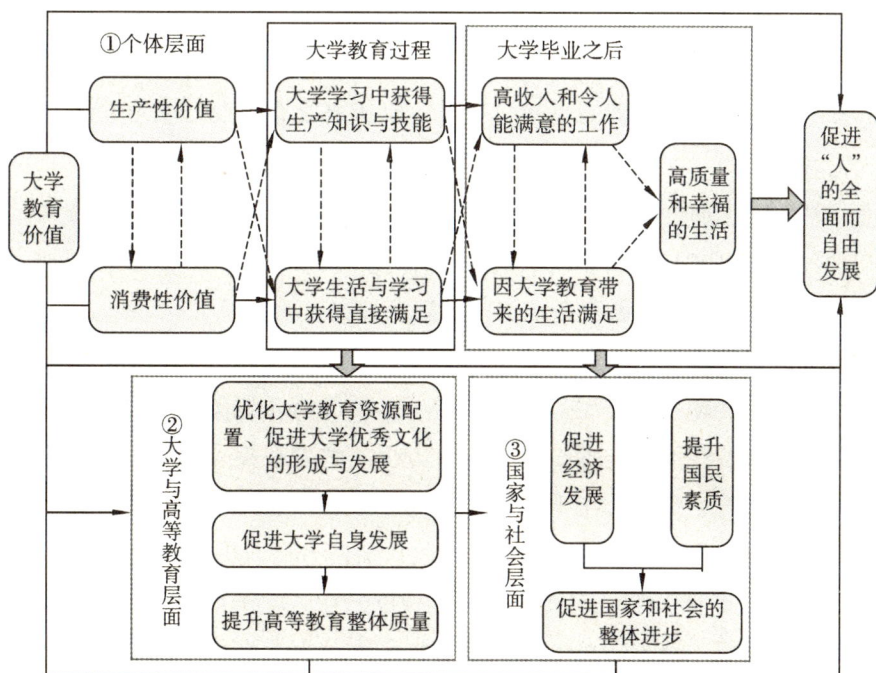

**图 3 - 5　大学教育生产性价值与消费性价值的作用机理**

但是，教育消费性价值观的发展还面临着难以逾越的障碍。首先，人们认识上的突破不是一朝一夕的事情，需要经历从上至下、从理论界到实践界的广泛争鸣才能取得普遍的认可。其次，教育消费性价值定量难是教育消费性价值观发展的关键性难题，也是其难以取得人们认可的瓶颈，这一问题的解决还有待于学术界多学科的协作和长期深入的研究。

### 四、大学教育生产性价值与消费性价值的关系

通过以上分析可知，作为大学教育价值属性的两个方面，大学教育的生产性价值和消费性价值之间存在密切的关联。这是因为，个人教育消费的过程同时也是参与教育生产的过程，教育生产性价值与消费性价值的获得具有同时性，在内容和作用上均存在一定的交叉和融合，教育价值是通过教育作为一个整体与社会各系统相互作用而体现的。因此，教育的生产性价值和消费性价值之间没有明确的区分边界，很难将其中某种价值完全独立出来，在以往的实证研究中也难以将教育的投资与消费特征截然分开（Duchesne、Nonneman，1998）①。正如某学者所言（Von Recum，1981）②："教育不仅是一种有助于增强经济生产力的投资，也是一种因其文化意义和自我增值而满足个人需求的消费品。从消费者的观点看，教育被归为这样一种消费品：部分是立即消费的，部分是耐用的。经验上，教育投资部分不能从其消费部分中被清楚地分离出来。它们形成了同一个硬币的两个方面。投资和消费两者的重要性从本质上取决于教育系统提供的教育种类、数量和质量。"

教育的生产性价值与消费性价值是共存共生的和相互促进的，两者的交互作用使教育实现了其作为一个整体的功能和价值（如图3－5所示）。从生产性价值对消费性价值的促进来看，一方面，教育在提高人们生产技能的同时也使人们拥有了更多的闲暇；另一方面，教育的生产性价值在提高人们经济地位的同时，也通过影响和改变生产关系而使人们获得了更高的社会地位，赋予了个人尤其下一代人追求更高生活品位的空间。从消费性价值对生产性价值的促进来看，参与学校活动、享受校园文化以及在大学生活中与其他同学的交往等活动不仅带来了个人消费方面的直接满足，而且这些活动结合在一起又促进了个人生产能力的提升以及生产性价值的实现。这种促进作用是潜在的甚至是决定性的，尤其是个人在教育过程中所形成的人生观和价值观态度对于个人生产与生活的影响都是决定性的。就大学及高等教育层面，大

---

① W Duchesne, Nonneman. The Demand for Higher Education in Belgium [J]. Economics of Education Review, Vol. 17, No. 2 (1998): 211–218.

② H Von Recum. Education in the Affluent Society: Problems and Conflicts [J]. International Review of Education, 1981, 27 (1): 3–14.

学教育生产性价值与消费性价值之间通过直接作用以及在校生之间的同群效应（peer effect）促进了大学教育资源的优化配置、大学优秀文化的形成与发展，进而实现了促进大学发展和高等教育整体质量提升的功能。就国家与社会层面而言，大学教育生产性价值与消费性价值之间通过直接作用以及对社会的外溢效应（Spillover effect）等，直接与间接地促进了经济的发展和国民素质的提高，进而发挥了促进国家和社会整体进步的作用。

## 第二节　大学入学公平问题内在原因的理论求证

通过以上对大学教育双重价值的分析和阐述可知，生产性价值和消费性价值是大学教育价值中能满足人们需要并被人们所追求的两种基本的内在价值，因而我们可以推测，人们对大学教育的这两种价值的追求必然会带来大学入学机会的竞争，从而影响大学入学的公平状况。本书将教育价值视为教育生产性价值和教育消费性价值的统一体，并把教育实践中受教育者对两种价值的获取模式分为如下三种：消费性价值获取偏向型，即对教育价值的获取偏向消费性价值；均衡获取型，即所获取的教育生产性价值和消费性价值能产生最大化的交互作用，这种模式有助于个体的全面自由发展；生产性价值获取偏向型，即对教育价值的获取偏向生产性价值。生产性价值获取偏向型和消费性价值获取偏向型不能达到教育的生产性价值和消费性价值两者交互作用最大化的状态，不利于个人的全面自由发展，但对于处于不同情境和不同社会发展阶段的个体来说，两者的不均衡组合却可以达到教育价值的最大化。

在中国现阶段，高等教育入学机会是稀缺资源，高层次大学的入学机会更是极其稀缺的资源，而城乡之间、不同阶层之间在大学入学机会的数量和质量方面存在巨大差异，来自城市和优势阶层的上层社会群体占据了更多的入学机会尤其是优质的入学机会（详见第五章的数据分析）。因此，在我国现阶段，追求大学教育的金钱回报即生产性价值在整体上能够达到教育价值最大化的目标，同时也符合我国现阶段以生存为优先的价值取向。而占据更多入学机会的优势群体侧重于追求教育的消费性价值（详见第五章的分析），在整体上表现为消费性价值获取偏向型，这与大学入学机会的稀缺以及以生存优先为价值取向的分配原则相悖，必然会导致大学入学机会分配的不公平。由此，我们提出本书研究的第一个理论假说：

假说1：上层社会群体对大学教育消费性价值的过度追求是导致大学入学不公平的根本原因。

Dur 和 Glazer（2008）① 研究认为，在存在教育消费性价值的前提下，富人的入学率高于穷人。这一研究实质上已证明了假说1。本章借鉴 Dur 和 Glazer（2008）的分析方法，从理论上进一步阐释大学入学公平问题的内在原因并寻求相关理论与证据支持，在此基础上通过实证方法证明这一内在原因在我国现阶段的适用性。

## 一、研究假设

### 1. 对学生个体及其家庭信息的假设

假设个体在能力 $a$ 上是异质的，不同家庭经济背景的学生拥有的最初经济基础 $w$ 也不相同。$a$ 与 $w$ 分布的联合概率密度为 $f(a, w)$，且假设能力分布不依赖于经济基础，即 $f(a, w) = f(a)$。学生和大学招生管理者之间关于学生的 $a$ 是信息不对称的，而关于学生的 $w$ 信息对称。

现实中，人们的能力以及各家庭的经济状况都是存在差异的，信息不对称现象是客观存在的，所以该假设条件是符合现实的。当然，个体能力信息可以通过入学考试来识别。而假设关于学生家庭经济信息对称，主要是为了更方便识别并补偿那些因经济困难而不能入学的学生，为大学入学公平的衡量标准的设计和有效实施奠定前提条件。

### 2. 对大学入学公平衡量标准的假设

假设大学入学机会公平应满足在如下条件：达到大学入学能力标准要求的学生都能进入适合于自己的大学或学科、专业进行学习并且不被大学拒绝或中退，也不会因经济困难而被拒绝入学和中退。对于经济困难的学生可以通过助学贷款、奖学金、补助金等方式得到补偿而满足入学的学费要求。

使满足能力标准要求的学生都能入学，这是为了保障此类学生受教育这

---

① R Dur, A Glazer. Subsidizing Enjoyable Education [J]. Labour Economics, 2008, 15（5）: 1023 – 1039.

一基本权利得到保障，为其能力的进一步发展提供机会和空间，因此也是有效率的一种设计。通过一定的经济补偿使达到入学能力标准但经济困难的学生能够入学，符合基本差别补偿原则，同时也是有效率的一种设计。一方面，学生家庭的经济差别属于基本差别，这一差别是家庭发展的历史原因造成的，不能作为大学入学的关键标准；另一方面，与不满足能力标准的学生相比，满足能力标准的学生获得入学机会，必然能够在教育过程中获取更多的教育价值，是有效率的。因此，这一前提条件符合第二章从若干理论中归纳出的四项基本原则：基本权利保障、基本差别补偿、平等与效率相统一、促进个人自由发展。

3. 对各种资本之间转换的假设

假设各种资本之间在一定条件下可以相互转换，例如知识与能力资本可以转化成经济资本。该假设的目的在于分析上的方便，可以仅使用经济资本进行代替性分析。现实社会中，经济资本、文化资本、社会资本、政治资本之间在一定程度上确实可以实现相互间的转换，尤其是经济资本与政治资本、社会资本之间的相互转化在世界范围内都是一种普遍存在的现象。

4. 对学生个体能力 $a$ 与教育投资回报 $p(a)$ 之间关系的假设

假设个体能力 $a$ 可以用货币 $a$ 衡量，若个人不选择入学，则其收入为 $a$；若个人选择入学则其收入为 $[a+p(a)]$。假设 $p(a)$ 随着 $a$ 线性递增，即：$p'(a)>0$，$p''(a)<0$。

现实中，能力高的受教育者学术成就（对知识和技能的掌握程度）一般要高于能力低的受教育者，学术成就高的受教育者其收入水平整体上也一般要高于学术成就低的受教育者，这与人力资本投资理论尤其是关于教育收益率的经验研究和规律性结论是一致的，因此该假设条件是合理的。

5. 对消费过程的假设

假设消费仅发生在个人入学选择决定之后。不选择入学的个人其物品消费额为 $(a+w)$；令学费为 $t$，则选择入学的个人其消费额为 $[a+p(a)+w-t]$。物品消费的效用为 $u(\cdot)$，符合规则：$u'(\cdot)>0$，$u''(\cdot)<0$，$u'''(\cdot)\geqslant0$。假设教育消费性价值和物品消费的效用 $u(\cdot)$ 可以分离。

假设教育消费性价值和物品消费效用分离并不影响分析结果。因为 $v$ 依赖于 $w$ 变化的两种情况 $[v'(w)<0；v'(w)>0]$ 都不影响这一假设的成立。由于人们一般在物质需求基本满足之后才会追求精神的满足，而且在物质需求得到完全满足之前，精神满足程度随着物质需求的不断满足而逐渐提高，所以人们获得的教育消费性价值不会随着财富的增加而减少，即可以排除 $v'(w) < 0$ 的情况。相反，$v'(w) > 0$ 这种情况则会增强结果的分析效果。

## 二、模型及其讨论

如果满足（3-7）式的条件，则具有能力 a 和经济基础 w 的个人会选择上大学。

$$u[a+p(a)-t+w]+v \geq u(a+w) \qquad (3-7)$$

设具有经济基础 w 的个人其能力为 $\alpha(w)$，则在入学和不入学两种情况下的效用达到均衡时，则上大学和不上大学对他来说是没有区别的，即：

$$u\{\alpha(w)+p[\alpha(w)]-t+w\}+v=u[\alpha(w)+w] \qquad (3-8)$$

在均衡状态下，由于 $p'(a) > 0$，具有经济基础 w 和能力 $a \geq \alpha(w)$ 的人选择上大学。令（3-7）式取等号，并且用 $\alpha$ 代替 a，可求得：

$$\frac{d\alpha}{dw} = \frac{u'(\alpha+w)-u'[\alpha+p(\alpha)-t+w]}{[1+p'(\alpha)]u'[\alpha+p(\alpha)-t+w]-u'(\alpha+w)}$$

$$(3-9)$$

由（3-8）式可知，如果 $v > 0$，则对任意的 w，$\alpha+p(\alpha)-t+w < \alpha+w$。

又因 $p'(\alpha) > 0$，且 $u''(\cdot) < 0$

故 $u'(\alpha+w)-u'[\alpha+p(\alpha)-t+w] < 0$

$[1+p'(\alpha)]u'[\alpha+p(\alpha)-t+w]-u'(\alpha+w) > u'[\alpha+p(\alpha)-t+w]-u'(\alpha+w) > 0$

因为 $\dfrac{d\alpha}{dw} < 0$

又因为 $f(a,w)=f(a)$（第一条假设）

所以，大学入学随着 w 的增加而增加。

由此我们可以得到如下命题：

命题 1：在大学教育具有消费性价值的情况下，富裕家庭子女的入学率将高于贫困家庭的子女，并且在入学的边际学生中，富裕家庭子女的能力低于贫困家庭子女的能力。

上述模型综合考虑了大学教育的生产性价值和消费性价值，故结论具有一般性。下面就消费性价值存在与否两种情况对结果进行讨论：

（1）如果 $v=0$，则均衡状态（3-8）变为：

$$p\left[\alpha\left(w\right)\right]=t \qquad\qquad (3-10)$$

此时，仅当 $p\left(\alpha\right)>t$ 时，即仅当大学教育的金钱收益大于学费时，人们才会做出大学入学的选择。

（2）如果 $v>0$，则在 $p\left[\alpha\left(w\right)\right]<t$ 时，追求大学教育消费性价值 $v$ 的学生候选人也会做出入学选择。由于 $u''\left(\cdot\right)<0$，所以富裕家庭的子女比贫困家庭的子女更愿意减少物品的消费来获得大学教育的消费性价值，进而在统一的学费标准下，进入大学的边际贫困学生的能力要比边际富裕学生的能力高。又由于 $f\left(a,w\right)=f\left(a\right)$，故富裕家庭子女的入学率高于贫困家庭子女并且学生的平均能力随经济基础 $w$ 而下降。而政治资本、社会资本、经济资本、文化资本等在一定的条件下可以实现相互间的转换，既优势阶层可以实现较低的学术能力入学。由此可得出如下结论：在大学入学机会的竞争性选择中，不同群体子女对教育消费性价值的不对称追求导致了大学入学的不公平。

该结论在实质意义上也就是，上层社会群体为过度追求大学教育的消费性价值而凭借其优势资本的参与扭曲了以能力为标准的大学入学竞争规则，从而导致了大学入学的不公平。由此假说1得到证明。从实质上讲，优势阶层优势资本的参与使大学录取制度发生了强制性变迁，其作用包括两个方面：第一，优势阶层利用政治资本和文化资本通过法律法令和政策规章的形式直接改变录取分数线的高低，从而使其以低于弱势阶层的录取分数就能进入大学学习。例如，我国大学入学录取在操作上分省命题和划线、省内又分城乡划线，导致城乡、阶层间的录取分数及录取比例存在很大差异，而且还设计了针对各种"优秀学生"的诸多加分政策，使得优势群体和弱势群体在高考录取分数线上存在显著的不公平。第二，优势群体利用政治资本和经济资本直接或间接改变录取标准，使得权力、关系和金钱在某种程度上充当了学术能力和成就的替代物。权力、金钱等优势资本参与大学入学机会的寻租是各国在转型期都较为普遍的一种现象。但是，由于制度变迁具有路径依赖性，优势资本参与大学入学机会的寻租已经得到强化并根深蒂固，因此这种强制性变迁作为一种司空见惯的现象将长期存在。

### 三、相关理论与现实证据支持

对于优势阶层为过度追求教育消费性价值而凭借其各种资本优势超额占有大学入学机会进而导致大学入学的不公平这一观点，无论理论还是实践都提供了有力的证据支持。

#### 1. MMI 理论及其现实证据

Raftery 和 Hout（1993）[①] 对爱尔兰教育规模扩展与入学机会公平之间关系研究的基础上发现，随着规模的变化以及一系列促进公平的教育财政政策的实施，家庭背景对教育机会的影响在减弱，但是阶层之间的屏障并没有消失，由此他们提出了"最大化地维持不平等"理论（Maximally Maintained Inequality theory，简写为 MMI）。该理论直接关注推动教育系统扩张或收缩的力量，其核心观点可以归纳为以下两点：首先，持续增长的教育规模并不必然会改变家庭社会地位对人们所获得的教育机会的影响。第二，当受教育机会的快速增加超过了社会的总需求时，教育系统中的不平等程度不会减少。只有当优势阶层在某一特定层次教育的入学达到饱和或者接近饱和的程度时，该层次教育的不公平程度才开始下降，优势阶层和弱势阶层之间入学机会的差异才会减小甚至可能消失。在此发生之后，该层次教育的不公平程度在大多数优势群体广泛满意时达到最高点。那些社会经济地位高的父母总是会寻找各种方式，使其子女教育机会最大化。

MMI 理论提出之后，在学术界产生了很大的反响。很多学者对该理论通过实证分析进行了验证，结果表明该理论在大多数国家和地区都是成立的，因此具有一般性。其实，世界银行（the World Bank，1984）[②] 20 世纪 80 年代对不同发展中国家和地区的研究报告就表明，白领阶层在大学生源中普遍存

---

① A E Raftery, M Hout. Maximally Maintained Inequality: Expansion, Reform, and Opportunity in Irish Education, 1921—1975 [J]. Sociology of Education, 1993, 66（1）: 41–62.

② The World Bank. World Development Report 1984 [R]. oxford: Oxford University Press, 1984: 266–267.

在代表超额的现象，如表 3 - 2 所示。Shavit 和 Blossfeld（1993）[1] 以 13 个国家和地区为研究对象，发现其中的德国、瑞士、意大利、波兰、匈牙利、捷克斯洛伐克、以色列等 9 国家和我国台湾地区的各群体的教育参与都符合MMI 理论。Ziderman 和 Albrecht（1995）[2] 对若干发展中国家人口的收入结构和不同收入群体接受的大学教育状况的研究表明了 MMI 在发展中国家的普遍成立，如表 3 - 3 所示。此外，Zhou、Moen 和 Tuma（1998）[3]、Gamoran（1996）[4] 以及 Gerber（2000）[5] 等也都在中国、苏格兰、俄罗斯等国家和地区发现了与 MMI 理论相一致的证据。

表 3 - 2　　　　　　　　发展中地区白领阶层子女在大学生中的代表指数

| 地区 | 占人口比重（%） | 在大学生中的比例（%） | 代表指数 |
|---|---|---|---|
| 拉丁美洲 | 15 | 45 | 3.0 |
| 非洲法语国家 | 6 | 40 | 6.7 |
| 南部非洲 | 13 | 80 | 6.2 |
| 亚洲 | 10 | 43 | 4.3 |
| 中东地区 | 10 | 47 | 4.7 |

资料来源：The World Bank. World Development Report 1984［R］. Oxford University Press, 1984：266 - 267.

① Y. Shavit. H. P. Blossfeld. *Persistent Barriers：Inequality of Educational Opportunity in 13 Countries*［M］. Boulder CO：Westview Press，1993：55 - 86.

② A. Ziderman，D. Albrecht. *Financing Universities in Developing Countries*［M］. Washington, D. C.：The Falmer Press，1995：36.

③ X. G. Zhou，P. Moen，N. B. Tuma. Educational Stratification in Urban China, 1949 - 1994［J］. *Sociology of Education*，1998，71（3）：199 - 228.

④ A. Gamoran. Curriculum Standardization and Equality of Opportunity in Scottish Secondary Education：1984 - 90［J］. *Sociology of Education*，1996，69（1）：1 - 21.

⑤ T. P. Gerber. Educational Stratification in Contemporary Russia：Stability and Change［J］. *Sociology of Education*，2000，73（4）：219 - 246.

表3-3　　若干发展中国家人口中的收入结构与享受公共高等教育资源的比例（％）

| 国家 | 人口中的收入结构 | | | 享受公共高等教育资源的比例 | | |
|---|---|---|---|---|---|---|
| | 低收入 | 中收入 | 高收入 | 低收入 | 中收入 | 高收入 |
| 智利 | 30 | 30 | 40 | 15 | 24 | 61 |
| 哥伦比亚 | 40 | 40 | 20 | 6 | 35 | 60 |
| 印度尼西亚 | 40 | 30 | 30 | 7 | 10 | 83 |
| 马来西亚 | 40 | 40 | 20 | 10 | 38 | 51 |

资料来源：A. Ziderman, D. Albrecht, Financing Universities in Developing Countries, Washington, D. C.：The Falmer Press, 1995, p36.

### 2. EMI 理论及其现实证据

尽管 MMI 有助于解释不同阶层间的教育不公平现象并且具有一些证据支持，但是该理论提出的"当某层次教育水平已经普及后，家庭社会经济背景对该层次教育入学机会不公平的影响将减少并可能消失"这一观点受到了 Lucas 等人的质疑和批判。Lucas 等人认为，由于没有考虑到教育内部存在的质量和类型的差异，MMI 不能揭示家庭社会经济背景与教育机会之间的深层关系。由此，Lucas 等人（2001）[①] 进一步提出了更具有一般意义的"有效地维持不平等"理论（Effectively Maintained Inequality theory，简写为 EMI），其基本思想是："那些在社会经济方面具有优势的参与者保护他们自己和其子女某种程度的优势，这种优势无论在哪里都是普遍可能存在或发生的。如果数量差异是普遍存在的，社会经济方面的优势参与者将获得数量上的优势；如果质量差异是普遍存在的，社会经济方面的优势参与者将获得质量上的优势。"

EMI 理论认为，保持数量和质量的差异将产生获得其他物品的不同机会。从这种意义上说，那些具有优势背景的人可以有效地获得关于一系列物品的数量或质量优势，它也可以在其他领域获得数量更多或质量更好的物品方面具有领先优势。该理论至少在数量和质量两方面是成立的。就教育领域而言，因为优势阶层无论在何时何处都会确保他们自身和子女教育的优势，当教育

---

① S R Lucas. Effectively Maintained Inequality：Education Transitions, Track Mobility, and Social Background Effects ［J］. American Journal of Sociology, 2001, 106 （6）：1642-1690.

规模较小时，其入学机会是稀缺物品，那些在社会经济方面具有优势的参与者利用他们的优势获得入学机会，进而在就业等方面也获得了比较优势，这种优势首先体现在数量上。而在教育规模扩大或普及之后，阶层间入学机会的数量差异开始减小或消失，此时优势阶层就会利用其各种资本优势保持其入学机会的质量优势。

EMI 理论也得到了众多的现实证据和实证研究的支持。有研究（张立新、王雅林，2009）[①] 表明，我国大学入学公平状况的变化支持 EMI 理论，即大学扩招之后，上层社会群体的子女超额占有了大量的和优质的大学入学机会，尤其是在高层次大学、热门专业的在校生中以及重点大学的自主招生和免试保送中，上层社会的生源代表指数是底层社会生源代表指数的几倍甚至最高达到 70 余倍。国外也存在很多类似的现象，例如，美国威斯康星州对 1957 年 9 000 名中学高年级学生进行了长达 7 年的追踪研究（吉尔伯特、卡尔，1992）[②]，结果显示：在男性学生中，来自底层社会家庭的仅有 21% 能够继续接受教育，而来自高层社会家庭的孩子则高达 73%。在最聪明的孩子中，来自最低层社会群体的大约有 50% 的人能设法进入大学，而来自最高层社会群体的则高达 91%。在能力最低的孩子中，来自底层社会家庭的仅有 6% 的机会继续学习，那些来自高地位家庭的则有 39% 的机会。显然，地位和能力有各自独立的影响，当其中任何一个变量得到控制时，另一个变量依然能产生非常大的差异。因而，那些在两个变量上均占有优势的人，几乎完全可以保证上大学；那些在这两个变量上均处于劣势的人，也几乎完全可以肯定不会进入大学；而那些在两个变量中占有一个优势的人，上大学的可能性则有 40% ~ 50%。

在实证研究的证据支持方面，Lucas（2001）[③] 以及 Entwisle、Alexander 和 Olson（2005）[④] 使用不同的技术手段评估了 EMI 理论，从美国 20 世纪 80

① L. X. Zhang, Y. L. Wang. Inter-stratum Inequity of College Entrance in China. in B. Wang, Q. Luo, ICIM2009, Los Alamitos: IEEE Computer Society, 2009: 2153 – 215.

② ［美］吉尔伯特，卡尔. 美国阶级结构［M］. 北京：中国社会科学出版社，1992. 224 – 230.

③ S. R. Lucas. Effectively Maintained Inequality: Education Transitions, Track Mobility, and Social Background Effects［J］. *American Journal of Sociology*, 2001, 106 (6): 1642 – 1690.

④ D. R. Entwisle, K. L. Alexander, L. S. Olson. First Grade and Educational Attainment by Age 22: A New Story［J］. *American Journal of Sociology*, 2005, 110 (5): 1458 – 1502.

年代高中二年级学生在学校系统中的流动轨迹中发现了该理论成立的相关证据。Ayalon、Shavit（2004）[①] 以及 Ayalon、Yogev（2005）[②] 等学者在以色列高等教育系统中也发现了支持 EMI 理论的有力证据，丁小浩（2006）[③] 等学者则利用调查数据在中国高等教育系统中找到了支持 EMI 的相关证据。

3. 位置消费理论及其现实证据

位置消费理论最早可追溯到凡伯伦的研究。凡伯伦将物品分为炫耀性和非炫耀性两种，其中炫耀性物品只能给消费者带来物质效用，而炫耀性物品则既能给消费者带来物质效用又能带来虚荣效用。虚荣效用是指通过消费某种特殊的物品而受到他人的尊敬所带来的满足感。上层社会群体常常消费一些炫耀性物品来显示其拥有较多的财富或者较高的社会地位，这种现象被称为"凡伯伦效应（Veblen effects）"。炫耀性物品一般具有如下特征：比较高的相对价格、相对品位，获得比较困难，其消费行为和结果容易被周围的人观察到，大学教育尤其是优质的高层次教育显然具备这些特征。

位置消费理论由 Frank（王建国，1999）[④] 在 1985 年提出，他在对消费行为的示范效应进行分析时把消费品分为位置物品和非位置物品两类，他将位置物品定义为"其价值依赖于与他人比较的相对效果的物品"，而不是像一般物品那样只依赖于其绝对水平。现实生活中的具有相对比较性和显示个人与家庭能力信号的物品，例如教育程度、高尔夫、私人汽车等都属于位置物品的范畴。位置消费就是指人们对无限的、满足自尊的和精神需要的相对地位或相对名誉的追求，是以显示人们获得位置物品的相对能力为目的的消费。

位置消费的一个重要特点是，人们都力争在与他人的比较中获得一个比较好的位置商品和地位（Binswanger，2006）[⑤]，但整个社会提供的有利的位置

---

① H. Ayalon, Y. Shavit. Educational Reforms and Inequalities in Israel: The MMI Hypothesis Revisited [J]. *Sociology of Education*, 2004, 77 (2): 103 – 120.

② H. Ayalon, A. Yogev. Field of Study and Students' Stratification in an Expanded System of Higher Education: The Case of Israel [J]. *European Sociological Review*, 2005, 21 (3): 227 – 241.

③ 丁小浩. 规模扩大与高等教育入学机会均等化 [J]. 北京：北京大学教育评论，2006，4 (2): 24 – 33.

④ 王建国. 争鸣的经济学——位置消费理论 [M]. 北京：商务印书馆，1999：83 – 103.

⑤ M. Binswanger. Why does Income Growth Fail to make us happier?: Searching for the Treadmills Behind the Paradox of Happiness [J]. *Journal of Sociology of Education*, 2006, 35 (2): 366 – 381.

的个数是有限的。在这一条件下，任何个人对位置物品的消费都将会导致消费的外部效应，这样传统经济学的那种基于人们追求绝对消费量之上的帕累托最优可能就不再是资源的最优配置了。位置消费的竞争会增加"社会的负外部性"，造成物品相对价格和资源配置效率的扭曲，从而导致社会效率的损失。首先，个体为了竞争地位物品的决策提高了其他人为竞争这种利益的成本及拥挤程度。其次，位置消费导致无效率的大量生产，因为拥挤及为保持地位优势而使防御性物品的开支增加，要取得成功需越过更高的障碍。因为人们需动用更多的资本才能维持优势地位，所以位置消费可能导致某些行业的萎缩和腐败的盛行。但是位置消费也具有正效应的一面，例如促进社会流动、社会分工和社会创新等。

在现实社会中，教育往往被视为一种位置物品和获得位置物品的重要途径。尤其是在儒家文化传统长期影响下的中国，"万般皆下品，唯有读书高"，"学而优则仕"，接受高层次教育为了"出人头地"和"光宗耀祖"的思想仍然普遍存在。从古代的"进京赶考"到现在的"千军万马过独木桥"都是高层次教育作为一种位置物品的表现。社会实践也表明，高等教育体系被十分充分地分了层，其重要功能之一就是为每一代人复制出或者超越由他们的父母所占据的社会地位的位置提供的相应身份标志。也就是说，大学教育不仅促进了继承，还促进了流动，生产和再生产了人们的社会地位，而这恰恰是大学教育的消费性价值的重要构成内容。

从理论上讲，教育尤其是高等教育具有比企业更复杂的性质和特征，是一种准正常品。而学术界尤其是经济学界在研究中一般将教育作为一种正常品，而往往忽视了它具有位置物品的特征（Marginson，2007）[1]。有一些学者对教育作为一种位置物品进行了相关论述和论证。例如，科林斯（Collins，1979）[2] 认为，教育类似于一种文化货币，它让持有者能够购买一定的职业和

---

[1] S. Marginson. The Public/Private Divide in Higher Education：A global revision ［J］. *Higher Education*，2007，53（3）：307－333.

[2] R. Collins. *The Credential Society：An Historical Sociology of Education and Stratification* ［M］. New York：Academic Press，1979：73－89.

社会地位；Moore（2004）① 认为高等教育的主要作用之一就是系统为学生准备未来在资本主义经济和社会结构中具有差别性的地位，再生产统治阶级的特权和优势；Calhoun（2006）② 认为，人们成为精英不是因为他们是优秀的，即使他们是，也是因为高等教育系统是一个提供这些精英地位和使他们做好准备成为精英的系统；Marginson（2007；2004）③④、Hirsch（1976）⑤ 认为高等教育所产出的私人物品是社会地位或者位置物品，大学分配能够提供给学生可以获得稳定高收入和社会地位机会的稀缺位置，这些机会按照价值等级排序，名牌大学分配最高价值的身份物品。对于大学尤其是那些精英大学来说，它们所产出的位置物品是其所具有的社会意义的核心部分。尽管大学可能具有不同的动机，例如关注知识创造或者对学生的人为关怀，但是对于精英大学及其领导者来说，提升学生地位的动力比任何其他动力都强大。这些大学的底线是它们作为地位生产者和地位持有吸引者的能力。而高等教育作为一种位置物品对个人地位的提升正是教育消费性价值的重要构成内容，由此可认为优势群体保持大学入学优势的目的是追求大学教育的消费性价值或部分消费性价值。

4. 对理论与现实证据的进一步总结和挖掘

EMI 和 MMI 理论都表明优势阶层在保持其入学数量和质量的优势的方面，家庭的社会与经济背景的影响是显著的，虽然这两种理论没有明确优势阶层的这种行为的目的是否是追求教育的消费性价值。众多实证研究都证明了 MMI 和 EMI 理论的成立。这进一步表明大学入学机会的获得受家庭各种资本因素的影响。在大学入学竞争中，上层社会群体利用各种优势资本通过权力干预、经济渗透、文化阻隔以及社会网络资源交换等方式直接或间接地获取超额的大学入学机会是在全世界范围内普遍存在的社会现象，而弱势群体对

---

① R. Moore. *Education and society: Issues and Explanations in the Sociology of Education* [M]. Cambridge, MA: Polity Press, 2004, pp. 38 – 39.

② C. Calhoun. The University and the Public Good [J]. *Thesi*, 2006, 84（11）：7 – 43.

③ S. Marginson. The Public/Private Divide in Higher Education: A global revision [J]. *Higher Education*, 2007, 53（3）：307 – 333.

④ S. Marginson. Competition and Markets in Higher Education: a 'Glonacal' Analysis [J]. *Policy Futures in Education*, 2004, 2（2）：175 – 244.

⑤ F. Hirsch. *Social Limits to Growth*, Cambridge, Mass: Harvard University Press, 1976.

高等教育的参与则由于缺乏相应的资本而受到严重削弱（世界银行，2006；严文蕃，1999）①②。即优势阶层凭借家庭的各种资本优势超额获取大学入学机会是导致大学入学不公平的条件性或手段性、工具性因素。

位置消费理论则解释了优势阶层保持教育机会差异的目的——追求相对地位以满足自尊和精神的需要，这虽然不能完全但却在一定程度上表明优势阶层超额占有大学入学机会的原因就是追求大学教育的消费性价值。此外，很多实证研究直接揭示和明确了这一目的，例如，Weeden 和 Grusky（2005）③通过比较基于职业划分的不同阶层在分配（保持或提升社会地位的选择过程）、社会条件（培训、交际圈、兴趣形成、教育）以及优势保持的制度化等方面，结果表明在教育领域的选择中家庭的各种资本提供了关键性的条件支持，尤其是提供了教育参与和选择在信心、态度和生活方式方面的偏好基础。Kawamoto（2007）④通过使用一个跨代交叠模型研究了个人教育支出与教育外部性的关系，结果表明，旨在维持或提高社会地位、享受教育非货币性报酬等，都会鼓励个人追求更高层次的教育，尤其是高等教育。但是追求教育价值的教育参与如果产生负的外部性，例如侵占了弱势群体追求教育生产性价值的机会，则这种竞争就会恶化大学入学的公平状况，同时也降低了大学教育的整体效率。从这些实证研究可以看出，优势群体保持大学入学机会优势的重要目的之一就是获取教育消费性价值，而且这一目的会导致大学入学的不公平。

总的来说，以上理论与现实证据共同表明了两点结论：第一，以经济资本、文化资本、社会资本、政治资本等构成的家庭社会经济背景是优势阶层保持大学入学机会优势和超额占有大学入学机会尤其是优质入学机会的重要原因或手段，这也是大学入学不公平的外部原因；第二，优势阶层保持大学入学机会优势的重要目的之一是为了获得大学教育的消费性价值，或者说其

① 世界银行.2006年世界发展报告：公平与发展.北京：清华大学出版社，2006.19.

② W F Yan, Successful African American Students: the Role of Parental Involvement [J]. Journal of Negro Education, 1999, 68 (1): 5 – 22.

③ K A Weeden, D B Grusky. The Case for a New Class Map [J]. American Journal of Sociology, 2005, 111 (1): 141 – 212.

④ K Kawamoto. Preferences for Educational Status, Human Capital Accumulation, and Growth [J]. Journal of Economics, 2007, 91 (1): 41 – 67.

超额占有入学机会的根本原因就是追求大学教育的消费性价值，这是大学入学不公平的内在原因。由此进一步表明了命题1的成立。

## 第三节　大学入学公平问题内在原因的实证分析

### 一、变量设计及数据来源

为了获取不同类型受教育者在大学教育双重价值追求上的整体信息及差异信息，并考虑到证据收集的便利性，本研究以在校大学生为研究对象，设计调查问卷以获取相关数据。

#### 1. 变量选择与问卷设计

为了达到对研究对象更清楚的了解，使研究具有更强的针对性，笔者参考了大量关于在校生和毕业生调查的研究文献，同时还对来自不同地区、不同家庭背景和不同层次高校的在校生就入学前的学习经历、就学期间的生活与学习情况以及毕业后的就业预期等情况进行了访谈。此外，笔者还作为课题组成员参与了重点大学H的"毕业生社会声誉调查研究"的课题。通过这些探索性的工作，笔者对现阶段大学入学不公平状况有了一定的了解，并对其深层的影响因素有了一定的感悟，从而对研究的内容和侧重点也有了明确具体的把握。

为了更加深入了解中国大学入学不公平状况并对大学入学不公平的内因进行更进一步的证明和数据验证，本研究在上述探索性工作的基础上，以研究构架和理论假设为基础，主要设置了四类变量：大学生基本特征变量，包括性别、居住地、父母的教育程度和职业角色（职业阶层）等；学生在大学入前的学术能力背景；大学教育价值变量；学费与资助变量。

教育价值类型的追求受个人期望和意愿的影响，教育价值的获取量在很大程度上是个人的主观感知，而且个人的主观期望、主观意愿以及主观感知往往通过一定的行为和结果表现出来，并且在大学教育的不同阶段存在一定的差异。因此，在大学教育价值变量的设计上，本研究根据科学性、系统性、实用性等原则，从过程的角度选择表征大学教育双重价值的三个子变量：上大学的原因或动机、在校期间的行为活动、工作找寻的依据或目标，其细分指标见表 3 – 4。"上大学的原因或动机"涉及经济资本、知识资本、社会资本、组织资本等方面的 6 个指标；"在校期间的行为活动"包括知识学习、社会实践、娱乐三个方面的 4 个指标；"工作找寻的依据或目标"包括货币收入、技能匹配以及非货币收益三个方面的 5 个指标。这些指标均采用 Likert 五点量表进行量化，依据所设定的量化标准对每项指标进行打分，设置 1—5 共 5 个数字表示，1 表示程度最低，5 表示程度最高。

表 3 – 4　　　　　　　　　　影响大学教育需求的主观性因素

| 一级指标 | 二级指标 |
| --- | --- |
| 上大学的原因或动机（$C_1$） | $C_{11}$：获得比较好的就业机会或比较高的收入 |
| | $C_{12}$：获得高学位和高学历 |
| | $C_{13}$：学习高深的知识和技能 |
| | $C_{14}$：提高自身的综合素质 |
| | $C_{15}$：向往、享受大学或城市的生活方式和乐趣 |
| | $C_{16}$：获得或保持比较高的社会地位 |
| 在校期间的行为活动（$C_2$） | $C_{21}$：学习课程知识或准备各种证书考试 |
| | $C_{22}$：勤工助学以及其他兼职工作 |
| | $C_{23}$：参与或组织社团与班级活动 |
| | $C_{24}$：逛街、上网玩游戏或聊天以及其他休闲娱乐活动 |
| 工作找寻的依据或目标（$C_3$） | $C_{31}$：工资水平 |
| | $C_{32}$：专业对口 |
| | $C_{33}$：个人的长远发展、工作的稳定性 |
| | $C_{34}$：工作条件、工作乐趣与兴趣 |
| | $C_{35}$：地理位置、闲暇的多少 |

在变量设计的基础上，本研究形成了"关于在校大学生情况的调查"问卷，该问卷主要涉及以下内容：学生个人的基本情况；学生在大学入前的学

术能力背景；报考志愿以及就读学校及专业情况；在校学习与生活情况；毕业与就业期望，包括就业去向、深造动机、工作依据、期望工资等；学费与资助情况。问卷共包括28个选择题和3个主观题，其具体内容见本书附录。

2. 样本量的确定与调查的实施

对于调查样本容量的确定，一般遵循如下几条原则（利迪、奥姆罗德，2005）[①]：（1）对于小的总体（$N < 100$），不用抽样；（2）对于容量大约为500的总体，应取总体的50%作为样本；（3）对于容量大约为1 500的总体，应取总体中的20%作为样本；（4）对于容量超过某个特定的值（近似于$N = 5 000$），总体几乎是不相关的，抽取容量为400的样本就足够了。但考虑到本次调查的对象具有一定的层次性，即使以随机抽样的方法也需要较大的样本量，故决定发放1 000份问卷。

正式调查在2008年6月至9月期间进行，以H大学教育经济与管理学科2008级研究生以及R职业技术学院30余名"两课"暑期实习学生为调查员，选择哈尔滨、济南、青岛等城市的火车站开展对在读大学生的随机调查。选择这几个调查地点是因为为这些城市高校多，面向全国招生的高校也多，而这些城市的火车站是在暑假放假和开学期间大学生流动量比较大的始发或中转站，可以使调查结果更具有一般性。本次调查共发放问卷1 000份，收回有效问卷956份，回收率达到95.6%。样本的基本特征见表3-5。

表3-5 调查样本的基本特征

| | 类别 | 样本数 | 比重（%） |
|---|---|---|---|
| 性别 | 男 | 486 | 50.8 |
| | 女 | 470 | 49.2 |
| | 合计 | 504 | 100.0 |
| 家庭居住地 | 落后农村 | 280 | 29.3 |
| | 发达农村 | 222 | 23.2 |

---

① ［美］利迪，奥姆罗德. 实用研究方法论：计划与设计［M］. 顾宝炎，牛冬梅，陈国沪等，译. 北京：清华大学出版社，2005：249－250.

（续表）

| | 类别 | 样本数 | 比重（%） |
|---|---|---|---|
| 家庭居住地 | 小城镇 | 166 | 17.4 |
| | 县级城市 | 157 | 16.4 |
| | 大中城市 | 131 | 13.7 |
| | 合计 | 956 | 100.0 |
| 高校层次 | 高职高专 | 366 | 38.3 |
| | 地方普通本科院校 | 366 | 38.3 |
| | "211 工程"大学 | 138 | 14.4 |
| | "985 工程"大学 | 86 | 9.0 |
| | 合计 | 956 | 100.0 |
| 就读专业或学科类别 | 理学类 | 138 | 14.4 |
| | 工学类 | 232 | 24.3 |
| | 农学类 | 70 | 7.3 |
| | 医学类 | 118 | 12.3 |
| | 法学类 | 74 | 7.7 |
| | 经济管理类 | 120 | 12.6 |
| | 文史哲类 | 146 | 15.3 |
| | 教育学类 | 52 | 5.4 |
| | 合计 | 950 | 99.4 |
| | 缺失值 | 6 | 0.6 |
| 城乡 | 农村 | 502 | 52.5 |
| | 城市 | 454 | 47.5 |
| | 合计 | 956 | 100.0 |

（续表）

| | 类别 | 样本数 | 比重（%） |
|---|---|---|---|
| | 农业劳动者 | 340 | 38.3 |
| 阶层 | 其他 | 616 | 61.7 |
| | 合计 | 956 | 100.0 |

3. 量表的信度和效度分析

量表的信度采用适用于态度、意见式问卷（量表）的 Cronbach's α 系数进行检验。Cronbach's α 系数是测量各类因子中变量内在一致性的指标，用来证明组内变量测量的是否是同一概念的程度。α 值越大，表明构成该因子的这些变量的相关性越大，即内部一致性越高，聚为一类因子的内在关系越强。一般认为，Cronbach's α 值大于 0.9 表示量表的内在信度较高；在 0.8 与 0.9 之间表示内在信度可以接受，在 0.7 到 0.8 之间表示量设计存在一定的问题，但仍有一定的参考价值；而小于 0.7 表示量表设计存在很大问题，应该考虑重新设计。本研究在 SPSS17.0 中信度分析窗口中输入大学教育价值测量量表的相应变量得到 Cronbach's α 值为 0.832，大于 0.8，表明该量表内在信度可以接受。

问卷的效度一般可以从内容效度和结构效度两方面来检验。本书问卷的设计是在多次试调查基础上形成的，所设置的指标能够代表所要测量的目标，故具有较好的内容效度。而结构效度在可在因子分析中进行检验。

**二、研究方法与过程**

本研究采用因子分析法进行数据分析，其分析模型为：

$$\begin{cases} X_1 = a_{11}F_1 + a_{12}F_2 + \cdots + a_{1m}F_m + \varepsilon_1 \\ X_2 = a_{21}F_1 + a_{22}F_2 + \cdots + a_{2m}F_m + \varepsilon_2 \\ \vdots \\ X_p = a_{p1}F_1 + a_{p2}F_2 + \cdots + a_{pm}F_p + \varepsilon_p \end{cases}$$

上式中的 $F_1$，$F_2$，$\cdots F_m$ 称为公共因子，公因子系数为因子载荷，所有系数构成因子载荷矩阵；$X$ 为 $p \times 1$ 维向量；$\varepsilon_i$ 称为 $X_i$ 的特殊因子。因子分析模

型满足假设条件 $F$：$N$ $(0，I_m)$，$\xi$：$N$ $(0，\psi_{p×m})$，其中 $\psi$ 为对角阵，$F$ 与 $\xi$ 相互独立。因子分析从 $X$ 的 $n$ 个样本数据出发来确定因子载荷矩阵 $A$，再根据因子载荷矩阵来确定公因子个数，并结合各因子所包含的变量确定潜在变量的含义，在此基础上计算因子得分以便进行深入分析。本书使用的因子分析工具是 SPSS19.0，主要分析步骤如下：

1. 对所选变量是否适合因子分析进行检验

首先，需要计算相关系数矩阵，观察个变量之间是否具有较强的相关性。从所得到的相关系数矩阵（由于篇幅限制，没有列出）来看，各变量呈较强的线性关系，能够从中提取公因子，适合进行因子分析。其次，从 KMO 及 Bartlett 球度检验结果来看（见表 3-6），由于 Bartlett 球度检验统计量的观测值为 17 178.397，相应的概率 $P$ 值为 0.000，表明各变量之间的相关性很强；同时，KMO 值等于 0.856，达到了优良的适足性标准（王保进，2007）[1]，所以所选变量非常适合进行因子分析。

表 3-6                                    KMO 及 Bartlett 检验结果

| Kaiser – Meyer – Olkin Measure of Sampling | | .856 |
|---|---|---|
| Bartlett's Test of Sphericity | Approx. Chi – Square | 17 178.397 |
| | df | 105 |
| | Sig. | .000 |

2. 提取公因子

表 3-7 给出了因子分析的所有变量的共同方差数据，可以看出，对原有 15 个变量采用主成分分析方法提取所有特征值，初始解下的变量共同方差均为 1，原有变量的所有方差都可以被解释，按基于特征值条件大于 1 的默认条件提取特征时的共同方差贡献率大都超过 80%，各变量的信息丢失都较少，因此因子提取的总体效果较理想。

---

① 王保进. 多变量分析——统计软件与数据分析 [M]. 北京：北京大学出版社，2007：64.

表 3 - 7 共同度（所有变量的共同方差数据）

| 项目 | Initial | Extraction |
|---|---|---|
| $C_{11}$：获得比较好的就业机会或比较高的收入 | 1.000 | .930 |
| $C_{12}$：获得比较高的学历和学位 | 1.000 | .789 |
| $C_{13}$：学习高深的知识和技能 | 1.000 | .942 |
| $C_{15}$：向往、享受大学或城市的生活方式和乐趣 | 1.000 | .850 |
| $C_{16}$：获得或保持比较高的社会地位 | 1.000 | .861 |
| $C_{14}$：提高自身的综合素质 | 1.000 | .873 |
| $C_{21}$：学习课程知识或准备各种证书考试 | 1.000 | .910 |
| $C_{22}$：勤工助学以及其他兼职工作 | 1.000 | .547 |
| $C_{23}$：参与或组织社团与班级活动 | 1.000 | .765 |
| $C_{24}$：逛街、上网玩游戏或聊天以及其他休闲娱乐活动 | 1.000 | .853 |
| $C_{33}$：个人的长远发展、工作的稳定性 | 1.000 | .677 |
| $C_{31}$：工资水平 | 1.000 | .523 |
| $C_{32}$：专业对口 | 1.000 | .850 |
| $C_{34}$：工作条件、工作乐趣与兴趣 | 1.000 | .802 |
| $C_{35}$：地理位置、闲暇的多少 | 1.000 | .739 |

Extraction Method：Principal Component Analysis.

表 3 - 8 描述了因子初始解、因子解以及用 Varimax 法对变量进行旋转之后的最终因子解的情况。可以看出，所提取的 3 个公因子的特征值均大于 1，并且这 3 个公因子共解释了原有变量总方差的 79.447%，接近 80%。因此，从总体上看，所提取的 3 个公因子反映了原有变量的大部分信息，因子分析效果比较理想。同时，每个变量都在其中一个公因子上有较高负荷值，而对其他公因子的负荷值较低。这表明问卷具有较好的结构效度。最后，由 3 个公因子的协方差矩阵为单位阵可知，3 个因子没有相关性，实现了因子分析的设计目标。

表 3-8　　　　　　　　　　　　　　总方差解释

| 成分 | 初始特征值 | | | 提取平方和载荷量 | | | 旋转平方和载荷量 | | |
|---|---|---|---|---|---|---|---|---|---|
| | 总和 | 方差的% | 累积% | 总和 | 方差的% | 累积% | 总和 | 方差的% | 累积% |
| 1 | 4.857 | 32.383 | 32.383 | 4.857 | 32.383 | 32.383 | 4.841 | 32.278 | 32.278 |
| 2 | 4.784 | 31.895 | 64.278 | 4.784 | 31.895 | 64.278 | 4.779 | 31.856 | 64.134 |
| 3 | 2.275 | 15.169 | 79.447 | 2.275 | 15.169 | 79.447 | 2.296 | 15.313 | 79.447 |
| 4 | .684 | 4.558 | 84.005 | — | — | — | — | — | — |
| … | … | … | … | … | … | … | … | … | … |
| 15 | .019 | .128 | 100.000 | — | — | — | — | — | — |

　　图 3-6 给出了因子分析的因子碎石图，可以看出，第 1 和第 2 个因子的特征值很高，对解释原有变量的贡献最大，而第四个以后的因子特征值都比较小，因此提取 3 个公因子是合适的。最后由 3 个公因子的协方差矩阵为单位阵可知，3 个因子没有相关性，实现了因子分析的设计目标。

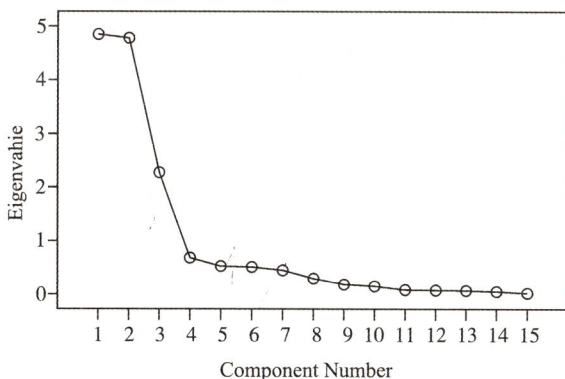

图 3-6　因子碎石图

3. 因子命名

　　从所得到的因素载荷矩阵看，各因子对应的相应变量相关程度都比较高，使用 Varimax 法对变量进行旋转之后，各因子的含义更加清晰。从表 3-9 中可以看出，公因子 $F_1$ 主要解释了"向往、享受大学或城市生活方式和乐趣"

等 6 个项目，主要涉及大学教育消费方面的价值，可以命名为"大学教育的消费性价值"；公因子 $F_2$ 主要解释了"获得比较好的就业机会或比较高的收入"等 6 个项目，主要涉及大学教育生产方面的价值，可以命名为"大学教育的生产性价值"；公因子 $F_3$ 主要解释了"获得比较高的学历和学位"等 3 个项目，涉及大学教育生产和消费两方面的价值，可以命名为"大学教育的综合价值"。

表 3－9　　　　　　　　　　　　　　因子分析结果

| 公因子 | 项目 | 因子载荷 | | |
|---|---|---|---|---|
| | | 1 | 2 | 3 |
| $F_1$ | $C_{15}$：向往、享受大学或城市生活方式和乐趣 | .916 | | |
| | $C_{16}$：获得或保持比较高的社会地位 | .923 | | |
| | $C_{23}$：参与或组织社团与班级活动 | .867 | | |
| | $C_{24}$：逛街、上网玩游戏或聊天以及其他休闲娱乐活动 | .916 | | |
| | $C_{34}$：工作条件、工作乐趣与兴趣 | .890 | | |
| | $C_{35}$：地理位置、闲暇的多少 | .857 | | |
| $F_2$ | $C_{11}$：获得比较好的就业机会或比较高的收入 | | .964 | |
| | $C_{13}$：学习高深的知识和技能 | | .970 | |
| | $C_{21}$：学习课程知识或准备各种证书考试 | | .954 | |
| | $C_{22}$：勤工助学以及其他兼职工作 | | .738 | |
| | $C_{31}$：工资水平 | | .722 | |
| | $C_{32}$：专业对口 | | .921 | |
| $F_3$ | $C_{12}$：获得比较高的学历和学位 | | | .881 |
| | $C_{14}$：提高自身的综合素质 | | | .930 |
| | $C_{33}$：个人的长远发展、工作的稳定性 | | | .814 |

### 三、结果分析及其讨论

从对影响高等教育需求的主观性因素的因子分析看，高等教育消费性价值和生产性价值分别解释了高等教育总价值的 32.383% 和 31.895%，二者基本相当。而综合价值因子在高等教育总价值中的贡献度为 15.169%，表明高等教育消费性价值和生产性价值的交互作用比较高。但三个公因子对人们高等教育价值诉求的解释能力仅达到 79.447%，还有 20.553% 的总方差没有得到解释。这是因为本研究仅仅考虑了大学生的教育选择意愿、在校期间的行为活动、工作找寻期望等三个时段的部分有意识的教育价值诉求，没有考虑受教育者在大学毕业后的生命周期中能够无意识体验到的高等教育价值，如家庭生产效率的提高、工作职位的快速提升、幸福程度的增加、下一代的培养质量等。如果将这些因素都考虑进来，那么三个公因子必然能对高等教育总价值做出更大能力的解释。当然，这并不影响研究结论的合理性和正确性。

根据因子得分矩阵（表3-10），可以进一步构造出如下因子得分函数：

表3-10　　　　　　　　　　　　因子得分系数矩阵

| 项目 | 因子 | | | 项目 | 因子 | | | 项目 | 因子 | | |
|---|---|---|---|---|---|---|---|---|---|---|---|
| | 1 | 2 | 3 | | 1 | 2 | 3 | | 1 | 2 | 3 |
| $C_{11}$ | .001 | .202 | -.011 | $C_{16}$ | .192 | .017 | -.005 | $C_{31}$ | .005 | .151 | .000 |
| $C_{12}$ | -.008 | -.034 | .384 | $C_{21}$ | .003 | .200 | -.006 | $C_{32}$ | -.005 | .193 | -.010 |
| $C_{13}$ | .000 | .203 | -.005 | $C_{22}$ | -.006 | .154 | .004 | $C_{33}$ | -.021 | .013 | .354 |
| $C_{14}$ | -.009 | -.002 | .403 | $C_{23}$ | .181 | -.024 | -.016 | $C_{34}$ | .185 | -.021 | -.014 |
| $C_{15}$ | .191 | .020 | -.007 | $C_{24}$ | .190 | .023 | -.003 | $C_{35}$ | .178 | -.013 | -.009 |

$$F_1 = 0.001 \times C_{11} - 0.008 \times C_{12} + \cdots + 0.178 \times C_{35}$$

$$F_2 = 0.202 \times C_{11} - 0.034 \times C_{12} + \cdots + 0.013 \times C_{35}$$

$$F_3 = 0.011 \times C_{11} - 0.384 \times C_{12} + \cdots + 0.009 \times C_{35}$$

以 3 个公因子的方差贡献率为权重，可以得到高等教育价值的综合得分计算公式：

$$ZF = 32.383\% \times F_1 + 31.895\% \times F_2 + 15.169\% \times F_3$$

### 1. 优势阶层与弱势阶层教育价值获取的差异

根据这些因子函数，可以很容易计算出各个案的因子得分。由于该部分仅仅为了验证优势阶层大学教育需求中大学教育消费性价值因素的作用，本书将所研究的个案分为弱势阶层和优势阶层两组：弱势阶层包括前4个阶层，共542个个案，占总个案数的56.7%；而优势阶层为后6个阶层，共414个个案，占总个案数的43.3%。通过计算可知，优势阶层 $F_1$ 的总和为35.390，均值为0.09。由于因子得分为标准化得分，故弱势阶层的 $F_1$ 的总和为 $-35.390$，均值为 $-0.07$。对两个群体的 $X_1$ 进行 Mann-Whitney U 检验，见表3-11，由于优势群体的平均值高于弱势群体，且双尾检验的显著性水平为0.004，远小于0.05，可以认为两个群体之间在追求大学教育消费性价值方面存在显著差异。

表3-11　　　　　　　　　　Mann-Whitney U 检验

| （Ⅰ）Ranks | | | | （Ⅱ）Test statistics | |
|---|---|---|---|---|---|
| 阶层 | N | Mean Rank | Sum of Ranks | 统计量 | X1 |
| 低阶层 | 542 | 456.09 | 247 198.50 | Mann-Whitney U | 100 045.500 |
| 高阶层 | 414 | 507.84 | 210 247.50 | Wilcoxon W | 247 198.500 |
| Total | 956 | — | — | Z | $-2.872$ |
| | | | | Asymp. Sig. (2-tailed) | .004 |

### 2. 不同群体教育价值获取差异的进一步分析

对于性别和阶层两个二值分组变量而言，可以采用均值分析的独立样本 T 检验来分析不同受教育群体在各因子得分上的差异状况。以性别变量分组为例，可以得到表3-12中的结果。据此表可知，男女两组受教育者在各因子得分上均通过了方差齐性检验，符合方差分析的要求。从 T 检验结果来看，在 $F_1$ 和 $F_2$ 因子的得分上，由于概率 $P$ 值0.912和0.067都大于默认的显著性水平0.05，可以认为男女两组总体的均值没有显著差异，即男性与女性受教育群体在高等教育生产性价值和消费性价值的诉求方面无明显差异。而在 $F_3$

和 $ZF$ 因子的得分上，由于概率 $P$ 值均为 0.001，小于 0.05，可以认为男女两组总体的均值存在显著差异。这一结果的可能成因是大学期间学习方式和生活方式的差异，在大学学习过程中，女生往往延续了中学阶段刻苦认真的学习方式和按部就班的生活方式，而男生在学习与生活方式上则变得较为灵活，两种学习方式对思维模式进而对双重价值诉求的态度产生了不同的影响，再加上现实就业中性别歧视的影响，导致了男性与女性在高等教育双重价值诉求的交互作用上进而在双重价值的整体诉求上存在显著差异。

表 3 - 12　　　　　　　以性别分组的独立样本均值统计及 T 检验结果

| 因素 | 均值 | | 方差齐性检验 | | T 检验（2-tailed） | |
|---|---|---|---|---|---|---|
| | 男 | 女 | F | Sig. | t | Sig. |
| $F_1$ | 0.007 898 0 | − 0.007 048 6 | 0.002 | 0.996 | 0.110 | 0.912 |
| $F_2$ | − 0.119 541 6 | 0.117 559 0 | 0.035 | 0.852 | − 1.835 | 0.067 |
| $F_3$ | 0.215 311 4 | − 0.211 737 9 | 0.891 | 0.089 | 2.318 | 0.001 |
| $ZF$ | 1.615 1 | − 1.588 3 | 0.473 | 0.164 | 2.280 | 0.001 |

同理，以阶层为分组变量，可以得出如下分析结果：在 $F_1$ 的得分上，优势阶层要显著高于弱势阶层；在 $F_2$ 的得分上，优势阶层要显著低于弱势阶层，但在 $F_3$ 和 $ZF$ 因子的得分上，两大阶层之间不存在显著差异。这一结果可由"经济基础决定上层建筑"这一规律来解释：来自优势阶层的受教育者有着坚实的经济基础和上层社会的生活方式，故其在高等教育过程中必然会过多地追求能带来精神方面满足以及能够维持或获取高层次社会地位的高等教育消费性价值，而来自弱势群体的受教育者则以追求能够带来货币性回报的高等教育生产性价值为首要选择，二者综合的结果使得两大阶层在高等教育总价值和交互作用价值的诉求上无显著差异。

表 3 – 13　　　　　　不同层次高校 $F_1$ 因子得分的描述统计结果

| 高校层次 | $N$ | 均值 | 标准差 | 标准误 | 均值95%的置信区间 | |
|---|---|---|---|---|---|---|
| | | | | | 下限 | 上限 |
| 高职高专 | 368 | − 0.096 767 8 | 0.920 639 65 | 0.048 122 61 | 0.002 166 8 | 0.191 431 6 |
| 地方普通本科院校 | 366 | − 0.057 068 7 | 0.990 963 55 | 0.051 798 49 | − 0.046 501 1 | 0.157 220 8 |
| "211" 高校 | 140 | 0.191 560 3 | 1.087 136 89 | 0.092 543 24 | − 0.373 958 1 | − 0.007 962 4 |
| "985" 高校 | 87 | 0.341 139 9 | 1.115 103 65 | 0.120 244 72 | − 0.580 214 7 | − 0.102 057 3 |

对于就读高校层次、家庭居住地和就读专业类别等多值分组变量，可以采用均值多重比较的方差分析来分析各组受教育群体之间的各因子得分差异。以高校层次为分组变量，对变量 $F_1$ 均值多重比较的方差分析可知，方差齐性检验结果表明符合方差分析的要求，方差分析概率 $P$ 值为零表明不同高校层次对 $F_1$ 得分有显著性影响。根据描述统计结果（表3 – 13）可知，在 $F_1$ 的得分上，受教育者群体按照"985 工程"高校、"211 工程"高校、地方普通本科院校、高职高专院校的顺序依次递减。根据多重比较结果（表3 – 14）可知，"985 工程"高校和"211 工程"高校两组之间以及高职高专院校和地方普通本科院校两组之间在 $F_1$ 的得分上无明显差异，其他各组之间则存在显著差异。

表 3 – 14　　　　不同层次高校 $F_1$ 因子得分均值多重比较的方差分析结果

| （Ⅰ）就读高校层次 | （J）就读高校层次 | 均值差（Ⅰ - J） | 标准误 | Sig. | 均值95%的置信区间 | |
|---|---|---|---|---|---|---|
| | | | | | 下限 | 上限 |
| 高职高专 | 地方普通本科院校 | − .041 439 34 | .073 275 13 | .572 | − .185 238 8 | .102 360 1 |
| | "211 工程"高校 | − .287 759 45* | .099 018 73 | .004 | − .482 079 6 | − .093 439 3 |
| | "985 工程"高校 | − .437 935 21* | .118 785 00 | .000 | − .671 045 9 | − .204 824 5 |

（续表）

| （Ⅰ）就读高校层次 | （J）就读高校层次 | 均值差（Ⅰ－J） | 标准误 | Sig. | 均值95%的置信区间 | |
|---|---|---|---|---|---|---|
| | | | | | 下限 | 上限 |
| 地方普通本科院校 | "211 工程"高校 | － . 246 320 10 * | . 099 018 73 | . 013 | － . 440 640 3 | － . 051 999 9 |
| | "985 工程"高校 | － . 396 495 87 * | . 118 785 00 | . 001 | － . 629 606 6 | － . 163 385 2 |
| "211 工程"高校 | "985 工程"高校 | － . 150 175 76 | . 136 181 28 | . 270 | － . 417 425 9 | . 117 074 4 |

注：方差齐性条件下选用的分析方法是 LSD，* 表示均值差在 0.05 的显著水平上有显著差异。

同理，对 $F_2$、$F_3$ 和 $ZF$ 进行分析可知：在 $F_3$ 的得分上，受教育群体按照"985 工程"高校、"211 工程"高校、地方普通本科院校、高职高专院校的顺序依次递减，高职高专院校和地方普通本科院校两组之间无明显差异，其他各组之间存在显著差异；在 $F_2$ 和 $ZF$ 的得分上，按照"985 工程"高校、"211 工程"高校、高职高专院校、地方普通本科院校的顺序依次递减且存在显著差异。出现上述结果的可能原因主要包括：第一，高层次院校的学生来自优势阶层的比重较大，且高层次院校大都位于直辖市、副省级城市及其繁华地段，这使得高层次院校的受教育者在获取教育消费性价值方面具有较为优越的生活方式和生活环境基础。第二，高层次院校在录取分数、教学质量、教学设施、师资力量、就业机会等方面都优于低层次院校，因此高层次院校的受教育者在获取教育生产性价值方面具有更强的心理预期。同时，高职院校在教育内容、课外活动方面与地方普通本科院校存在趋同现象，故两组之间在 $F_1$、$F_3$ 的得分上并无明显差异。但目前高职院校的毕业生要比地方普通本科院校的毕业生在就业市场上更容易获得就业机会，这可能是导致来自高职院校的学生群体比地方普通本科院校的学生群体在获取教育生产性价值方面的心理预期更高一些。第三，高层次院校的学生往往具有更多的参与科学研究、科学实验和社会实践的机会，这就会使得高层次院校的学生对高等教育双重价值交互作用部分的感知和期望更强烈，进而导致对高等教育总价值的诉求期望也较高。

以同样的方法，以专业类别为分组变量，可以得到如下分析结果：$F_1$ 的得分按照文史哲、法学、经济管理、教育学→医学、工学、理学→农学三大类的顺序依次递减；$F_2$ 的得分按照经济管理→工学、医学、理学→法学→农学→文史哲、教育学的顺序依次递减；$F_3$ 的得分按照经济管理、法学→医学、工学、理学→文史哲、教育学→农学类专业的顺序依次递减；$ZF$ 的得分按照经济管理→法学、医学、工学、理学→文史哲、教育学→农学类专业的顺序依次递减。其中，上述结果中以箭头分割的各大类内部各组之间无明显差异，而各大类之间存在显著差异。导致上述结果的原因较为复杂，其中最可能的原因是：第一，不同类别专业学习内容的难易程度和枯燥程度与受教育者对高等教育价值诉求直接相关，文科类专业学习内容较为容易且能够带来较多乐趣，故其消费性价值较高；而理工类专业学习内容较为复杂和枯燥，故其生产性价值较高而消费性价值较低。第二，不同专业类别的受教育者在教育价值诉求上的显著差异在很大程度上是由阶层变量导致的，优势阶层往往凭借其权力、文化、社会网络等优势资本占据了经济管理、法学、医学、教育学等大部分的热门专业和学术努力程度要求较低的专业的入学机会，而弱势阶层则更多地分布于农学、理学、工学类等冷门专业或学术努力程度要求较高的专业。

以生源地为分组变量，可以得到如下分析结果：$F_1$ 的得分按照大中城市、小城镇、县级城市、发达农村、落后农村的顺序依次递减；$F_2$ 的得分则与 $F_1$ 的得分相反；在 $F_3$ 和 $ZF$ 因子的得分上，不同生源地的学生群体之间不存在显著差异。生源地变量实质上赋予了受教育者一定的阶层属性，因此分析结果与以阶层为分组变量的分析结果相一致。唯一需要解释的就是小城镇在 $F_1$ 和 $F_2$ 的得分上为什么会介于大中城市和县级城市之间，其可能的原因是小城镇相对于县级城市而言其生活方式比较安逸，且家庭经济基础较为稳定。

**四、研究结论**

（1）从对影响大学教育需求的主观性因素的因子分析看，大学教育消费性价值和生产性价值分别解释了原有变量总方差的 32.383% 和 31.895%，二者的交互作用则能够解释原有变量总方差的 15.169%。这表明高等教育的生产性价值和消费性价值是高等教育双重价值系统不可分割的构成部分，二者在中国当前受教育者有意识的教育价值诉求中的比重基本相当且二者之间具有很强的交互作用。由此验证了本章对大学教育消费属性和消费性价值分析的相关论断。

（2）从对公因子"大学教育消费性价值"的计算和检验可知，不同性别、生源地、阶层、就读高校层次和专业类别的受教育群体在大学教育生产性价值和消费性价值的追求上存在显著差异，并由此导致了对高等教育双重价值整体诉求的差异；优势群体所追求的大学教育消费性价值量远高于弱势群体。这一结论进一步验证了命题1的正确性，并表明教育双重价值框架对于大学入学公平问题分析的现实适用性。

# 第四节　本章小结

本章在对大学教育价值的内涵进行限定的基础上，系统地分析了大学教育的生产性价值和消费性价值的特征和功能，以及两者之间的互动关系。然后，从理论和实证的角度证明了大学入学不公平的内在原因：优势阶层为过度追求教育消费性价值而凭借其各种优势资本超额占有大学入学机会。当然，本章的实证研究仅仅考虑了在校大学生对高等教育价值的有意识的追求，因此研究还存在进一步改进的空间，研究结论也存在更大的可行性空间。

# 第四章　大学入学公平问题内外因联系路径的建立

上一章就大学入学不公平的内因进行了理论证明和数据验证，结果表明，资本优势群体对大学教育消费性价值的过度追求从根本上导致了大学入学的不公平。在此基础上，本章要进一步解决的问题是如何在影响入学公平的内在因素与外在因素之间建立相应的联系，从而为通过从控制外部因素入手来解决由内部因素导致的大学入学不公平提供理论上的一般路径。

## 第一节　影响大学入学公平的外部因素的选择

第三章的分析将不同群体对教育价值尤其是优势群体对教育消费性价值的超额追求视为大学入学不公平的内在原因。这一内在原因是由于追求教育价值尤其是消费性价值这一目的引发的，是一种目的性原因。而本章所说的外部因素是一个相对性的概念，是指那些对大学入学公平的影响方式不如消费性价值直接、影响程度不如消费性价值高的因素。这些外部因素是实现获得教育价值尤其是消费性价值这一目的的条件或手段，可以称之为条件性、手段性或工具性的原因。

第二章已经指出，内因决定外因并通过外因起作用，可以通过调节外部因素来实现影响和控制内部因素的作用方式、路径和范围，而达到促进大学入学公平的目的。绪论中已提到过，许多研究从不同侧面以不同方式对可能影响大学入学不公平的外部因素进行了探讨，其结果也是各种各样的，涉及学生家庭的背景（所拥有的经济资本、社会资本、文化资本等各种资本因素）、高考分数（个体能力）及录取标准、学费、助学金、助学贷款、勤工助学收入、个体心理因素、个体职业偏好等诸多方面。为了达到上述研究目的，就必须从众多的外部因素中选择有限的几种主要影响因素来实现。

各种外部因素之间存在着一定的相互联系，例如，家庭背景因素影响个体的心理因素以及职业偏好；个体心理因素也直接影响个人的职业偏好；家庭背景与学费政策以及奖助政策等存在一定的替代关系。而这些因素的综合又影响甚至决定着个体的教育选择。此外，从已有研究看，经济因素被认为是影响大学入学不公平最重要的因素，而在经济因素中学费、助学贷款、奖学金、资助等又是备受关注的子因素。由于各种经济因素之间也存在着密切的联系，在分析中某些因素可以相互替代使用，例如家庭收入影响学费的支付能力，奖学金、助学金、勤工助学收入等可以视为对学费的折扣，也可以视为家庭收入的一部分，还可以视为政府教育补贴的一部分。而家庭收入又是家庭背景或阶层的重要变量。此外，由于第三章在对大学入学不公平的内在原因进行分析论证的同时，已经将个体能力以及家庭背景因素与大学教育消费性价值联系起来，为了简化分析，本章将影响大学入学不公平的外部因素仅仅归结为两个综合性的因素：个体教育类型的选择和经济因素，并且在经济因素中仅选择学费和教育补贴两个子因素作为替代性因素，进而从个体教育选择、学费和教育补贴三个方面构建大学入学不公平内外因之间的联系。

## 第二节　影响大学入学公平的外部因素的分析

本节对第一节中所选择的几种外部因素进行分析，所要解决的问题主要包括：对这些因素进行界定，对学术界相关的争议进行深入分析，证明相关政策的合理性，对这些因素与大学入学不公平的作用关系进行分析，其目的在于为构建影响大学入学不公平的内外因之间的联系奠定可行性基础和理论基础。

### 一、个体教育选择

1. 个体教育选择的内涵、意义及国际趋势

在新古典经济学中，选择是指主体拥有资源配置权的前提下，对稀缺资

源进行配置的过程。选择的依据是主体的偏好，最终目的是实现个人效用的最大化，前提假设是完全理性、完全信息等。

在教育领域，由于教育兼具经济性和非经济性，其选择不同于经济领域。主要表现在以下几点：首先，教育领域中关于个人能力以及院校的专业、教师、课程等相关信息以及对未来劳动力市场需求的信息往往是不完全和不对称的，即使是信息的拥有方往往也不能明确关于自身的完全信息，例如个人往往是不能完全知晓关于自身能力的信息，而吸收、理解和应用所选择的高等教育必然需要相应的能力。信息的不完全和不对称必然导致个人非完全理性，增加教育选择的风险。第二，教育领域中主体的偏好更是受家庭背景、个体知识与能力、周围环境等诸多因素的影响和变化而变化，这必然会影响选择的不稳定性。第三，教育领域的选择对象也是多元的和难以明确的，其选择主体也存在多元性，而这必然会增加个人教育选择的决策难度进而增加教育选择的不确定性和风险。正如 Winston（1999）① 所说："人们通过购买高等教育服务和投资于人力资本，但是人们不知道他们购买了什么，等知道的时候已为时已晚，已经不可能改变什么。"显然，教育领域的选择要比纯经济领域复杂得多。

为了便于分析，本书对个体教育选择做如下限定：个人教育选择是指个人及家庭在教育消费过程中对具体消费对象——教育服务的选择，教育选择的主体是个人及其家庭，客体是教育服务，其内容包括不同的教育类型、不同层次与类别的学校以及学校内部不同的专业、课程、教师、讲座、社团活动等广泛的内容。本章中所说的教育选择主要是指教育类型的选择，包括对不同层次与类别的高校以及不同层次与科类专业的选择。

个体教育选择有如下几个方面的重要意义：第一，将个人作为教育的主体和自身教育的设计者而不再是被动的接受者，体现了对基本人权的尊重，有利于个人发挥主观能动性，选择适合自身和家庭偏好和需要的教育，在一定程度上避免了学非所用及能力错配（mismatch）的现象，有助于个人的自由发展，并从个人层面促进了教育的效率。第二，个体教育选择通过促进学

① P Bourdieu. The Forms of Capital ［J］// A H Halsey, H Lauder, B A S Wells, et al. Education: Culture, Economy, Society. Oxford: Oxford University Press, 1997: 47-58.

生流动影响教育市场的供给结构，进而营造一种竞争机制，有助于从整体上提高教育质量。由于学校的经济来源和长远发展依赖于生源的数量和质量，学生的自由选择使学校面临着生源尤其是优质生源的竞争，这就迫使学校更加密切与市场的联系，根据市场的需要设置专业和课程、改造设备设施、引进优秀师资，不断提高教育教学质量和教育资源的配置效率。此外，通过对个体教育选择的适当引导可以实现教育公平与效率的统一，而这需要各种手段与政策的有效配合才能得以实现。

个体教育选择具有促进竞争、提高效率等重要意义，因此无论在教育改革实践还是理论研究中都成为一个备受关注的重要论题。联合国教科文组织在《1993 年世界教育报告》中提出了处于调整与变化的世界中的教育主题，在其所论述的三个主题中，"扩大教育选择"是最引人注目的一个。随着全球市场化进程的推进，教育被视为一种产业，一种可以交易的服务产品，按照市场竞争规则进行交易已经广泛展开，个体作为消费者可以根据自身的需要选择某类型或某个特定的学校，选择某类或某些教育内容，甚至选择某位教师，而教育机构也根据需求提供或调整相应的服务内容。在这种背景下，个体教育选择已经成为国际教育改革发展的潮流，代表尊重市场规律和个人权利与利益的大趋势。国际教育服务贸易如火如荼地开展正是这种改革发展潮流的体现。美国、英国、瑞典等发达国家早在 20 世纪八九十年代就在官方文件中正式指出个体教育选择的重要性并提出了改革的相关措施，已经成为世界各国关注和效仿的主要对象。

2. 教育选择的方式及其对大学入学公平的影响

教育领域选择的复杂性决定了教育选择方式的多样化，不同的制度安排和不同的选择标准都对应着不同的选择方式。下面从教育选择的制度安排和教育选择的标准两个方面对教育选择的方式进行分析。

从教育选择的制度安排看，学术界提出了公共选择和市场选择两种方式（Levin，2006）①。公共选择的方式代表了向父母和学生提供公共部门内不同质量和类型教育的选择机会。该种方式的合理性在于通过反映个人或家庭偏

---

① ［瑞典］胡森，［德］波斯尔斯韦特. 教育大百科全书——教育经济学卷［M］. 杜育红，曹淑江，孙志军，译. 海口：海南出版社，重庆：西南师范大学出版社，2006：343－347.

好的入学方式以及增加学校对生源的竞争，提高教育的效率。公共选择方式主张不改变传统公立体制的基本形式，只通过体制内的变革为学生和家长提供更多的选择机会，其基本特点是：政府是教育的资助者且是唯一的资助者；所有的学校都遵循单一的教育标准（翟静丽，2008）[1]。教育公共选择方式的支持者坚持政府对教育服务提供和生产进行强有力的干预，其理论依据主要是市场失灵理论。他们认为，教育服务提供和生产不能避免外部性和不完全信息问题，故无法通过市场的方式完成，必须要有政府的介入。市场选择方式是指学校在市场条件下向学生和家庭提供不同的教育选择机会。该种方式可以从学费、捐赠以及鼓励市场方式的公共机制中获得经费。市场选择倡导通过税收减免和教育券（voucher）建立起广泛的教育市场，让每个家庭都有机会为子女选择教育服务。其中教育券是最主要的市场选择形式，它是将教育提供和教育资助分离的一种方案，具体做法是：政府不直接开办学校或给学校拨款，而是把用在每个学生身上的生均教育经费以有价证券的形式发放到家庭，个人或家庭可以自由选择就读的学校，用教育券充抵部分学费，学校再到政府有关部门将教育券兑换成现金。这种变革重新界定了政府在教育发展中的作用，赋予个人选择学校的权利。市场选择方式的支持者大都是自由市场经济主义或制度经济学的学者。他们认为市场是教育活动的基础和依据，应该将市场的竞争原则运用于教育领域，唯一的平等形式是市场公平，即在教育市场中进行竞争的权利。

公共选择和市场选择仅仅是计划与市场两种连续性制度安排之间的两种教育选择方式，学术界对这之间的其他若干种选择方式进行了深入研究，教育选择的这些制度安排可以总结为图 4-1（刘业进，2004；翟静丽，2008）[2][3]。该图给出了教育选择的连续性制度安排，其中 $\alpha$（$0 \leq \alpha \leq 1$）表示政府力量介入教育选择的程度，（$1-\alpha$）则是市场力量的介入程度。在最左端，$\alpha=1$ 时的制度安排 $A_1$ 是纯计划选择，政府力量承担了教育提供和生产的全部责任，个体教育选择的愿望往往被忽视或限制。最右端，$\alpha=0$ 时的制度

---

① 翟静丽. 个人教育选择问题研究 [M]. 上海：学林出版社，2008：34-35.

② 刘业进. 论教育服务的提供和生产 [J]. 江苏大学学报：高教研究版，2004，26（4）：1-7.

③ 翟静丽. 个人教育选择问题研究 [M]. 上海：学林出版社，2008：104-109.

安排 $A_k$ 是纯市场选择，教育提供和生产完全市场化，是一种自由契约的市场交易，个体提供全部的教育经费并拥有完全的选择权利。而在两者之间是政府力量和市场共同发挥作用的无数种连续性制度安排，在从左到右的连续性变化中，政府力量逐渐减小，而市场力量逐渐增大。$\alpha = 0.5$ 时的制度安排 $A_{k/2}$ 中两种力量达到均衡。

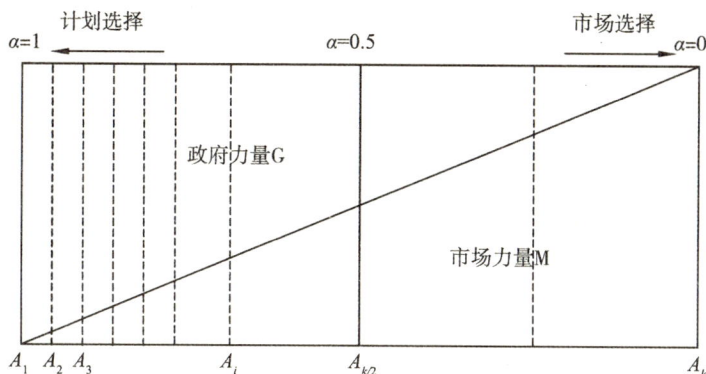

图 4-1　教育选择的连续性制度安排

对于教育选择的制度安排的探讨一般都只关注两种力量之间的博弈及其对教育整体效率和质量的影响，而对个体层面的教育选择方式及其对个体本身、教育公平等方面的作用还要依赖于特定制度安排中具体政策的设定。由于大学入学教育机会是短缺的，阶层间利用不同的手段或标准获取大学入学机会的竞争与冲突就会不可避免地发生。因此，从选择标准的角度探讨教育选择的方式及其作用可以弥补制度安排视角的不足。

从教育选择的标准看，主要有两种方式：技术选择和社会选择（Bourdieu，1996；Bourdieu 和 Passeron，1977）[1][2]。技术选择是指根据人们的智力、抱负水平、努力程度以及仅仅由此产生的能力、成就方面的差异进行的选择，它通过诸如考试、测评等统一的普遍化方式所构成的技术排斥尤其是学术能力排斥来实现的。技术选择一般又被称为"竞争性选择"。纯粹的技术选择在

---

① P Bourdieu, J C Passeron. Reproduction in Education, Society and Culture ［M］. London：Sage，1977.

② P Bourdieu. The State of Mobility, Elite Schools in the Field of Power ［M］. London：the Polity Press，1996.

现实社会中是很难存在或实施的，因为选择主体之间技术之外的各种因素会不可避免地参与或影响教育选择。社会选择是根据控制场域变化的主导力量的偏好而进行的选择，比如根据身份、家庭出身、种族等因素的选择。社会选择是由认可的精英按照精英们的标准进行选择，实质上是利用各种资本实施特权排斥来实现的，因此社会选择又被称为"赞助性选择"。其排斥方式包括直接和间接两种：直接排斥就是强势阶层通过规定某些教育类型、院校层次的阶层成员条件而直接垄断和占有大学入学机会，从而将弱势群体排斥在外。典型的阶层直接选择存在于由经济、财产或政治、权力等阶层特权构成的强势排斥的关系中。教育机会的直接经济排斥主要通过规定高昂的学费来实现。基于政治分层或社会地位的直接排斥则通过规定受教育者的政治出身和家庭社会地位标准而表达。教育的间接选择是指通过考试制度等普遍认可的显性的技术选择手段同时辅以隐性的直接社会选择手段在阶层成员之间进行的选择，优势群体间接地垄断或占有入学机会尤其是优质的大学入学机会。在现实社会中，大学教育选择往往采取社会选择的间接方式，即技术选择和社会直接选择相结合的方式，并且两种方式相互影响、相互作用。一方面，扩张的教育政策不断推动高等教育向普及化和公平化发展，另一方面，选择机制的压力不断改变着学生的组成成分。在一个群体间力量急剧失衡的社会中，技术排斥力量必然会被特权排斥力量压制或扭曲，例如优势群体通过支配和主导考试规则、考试内容和考试形式等而在考试竞争中获取优势位置，从而导致大学入学的急剧不公平。

3. 教育选择因素与内因联系的理论假说的提出

从消费的角度讲，教育选择实质上可以视为个人对消费品——教育服务的选择，这种选择必然要根据价格与消费性价值以及由此带来的其他价值之间的权衡比较做出决策，因此，教育选择因素与教育消费性价值进而与大学入学公平之间的联系是必然存在的。从教育选择的方式看，技术选择和社会选择两种方式揭示了教育选择因素与大学入学不公平之间的深层次联系，即优势群体的教育选择尤其是追求消费性价值的目的通过各种特权排斥手段得以实现。从中国当前转型期的情况看，虽然大学录取实施的是以高考分数（学术能力）为标准的技术选择方式，但隐性的社会选择方式的影响力非常巨大，尤其是金钱、权力等因素在教育选择中侵蚀了已有的进入标准甚至占据了支配地位，显性的技术选择被隐性的社会选择所控制，来自不同群体的教育选择主体难以保持力量上的均衡态势，致使大学入学不公平问题非常突出。个体的教育选择已经开始影响中国各层次高校及各科类的生源结构。对于大学入学不公平的原因，第二章的推测和第三章的理论证明与数据验证已经表明，上层社会群体为追求教育的价值尤其是过度追求消费性价值，凭借其资本优势占有超额的大学入学机会，从而导致大学入学的不公平。由此可认为，教育选择与大学教育消费性价值必然存在某种联系，进而对大学入学公平产生影响。一些学者的研究证明了这一点。例如，Kawamoto（2007）[①] 使用一个跨代交叠模型研究了个人教育选择的影响，结果表明，当个人的教育选择是基于下一代的福利考虑时，包括旨在维持或提高社会地位、享受教育非货币性报酬等，都会鼓励个人选择更高层次和更优质的教育。他认为，个人选择的竞争精神虽然重要，但是个人追求教育价值的教育选择如果对他人的选择产生负效应，尤其是侵占弱势群体追求教育生产性价值的机会时，这种竞争就会恶化大学入学的公平状况，同时也会降低大学教育的整体效率。另一方面，在教育支出不足的情况下，由于教育正外部性的存在，追求教育消费性价值的教育参与并不会影响大学入学的公平状况。由此可推知，旨在获取消费性价值的个人教育选择在教育机会短缺的情况下必然会影响大学入学的公平状况，由此，本章提出本书研究的第二个理论假说：

假说2：个体教育选择与大学教育的消费性价值之间必然存在某种联系，通过这种联系可以在理论上提供推进大学入学公平的一般性路径。

关于教育选择与教育消费性价值之间的联系，在以往的文献中已经零散地出现过相关的研究。例如，Oosterbeek 等（2000）[②] 根据 Becker（1967）[③] 在一次著名的演讲中提出的假设，即个人接受教育的目的是从教育所带来的终生收入的净现值以及教育的纯消费中获得最大化的效用，将个人效用方程

① K Kawamoto. Preferences for Educational Status, Human Capital Accumulation, and Growth [J]. Journal of Economics, 2007, 91（1）：41-67.

② H. Oosterbeek, H. van Ophem. Schooling Choices: Preferences, Discount Rates and Rates of Return [J]. *Empirical Economics*, 2000, 25（1）：15-34.

③ G. S. Becker. Human Capital and the Personal Distribution of Income, Ann Arbor: University of Michigan Press, 1967.

表示为柯布－道格拉斯函数的形式：

$$U (N, s) = \ln N + \alpha \ln s \qquad (4-1)$$

其中，$U$ 为效用指数，$N$ 为终身收入的净现值，$s$ 表示个人选择的教育年限，$\alpha$ 表示教育的品位（taste for schooling）或教育偏好参数，是教育效用中相对于 $N$ 的比重。

他们进而在 Willis（1986）[①] 给出的净现值函数表达式等的基础上对最优教育数量进行了推导。如图 4-2 所示，横轴和纵轴分别表示个人的教育年限和终生收入现值，曲线 $L$ 表示终生收入现值随着教育年限的变化情况，它与无差异曲线 $I$ 相切于 $G$ 点。个人教育选择在仅考虑收入最大化时，应该选择的教育数量为最高点所对应的 $s_1$。如果个人将教育品位因素考虑进教育选择的决策中时，应该选择的教育数量为切点所对应的 $s_2$。显然，这里所指的教育的品位指的就是教育的消费性价值，公式（4-1）是一个综合考虑教育生产性价值和消费性价值的教育数量选择模型。

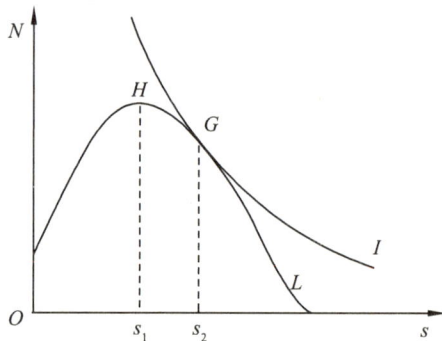

**图 4-2 个人最优教育数量的选择**

已有的这些研究虽然仅就教育数量的选择与教育消费性价值之间的关系进行了探讨，但这为本课题进一步探讨教育类型的选择与消费性价值的关系，奠定了研究基础。本章第 4、3 节将借鉴这些研究的思想进一步对假说 2 进行理论上的证明，并在此基础上提出通过个人教育选择促进大学入学公平的一

---

① R. J. Willis. Wage determinants: A Survey and Reinterpretation of Human Capital Earnings Functions [M] // in O. Ashenfelter, R. Layard（eds.）, *Handbook of labor economics*, Amsterdam: Elseviers Science Publishers, 1986: 532.

般路径。

## 二、学费因素

本书中所指的学费是个人或其家庭向大学支付的学习费用。该部分的研究目的主要从学费的价格属性、收取学费的合理性、非统一学费政策的合理性三个方面分析学费与大学入学公平之间的关系，在此基础上进一步提出学费与大学教育消费性价值之间联系的理论假设。

### 1. 学费的价格属性

学费是对教育成本的一种补偿或分担还是教育服务的价格，是学术界比较有争议的一个问题。教育学家一般支持前者，最有代表性的是 Johnstone (2004)[①] 提出的教育成本分担理论以及根据该理论提出的四主体（政府或纳税人、家长、学生、捐赠或个人组织）假设，其中家长分担和学生本人分担属于高等教育成本补偿范畴。国内著名教育家王善迈教授的观点也非常有代表性，他认为高校培养学生的成本、大多数居民收入水平决定的支付能力是确定学费标准的基本依据，因此学费不是高等教育服务的价格，而是高等教育服务的成本分担（王善迈，2000）[②]。而经济学家则更多地把学费视为教育服务的价格从而将其纳入到传统的经济学分析框架中。

本书认为学费同时具有两种属性。学费可以视为一种成本补偿，因为学费本身就是教育成本的重要构成部分。但学费不仅仅是一种成本补偿，它还具有价格属性，至少可以提出以下几点理由：第一，当学费能补偿大学教育的全部成本时，学费可以视为教育服务的价格；当学费仅用于补偿大学教育的部分成本时，当学费低于教育服务的价格时，也可以视为教育服务价格的一部分。第二，大学作为一种独立的经济组织，也生产自己的产品——教育服务，受教育者有权选择并购买合意的教育服务，这就存在一个由供给与需求构成的教育市场或准市场，从这种观点来看，学费可以视为一种价格。第三，学费的确定方法不仅包括生均成本、支付能力，还可以根据边际成本等

---

① D. B. Johnstone. The Economics and Politics of Cost Sharing in Higher Education: Comparative Perspective [J]. *Economics of Education Review*, 2004, 23 (4): 403 – 410.

② 王善迈. 论高等教育的学费 [J]. 北京师范大学学报：人文社会科学版, 2000, (6): 24 – 29.

于边际收益的方法，而此时学费就具有价格的属性。第四，大学教育是一种准公共物品，可以看做由两部分构成：纯私人部分和纯公共部分，这两部分分别带来个人收益和外在收益。学费可以视为为购买带来个人收益的那部分教育（即纯私人部分）的市场价格，与文相应，可将社会所支付的购买带来外在收益的那部分教育（纯公共部分）的价格称为社会补贴价格。由此，大学教育的价格可以视为市场价格与社会补贴价格两者之和，即大学教育的影子价格。赋予学费价格属性的目的不仅仅在于探讨学术争议，更在于在高等教育领域适度地引进市场机制，发挥学费所具有的价格机制的某些作用，调节高等教育的供求关系，优化高等教育资源配置，促进高等教育持续健康和快速发展。这对于当前高等教育的改革和长远发展，都具有极其重要的意义。

学费的价格属性可以由高等教育需求对学费变动的反应或需求学费弹性的大小情况来表明。如果这种变化存在或者需求对学费有弹性，那么就表明学费具有价格属性。就国家和地区层面而言，已有的相关研究得出了不一致的结论。一些研究表明，高等教育需求对学费的变动反应非常灵敏。例如，Kondrassis 和 Tseng（1976）[1] 对我国台湾省的研究表明，高等教育需求价格弹性高达 -1.76。有的研究表明，高等教育需求对学费的变动没有灵敏反应。例如，Kodde（1985）[2] 对荷兰的研究表明，高等教育需求对学费并无弹性，学费增加50%时，其需求仅下降1.5%。还有一些研究表明，不同的高等教育系统对学费变化的反应不同。例如，King（1993）[3] 对波多黎各的高等教育系统的研究表明，私立高等教育系统的需求价格弹性为 -0.41，公立高等教育系统的需求价格弹性只有 -0.15。从家庭或个人层面的相关研究来看，也得出了不一致的结论。一些研究表明学费弹性非常大，其长短期存在巨大差

① A. J. Kondrassis, S. C. Tseng. The Demand for Higher Education [J]. *Journal of Social Economics*, 1976, 33 (3): 146 - 166.

② D. A. Kodde. On Estimating the Impact of Tuition on the Demand for Education from Cross - sections [J]. *Economics Letters*, 1985, 18 (2 - 3): 293 - 296.

③ J. King. The Demand for Higher Education in Puerto Rico [J]. *Economics of Education Review*, 1993, 12 (3): 257 - 265.

距。例如，Heller（1997）[①]、Chang 和 Hsing（1996）[②] 对美国私立高等教育系统的研究表明，短期内的学费弹性介于 -0.781 与 -1.055 之间，而长期的弹性则介于 -5.437 和 -7.612 之间。一些研究表明，不同收入群体子女的学费弹性存在显著差距，但总体而言学费弹性并不是很大（Cameron & Heckman，2001）[③]。例如，陆根书、钟宇平（2002）[④] 的研究表明，总体上高收入群体需求学费弹性最小，中等收入水平群体最大，而低收入群体介于两者之间。李文利（2008）[⑤] 研究表明，不同社会经济背景的个人及其家庭对学费提高同样幅度的反应不同，其中低收入家庭反应敏感，而高收入家庭反应则不敏感。就不同类型教育层面的学费弹性，研究结论也存在不一致性，甚至出现学费弹性为正值的反常现象，例如 Woodhall（Belfield，2000）[⑥] 研究表明，海外学生对不太高级的课程需求弹性很高；Murphy 和 Trandel（1994）[⑦]、Tucker 和 Amato（1993）[⑧] 对特定类型学生高等教育需求的研究发现，需求与价格之间存在正相关关系。

综合分析和比较学术界对学费弹性的相关研究，可以得出以下几点结论：

（1）大多数研究都得出了一个较为一致而且符合需求理论的结论，即人们的大学教育需求随着学费的提高而下降（钟宇平、陆根书，2006）[⑨]。这一结论进而又证明了"学费具有价格属性并且可以在一定程度上发挥调节大学

① D. E. Heller. Student Price Response in Higher Education：An update to Leslie and Brinkman［J］. *Journal of Higher Education*，1997，68（6）：624－659.

② H. S. Chang, Y. Hsing. A Study of Demand for Higher Education at Private Institutions in the US：A Dynamic and General Specification［J］. *Education Economics*，1996，4（3）：2677－2678.

③ S. Cameron, J. J. Heckman. The Dynamics of Educational Attainment for Black，Hispanic，and White Males［J］. *Journal of Political Economy*，2001，109（3）：455－499.

④ 陆根书，钟宇平. 高等教育成本回收的理论与实证分析［M］. 北京：北京大学出版社，2002：137.

⑤ 李文利. 从稀缺走向充足——高等教育需求与供给研究［M］. 北京：教育科学出版社，2008：137.

⑥ C. R. Belfield. *Economic Principles for Education：Theory and Evidence*［M］. Glos：Edward Elgar Publishing Limited，2000：56－57.

⑦ R. G. Murphy, G. A. Trandel. The Relationship Between a University's Football Record and the Size of its Applicant Pool［J］. *Economics of Education Review*，1994，13（3）：265－270.

⑧ I. B. Tucker, L. Amato, Does Big－time Success in Football or Basketball Affect SAT Scores?［J］. *Economics of Education Review*，1993，12（2）：177－181.

⑨ 钟宇平，陆根书. 高等教育需求影响因素分析——一个系统分析框架［M］. 北京：经济日报出版社，2006：44.

教育供求变化的作用"这一观点。

（2）一些国家或地区及其在某些时期的大学教育需求学费弹性比较低，除了可能存在研究方法、计量模型和指标等技术方面的原因之外，从根本上讲是其高等教育体制自身的问题，尤其缺乏竞争机制，其大学教育提供者采用统一的非市场提供的方式对大学教育进行命令配置，导致教育的替代品很少，从而使得学费弹性成为无意义的概念。而在市场体制比较成熟的美国，所有关于学费与大学入学之间关系的实证研究都得出了比较一致的结论，即大学学费和大学入学的概率呈负相关关系（Belfield，2000）[1]。

（3）一些国家或地区及其在某些时期的大学教育需求学费弹性比较低，其原因之一可能是其他方面的财政因素尤其是教育资助削弱甚至抵消了学费的作用。很多研究表明了这一点，例如 Cameron 和 Heckman（1999）[2] 研究发现，学费的价格弹性大约是 -0.3，但资助的减少会导致入学率的下降，尤其是政府资助的影响更大。St. John（1990）[3] 的研究也表明，不同收入水平组家庭的学生在学费增加 100 美元时，其相互间的入学可能性差异并不明显。这主要是因为低收入和中等收入水平家庭学生分别获得了助学金资助和贷款支持（表4-1）。因此，剔除其他财政因素的影响，净学费（学费减去资助额）仍然表现了价格的属性和特征。

表4-1　　学费、助学金和贷款对不同收入家庭学生大学入学概率的影响

| 家庭收入组（美元） | 学费降低 100 美元 | 助学金增加 100 美元 | 贷款增加 100 美元 |
| --- | --- | --- | --- |
| <15 000 | 0.34 | 0.88 | 不显著 |
| 15 000，24 999 | 0.39 | 0.35 | 0.53 |
| 25 000，39 999 | 0.31 | 0.33 | 0.63 |
| >40 000 | 0.14 | 不显著 | 不显著 |

注：显著性水平为0.05。

---

① C. R. Belfield. *Economic Principles for Education*：*Theory and Evidence*［M］. Glos：Edward Elgar Publishing Limited，2000：56 -57.

② S. V. Cameron, J. J. Heckman. Can Tuition Policy Combat Rising Wage Inequality?［M］// in M. H. Kosters（eds.），*Financing College Tuition. Government Policies and Educational Priorities*，Washington，D. C.：AEL Press，1999.

③ E. P. St John. Price Response in Enrollment Decisions：An Analysis of the High School and Beyond Sophomore Cohort［J］. *Research in Higher Education*，1990，31（2）：161 -176.

（4）一些国家或地区及其在某些时期大学教育的需求学费弹性比较低，其原因之一可能是社会政治、经济、文化、教育等方面的综合因素，使得大学教育具有不同寻常的地位和价值。第一，各种原因导致高等教育成为人们摆脱困境的唯一途径或主要途径，此时高等教育对学费必然缺乏弹性。第二，各种原因导致大学教育的生产性价值极高，所带来的预期收入增长远远高于学费的上涨，则学费的弹性就会很低。第三，各种原因尤其是文化传统方面的原因导致大学教育的消费性价值极高，给人们带来了其他方面无可替代的满足，此时学费弹性就会很低。这种解释表明学费弹性与特定体制或环境所形成的异乎寻常的教育价值之间存在某种必然的联系。

（5）某些特定类型教育的需求学费弹性出现正值的原因可能有两个：一是该种类型教育相对于其他类型教育而言，在质量方面存在绝对优势或者存在垄断；二可能是该种类型教育具有某些群体所追求的"某些隐含的享乐特征"（Rosen，1974）①，这些享乐特征给人们带来了极大的满足。这种解释同时也表明了学费弹性与消费性价值之间存在某种密切联系。

就中国的高等教育需求情况而言，总体上学费弹性和收入弹性都小于1，这表明高等教育需求对价格是缺乏弹性的，居民对于高等教育需求具有很强的付费意愿。不同收入群体的学生对学费变动的反应存在显著差异。其中学费上涨对高收入群体学生的高等教育需求影响最小，对中等收入水平家庭学生的影响最大，而对低收入群体学生的影响则介于两者之间。固然体制、资助政策等方面的原因非常重要，但第（4）条结论可能更能解释中国的现状：低收入群体极其渴望通过大学教育摆脱贫困和提升社会经济地位，而高收入群体则更多的是希望通过高等教育来实现社会政治、经济、文化地位代际传递和上升。这进一步说明，学费弹性的大小与教育消费性价值进而与入学公平之间存在某种联系。与此同时，高等教育需求对学费缺乏弹性也为促进大学入学公平提供了一种思路，即根据不同群体的支付能力适当地提高学费标准。

2. 学费收取政策的合理性与入学公平

随着全球市场化的推进、经济的迟缓发展以及相关研究的进展，尤其是

---

①　S Rosen. Hedonic Prices and Implicit Markets: Product Differentiation in Pure Competition [J]. Journal of Political Economy，1974，82（1）：34–55.

遍及全球的高等教育财政危机使得主要依赖财政提供高等教育的模式已难以为继，大学收费政策在实践中已成为大势所趋。但是否应该收取学费也一直是学术界和许多国家在教育实践中激烈争论的问题（Woodhall，2006）①。很多学者和权威机构反对大学收费尤其是高收费，通常被提及最多的理由是大学收费尤其是高收费政策会阻碍低收入群体子女的入学，从而导致大学入学的不公平（刘民权、俞建托、李鹏飞，2006）②。例如，联合国《国际人权公约及任择议定书》就曾提出："高等教育应根据能力，以一切适当方法，对一切人平等开放，特别要逐渐做到免费。"（联合国教科文组织，2001）③ 国内多数学者也基本持类似观点，只有部分学者认为，提高缴费标准对教育公平性的影响是不确定的（查显友、丁守海，2006）④。由此，这就产生了两个理论上的问题：低收费或免费政策是否绝对有利于入学公平呢？收取学费真的不利于入学公平吗？

（1）免费和低学费是否由有利于公平？

对于这一问题，我们可以很容易地举出大学教育免费或低学费所具有的多种社会弊端：免费或低学费加重了政府的财政压力，有限的财政资源只能为一少部分人提供教育机会，而以更多的适龄人口被排除在大学之外为代价，不利于教育公平的扩展；在免费或低学费的情况下，高收入阶层的子女享有了大部分教育机会，实质上是所有纳税人为高收入阶层支付教育费用，因此不仅不利于大学入学公平，还会进一步导致社会贫富两极分化；免费或低学费会导致高等教育个人需求量过度膨胀且学习的主动性和积极性不足，造成严重的"拥挤"和低效率，等等。很多研究也证明了这些弊端的存在，例如，世界银行的一份研究报告表明（Winkler，1990）⑤，免费或过低学费的高等教

① ［瑞典］胡森，［德］波斯尔斯韦特. 教育大百科全书——教育经济学卷［M］. 杜育红，曹淑江，孙志军，译. 海口：海南出版社，重庆：西南师范大学出版社，2006：66 – 70.

② 刘民权，俞建托，李鹏飞. 学费上涨与高等教育机会公平的问题分析——基于结构性和转型的视角［J］. 北京大学教育评论，2006，4（2）：47 – 61.

③ 联合国教科文组织. 世界教育报告 2000——教育的权利：走向全民终身教育［R］. 北京：中国对外翻译出版公司，2001：4.

④ 查显友，丁守海. 低收费政策能改善教育公平和社会福利吗？ ［J］. 清华大学教育研究，2006，27（1）：65 – 70.

⑤ D. R. Winkler. *Higher Education in Latin America：Issues of Efficiency and Equity* ［M］. Washington D. C.：the World Bank，1990.

育体制具有以下弊端：第一，导致私人对高等教育的过度需求；第二，不同群体入学机会的差别造成穷人向富人的逆向转移支付，降低了收入分配的公平性；第三，较少的高等教育入学机会；第四，资源配置的低效率以及较高的生均成本。由此，该研究报告认为，高等教育收费和学生资助政策不仅可以增加高等教育资源分配的公平性，还可以激励高等教育的内部和外部效率。世界银行的另外两份报告（World Bank，1984；Ziderman & Albrecht，1995）[1][2]表明，尽管高收入群体仅占总人口的少数，但其子女却享受了大学入学机会的较高比重，进而占有了高等教育经费的大多数。而 Sahin（2004）[3] 使用一个博弈论模型和美国 1979 年青年人的国家纵向调查数据以及 1980—1992 年高中和大学二年级以上学生群体的相关信息分析了低学费政策对学生努力程度的影响，结果表明，高补贴和低学费政策导致了低能力和低抱负的大学毕业生，更严重的是，所有的学生——即使那些高抱负的学生也都通过降低他们的努力程度来回应低水平的学费。由此可见，免费和低学费政策是达成公平目标较差的和最昂贵的办法（Salmi & Verspoor，1994）[4]，而且该种办法只能掩盖表面上的不平等，事实上不仅不利于公平而且还会加剧不公平并带来其他方面的负效应。

（2）大学收取学费是否公平合理？

从短期和微观的角度看，大学收费尤其是高收费会造成大学入学的不公平。但从长期和宏观的视角看，大学收费有助于教育规模的扩展，而大学入学"在任何规模上的扩展都必然会涉及在人口间更广泛的分配"（Ahluwalia，1990）[5]，即大学收费有助于促进大学入学的公平，具有一定的合理性。

首先，高等教育属于准公共物品，个人支付学费获得能带来个人收益的那部分教育是理所当然的，符合"谁受益谁付费"的市场交易原则，而且交

①　The World Bank. *World Development Report* 1984 ［R］. Oxford University Press，1984：266 - 267.

②　A. Ziderman，D. Albrecht. Financing Universities in Developing Countries ［M］. Washington，D. C.：The Falmer Press，1995：36.

③　A. Sahin. The Incentive Effects of Higher Education Subsidies on Student Effort ［J］. *Federal Reserve Bank of New York Staff Reports*，2004，（192）：1 - 39.

④　J. Salmi，A. M. Verspoor. *Revitalizing Higher Education* ［M］. Oxford：Pergamon，1995：215.

⑤　M. S. Ahluwalia. Policies for Poverty Alleviation ［J］. *Asian Development Review*，1990，8（1）：111 - 132.

纳学费还可以避免社会福利的无谓损失。如图4-3所示，$D_m$ 和 $D_s$ 分别是市场和社会对教育的需求曲线，它们分别表明了边际个人收益 $MPB$ 和边际社会收益 $MSB$。由于大学教育具有较强的正的外部性，既定价格水平下的社会需求量必将大于市场需求量。假设提供教育的边际成本 $MC$ 为常数，它代表教育的供给曲线。如果教育由市场供给，教育的均衡量 $Q_1$ 将远远小于社会所需求的均衡量 $Q_2$。因此，一般来说教育作为公共物品由政府供给。在教育完全免费的情况下，教育的价格为0，均衡量达到 $Q_3$。此时消费者剩余为四边形 $OQ_3GH$ 的面积，生产者剩余为四边形 $OQ_3CP_1$ 的面积的负值。此时的社会福利等于两者之和，也就相当于 $\triangle P_1BH$ 与 $\triangle BCG$ 的面积之差。在大学收费的情况下，其价格应该定在 $D_m$ 线与 $Q_2$ 相对应的价位 $P_2$ 上。此时消费者的剩余为四边形 $P_2EBH$ 的面积，生产者剩余为四边形 $OQ_2EP_2$ 的面积与四边形 $OQ_2BP_1$ 的面积之差。此时的社会福利为两者之和，即相当于 $\triangle P_1BH$ 的面积。通过对比大学教育免费与收费两种情况可以看出，免费将造成社会福利的无谓损失，其大小相当于 $\triangle BCG$ 的面积。由此可知，大学收取学费可以提高教育效率，比免费更具有合理性。

第二，大学收费可以使政府有更多的财力用于扩大教育规模，从而为更多的人提供就学机会，使劳动力市场中受教育程度较高的劳动者供给增加，从而使其竞争优势相对减少，相对收入水平就会降低；而受教育程度低的群体相对缩小并且在劳动力市场上供给也相对减少，从而使其竞争优势得到加强，进而相对收入水平也相应提高。由此可知，大学收费可以从总体上有助于促进入学公平和缩小收入差距。

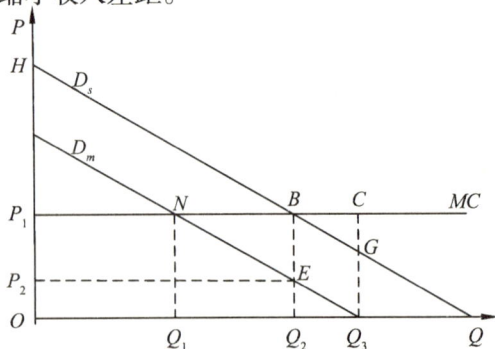

图4-3 大学教育收费合理性的解释

第三，大学收费可以避免大学入学的"拥挤"以及由此带来的教育质量的下降。如图4-4所示，当教育需求远远大于教育供给时，若不收取学费，则此时大学的边际运营成本为0，但由学生承担的拥挤成本增加。此时如果仍然免费提供教育服务，则就会造成入学需求过度增加。当学费为0时，入学人数达到 $Q_1$，此时的消费者剩余为 $OQ_1A$ 的面积，生产者剩余为 $Q_rQ_1N$ 的面积的负值，社会福利为两者之和，即 $OQ_1A$ 与 $Q_rQ_1N$ 的面积之差。社会福利损失为 $Q_1E_0N$ 的面积。为避免拥挤，应该收取学费。根据最佳定价原则，按照边际拥挤成本收取学费，即均衡学费价格和入学人数为边际成本线 $MC$ 与需求线 $D$ 的交点所确定的 $P$ 和 $Q$。此时的消费者剩余为 $PEA$ 的面积，生产者剩余为 $OQEP$ 的面积与 $Q_rQE$ 的面积之差，社会福利为两者之和，即 $OQ_rEA$ 的面积。通过免收学费和收取学费两种情况的比较可以发现，免收学费会造成社会福利损失，而收费则可以增加社会福利。由此可见，提高学费价格可以避免"拥挤"，尤其是可以降低优势群体的金钱与权力的寻租带来的非正常"拥挤"现象。

最后，适当收取学费有助于培养需求者的消费意识和提供者的责任意识，进而有助于促进个人的教育消费质量和学校的办学水平。

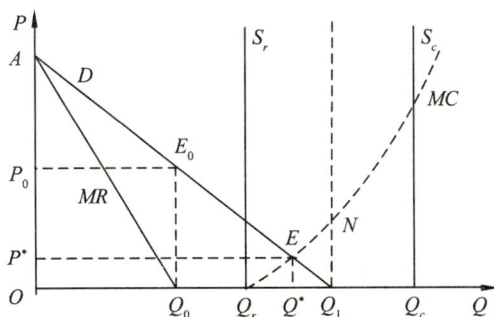

图4-4　大学入学拥挤时的学费效应

3. 非统一学费政策的合理性与入学公平

非统一的学费政策，即对同一高校同一专业的不同学生收取不同学费，虽然缺乏实施上的可行性，但也存在一定的合理性。

第一，对学费弹性的相关研究已经表明，高收入群体的学费弹性显著低于低收入群体。如图4-5所示，（Ⅰ）和（Ⅱ）分别代表高收入和低收入群体两种类型学生，在边际收益等于边际成本的最优学费定价原则下，类型（Ⅰ）的学生支付的学费要高于类型（Ⅱ）的学生支付的学费。因此，对高收入群体收取较高的学费并对低收入群体收取较低的学费是可行的。

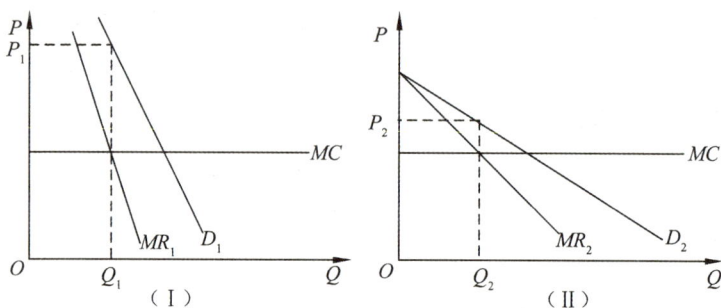

**图4-5 非统一学费政策合理性的价格弹性差异解释**

第二，高等教育的准公共性中私人部分与公共部分的比重对不同群体的学生而言是不同的。相关研究得出的一般结论是，低收入群体学生的大学教育对社会的外溢效应要大于高收入群体的学生，因此要最大化社会福利和促进公平就应该实施非统一的学费政策，这同时也符合受益支付原则。

第三，当高等教育需求无弹性或弹性非常小时，对于高收入群体而言，学费的一个增量不会影响注册率的变动或者影响很小，在适当的学费上涨幅度下，高收入群体仍然会保持其最优的高等教育支出。同理，学费上涨对低收入群体教育支出变化的影响也不大。假设此时高等教育支出是最优的，采取非统一的学费政策，对高收入群体和低收入群体收取不同数额的学费将仅仅导致高收入群体对低收入群体的转移支付而不会影响资源的配置。这种定价原则虽然是歧视性的，但这种不平等是旨在"扩展那些机会较少者的机会"（罗尔斯，2005）[1]，符合罗尔斯两个优先原则的安排，具有一定的理论基础。

第四，在高等教育需求有弹性的情况下，高等教育支出为非最优水平，由于高收入的需求弹性要比低收入群体低，高收入群体的个人一般选择比实物支出更多的教育支出，而低收入群体则相反。此时实施非统一的学费政策可以使高等教育支出在整体上趋于最优，并且也符合支付能力原则。由此可

---

① ［美］罗尔斯．正义论［M］．何怀宏，何包钢，廖申白，译．北京：中国社会科学出版社，2005：72.

见，无论需求弹性高低如何，非统一的学费政策都有助于避免或缓解大学入学的事前不公平（达到入学标准的个人因支付能力不足而放弃入学机会）、事中不公平（已经入学的个人因支付能力不足而被迫中途退出）和事后不公平（达到优质大学教育入学标准的个人因支付能力不足而被迫选择收费低的低质量教育）。

第五，不同收入群体的学生追求的教育价值的类型和侧重有所不同。一般而言，高收入群体一般要比低收入群体更多地追求大学教育的消费性价值，而低收入群体则一般要比高收入群体更多地追求大学教育的生产性价值。由于消费性价值所带来的个人收益是不需要缴纳税收的，实施非统一的学费政策符合受益支付原则，是合理的和公平的。

最后，高收入群体获得优质教育机会的概率比低收入群体高，而这些优质教育资源的成本比较高，对其收取较高的学费符合"按质定价、优质优价"的经济学定价原则。这样生产者得到了尽可能多的利润，消费者买到了其想要的商品或服务，因此在一定程度上是公平的和合理的。

从整体上看，采取高学费（针对高收入群体）和低学费（针对低收入群体）相结合的非统一的学费政策也是合理的和公平的，它比统一的学费政策尤其是低学费政策更有助于促进入学的公平，并且更有利于促进社会总福利的提高。借鉴查显友、丁守海（2006）① 的分析方法对此进行分析：如图4-6所示，横轴和纵轴分别表示低收入群体和高收入群体子女的入学人数（即分享的高等教育资源数量），$U$ 为无差异曲线，代表福利水平的大小，$I$ 为高等教育资源预算线。假设在当前的学费水平下，高等教育资源预算线为 $I_0$，如果此时资源配置点在 $E$ 点，则不仅具有绝对公平性而且社会福利达到最优水平 $U$。而由前面的分析可知，实际上高收入群体代表指数远大于1，因此最初配置点可能处于 $A$ 点处，这时所对应的社会福利水平为 $U_0$，显然没有达到最优。

---

① 查显友，丁守海. 低收费政策能改善教育公平和社会福利吗？［J］. 清华大学教育研究，2006，27（1）：65-70.

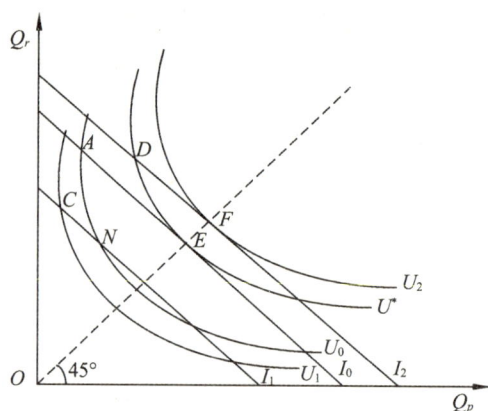

**图 4-6　不同学费政策的公平与福利效果**

当实施比当前学费水平更低的收费政策时，由于学费降低导致教育资源减少，资源预算线由 $I_0$ 下移至 $I_1$，这必然会降低总福利水平。为抵消这种影响，必须大幅度增加低收入群体的入学机会，配置点由 $A$ 点移至 $N$ 点才能维持原来的总福利水平 $U_0$。但事实表明低收费政策并不能明显改善低收入阶层的受教育机会，配置点很可能由 $A$ 点移至 $C$ 点，显然此时的总福利水平 $U_1$ 小于 $U_0$。所以，低学费政策不但不能显著改善大学入学的公平，反而导致总福利水平的下降。

当实施比较高的学费政策时，则会使高等教育资源预算线从 $I_0$ 上移至 $I_2$，此时由于低收入群体付费能力不足而导致总福利水平下降。为抵消这种影响，考虑到高收入群体和低收入群体之间的学费弹性存在显著差异，可以考虑采取非统一学费政策，使资源预算线维持在 $I_2$ 的水平上，此时配置点由 $A$ 点向右移动，当它达到 $D$ 点时，社会福利水平达到原有目标 $U^*$，适当地调整高收入群体和低收入群体的学费水平，可以在资源预算 $I_2$ 的水平上使资源配置趋向于绝对公平的 $F$ 点，总福利水平也趋向于新的最优水平 $U_2$。

由以上分析可知，非统一的学费政策不但具有公平效应，而且还可找到可以支持的充分的效率理由（De Fraja，2005）[①]。

---

① G De Fraja. Reverse Discrimination and Efficiency in Education [J]. International Economic Review, 2005, 46（3）: 1009-1031.

**4. 学费因素与内因联系的理论假说的提出**

综合以上分析可知，大学收费比免费更合理并且更有助于促进入学公平，采取非统一的学费政策可以避免或缓解大学入学的不公平，促进整体福利水平的提升。大学教育的需求学费弹性的高低在某种程度上与人们对教育价值的追求尤其是高收入群体对教育消费性价值的追求之间存在一定的联系，进而影响了大学入学的公平状况。具有高"享乐特征"的特定类型教育的需求出现反常也进一步表明了这种联系的存在。大学教育所具有的消费性价值在一定程度上降低了需求学费弹性。而且，从消费的角度讲，学费也是学生购买教育服务这种消费品所支付的价格，必然与教育的消费方面的价值相联系。由此，可以通过非统一的学费政策调节不同群体之间的教育需求，进而通过扩大低收入群体的支付能力来缓解大学入学的不公平状况。由此，本章提出本研究的第三个理论假说：

假说3：学费与大学教育的消费性价值之间在理论上可以建立某种联系，这种联系结合相应的学费政策可以提供推进大学入学公平的一般性路径。

本章第4.4节将对此假说进行理论上的证明，并在第六章中针对中国的具体情况分析这种一般性路径的可行性和具体操作措施。

### 三、教育补贴

**1. 教育补贴的内涵限定及其争议分析**

教育补贴的实施主体有政府、企业和私人等。教育补贴的对象主要是大学和个人，所对应的补贴分别是生产补贴和消费补贴（乐志强、高鹏，2007）①。企业和私人实施的教育补贴主要是基于回报社会和慈善等目的而提供的教育捐赠、教育基金等。虽然企业和私人提供的教育补贴具有更强的专用性目的，但为了分析方便，这些补贴都可以视为政府补贴的一部分，因为这些补贴可以视为企业和私人向政府支付的税收然后又由政府用于补贴教育，并且这些资金在使用上与政府补贴没有差异。

本书所说的教育补贴仅指向个人提供的无偿补贴，包括直接的和间接的

---

① 乐志强，高鹏．论高等教育外部性内在化的政府补贴措施［J］．高教探索，2007，（5）：57－59．

两种形式。其中，直接的无偿补贴包括助学金、奖学金等类别，也可以称为纯补贴；间接的无偿补贴包括以提供助学贷款或毕业税等学费支付的形式对学生进行的隐性补贴（hidden subsidy），隐性补贴实质上是对学生补贴相关金额的部分时间价格（即贴补部分利息），使得贷款学生的还款现值低于贷款的现值，因此这种补偿也可以称为准补贴。

教育财政领域争论最激烈的问题之一是对学生教育补贴的有效类型应该是贷款还是助学金、奖学金，美国和英国的经济学家多年来一直没能对此达成一致的意见（Woodhall，2006）[①]。学生贷款的支持者认为，由于政府财政力量的非常有限，贷款同助学金或奖学金制度相比对政府财政的压力更小，更能较大幅度地扩展教育机会，并且贷款的接受者本身由于接受大学教育而受益终身并可获得高收入，他们通过偿还贷款而对他们所受教育的成本有所贡献，因此贷款比助学金更具有现实性、公平性和效率性。支持使用助学金和奖学金进行教育补贴的学者则认为，低收入家庭比高收入家庭对于教育贷款有更多的"风险厌恶"和消极情绪，助学贷款存在潜在的拖欠风险，其管理也需要花费一定的成本，并且助学金和奖学金一般都是达到一定的学术能力标准才能获得，因此助学金和奖学金比贷款更有效，尤其是较低收入家庭的学生对奖学金非常敏感，而贷款和勤工助学计划却没有同样大的影响（海伦，2008）[②]。从学术界的讨论可以得出这样的结论：第一，教育具有外部性是教育补贴倡导者共同持有的理由，这表明教育补贴的必要性。第二，不同类型的学生资助对不同收入群体起到的效果不同。助学金的增加会最大限度地促进低收入者接受大学教育的可能性，对中等及以下收入群体的入学机会有正面的效果。贷款的增加对促进中等收入家庭的学生入学机会的作用要大于对低收入和高收入家庭的学生的作用。以能力和努力为条件基础的奖学金则对于所有收入群体都是公平的和有效率的。

2. 政府补贴大学教育的理论依据分析

尽管各种教育补贴对大学入学公平影响程度的大小这一问题在学术界仍

---

① ［瑞典］T. 胡森，［德］T. N. 波斯尔斯韦特. 教育大百科全书——教育经济学卷［M］. 杜育红，曹淑江，孙志军，译. 海口：海南出版社，重庆：西南师范大学出版社，2006：388－294.

② ［美］海伦. 大学的门槛——美国低收入家庭子女的高等教育机会问题研究［M］. 安雪慧，周玲，译. 北京：北京师范大学出版社，2008：12.

颇有争议，但世界各国一般都在收取学费的同时也实施了包括奖学金、助学金和学生贷款等多项补贴的较完备的学生资助体系，以缓和因为收费而可能带来的入学不公平问题。政府补贴大学教育的正当性理由很多，涉及弥补个人因教育外部性所导致的损失、矫正教育市场调节的失灵、弥补资本市场和保险市场的缺陷、分担个人教育的风险、促进入学公平、促进收入分配的公平、降低大学学费价格、扩展教育规模、通过增加高学历人数而增加税收收入、促进经济发展和社会进步等诸多方面。但从总体上而言，政府补贴大学教育的理论基础主要是教育外部性、机会平等和收入再分配、边际成本递减和规模经济（矢野真和，2006）[①]，其中最核心的理论基础是前两个。下面借鉴大川政三（矢野真和，2006）[②] 的分析方法对政府补贴的两个核心依据及其应有的政策效果进行剖析。

首先，外部性是政府补贴教育的最强有力的理论依据。在纯市场条件下，大学教育所具有的强正外部性导致了个人教育的边际个人收益小于边际社会收益，理性人根据边际私人收益等于边际私人成本的最优原则做出决策，而不考虑教育的外部效应，所以导致个人教育需求总小于社会教育需求。由此，外部性的存在使得教育的完全市场竞争并不能自动实现社会福利的最大化。因此，政府要弥补市场缺陷以使个人教育的外部性内部化并使大学教育的需求达到社会所需要的最优水平，就必须对大学教育进行补贴，使其社会边际成本等于个人边际成本与外部边际成本之和。如图 4-7 所示，$D_p$ 和 $D_s$ 分别表示个人和社会的教育需求曲线，很明显，在完全市场条件下，当学费水平为 $P_1$ 时，外部性导致个人与社会之间的最优教育需求量出现缺口（$Q_2 - Q_1$）。为弥补这个需求缺口，政府就需要对教育价格补贴数额 $\Delta_1$，使学费价格降为 $P_2$，从而达到最优的社会需求量 $Q_2$。可见，$\Delta_1$ 是一种效率性补贴，即"为了提高效率而进行的补贴"（矢野真和，2006）[③]。

---

① ［日］矢野真和. 高等教育的经济分析与政策 ［M］. 张晓鹏等，译. 北京：北京大学出版社，2006：76-77.

② ［日］矢野真和. 高等教育的经济分析与政策 ［M］. 张晓鹏等，译. 北京：北京大学出版社，2006：76-77.

③ ［日］矢野真和. 高等教育的经济分析与政策 ［M］. 张晓鹏等，译. 北京：北京大学出版社，2006：76-77.

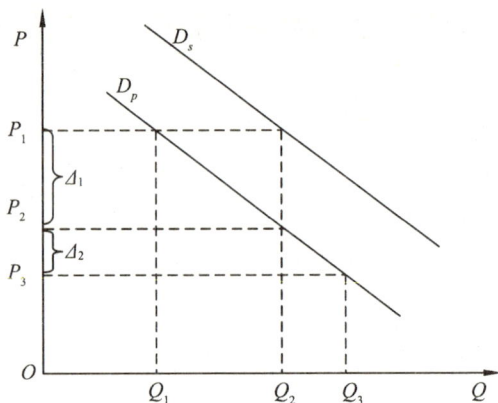

**图 4-7 大学教育补贴的学理基础分析**

其次，基于公平方面的考虑也是政府补贴教育的重要原因。如果高等教育完全在市场条件下提供，那么只有那些付得起学费的人才能入学。由于资本市场的不完善家庭支付能力不足的学生不能从资本市场筹集足够的资金。此外，保险市场的不完善使得教育支出的高风险难以保证，并且低收入学生一般厌恶通过借贷支付教育费用的风险，因为这种借贷形成了债务。家庭支付能力不足以及资本市场和保险市场的不完善阻碍了低收入群体的入学。从社会的观点看，由于高等教育是终生收入的决定因素之一，教育支付能力不足不仅造成入学不公平，而且会进一步导致收入不公平的代际传递。因此，基于这种双重的公平考虑，政府应该对教育进行补贴，降低低收入群体的教育融资难度和支出风险，保证或促进低收入群体大学教育的可达性，进而促进收入的分配和再分配。因此，对大学教育补贴不仅提供了一个教育机会再分配形式，使得那些支付能力不足的贫困家庭子女获得入学机会，而且也通过教育提供了一种特殊的收入再分配形式。如图 4-7 所示，政府进一步对教育价格补贴 $\Delta_2$，则学费价格降至 $P_3$，入学人数增加至 $Q_2$，此时的教育补贴由于扩大了入学机会进而在一定程度上促进了入学的公平，所以 $\Delta_2$ 是一种公平性补贴。由于政府财政力量有限，这种补贴的公平作用也是非常有限的。但是当这种补贴仅面向低收入群体时，公平效果将非常明显，具体的政策效果见后面的分析。

**3. 不同对象型教育补贴政策的效果分析**

以不同收入水平家庭的子女为补贴对象的教育补贴有四种政策选择，如

图4-8所示（斯蒂格利茨，2005）[①]。$S_1$ 表示对所有家庭子女中低能力者的教育补贴，这种补贴政策有助于增进社会公平，但在教育机会短缺的情况下不利于教育公平且该种补贴方式是效率低下的。$S_2$ 表示对低收入家庭子女的教育补贴，该种方式有助于促进公平，并且也比较有效率。因为能力在人口中的分布比较均匀的，至少比财富的分布要均匀，而在通常情况下，低收入家庭子女在大学中的代表份额不足，因此对低收入家庭子女进行教育补贴意味着，进入大学的边际学生中低收入家庭学生的能力要比高收入家庭学生的能力高。$S_3$ 表示对低收入家庭中高能力个人的教育补贴，该种补贴兼顾公平与效率，具有良好的政策效果。$S_4$ 表示对所有收入水平的家庭子女的教育补贴，该种补贴的公平与效率效果均非常差。通过上述四种补贴政策的比较可以看出，对不同收入群体学生进行差额教育补贴是合理的，其中，对符合大学入学学术能力标准的低收入群体个人进行教育补贴是最有效的，同时也符合基本差别补偿的公平原则。

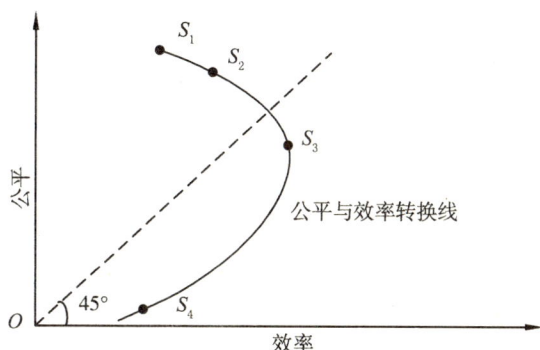

**图4-8　对不同收入水平和能力个人教育补贴的效果**

以教育供求双方为补贴对象，政府对教育的补贴包括针对大学的生产性补贴和针对个人的消费性补贴。如图4-9所示，其中横轴表示教育服务的数量，纵轴表示除教育之外的其他物品的数量。图（Ⅰ）表示生产性补贴，政府补贴之后，学费价格降低，由于家庭的收入没有变化，家庭预算线由 $I_1$ 变成 $I_2$ 并与新的无差异曲线 $U_2$ 相切，大学入学的最优人数由 $Q_1$ 增加至 $Q_2$。但

---

①　［美］斯蒂格利茨．公共部门经济学［M］．郭庆旺，杨志勇，刘晓薇等，译．3版北京：人民大学出版社，2005：446-448.

该种补贴方式本身会造成部分资金的无效率和浪费。假设消费者从大学教育和其他物品中获得的效用是等价的，教育补贴的货币成本是 $AD$，但补贴的价值是达到效用曲线 $U_2$ 所需的补偿［在图 4 - 9（I）中是 $DH$］。很明显，补贴的价值 $DH$ 小于补贴的货币成本 $AD$，$AH$ 被浪费。该种方式相当于对已经入学的个人进行教育补贴，表面上看是公平的，但事实上高收入群体的入学比例远高于低收入群体，显然对于那些学费支付能力不足的低收入群体是不公平的。此外，该种补贴由于针对所有高校，在政策实施上缺乏效率目标，必然会造成资金的低效和浪费。图（II）表示消费性补贴，该种补贴是向家庭提供一定数额的教育补贴，实际上是为个人提供一定数量的免费教育 $N_1N_2$，在一定程度上提高了家庭的收入水平，家庭预算线由 $I_1$ 变成折线 $I_2$（即 $N_1N_2N_3$）并与新的无差异曲线 $U_2$ 相切，大学入学的最优人数由 $Q_1$ 增加至 $Q_2$。个人持有该种补贴可以理性地选择自己需要和偏好的大学和专业就读，提高了资金的利用效率。就公平角度而言，该种补贴提高了低收入家庭支付学费的能力，比生产性补贴更公平。

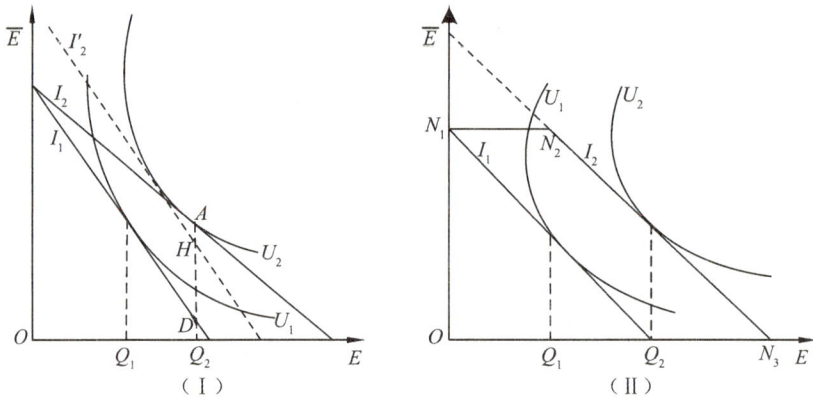

图 4 - 9　政府对教育的生产性补贴与消费性补贴

如果对不同收入群体的学生进行差额教育补贴，即教育补贴更多地面向低收入家庭子女，则政策效果会比对所有学生进行统一数额补贴的方式更好。以专门针对低收入家庭学生的教育补贴进行分析，如图 4 - 10 所示，高收入群体和低收入群体的需求曲线分别为 $D_H$ 和 $D_L$。在学费为 $P_0$ 的水平上两个群体学生的入学概率相同，但学费 $P_0$ 不足以补偿全部成本，假设当学费在 $P$ 的水平时能够补偿全部成本，但由于低收入群体需求价格弹性高于高收入群体，在该点高收入群体的学生的入学率高于低收入群体的学生，即 $Q_H > Q_L$。此时，如果对低收入群体学生补贴 $S$，则其需求曲线由 $D_L$ 向外移至 $D_{L+S}$，而高收入群体的需求曲线由 $D_H$ 向外移至 $D_{H-S}$。由于能力分布具有均衡性，政府补贴从整体上提高了大学的生源质量。所以，针对低收入群体学生的直接补贴既能促进入学公平又能提高教育效率。

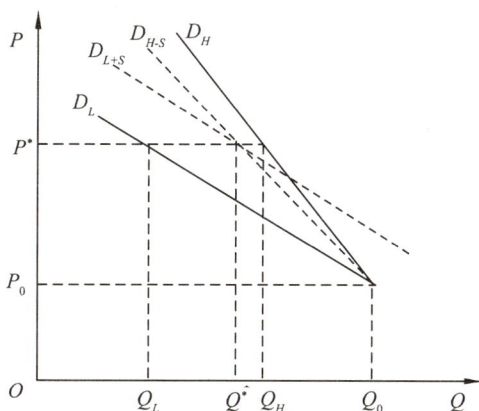

**图 4 - 10　对低收入家庭大学教育补贴的政策效应**

4. 教育补贴与内因联系假说的提出

由以上分析可知，教育补贴主要是基于公平和外部性两方面的原因。从教育公平的角度看，教育补贴是促进大学入学公平的重要手段，而不同群体追求教育价值尤其是优势群体对教育消费性价值的超额追求是造成大学入学不公平的内在原因，所以教育补贴与教育消费性价值之间必然可以建立某种联系。而从外部性的角度看，大学教育的外部性既包括教育生产性价值的外溢，这种补偿有助于提高社会的整体技术水平和生产效率、改变收入分配等经济效益方面；也包括教育消费性价值的外溢，这种补偿有助于提高公民质量、发展民主意识、增强社会责任感和社会觉悟、降低犯罪率、形成美学和文化价值、增强社会凝聚力以及有效的政治参与等诸多方面。因此，教育补贴与大学教育消费性价值之间也可以建立某种联系。此外，不同的教育补贴政策对教育公平和效率会产生不同的影响，也必然影响人们所追求的教育价值的类型，尤其是教育补贴超过学费的极端情况下，人们必然会增加对教育消费性价值的追求。根据以上三点理由，本章提出本书研究的第四个理论假说：

假说4：教育补贴与大学教育的消费性价值之间在理论上可以建立某种联系，这种联系结合相应的补贴政策可以提供推进大学入学公平的一般性路径。

第四节将从理论上证明此假说，并在第六章中针对中国的具体情况分析这种一般性路径的可行性和具体操作措施。

### 四、学费与补贴政策的交互效应

#### 1. 学费与教育补贴之间交互作用的复杂性分析

以上对学费和教育补贴的分析表明，各种财政因素不是孤立的，只有相互配合才能达到最好的效果。但是各种因素之间的交互作用对大学入学的影响是非常复杂的，主要表现为以下几个方面：

首先，教育市场的完善程度决定了各种教育财政因素之间作用的复杂性。以上对学费和补贴的分析是在完全市场条件下进行的，但事实上教育领域的市场一般都是不完善的，往往存在一定程度的垄断和市场失灵。在市场机制不完善的情况下，一方面，学费和教育补贴对于教育需求的调节作用就很难有效地发挥，达不到最优的政策效果。另一方面，教育财政政策的决策主体之间往往存在一定的偏好差异和利益冲突，这就使得学费和教育补贴在一定程度上成为平衡各方利益的中介，各方利益的均衡点的不确定性，尤其是教育补贴决策机构与学费决策机构的偏好函数中，大学福利和学生福利的权重设定的不一致性决定了学费与补贴等财政因素之间交互作用的复杂性和不确定性（Fethke，2005）①。

第二，教育补贴形式与类别的多样性以及教育补贴资金来源渠道的多元性也决定了教育补贴的作用范围和作用程度，进而增加了教育补贴与学费之间交互作用的复杂性。从上文对教育补贴类型和方式的分析来看，不同类型和方式的教育补贴政策具有不同的效果及不同的适用范围与适用条件，这就使得教育补贴与学费之间的相互组合会产生多种不确定的效果。从教育补贴的资金来源渠道看，包括税收、捐赠等不同的渠道，渠道的不同必然会影响

---

① G. Fethke. Strategic Determination of Higher Education Subsidies and Tuitions [J]. *Economics of Education Review*, 2005, 24（5）：601-609.

其作用的效果。仅就税收而言，不同的税种、税率与税制具有不同的目的和作用，能产生不同的收入效应和替代效应，从而影响教育补贴的效果（Bovenberg、Jacobs，2005；Bohaceka 等，2008）①②，进而在整体上影响或扭曲人们在教育类型的选择（Alstadsæte，2003、2005、2008；Malchow-Moller & Skaksen，2003）③④⑤⑥、教育支出（Caucutt 等，2006；Konrad、Spadaro，2006）⑦⑧ 等方面的决策。

此外，教育的外部性、教育市场的完善程度、教育补贴的多元性特征等因素综合在一起，将会使教育财政因素和个体教育决策更加复杂。比如教育消费性价值不在课税范围之内就减少了教育的外部性。由于本书研究主题的限制以及技术上的复杂性，对于各种教育财政因素之间更为复杂的交互关系和作用机理，尤其是税收税制对人们教育决策的深入影响，已经超出了本书的研究范围和能力范围。本书仅就学费与补贴之间作用的一般效果进行分析。

2. 学费和教育补贴的交互效应分析

教育的市场需求价格弹性与教育补贴之间存在着密切的关系，教育补贴所带来的高等教育需求的增加将提高高等教育的价格（Wolfram，2005）⑨。教育的市场价格与教育补贴的价格之和称为教育的影子价格。在教育成本一定的情况下，教育补贴越高，教育的市场价格就越低，从而意味着教育的市场

① A. L. Bovenberg, B. Jacobs. Redistribution and Education Subsidies are Siamese Twins [J]. *Journal of Public Economics*, 2005, 89 (6): 2005 – 2035.

② R. Bohaceka, M. Kapicka. Optimal Human Capital Policies [J]. *Journal of Monetary Economics*, 2008, 55 (1): 1 – 16.

③ A. Alstadsæter. Does the Tax System Encourage too much Education? [J]. *FinanzArchiv: Public Finance Analysis*, 2003, 59 (1): 27 – 48.

④ A. Alstadsæter. *Tax Effects on Education. Department of Economics* [R]. Norwegian School of Economics and Business Administration, January 4, 2005.

⑤ A. Alstadsæter, A – s. Kolm, B. Larsen. Money or Joy: The Choice of Educational Type [J]. *European Journal of Political Economy*, 2008, 24 (1): 107 – 122.

⑥ N. Malchow-Moller, J. R. Skaksen. *How to Finance Education: Taxes or Tuition Fees?*, CEBR discussion paper, 2004: 2003 – 2028.

⑦ E. M. Caucutt, S. Imrohoroglu, K. B. Kumar. Does the Progressivity of Income Taxes Matter for Human Capital Growth [J]. *Journal of Public Economic Theory*, 2006, 8 (1): 95 – 118.

⑧ K. A. Spadaro. Education, Redistributive Taxation and Confidence [J]. *Journal of Public Economics*, 2006, 90 (1 – 2): 171 – 188.

⑨ G. Wolfram. Making College More Expensive, the Unintended Consequences of Federal Tuition Aid [J]. *Policy Analysis*, 2005, 25 (1): 1 – 20.

价格在其影子价格中所占比例也就越小。某种教育的市场价格在其影子价格中所占比例越小，该教育的市场需求曲线就越陡峭，该教育的市场需求价格弹性就变得越小；反之，某种教育的市场价格在其影子价格中所占比例越大，该教育的市场需求曲线就越平坦，该教育的市场需求价格弹性就变得越大。因此，学费与教育补贴之间存在一种互补关系，两者之间的不同组合所构成的教育财政政策会产生不同的效果。

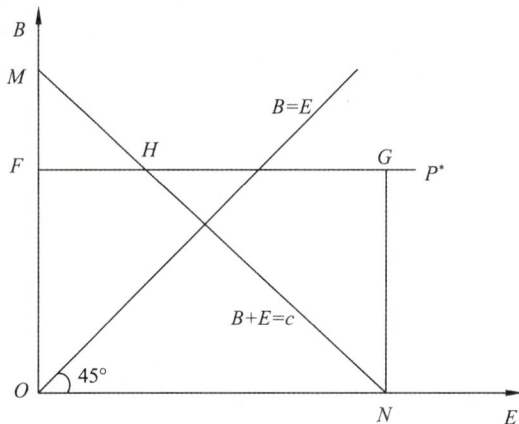

**图 4 - 11　边际成本等于边际收益定价原则下统一教育补贴政策的无效性**

根据边际成本等于边际收益的定价原则所决定的最优价格 $P$ 对学生实施统一学费政策，同时政府为了弥补个人教育的外部性损失而对学生进行统一数额的教育补贴，即实施纯价格补贴政策，并不能达到较为理想的政策效果。如图 4 - 11 所示，假定教育的边际成本 $c$ 为常数，教育的私人收益为 $B$，教育的外部性为 $E$，$B + E = c$ 表示边际成本等于边际收益。$B = E$ 的 45°线、最优学费价格线 $P$ 以及 $B + E = c$ 线将所有学生分为不同的部分，其中在 $\triangle MHF$ 部分的个人由于 $B + E < c$ 但 $B > P$，会选择入学。而在 $\triangle HGN$ 部分的个人由于 $B + E > c$ 但 $B < P$，会选择不入学。而相关研究得出的一般结论是，低收入群体学生的大学教育对社会的外溢效应要大于高收入群体的学生；向优势群体提供高层次教育的总成本高于劣势群体（De Fraja，2005）[①]。所以，在边际成

---

① G De Fraja. Reverse Discrimination and Efficiency in Education [J]. International Economic Review, 2005, 46（3）：1009 - 1031.

本等于边际收益的定价原则下，统一数额的教育补贴政策导致了那些教育的社会外溢较小但个人收益较大的高收入群体学生入学，而那些教育的社会外溢较大而个人收益较小的低收入群体被排斥在大学之外。这种政策显然既不利于公平也存在一定的效率损失。解决的办法应该是采取非统一的纯价格政策，提高高收入群体学生的纯价格并降低低收入群体学生的纯价格，从而排除教育的个人收益高而社会外溢低的学生，吸纳教育的个人收益低而社会外溢高的学生。由此可见，教育补贴的有效使用可以减弱学费政策对教育需求的扭曲。教育补贴实质上是发挥了学费折扣的作用，从而导致个体或群体之间的教育纯价格的差异，使不同收入群体的子女都在资金较为充裕的情况下入学，从而在一定程度上有助于促进公平和效率的统一。由此，我们进一步提出本书的第5个研究假说：

假说5：教育补贴和学费的有效配合可以形成非统一的纯价格政策，从而实现单一的非统一学费政策的效果，有助于促进大学入学公平与效率的统一。

## 第三节　个体教育选择与大学教育消费性价值的联系

大学教育价值的存在与个人的教育选择之间存在着密切的联系。第三章的研究结果表明，富裕家庭的子女选择消费性价值较高的教育类型，而贫穷家庭的子女则更多地选择生产性价值较高的教育类型。因此，教育类型的选择与大学教育的消费性价值可以联系起来，从而可为促进大学入学公平提供一般性路径。

### 一、理论分析

1. 假设条件

为了简化分析，本节提出如下假设条件：

（1）个体的生命只有一个周期，在周期的开始获得教育，在获得教育之后剩余时间内进行工作和消费。

现实中，有一些人接受过多次高等教育和工作过多次，即其工作与接受高等教育交替进行多次，对于这些人来说，可以仅选取其中一个周期来分析，故该假设条件的成立与否并不影响分析结果。

（2）工资是个人唯一的收入来源并且全部用于消费 $c$，即个人的消费等于工资收入，而工资又取决于生命周期开始所选择的教育类型 $i$。

当然，很多人除了工资之外还有其他收入来源，但可以将其他收入来源也视为工资的一部分，因此该假设条件并不影响分析结果。

（3）个人偏好具有稳定性，不随着时间而变化，也不受周围环境和个人知识和经验积累的影响。

假设偏好不变化便于对教育价值与教育类型的选择进行静态分析。现实中人们的偏好虽然是变化的，但在一段时期内是相对稳定的，因此可以选择一个时期进行分析。当然也可以通过放松这一假设，进一步考察偏好不稳定时两者之间的动态变化。

（4）个体之间在能力上是异质的，并且每个人了解自己的能力。

个体之间的能力异质性是现实存在的，个人即使不能完全知晓关于自己能力的信息，但至少可以从高考分数、平时的学术成绩等获得部分信息。

（5）不同类型的教育需要不同水平的能力和努力来完成并且能带来不同类型或数量的教育回报（或成本）。

该假设条件显然是符合现实以及研究结果的。在现实中，教育是一种异质的投资选择和消费品，不同类型的教育产生不同水平的愉悦与满足，留给学生的闲暇时间也不同，因此必然需要不同水平的能力和努力。丹麦的相关数据表明，丹麦工科类专业毕业生每小时的平均工资高出人文和神学类专业毕业生的50%，而人文和神学类专业毕业生的失业率则大约为工科类专业毕业生的两倍（Alstadsæter, 2008）[1]。这表明选择人文类等专业的毕业生偏好金钱之外的其他教育回报或者避免其他类型的成本，并且不同类型的教育在能力要求上存在一个排序（Turner & Bowen, 1999; Arcidiacono, 2004）[2][3]。根

---

[1]　A. Alstadsæter, A-s. Kolm, B. Larsen. Money or Joy: The Choice of Educational Type [J]. *European Journal of Political Economy*, 2008, 24 (1): 107-122.

[2]　S. Turner, W. Bowen. Choice of Major: the Changing (unchanging) Gender Gap, *Industrial and Labor Relations Review*, Vol. 53, No. 2 (1999), 289-313.

[3]　P. Arcidiacono. Ability Sorting and the Returns to College Major [J]. *Journal of Econometrics*, 2004, 121 (1-2): 343-375.

据已有研究结果（Alstadsæter，2008；Lazear，1977）①②，高等教育按所提供的价值类型可将分为以下几类：

类型Ⅰ：具有高消费性价值和低工资回报的教育类型，如人文社会科学、艺术、师范、护士教育等，该类型教育对个人的能力和努力要求比较低；

类型Ⅱ：具有低消费性价值和高工资回报的教育类型，如理工科教育、职业技术教育、高层次教育（博士、硕士）等，该类型的教育需要参与者具有比较高的学术能力和努力；

类型Ⅲ：具有高消费性价值和高工资回报的教育类型，如管理、金融、经济、医药等类型，该类型的教育对参与者具有较高的特殊要求，如判断力、直觉、兴趣等。

类型Ⅳ：生产性价值和消费性价值都非常低的教育类型。因为人们不会去选择既不能带来经济回报也不能带来乐趣的教育，因此该类型的教育在市场化程度较高的国家和地区一般是不存在的。

上一章区分了教育价值获取的三种方式：消费性价值获取偏向型、均衡获取型和生产性价值获取偏向型。显然教育价值获取的这三种方式分别对应着类型Ⅰ、类型Ⅱ和类型Ⅲ三种类型的专业。

2. 模型及讨论

在上述假设条件下，个人最大化其效用 $U$，$U$ 取决于一般消费 $w_i$ 和 $i$ 类型教育的消费性价值 $e_i$：

$$U = u\ (w_i,\ e_i),\ i = P,\ C \qquad\qquad (4-2)$$

其中 $w_i$ 和 $e_i$ 是连续的，$w_i$ 为终生收入的工资现值，$P$ 和 $C$ 分别代表生产性价值高和消费性价值高的教育类型。

显然，如果 $P$ 类型教育和 $C$ 类型教育的工资回报相同，那么个人总是偏好 $C$ 类型的教育，因为它的消费性价值比较高：

$$e_P < e_C,\ u\ (w,\ e_P)\ < u\ (w,\ e_C) \qquad\qquad (4-3)$$

如果两种类型教育的工资回报不相同，那么个人偏好、工资回报和消费

① A. Alstadsæter, A‑s. Kolm, B. Larsen. Money or Joy: The Choice of Educational Type [J]. *European Journal of Political Economy*, 2008, 24（1）: 107‑122.

② E. Lazear. Education: Consumption or Production [J]. *Journal of Political Economy*, 1997, 85（3）: 569‑597.

性价值共同决定了哪种类型教育应该成为首选。

$P$ 类型教育必然存在一个工资值 $w_P^*$，使得方程（4-4）成立：

$$u\ (w_P^*,\ e_P)\ <u\ (w_C,\ e_C) \tag{4-4}$$

由于 $e_P<e_C$，则必然有：

$$w_P^*>w_C \tag{4-5}$$

理论上讲，如果 $P$ 类型教育的市场工资 $w_P$ 等于 $w_P^*$，即 $w_P=w_P^*$，此时两种类型教育对某个特定的个人来说是无差异的。这是因为市场补偿的工资差值（$\Delta_1=w_P-w_C$）等于个人补偿的工资差值（$\Delta_2=w_P-w_C$）。其中，市场补偿的工资差值 $\Delta_1$ 是当个人选择 $P$ 型教育而放弃选择 $C$ 型教育的消费性价值时，市场提供给个人的额外的工资回报。也就是说，$\Delta_1$ 是 $C$ 型教育消费性价值的市场价格。个人补偿的工资差值 $\Delta_2$ 是理论上个人能获得的 $C$ 类型教育的消费性价值，是个人为了享受消费性价值 $e_C$ 而愿意放弃的工资回报。也就是说，$\Delta_2$ 是个人愿意为 $P$ 型教育补偿的工资差值，其目的在于使个人对两种教育类型的选择无偏见。

同理，当 $w_P>w_P^*$ 时，市场对 $P$ 类型教育提供了一个比个人要求的更高的工资补偿，即补偿放弃享受 $C$ 类型教育的消费性价值所带来的效用损失之后还有剩余，从而增加了个人的消费水平，因此个人将选择 $P$ 类型教育。当 $w_P<w_P^*$ 时，市场对 $P$ 类型教育提供的工资补偿不足以补偿放弃享受 $C$ 类型教育的消费性价值所带来的效用损失，因此个人将选择 $C$ 类型的教育。

上述分析可以用图4-12来描述。其中曲线 $u\ (w,\ c)$ 是个人偏好的一条无差异曲线，个人在点 $P$ 和点 $C$ 之间是无差异的，也就是两点纵坐标与横坐标之积相等，即 $w_PPe_PO$ 和 $w_CCe_CO$ 两个矩形的面积相等：

$$S_{w_PPe_PO}=S_{w_CCe_CO},\ S_{w_PPe_PO}=w_P^*\times e_P,\ S_{w_CCe_CO}=w_C\times e_C \tag{4-6}$$

由此，个人教育类型的选择就转化成两个矩形面积大小的比较问题：

当 $S_{w_PPe_PO}=S_{w_CCe_CO}$ 时，两种类型的教育带来的效用均衡，因此，个人对两种类型的教育选择是无差异的。这种情况下，个人教育的选择类型一般是教育双重价值均衡获取型，即一般选择生产性价值和消费性价值基本相当且都比较高的教育类型，对应于教育类型Ⅲ。

当 $S_{w_PPe_PO}>S_{w_CCe_CO}$ 时，$P$ 类型教育提供的效用大于 $C$ 类型教育所提供的，因此个人的教育选择类型属于生产性价值偏向型，即一般选择 $P$ 类型教育，对应教育类型Ⅱ。

当 $S_{w_P P e_P O} < S_{w_C C e_C O}$ 时，$C$ 类型教育提供的效用大于 $P$ 类型教育所提供的，因此个人的教育选择类型属于消费性价值偏向型，即一般选择 $C$ 类型教育，对应教育类型Ⅰ。

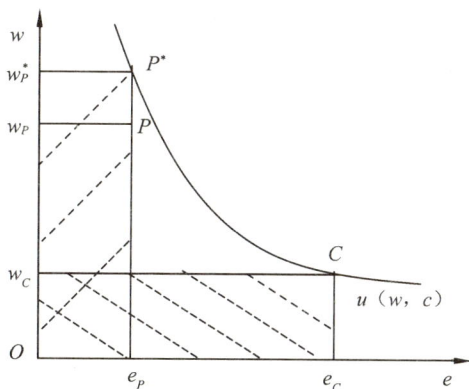

**图 4 – 12　个人偏好结构和教育类型的选择**

当个人偏好随外在因素影响而变化时，对具有相同能力和偏好的群体而言，令 $E(\Delta_2)$ 表示个人补偿工资差值的平均值。由于偏好的不稳定，偏好的分布以及个人补偿工资差值的均值也会有所变化。图 4 – 13 显示了市场补偿工资差值的变动对个人教育类型选择的影响。当 $\Delta_1 < E(\Delta_2)$ 时，大多数人会选择 $C$ 类型教育；随着图中虚线逐渐右移，$\Delta_1$ 逐渐增大至 $\Delta_1 = E(\Delta_2)$ 时，选择两种类型教育的人数基本相当；当 $\Delta_1 > E(\Delta_2)$ 时，大多数人会选择 $P$ 类型教育。

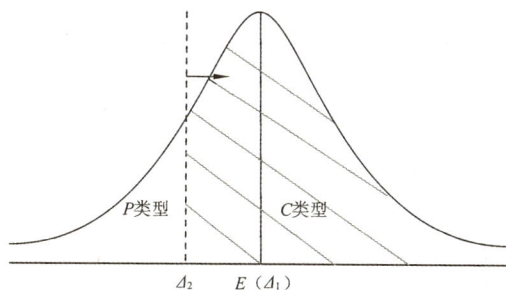

**图 4 – 13　市场补偿工资差值变动对教育类型选择的影响**

综合以上分析，可以得到如下命题：

命题 2：大学教育消费性价值影响甚至在一定程度上决定个人教育类型的选择。个人将在比较市场与个人两者所补偿的工资差值大小的基础上做出相应的教育类型的选择。

## 二、实证分析

第三章的实证研究已经证明，不同群体在教育消费性价值和生产性价值的追求上存在显著性差异，具体体现在对高校类型、专业类型的选择上，而个体教育类型的选择又是在对自身的经济条件和能获得的教育价值进行综合考量的基础上做出的，这为命题 2 提供了中国情境的现实证据。下面仅以高校类型的选择为例，通过实证分析进一步验证教育选择与教育消费性价值之间的关系，同时并分析影响个体教育选择的其他因素。

### 1. 变量与方法选择

以就读的高校类型或层次为因变量，以教育消费性价值、高考分数以及性别、阶层、生源地、父亲教育程度、母亲教育程度为自变量，在原问卷的基础上对这些变量重新编码，见表 4-2。

选用多项 Logistic 回归模型进行分析，设因变量有 $k$ 个取值水平，自变量的个数为 $m$，则可以建立可以 $(k-1)$ 个回归方程：

$$\ln\left(\frac{p_i}{1-p_i}\right) = \alpha_{i0} + \sum_{j=1}^{m} \beta_{ij}x_{ij}, \ i=1,\ 2,\ \cdots k-1$$

其中，$\alpha_{i0}$ 为截距，$x_{ij}$ 为自变量，$\beta_{ij}$ 为系数，$p_i$ 表示 $y$ 取水平 $i$ 时的概率。

表 4-2　　　　　　　　　　　变量的定义与编码

| 变量 | 定义与编码 |
|---|---|
| $Y$：就读高校类型或层次 | 高职高专 =1；地方普通本科院校 =2；"211 工程"高校 =3；"985 工程"高校 =4 |
| $X_1$：教育消费性价值 | 数值性变量 |
| $X_2$：性别 | 男 =0；女 =1 |
| $X_3$：阶层 | 劣势阶层 =0；优势阶层 =1 |

（续表）

| 变量 | 定义与编码 |
|------|-----------|
| $X_4$：生源地 | 农村 = 0；城市 = 1 |
| $X_5$：父亲教育程度 | 小学及以下 = 1；初中 = 2；高中或中专 = 3；大专 = 4；本科及以上 = 5 |
| $X_6$：母亲教育程度 | 小学及以下 = 1；初中 = 2；高中或中专 = 3；大专 = 4；本科及以上 = 5 |

2. 结果分析

借助 SPSS19.0 软件，以各变量定义中的最后一类为参考类（参数设为 0），选用最大似然法构建 logistic 回归模型。表 4 - 3 所示模型的检验结果显示，最终模型的拟合优度好于仅包含常数项的模型，模型总体拟合良好。

表 4 - 3　　　　　　　　　　　　　模型检验结果

| 模型拟合信息 | | 拟合优度 | | | 伪 R 方 | |
|------|------|------|------|------|------|------|
| - 2 对数似然值 | 730.086 | 统计量 | Chi - Square | Sig. | Cox &Snell | .759 |
| Chi - Square | 1 581.303 | Pearson | 2 154.795 | .376 | Nagelkerke | .824 |
| Sig. | .000 | Deviance | 730.086 | 1.000 | McFadden | .560 |

从模型分类预测结果（表 4 - 4）来看，在建模使用的数据中，就读高职高专的学生中有 279 个回判正确，23 个回判错误，正确率为 92.4%；而地方普通本科院校、"211 工程"大学、"985 工程"大学的预测正确率分别为 83.4%、50.8%、70.7%，总验证正确率达到 78.6%（通过该方程预测结果的正确率），表明实际结果和预测值之间存在着较高的一致性，模型较为稳定，但仍有改进的余地。

表4-4　　　　　　　　　　　　　模型分类预测结果

| 观察值 | 预测值 | | | | |
|---|---|---|---|---|---|
| | 高职高专 | 地方普通本科 | "211 工程"大学 | "985 工程"大学 | 预测正确率 |
| 高职高专 | 279 | 23 | 0 | 0 | 92.4% |
| 地方普通本科 | 25 | 296 | 32 | 2 | 83.4% |
| "211 工程"大学 | 3 | 73 | 95 | 16 | 50.8% |
| "985 工程"大学 | 0 | 5 | 19 | 58 | 70.7% |
| 总百分比 | 33.2% | 42.9% | 15.8% | 8.2% | 78.6% |

根据（Raftery，1996）[1]的研究，模型1和模型2的贝叶斯信息准则的取值之差（$BSC_1 - BSC_2$）>10，则表明模型2相对于模型1而言具有非常强的优越性。而本研究建立的最终模型与仅包含常数项的模型相比，（$BSC_1 - BSC_2$）=2 357.198 - 1 336.520 >1 000，表明最终模型因变量与自变量之间存在较强的因果联系。根据模型参数估计结果（表4-5）可知：

（1）在大学入学选择上，教育消费性价值是一个非常重要的影响因素，这为教育选择与教育消费性价值之间的内在联系提供了现实证据。

（2）相对于高职院校而言，高考成绩是其他各层次高校入学的重要依据。

（3）不同层次高校的入学机会存在着明显的性别差异，男生被录取的比率显著高于女生。

（4）生源地变量和阶层变量对教育选择具有显著性影响。与高职高专相比，在被高层次院校录取的学生中，来自城市和优势阶层的学生的比例显著高于来自农村和劣势阶层的学生。这一结论为第三章的分析提供了有力的证据支持。

---

① A E Raftery. Bayesian model selection in social research ［J］// in P. V. Marsden, et al. Sociological Methodology（Vol. 25）. Oxford：Basil Blackwell, 1996：111 - 163.

表 4 - 5　　　　　　　　　　　　模型参数估计结果

| 变量 | 地方普通本科 | | "211 工程" 大学 | | "985 工程" 大学 | |
|---|---|---|---|---|---|---|
| | B | Sig. | B | Sig. | B | Sig. |
| 常数项 | -40.927 | .000 | -64.890 | .000 | -121.198 | .000 |
| 高考成绩 | .770 | .014 | 1.296 | .002 | 1.130 | .000 |
| 教育消费性价值 | 1.907 | .000 | 2.380 | .000 | 2.951 | .000 |
| 男生（参考类别为女生） | .821 | .010 | 1.114 | .004 | 1.360 | .012 |
| 劣势阶层（参考类别为优势阶层） | -.089 | .901 | -1.109 | .171 | -3.001 | .009 |
| 农村生源（参考类别为城市生源） | -1.108 | .009 | -.569 | .285 | -1.628 | .048 |
| 父亲教育水平（参考类别为：大学及以上） | | | | | | |
| 小学及以下 | -.705 | .566 | 1.458 | .311 | 6.454 | .001 |
| 初中 | -.693 | .542 | 1.446 | .237 | 2.116 | .153 |
| 高中或中专 | -.304 | .274 | 1.322 | .258 | 1.327 | .344 |
| 大专 | -.270 | .058 | 2.133 | .090 | 1.264 | .372 |
| 母亲教育水平（参考类别为：大学及以上） | | | | | | |
| 小学及以下 | -2.416 | .111 | -5.008 | .002 | -6.094 | .002 |
| 初中 | -2.154 | .142 | -3.728 | .017 | -5.624 | .002 |
| 高中或中专 | -1.948 | .180 | -2.379 | .119 | -3.348 | .054 |
| 大专 | -1.509 | .151 | -2.807 | .122 | -2.753 | .159 |

注：就读高校的参考类别为高职高专。

（5）父母的教育水平是影响个体教育选择的重要因素。相对于本科及以上文化程度而言，父亲的教育水平仅在小学及以下水平上对子女大学入学类型的选择具有显著的不利影响，而在其他教育水平上影响不显著；母亲的教育水平则在小学及以下、初中、高中和中专三个层次上对子女大学入学类型的选择均具有不利影响。这表明，母亲的教育水平对于子女入学类型选择的影响要大于父亲教育程度的影响。其原因可能在于，母亲是家庭抚育的主要承担者，而父亲是家庭经济收入的主要承担者，故在子女成长和偏好形成的过程中，母亲的影响具有更强的持久性和潜移默化性，母亲教育水平越高，对子女大学入学类型选择的影响越大。

## 第四节　教育财政因素与大学教育消费性价值的联系

这里所说的教育财政因素主要是指第二节所分析的学费与教育补贴。所使用的字母的含义以及研究的假设条件均与第三章第二节相同。本章使用 Dur 和 Glazer（2008）[①] 的分析方法和思路进一步阐明教育财政因素与大学教育消费性价值之间的联系，构建提升大学入学公平的一般性路径。

### 一、学费与大学教育消费性价值联系的理论分析

高能力学生能增强同群效应、促进良好学风的形成和保持、提高大学的学术声誉和综合排名、增进教师的职业满足和吸引更高水平的教师，并且高能力学生毕业后的高收入能增加税收与捐赠，进而增加大学的财政收入。因此，高能力学生的数量与大学的产出存在一定的正相关关系，可认为大学培养一个学生的成本 $c(a)$ 随着其能力 $a$ 的上升而下降，即 $c'(a) < 0$。假设高等教育市场是完全竞争的，即大学从每个学生身上获得零经济利润，则对具有经济基础 $w$ 的学生收取的学费 $t(w)$ 必须等于培养他的预期成本：

$$t(w) = \frac{\int_{a(w)} f(a, w) c(a) da}{\int_{a(w)} f(a, w) da} \tag{4-7}$$

①　R Dur, A Glazer. Subsidizing Enjoyable Education [J]. Labour Economics, 2008, 15 (5): 1023-1039.

1. 当 $v=0$ 时

由公式（3-10）和公式（4-7）可知，当 $v=0$ 时，$t'(w)=0$，此时学生的平均能力以及预期的生均成本都不依赖于学生的 $w$，此时学费将是统一的。

进一步放松上述条件，考虑 $t'(w)\neq0$ 的情况：假设 $t'(w)>0$，则公式（4-7）表示 $\alpha$ 随着 $w$ 的增加而增加，此时在 $f(a,w)=f(a)$ 条件下，富裕学生的能力平均将更更高一些。由于 $c'(a)<0$，公式（4-7）右边表示大学的预期平均成本低于允许富裕学生入学时的成本。故当 $t'(w)>0$ 时，预期的生均成本随着学生 $w$ 的增加而下降。显然，$t'(w)>0$、$t'(w)<0$ 以及非统一学费的情况下，零利润条件式（4-7）对于某些水平的 $w$ 不成立。仅当 $t'(w)=0$ 时，$\forall w$，公式（4-7）均成立。

2. 当 $v>0$ 时

令式（3-7）取等号，并用 $\alpha$ 代替 $a$，用 $t(w)$ 代替 $t$，可求得：

$$\frac{d\alpha}{dw}=-\frac{[1-t'(w)]u'[\alpha+p(\alpha)-t(w)+w]-u'(\alpha+w)}{[1-p'(\alpha)]u'[\alpha+p(\alpha)-t(w)+w]-u'(\alpha+w)}$$

$$(4-8)$$

由公式（3-8）知，如果 $v>0$，则 $\forall w$，$\alpha+p(\alpha)-t(w)+w<\alpha+w$。故由 $p'(\alpha)>0$ 以及 $u''(\cdot)<0$ 可知 $[1+p'\alpha]u'[\alpha+p(\alpha)-t(w)+w]-u'(\alpha+w)>0$，因此公式（4-8）的符号取决于 $t'(w)$ 的值。进一步讨论如下：

当 $t'(w)\leqslant0$ 时，$d\alpha/dw<0$，由于 $f(a,w)=f(a)$，公式（4-7）右边随着 $w$ 的增加而增加，但公式（4-7）左边随着 $w$ 的增加而微弱地减少，所以零利润条件对于某些 $w$ 是不成立的。

当 $t'(w)>0$ 且当 $t'(w)$ 足够大时，使 $d\alpha/dw>0$，此时公式（4-7）的右边随着 $w$ 的增加而减小，而左边随着 $w$ 的增加而增加，公式（4-7）在一个竞争均衡中是不成立的。$\forall w$，仅当 $t'(w)>0$ 但较小从而使 $d\alpha/dw<0$ 时，公式（4-7）的左边和右边都随着 $w$ 而增大。

因为当 $t'(w)\geqslant1$ 时，$d\alpha/dw>0$；又因为 $t'(w)\geqslant0$，且 $p'(\alpha)>0$，所以 $t'(w)\in(0,1)$，$d\alpha/dw\in(-1,0)$。这表明只有当学费随着学生经济基础增加时，才能保证富裕家庭子女和贫困家庭子女入学的相对公平，但

两者之间的学费差额应该保持在一定的限度内。

同理，令公式（3-7）取等号，并用 $\alpha$ 代替 $a$，用 $t(w)$ 代替 $t$，可求得

$$\frac{d\alpha}{dt} = \frac{u'\left[\alpha + p(\alpha) - t + w\right]}{\left[1 + p'(\alpha)\right] u'\left[\alpha + p(\alpha) - t + w\right] - u'\left[\alpha + w\right]} > 0 \quad (4-9)$$

这表明，统一的学费政策实质上是贫困家庭的高能力学生补贴了富裕家庭的低能力学生。

综上可得到如下命题：

命题3：统一的学费政策实质上相当于贫困家庭的子女补贴了富裕家庭的子女。因此，为了保障大学入学的公平，应该采取非统一的学费政策，即：大学应该对来自富裕家庭的学生征收较高的学费。

由于物品消费的边际效用随着收入的增加而下降，富裕家庭的子女比贫困家庭的子女更愿意减少物品的消费而去获得大学教育的消费性价值，而学费支付所减少的贫困学生物品消费的效用要比富裕学生多。故在统一的学费下，强迫一个能力高的贫困学生来代替一个能力低的富裕学生，将同时减少两类学生的效用。而实行非统一的学费政策，既可以保障大学入学的公平，又可以同时增加两类学生的效用，从而增加教育的总产出。这表明非统一学费政策下的入学公平是有效率的公平。

## 二、政府补贴与大学教育消费性价值联系的理论分析

假定私人的高等教育投资回报为 $p(a)$，外溢回报为 $\lambda p(a)$，其中 $\lambda > 0$。假设政府为了最大化教育成本的产出：

$$\max\left\{ \iint f(a,w)\,a\,da\,dw + \iint_{a(w)}^{a(w)} f(a,w)\left[a + (1+\lambda)p(a) - c(a)\right]da\,dw \right\}$$

$$(4-10)$$

政府通过向学生提供补贴 $g(w)$ 来影响学生的入学选择行为，其中 $g(w)$ 取决于学生的经济水平（$w$）。入学和不入学两种情况下的效用均衡状态为：

$$u\{\alpha(w) + p[\alpha(w)] + g(w) - t(w) + w\} + b = u[\alpha(w) + w]$$

$$(4-11)$$

学费仍由式（4-6）给出，假定政府预算 $G$ 是既定的，则：

$$\iint_{a(w)} f(a, w)\, g(w)\, da\,dw \leq G \quad (4-12)$$

1. 当 $v=0$ 时

如前所述，在均衡状态下，只要 $p(a)>t$，人们就会选择入学。此外，$t$ 不依赖于 $w$，并且等于预期的教育成本。因此，如果 $\lambda=0$，则 $\forall w$，$g(w)=0$。此时对学生补贴将诱使教育回报低于大学教育预期成本的人选择入学。当教育的社会回报超过私人回报（$\lambda>0$）时，最优的学生补贴大于零，因此将教育产出的外部性内在化。最优的学生补贴不依赖于 $w$ 的变化而变化。如果 $g(w)$ 随着 $w$ 变化，则高补贴获得者的能力一般低于低补贴获得者。由于 $p'(a)>0$ 和 $c'(a)<0$，与政府将同样的预算用于统一的补贴时的产出相比，这种模式将减少教育产出并增加大学教育的成本。

2. 当 $v>0$ 时

取公式（4-10）关于 $g(w)$ 的最大值，并服从公式（4-6）与（4-11）的条件。在最优的状态，$\forall w$，必须满足：

$$\frac{d\alpha(w)}{dg(w)} f[\alpha(w),w]\{(1+\lambda)p[\alpha(w)]-c[\alpha(w)]\}=0$$

$$(4-13)$$

其中：

$$\frac{d\alpha(w)}{dg(w)}=-\frac{u'\{\alpha(w)+p[\alpha(w)]+g(w)=t(w)+w\}}{\{1+p'[\alpha(w)]\}u'\{\alpha(w)+p[\alpha(w)]+g(w)=t(w)+w\}-u'[\alpha(w)+w]}$$
$$<0 \qquad\qquad (4-14)$$

由于 $\dfrac{d\alpha(w)}{dg(w)}$ 和 $f[\alpha(w),w]$ 都不等于零，故

$$(1+\lambda)p[\alpha(w)]-c[\alpha(w)]=0 \qquad (4-15)$$

即对不同经济阶层的边际学生的最优补贴原则是：补贴政策必须诱使任何经济阶层的边际学生的教育社会收益等于教育的边际成本。公式（4-15）表示在最优状态，$\alpha(w)$ 独立于 $w$，$t(w)$ 因而也独立于 $w$。保持 $\alpha(w)$ 和 $t(w)$ 不变，可求得：

$$\frac{dg}{dw}=\frac{u'\{\alpha(w)+p[\alpha(w)]+g(w)-t(w)+w\}-u'[\alpha(w)+w]}{u'\{\alpha(w)+p[\alpha(w)]+g(w)-t(w)+w\}}<0$$

$$(4-16)$$

因此，仅当 $g'(w)<0$ 时，式（4-15）成立。由此可知：政府对学生的补贴应该随着学生家庭经济基础的提高而降低。由此，可得到如下命题：

命题4：在大学教育具有消费性价值的情况下，为保证大学入学公平，政府应实施非统一的教育补贴政策，即对学生的补贴应该随着学生家庭经济水平的提高而降低。

命题4表明，大学教育消费性价值的存在意味着，在统一的补贴或零补贴政策下，一些不上大学的穷人的能力要高于那些最低能力的富裕大学生。由于教育的回报随着学生能力的增加而增加，补贴可诱使高能力的学生上大学。因此，对于贫困学生的资助要比对富裕学生的资助具有更高的社会收益。政府对贫困学生和富裕学生的补贴应该区别对待，即对贫困学生的补贴应该高于对富裕学生的补贴。补贴的数量和方式取决于预算限制的约束情况：

如果政府预算可以根据需要进行追加（即预算软约束），补贴政策应该满足公式（4-15），即：保证诱使任何经济阶层的边际学生的教育社会收益等于教育的边际成本，此时公共资金的影子价格为零。公式（4-15）表明大学入学不依赖于学生家庭的经济基础。但由公式（4-11）和（4-15）可知：为了诱使贫困学生入学，政府必须向贫困学生提供大量的补贴。此时，最优的政策是对富裕学生征收大学教育税并且补贴贫困学生，这样不仅有利于大学入学公平，还会增加大学教育的产出。

如果政府预算严格按照预期安排进行支出（即预算硬约束），由于 $\alpha(w)$ 随着财富 $w$ 的增加而递减，对于任何统一的纯补贴方案，$g'(w)=0$，提供补贴的边际成本随着学生财富 $w$ 的增加而递增，而提供补贴的边际收益随着学生家庭经济基础 $w$ 的增加而降低。因此，统一的纯补贴是不能达到最优的方案，此时公共资金的影子价格大于零。首先，因为收入的边际效用随着收入递减，大学教育的价格弹性随着收入的增长而下降，贫困学生对政府补贴一个增量的反应要比富裕学生强烈，故以一个比较低的补贴就可达到大学入学的一个既定增量，且对富裕学生补贴所增加的成本远高于贫困学生。因此，对贫困学生补贴的增加既可以促进入学公平又可减少政府的成本。其次，在政府补贴为零的情况下，不上大学的穷人其能力要高于一些富裕学生，因此通过增加补贴来增加穷人的入学率可以增加教育的产出，所带来的社会收益就比增加富人的入学率时大一些。再次，由于大学中的富裕群体的代表份额要比贫穷群体大，对富裕学生补贴的一个增量所产生的预算成本要高于对贫穷学生相同的补贴增量所产生的预算成本。基于上述三方面的原因可知，对贫困学生进行集中资助，而对那些无论如何都会上大学的富裕学生则可以提供较少的补贴或者不提供补贴，这样可以减少政府的成本。因此，在统一的纯补贴政策下，最优的方案是对学生实行不足量的纯补贴，并通过其他准补贴方式来补足贫困生入学所需的资金，从而实现与政府预算软约束情况下对贫困学生与富裕学生实施差额补贴的相同效果。

命题5：非统一的纯价格政策是改善大学入学公平和效率的有效方式，该种政策可以通过非统一的教育补贴政策配合统一的学费政策来实现。而补贴政策自身也存在一个由纯补贴政策和准补贴政策构成的最优组合方案。

上述分析是在能力分配不依赖于财富的假设条件下进行的。一般认为，由于受良好家庭背景的影响，尽管大学入学的边际学生中富裕群体学生的能力比某些贫困群体学生低，但在整体上富裕学生的能力可能一般要高于贫困学生。而能力与财富正相关时的竞争均衡可能使得学费随着学生家庭经济基础的上升而下降。只有当大学教育的消费性价值足够大时，平均能力才随着学生经济基础的上升而下降，进而在竞争均衡中学费才随着学生财富的增加而增加。

为了检验命题4在一般条件下的成立情况，需要进一步放松能力分配不依赖于财富这一假设条件。当政府预算限制为软约束时，显然放松能力假设并不会影响分析结果。当政府预算限制为硬约束时，放松能力假设可能会使对贫困学生的补贴成本增加。但在大学入学的边际学生中，贫困学生的能力仍然高于富裕学生，分析结果仍然会成立。前面的分析已表明，富裕群体教育的社会外溢效应要小于贫困群体，并且两个群体外溢效应之差随着大学教育消费性价值的增加。因此，当大学教育消费性价值足够大时，相应的分析结果都仍然成立。而第三章的实证分析结果表明，大学教育的消费性价值与生产性价值的因子得分基本相当，并且大学教育的消费性价值因子得分比生产性价值稍高一些。所以，本研究的证明结果至少就中国现阶段的大学入学状况而言是成立的，具有普遍性意义。

### 三、教育财政因素与大学教育消费性价值联系的实证分析

学费和教育补贴之间存在着一定程度的互补替代关系，教育补贴和学费的组合效果可以视为大学学教育的纯价格，而无教育补贴时的学费本身即大

学教育的纯价格，因此学费可以视为学费和教育补贴的组合。因此，本书以学费代替由学费和教育补贴构成的教育财政因素，利用实证手段分析其与大学教育消费性价值之间的联系。

1. 教育财政约束对个体大学入学决策的影响

第三章设计的问卷（见本书附录）中包含了1个关于学费上涨的问题：

31. 考虑到您家庭的支付能力，以您大学期间的年均学费为基础，如果学费按如下不同的幅度上涨，您还会选择继续上学吗？

上涨30%：①会　②不会　③不确定

上涨50%：①会　②不会　③不确定

上涨1倍：①会　②不会　③不确定

上涨2倍：①会　②不会　③不确定

对上述问题进行统计，统计结果见表4-6，学费上涨30%时，81%的学生仍然会选择入学，只有5.6%的学生选择不入学，13.2%的学生表示不确定。在学费上涨50%时，选择入学的学生仍然接近60%。只有学费上涨2倍时，选择不入学的比例才超过半数。这表明在中国的现实情景下，学费仍然有很大的上涨空间。

表4-6　　　　　　　　学费上涨不同幅度对入学的影响（%）

| 是否入学 | 学费上涨30% | 学费上涨50% | 学费上涨1倍 | 学费上涨2倍 |
|---|---|---|---|---|
| 会 | 81.2 | 58.8 | 26.4 | 11.3 |
| 不会 | 5.6 | 14.0 | 42.1 | 62.6 |
| 不确定 | 13.2 | 27.2 | 31.6 | 26.2 |
| 合计 | 100.0 | 100.0 | 100.0 | 100.0 |

进一步分析学费上涨不同幅度时不同阶层入学决策的差异（表4-7），当学费上涨30%时，仍然选择入学的学生中，弱势阶层与优势阶层的比例分别为68.3%和31.7%，分别占弱势阶层和优势阶层学生总数的75.8%和95.7%，分别占样本内学生总数的55.4%和25.7%。由此可知，此时大多数学生都会做出入学的决定，但从占阶层内的比例来看，优势阶层高于弱势阶

层。同理，当学费上涨50%时，弱势阶层和优势阶层内做出入学决定的学生比重分别为48.4%和87.2%，阶层内的比例仍然是优势阶层高于弱势阶层，此时选择入学的学生占样本总量的比例仍然超过半数。当学费上涨1倍和2倍时，选择入学的学生在阶层内的比例，优势阶层高于弱势阶层，且两者相差已非常悬殊，但在样本总量中的比重已降为30%以内。

表4-7　　　　　　　　学费上涨与阶层入学决策的交叉分析（%）

| | | 学费上涨30% | | 学费上涨50% | | 学费上涨1倍 | | 学费上涨2倍 | |
|---|---|---|---|---|---|---|---|---|---|
| | | 弱势阶层 | 优势阶层 | 弱势阶层 | 优势阶层 | 弱势阶层 | 优势阶层 | 弱势阶层 | 优势阶层 |
| 会 | 学费上涨 | 68.3 | 31.7 | 60.1 | 39.9 | 36.9 | 63.1 | 24.1 | 75.9 |
| | 阶层内 | 75.8 | 95.7 | 48.4 | 87.2 | 13.3 | 61.9 | 3.7 | 31.9 |
| | 总数 | 55.4 | 25.7 | 35.4 | 23.4 | 9.7 | 16.6 | 2.7 | 8.6 |
| 不会 | 学费上涨 | 98.1 | 1.9 | 93.3 | 6.7 | 91.3 | 8.7 | 87.6 | 12.4 |
| | 阶层内 | 7.6 | .4 | 17.9 | 3.5 | 52.5 | 13.6 | 75.0 | 28.8 |
| | 总数 | 5.5 | .1 | 13.1 | .9 | 38.4 | 3.7 | 54.8 | 7.7 |
| 不确定 | 学费上涨 | 92.1 | 7.9 | 90.8 | 9.2 | 79.1 | 20.9 | 59.6 | 40.4 |
| | 阶层内 | 16.6 | 3.9 | 33.8 | 9.3 | 34.2 | 24.5 | 21.3 | 39.3 |
| | 总数 | 12.1 | 1.0 | 24.7 | 2.5 | 25.0 | 6.6 | 15.6 | 10.6 |

从卡方检验结果来看，在不同的学费上涨幅度下，优势阶层和劣势阶层学生的入学决策在0.05的显著性水平下均存在显著差异。这进一步表明，采取统一的学费政策，优势阶层内部的入学比例显著高于劣势阶层内部的入学比例，阶层间的大学入学不公平程度随着学费上涨幅度的提高而提高，显然此时通过配合实施非统一的补贴政策可以改善大学入学不公平状况。

表4-8                                    学费上涨与阶层入学决策交叉分析的卡方检验

| | 学费上涨30% | | 学费上涨50% | | 学费上涨1倍 | | 学费上涨2倍 | |
|---|---|---|---|---|---|---|---|---|
| | 值 | 渐进 Sig.(2-sided) | 值 | 渐进 Sig.(2-sided) | 值 | 渐进 Sig.(2-sided) | 值 | 渐进 Sig.(2-sided) |
| 皮尔逊卡方 | $49.389^a$ | .000 | $117.074^b$ | .000 | $241.261^c$ | .000 | $219.432^d$ | .000 |
| 似然比 | 63.767 | .000 | 131.073 | .000 | 234.048 | .000 | 208.749 | .000 |
| 线性组合 | 41.459 | .000 | 98.739 | .000 | 110.398 | .000 | 5.546 | .019 |

注：a. 0 单元格（0%）的期望频数小于5，最小期望频数为 14.52.

　　 b. 0 单元格（0%）的期望频数小于5，最小期望频数为 36.02.

　　 c. 0 单元格（0%）的期望频数小于5，最小期望频数为 67.74.

　　 d. 0 单元格（0%）的期望频数小于5，最小期望频数为 29.03.

## 2. 教育财政不同约束下的个体入学决策影响因素的分析

下面进一步分析学费上涨不同幅度时，大学教育消费性价值对学生入学决策的影响。考虑到在学费上涨不同幅度时，选择"不确定"的学生继续上学的意愿不够明朗，因此在分析中不包含此部分学生。选择"会"则编码为1，选择"不会"则编码为0。分别以学费上涨30%、50%和1倍时学生是否选择继续上学为因变量，选择性别、阶层、父亲教育水平、母亲教育水平、教育消费性价值、高考分数等变量为自变量（编码见表4-2），构建二项Logistic回归模型，其形式如下：

$$\log it\ (p)\ =\ln\left[p/\ (1-p)\right]\ =\beta_0+\beta_1 x_1+\cdots+\beta_k x_k$$

由上式可推得其等价形式：

$$\frac{p}{1-p}=e^{\beta_0+\beta_1 x_1+\cdots+\beta_k x_k}$$

其中，$\beta_0$ 为截距，$\beta_1$，$\beta_2$，$\cdots\beta_k$ 是待估参数。

为了简化分析，假定父亲教育水平和母亲教育水平两个变量其相邻等级之间距离均相等，不再引入虚拟变量。模型的参数估计及检验结果见表4-9，该表中参数估计给出的是各自变量的系数 $\beta_k$。其中，模型1没有考虑教育消费性价值这一变量，模型2则在模型1的基础上进一步控制了教育消费性价值这一变量。

**表4-9**　　　　　　　　　　　**模型参数估计及检验结果**

| 自变量 | 学费上涨30% | | 学费上涨50% | | 学费上涨1倍 | |
|---|---|---|---|---|---|---|
| | 模型1 | 模型2 | 模型1 | 模型2 | 模型1 | 模型2 |
| 父亲教育水平 | .621* | .648* | .500* | .319* | .590* | .264** |
| 母亲教育水平 | .539* | .572** | .460* | .415* | \ $^a$ | \ $^a$ |
| 阶层（以劣势阶层为参照） | 1.135* | .635** | 1.857** | \ $^a$ | 2.003* | \ $^a$ |
| 教育消费性价值 | — | .669 | — | 1.033* | — | 1.521* |
| 常数项 | -1.968 | | -2.232* | -.061 | -4.816* | -1.413* |
| -2 Log likelihood | 342.646 | 342.550 | 573.158 | 543.916 | 623.173 | 549.438 |
| 模型的Omnibus Tests | $\chi^2=56.865$ Sig.=.000 | $\chi^2=56.961$ Sig.=.000 | $\chi^2=108.740$ Sig.=.000 | $\chi^2=137.982$ Sig.=.000 | $\chi^2=248.752$ Sig.=.000 | $\chi^2=332.496$ Sig.=.000 |
| Hosmer and Lemeshow Test | $\chi^2=9.530$ Sig.=.300 | $\chi^2=12.699$ Sig.=.123 | $\chi^2=10.868$ Sig.=.209 | $\chi^2=12.918$ Sig.=.089 | $\chi^2=6.666$ Sig.=.155 | $\chi^2=14.191$ Sig.=.077 |
| 预测正确率（%） | 93.5 | | 81.2 | | 81.0 | |

注：$a$ 表示该变量由于与因变量之间的联系无统计学意义而被剔出模型。$* p<0.01$，$** p<0.05$。

由模型的参数估计结果可知：

（1）在所有模型中，性别变量均被剔出，这表明性别变量与学费上涨后的入学决策之间的联系无统计学意义，即性别与因变量之间不存在因果关系或者因果联系较弱。

（2）在学费上涨不同幅度时，父母教育水平越高，其子女选择继续上大学的可能性也越高，但父亲教育水平的影响大于母亲教育水平的影响。在学费上涨1倍时，母亲的影响已无统计学意义。这一结果可以由现实中父亲在家庭收入和决策中的地位来解释，通常父亲是家庭经济的主要负担者，同时也是家庭重要事务的最终决策者。

（3）在不同的学费上涨约束下，优势阶层学生选择入学的发生比明显高于劣势阶层。其中，学费上涨30%时，优势阶层学生选择入学的发生比是劣势阶层的3.111倍（＝$e^{1.135}$），在学费上涨50%和1倍时发生比倍数则分别为6.404倍和7.411倍。这表明阶层变量是影响入学决策的重要变量。

（4）在控制教育消费性价值变量之后，阶层变量只有在学费上涨30%时具有显著影响，阶层变量与因变量之间的联系在学费上涨50%和1倍时则无统计学意义，而教育消费性价值变量对入学决策具有显著性影响，教育消费性价值越高，则个体越倾向于做出入学的决定。这一结果表明：第一，教育消费性价值是影响大学入学的内在因素；第二，教育财政因素与教育消费性价值之间确实存在内在联系；第三，教育消费性价值变量在一定程度上掩盖了阶层变量的影响，学费上涨幅度越大，这种作用就越明显。

## 第五节　本章小结

本章在对影响大学入学不公平的外部因素进行选择、确定和分析的基础上，提出了外部因素与内部因素相联系的四个研究假说，然后通过建立包含教育双重价值的理论模型和实证模型证明了这些假说的成立，从而在内因与外因之间建立了联系并得出了推进大学入学公平的三条一般性路径：个体教育选择的引导、实施非统一的学费政策、实施非统一的教育补贴政策。这为中国大学入学公平提升策略的研究提供了理论基础与现实依据。

# 第五章　中国大学入学公平状况的测量与分析

自 20 世纪 90 年代高校并轨、收费和合并以来，在大学入学机会得到整体较大改善的同时，大学入学不公平问题却受到了越来越多和越来越强烈的抱怨和关注，被称为"最大的不公"（志文，2000）[①]、"最刺眼的不公正"（肖雪慧，2001）[②]。为了深入地了解中国大学入学不公平的现状及其发展趋势，本章采用文献调查、问卷调查等方法搜集数据，选取城乡、区域、性别、阶层等不同的维度和视角进行测量和剖析。这些维度和视角涉及宏观与微观两个层面，有助于我们系统地了解和把握中国大学入学不公平的问题，一方面可以为第三章和第四章理论分析的可行性和适用性进一步提供中国现实语境下的深层次证据支持，另一方面可以为进一步探讨大学入学公平提升的模式、策略和措施奠定问题分析基础。

## 第一节　数据来源与分析方法

### 一、数据来源

本章所采用的数据主要来源包括：

---

① 志文. 中国教育最大的不公 ［N］. 中国青年报，2000 – 02 – 24（5）.

② 肖雪慧. 最刺眼的不公正——2001 再谈高考录取线 ［J］. 社会科学论坛，2001，(11)：43 –
45.

（1）历年中国统计年鉴、教育统计年鉴、中国高考年鉴、中国教育考试年鉴以及高考报名与招生文件和档案等官方正式数据。

（2）以往学者对在校大学生及其家庭背景的大样本调查统计数据，可以从相关文献中得到。

（3）本研究的自行调查数据，调查设计和具体实施情况详见第三章的介绍，调查样本的基本特征见表3-4。

**二、分析方法与技术**

1. 数据的录入与统计分析

本章的数据录入和统计分析主要采用 EXCEL、SPSS17.0 等统计软件。本章的数据分析主要通过两条途径：第一，对官方所发布的历年统计数据直接进行整理、计算和分析，以确定目前中国大学入学的公平状况和发展趋势；第二，对于调查数据，首先通过不同调查数据之间的比较和相关分析来确定数据的可靠性，进而较准确地把握目前中国大学入学的公平状况。

2. 大学入学公平的测量方法与技术

对大学入学不公平的测量，本章主要采用如下三种常用工具：

代表指数（representation index）是根据不同群体所占的相对比例来测定教育资源（大学数量、入学机会等）分配的公平状况。具体来说，代表指数 $RI$ 可以用某一特定群体或区域所拥有的教育资源份额 $P_1$ 除以该群体或区域人口的份额 $P_2$ 得到（公式5-1）。若 $RI > 1$，则表示该群体或区域所拥有的教育资源大于总体平均水平，代表超额（over-represented）；若 $RI = 1$，则表示等于总体平均水平；若 $RI < 1$，则表示小于总体平均水平，代表不足（under-represented）。

$$RI = P_1/P_2 \qquad (5-1)$$

洛伦兹曲线（Lorenz curve）和基尼系数（Gini coefficient）都用于反映不同区域或群体之间占有资源的总体状况，如图5-1所示，Lorenz 曲线与45°线之间的面积代表不平等的程度。以各区域或群体人口百分比的累加为 $X$ 轴，以各区域或群体所拥有的教育资源百分比的累加为 $Y$ 轴，就可以作出洛伦兹曲线。基尼系数的值等于 Lorenz 曲线与45°线围成的面积除以45°线与之下全部面积的比例，基尼系数的值介于 0（表示完全平等）和 1（代表完全不平等）之间，基尼系数越大，不平等程度越高。低于 0.2 表示高度平均；0.2 ~ 0.3 表示比较平均；0.3 ~ 0.4 表示相对合理；0.4 ~ 0.5 表示差距较大；0.5 ~ 0.6 表示差距悬殊；0.6 以上为两极分化。

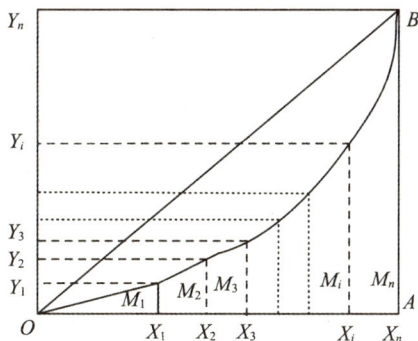

**图 5 - 1　洛伦兹曲线**

基尼系数的计算方法有多种，由于涉及的计算量比较大，本章采用一种直接计算面积的简化几何方法，这种方法避免了一般算法程序复杂或结果不准确等缺点。如图 5 - 1 所示，$X$ 轴表示人口的累积比重，$Y$ 表示所拥有教育资源的累积比重。$\triangle OAB$ 是腰长为 1 的等腰直角三角形，该三角形被洛伦兹曲线分为两部分，令洛伦兹曲线以下区域的面积为 $M$，则：

$$Gini = \frac{(S\triangle OAB - M)}{S\triangle OAB} = 1 - 2M \qquad (5 - 2)$$

$$M = M_1 + M_2 + M_3 + \cdots M_n \qquad (5 - 3)$$

$$M_i = (X_i - X_{i-1})^* (Y_i + Y_{i-1})/2, \ i = 1, 2, 3, \cdots n \qquad (5 - 4)$$

将公式（5 - 3）代入公式（5 - 4），得：

$$M = \frac{1}{2} \sum_{i}^{n} \left[ (X_i - X_{i-1})(Y_i + Y_{i-1}) \right] \qquad (5 - 5)$$

将公式（5 - 5）代入公式（5 - 2），并令人口百分比为 $X_i$，便可得到基尼系数的计算公式：

$$Gini = 1 - 2M = 1 - \sum_{i}^{n} \left[ (X_i - X_{i-1})(Y_i + Y_{i-1}) \right] = 1 - \sum_{i}^{n} \left[ X_i (Y_i + Y_{i-1}) \right]$$

$$(5 - 6)$$

当各分组的人口比重相等时，$X_i = \dfrac{1}{n}$，公式（5-6）可进一步简化为：

$$Gini = 1 - 2M = 1 - \sum_{i}^{n} \left[ \frac{1}{n} \left( Y_i + Y_{i-1} \right) \right] = \frac{n-1}{n} - \frac{2}{n}\sum_{i}^{n} Y_i \quad (5-7)$$

运用 EXCEL 等统计工具，将相关数据代入公式（5-5）或（5-6）中计算，便可以得到相应的基尼系数。

## 第二节　中国大学入学的城乡公平状况测量与分析

长期以来的城乡二元格局导致了中国城市与乡村之间在经济、文化、政治、教育等各个方面的巨大差距。在此背景下，自 20 世纪 90 年代末以来的大幅扩招和大众化进程的推进，虽然从总体数量上增加了大学入学机会，但城乡之间的大学入学不公平问题仍然非常突出，并且不断呈现出新的特点。

### 一、数量差异

1. 城乡高考报名及录取情况变动趋势比较

从 1996—2005 年中国城乡高考报名人数绝对数的变化情况（表 5-1 和图 5-2）可以看出，大学扩招之前，城市和农村的高考报名人数和录取人数的增长速度均比较平缓，而扩招之后的速度增长则非常明显，这说明扩招带来了大学入学机会的大幅增加。但是，扩招对于城乡之间大学入学公平的影响是因阶段而异的。具体来讲，从高考报名人数来看，在扩招的初始阶段（1999—2001），城市报名人数的增长幅度远大于农村，其中，1999 年城市的增幅是农村的 4 倍，2000 年是农村的 3 倍多，以至于 2001 年城市报名人数超过农村。从 2002 年起，农村报名人数的增幅超过城市，城乡对比发生重大转变，与 1998 年相比，2004 年城市与农村的报名人数均增加了 1.29 倍，达到了平衡。从高考录取情况来看，1996—2005 年，城市录取人数年均增长率一直高于农村；城市的录取人数长期高于农村，2003 年是大学新生城乡生源比例基本持平的标志之年，但 2004 年农村录取人数才首次超过城市，城乡之间的大学入学差异才开始有所缓和。

表 5 – 1　　　　　　　　1996—2005 年中国城乡高考报名与录取状况比较

| 年份 | 城市报名（万人） | 农村报名（万人） | 城市录取（万人） | 农村录取（万人） | 城市录取率（%） | 农村录取率（%） | 平均录取率（%） |
|------|------|------|------|------|------|------|------|
| 1996 | 111.75 | 152.48 | 52.03 | 50.75 | 46.56 | 33.28 | 38.9 |
| 1997 | 123.64 | 157.05 | 53.15 | 52.66 | 42.99 | 33.53 | 37.7 |
| 1998 | 142.22 | 173.79 | 59.82 | 55.77 | 42.06 | 32.09 | 36.6 |
| 1999 | 157.02 | 180.30 | 84.87 | 74.40 | 54.05 | 41.26 | 47.1 |
| 2000 | 193.00 | 196.00 | 116.00 | 106.00 | 60.10 | 54.08 | 57.1 |
| 2001 | 230.59 | 227.40 | 150.55 | 133.76 | 65.29 | 58.82 | 62.1 |
| 2002 | 263.41 | 267.35 | 181.90 | 168.14 | 69.06 | 62.89 | 66.0 |
| 2003 | 295.73 | 324.56 | 214.40 | 213.99 | 72.5 | 65.93 | 69.1 |
| 2004 | 334.60 | 396.87 | 246.64 | 273.04 | 73.71 | 68.80 | 71.0 |
| 2005 | 393.85 | 482.96 | 269.27 | 303.81 | 68.37 | 62.91 | 65.4 |

资料来源：根据 1996—2005 年十年间全国高考工作报名、录取实际汇总数据，及同期国家统计局全国人口普查有关数据整理、计算而成。

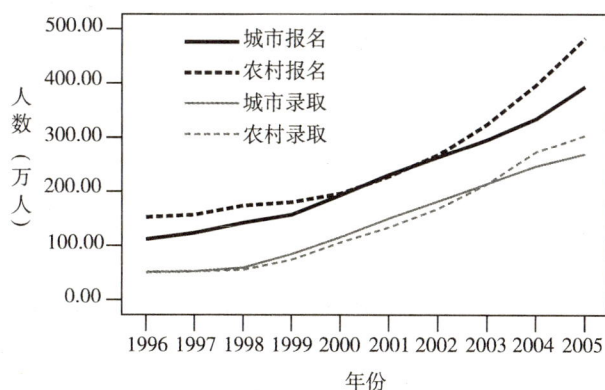

图 5 – 2　1996—2005 年城乡高考报名与录取人数增长情况

从录取率的变动来看（表5-2和图5-3），1996—2005年城市、农村高考录取率和平均录取率的变动趋势基本一致，都是先下降后上升再下降，城市的录取率一直高于农村并且高于平均录取率，农村的录取率则低于平均水平。但城市与农村之间的差距总体上在逐渐缩小。1996—1999年间城乡之间的录取率差值平均达到10%以上，而后则逐渐稳定在5%至6%。若将应届考生与往届考生分开来考察高考录取率情况，则城乡之间大学入学的差异将更加明显。从表5-2和图5-4可以看出：①应届生与往届考生的录取率变动趋势有所差异，扩招之前，农村应届考生录取低于往届考生，而城市曾出现应届考生录取率高于往届考生的情况；但自扩招之后，城乡往届考生的录取率均高于应届考生。②无论城市应届考生还是往届考生，其录取率均高于当年平均录取率；而农村应届考生的录取率总是低于当年总的录取率，农村往届考生的录取率则在1997年之后才高于当年的录取率。③扩招之后，农村往届考生与应届考生之间的录取率差异非常大，其差值保持在20%左右；而城市往届考生与应届考生之间的录取率差异则相对较小，其差值保持在7%左右。④城市应届考生的录取率远高于农村应届考生；城市往届考生的录取率在1997—1999年期间高于农村往届考生，而2000—2005年期间农村往届考生的录取率则高于城市往届考生，但两者差别不大。

表5-2　　　　　1996—2005年城乡高考应届生与往届生录取率（%）

| 年份 | 城市应届 | 城市往届 | 农村应届 | 农村往届 |
| --- | --- | --- | --- | --- |
| 1996 | 46.6 | 46.5 | 30.9 | 37.0 |
| 1997 | 43.4 | 41.7 | 29.0 | 41.3 |
| 1998 | 40.4 | 47.2 | 29.4 | 37.2 |
| 1999 | 52.0 | 58.9 | 36.0 | 50.3 |
| 2000 | 58.8 | 65.0 | 48.9 | 66.1 |
| 2001 | 63.8 | 71.6 | 54.1 | 72.1 |
| 2002 | 67.3 | 75.7 | 57.5 | 76.7 |
| 2003 | 71.1 | 78.2 | 61.6 | 78.8 |

（续表）

| 年份 | 城市应届 | 城市往届 | 农村应届 | 农村往届 |
|------|---------|---------|---------|---------|
| 2004 | 72.4 | 79.4 | 64.7 | 81.4 |
| 2005 | 66.5 | 76.8 | 58.3 | 78.0 |

资料来源：根据1996—2005年十年间全国高考工作报名、录取实际汇总数据，及同期国家统计局全国人口普查有关数据整理、计算而成。

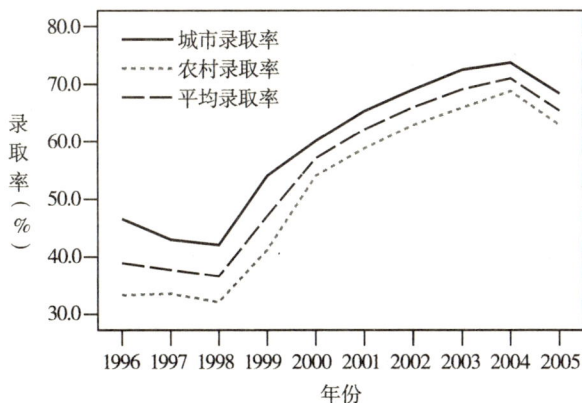

**图5-3　1996—2005年城乡高考录取率变化情况**

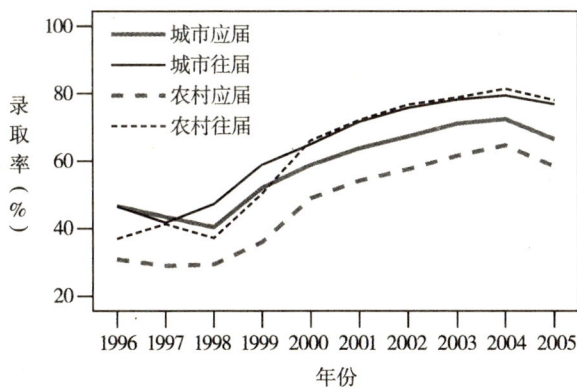

**图5-4　城乡之间应届与往届高考生录取率比较**

**2. 城乡大学入学新生生源内部结构及其代表指数变动趋势比较**

从大学新生生源的构成来看（表5-3所示和图5-5），在扩招前和扩招初期，大学新生中城市学生所占比重高于农村，2003年城乡生源基本持平。从城乡应届和往届考生的比重看：①农村与城市之间应届生源所占比重的差距是很大的，农村应届生源所占比重一直低于城市应届生源，但扩招之后两者差距在逐渐减小，至2005年两者基本持平。②农村往届生源所占比重一直保持在两位数，并且远远高于城市往届生源的比重，但扩招之后呈现缓慢下降趋势。

表5-3　　　　　　　　　　1996—2005年大学新生生源构成情况

| 年份 | 农村新生比重（%） | 城市新生比重（%） | 农村人口比重（%） | 城市人口比重（%） | 农村RI | 城市RI | 农村应届比重（%） | 农村往届比重（%） | 城市应届比重（%） | 城市往届比重（%） |
|---|---|---|---|---|---|---|---|---|---|---|
| 1996 | 49.4 | 50.6 | 69.5 | 30.5 | 0.71 | 1.66 | 28.0 | 21.4 | 37.4 | 13.2 |
| 1997 | 49.8 | 50.2 | 68.1 | 31.9 | 0.73 | 1.57 | 27.3 | 22.5 | 38.0 | 12.2 |
| 1998 | 48.2 | 51.8 | 66.6 | 33.4 | 0.72 | 1.55 | 29.0 | 19.2 | 38.0 | 13.8 |
| 1999 | 46.7 | 53.3 | 65.2 | 34.8 | 0.72 | 1.53 | 25.7 | 21.0 | 38.3 | 15.0 |
| 2000 | 47.7 | 52.3 | 63.8 | 36.2 | 0.75 | 1.44 | 30.1 | 17.6 | 40.5 | 11.8 |
| 2001 | 47.0 | 53.0 | 62.3 | 37.7 | 0.75 | 1.41 | 31.8 | 15.2 | 41.7 | 11.3 |
| 2002 | 48.0 | 52.0 | 60.9 | 39.1 | 0.79 | 1.33 | 31.7 | 16.3 | 40.1 | 11.9 |
| 2003 | 50.0 | 50.0 | 59.5 | 40.5 | 0.84 | 1.23 | 34.9 | 15.1 | 39.6 | 10.4 |
| 2004 | 52.5 | 47.5 | 58.2 | 41.8 | 0.90 | 1.14 | 37.3 | 15.2 | 38.0 | 9.5 |
| 2005 | 53.0 | 47.0 | 57.0 | 43.0 | 0.93 | 1.09 | 37.5 | 15.5 | 37.5 | 9.5 |

资料来源：根据1996—2005年十年间全国高考工作报名、录取实际汇总数据，及同期国家统计局全国人口普查有关数据整理、计算而成。

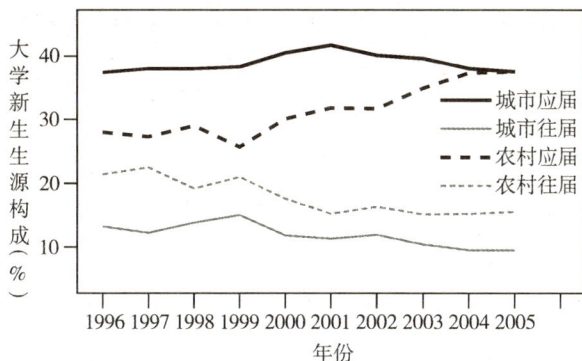

图5-5　大学新生生源构成

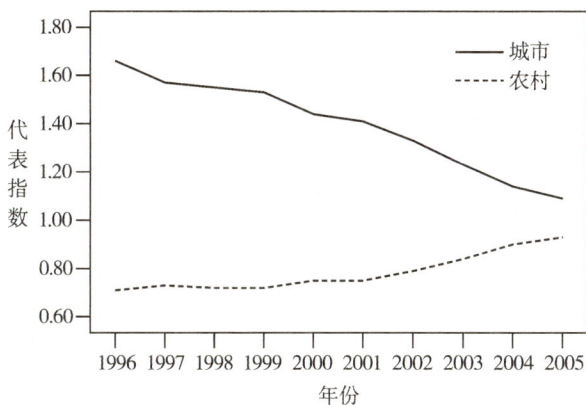

图5-6　大学新生城乡人口代表指数比较

　　从城乡新生生源构成与总人口构成比较的角度看，通过比较农村和城市两者的代表指数可以很简明地判断呈现大学入学的公平程度。表5-3和图5-6给出了城乡大学新生代表指数的变动情况。可以看出：①1996—2005年期间，农村的新生代表指数一直小于1但逐年增大，这表明大学新生中农村生源代表不足但份额在逐年增加。②城市新生代表指数一直保持1以上，表明城市生源代表超额，但总体趋势在下降。③城市的代表指数一直高于农村，1996—1999年期间一直保持在2倍以上，而2000年之后两者的差距逐渐缩小但仍然存在。这表明，大学扩招之后，城乡之间大学入学不公平状况有所改善，但仍然很显著。此外，城市大学生本身在不同层次城市的分布也存在很大的差异，很多调查研究都表明，来自大中城市的大学生比重高于县、乡

（镇）一级城市，从人口的比例构成看，乡（镇）一级城市的大学入学人数代表份额不足。

综合以上分析，可以得出如下几点结论：第一，自大学扩招以来，大学入学人数、录取人数和录取率都得到了快速的增长，城市与农村在高考报名数、录取人数、录取率、生源比重、人口代表指数等方面的差距逐渐缩小，城乡之间的大学入学不公平状况在整体数量上得到了很大改善。第二，在扩招的初始阶段，城市和农村之间的大学入学不公平状况并没有得到立即改善，而是先进一步恶化，然后才有所缓和。这是因为，大学扩招首先满足的是城市适龄群体，在城市适龄群体的大学入学机会基本"饱和"之后，扩招余额才被农村适龄群体享有。从这一点上看，城乡之间的大学不公平状况必然存在着深层次的根源。第三，从城乡应届和往届生源所占的比重看，各种原因导致了城乡在获取大学入学机会的难易程度方面存在显著的差异，农村学生要比城市学生付出更多的努力。第四，从新生在城乡人口中的代表份额看，农村生源代表不足，城乡之间的大学入学不公平状况仍然非常突出。总之，城乡之间的大学入学不公平状况虽然在总体数量上有所改善，但在生源内部结构、努力程度等深层次的数量方面进一步发展。

## 二、质量差异

这里所说的质量差异主要是指城乡适龄群体所享有的教育资源的质量差异以及教育资源获取规则的差异，包括城乡生源在不同的学科与专业，不同层次与类型大学中的分布以及在同层次大学中录取分数的差异，考察的是城乡大学入学在更深和更隐性层次上的公平状况。

1. 城乡学生在不同层次类型大学中的分布

很多调查研究都显示（表5-4），不同层次的大学之间，在校生生源地的城乡分布存在着显著的差异。一般来说，在层次越高的大学中，城镇生源的比例越大，而农村生源的比例越小，城乡大学入学不公平的问题越突出；而层次越低的大学中，农村生源的比例越大。具体来讲：

表 5 - 4　　　　　　　中国城乡大学生在各层次高校中的分布

| 调查年份、学校及样本数计来源文献 | 生源地 | 高校层次 | | | |
|---|---|---|---|---|---|
| | | 国家重点 | 一般本科 | 独立学院 | 高职高专 |
| 1998 年对全国 37 所高校 1997 级和 1994 级在校生的调查，样本为 69 528 人（曾满超，2000）① | 农村 | 35.6 | — | — | — |
| | 城镇 | 64.4 | — | — | — |
| 对广东省 8 所高校 2003 年在校生的调查，有效问卷 1 785 份（王香丽，2005）② | 农村 | 27.8 | 19.4 | — | 48.0 |
| | 城镇 | 72.2 | 50.6 | — | 52.0 |
| 天津、江西的 9 所高校 2004—2005 级在校生，有效问卷 2 828 份（蒋国河，2007）③ | 农村 | 31.3 | 46.9 | 39.4 | 56.2 |
| | 城镇 | 68.7 | 53.1 | 60.6 | 43.8 |
| 对湖南省 10 所本专科院校应届毕业生的随机抽样调查，有效问卷 598 份（钟云华，2008）④ | 农村 | 41.0 | 47.0 | — | 49.3 |
| | 城镇 | 59.0 | 53.0 | — | 50.7 |
| 刘慧珍与姜星海等对 19 所高校在校生的调查（乔锦忠，2008）⑤ | 农村 | 28.2 | 38.7 | — | 56.2 |
| | 城镇 | 71.8 | 61.3 | — | 43.8 |
| 本研究 2008 年对在校大学生情况的随机调查，有效问卷 956 份 | 农村 | 30.4 | 47.5 | — | 57.1 |
| | 城镇 | 69.6 | 52.5 | — | 42.9 |

（1）"985 工程"和"211 工程"大学中，城镇尤其是大中城市的生源比例比较高，而农村生源比例则较低，城市生源所占比重约为农村的 3.5 倍

①　曾满超．教育政策的经济分析［M］．北京：人民教育出版社，2000：59.
②　王香丽．广东高等教育入学机会研究［J］．高教探索，2005，（3）：11 - 13.
③　蒋国河．当前我国高等教育入学机会的城乡差异［J］．现代大学教育，2007，（6）：57 - 62.
④　钟云华．高等教育入学机会城乡差异分析［J］．大学·研究与评价，2008，（7/8）：43 - 47.
⑤　乔锦忠．高等教育入学机会的城乡差异［J］．教育学报，2008，4（5）：92 - 96.

（杨梅、饶学峰）①。以 2004 年清华大学新生构成为例，四个直辖市新生占 20.7%（其中北京学生占 13.7%），全国省会城市、计划单列市新生比例为 46.2%，户籍是农村的新生仅为 21%（杨梅、饶学峰）②。而且，研究结果还进一步表明，重点大学中农村生源的比重呈下降趋势。以非常受农村考生青睐的中国农业大学为例，农村生源比例较高一直是该校的一大特色，但该校招生办对近 10 年来城乡新生比例的统计结果出人意料：1999 年至 2001 年的 3 年间，农村新生比例均在 39% 左右。但自 2002 年起，农村新生比例开始下降，2007 年跌至最低，仅为 31.2%。在南开大学，近 3 年来统计数据显示：2006 年农村新生比例为 30%，2007 年这一数据为 25%，2008 年为 24%，下降趋势比较明显。清华大学、北京大学、北京师范大学（表 5 - 5）以及北京理工大学、华北电力大学等重点高校的统计结果均显示，近几年农村新生比例最高时也不超过 1/3（赵婀娜、田豆豆，2009）③。

表 5 - 5　　　　　　　　三所重点大学历年新生中农村生源比重

| | 1990 | 1991 | 1992 | 1993 | 1994 | 1995 | 1996 | 1997 | 1998 | 1999 | 2000 | 2002 |
|---|---|---|---|---|---|---|---|---|---|---|---|---|
| 清华 | 21.7 | 19.0 | 18.3 | 15.9 | 18.5 | 20.1 | 18.8 | 19.5 | 20.7 | 19.0 | 17.6 | 20.7 * |
| 北大 | — | 18.8 | 22.3 | 18.5 | 20.1 | 20.9 | 19.6 | 19.0 | 18.5 | 16.3 | — | — |
| 北师大 | 28.0 | 40.0 | 33.0 | 36.0 | 35.0 | — | 29.0 | — | 30.9 | 28.7 | — | 22.3 |

注：* 为 2004 年数据。

资料来源：杨东平. 中国教育公平的理想与现实 [M]. 北京：北京大学出版社，2006：217.

（2）一般本科院校中，随着层次的降低，农村的生源比重逐渐加大。有学者对 2003 年唐山学院、华北煤炭医学院、河北理工学院等非重点高校的调查表明，农村学生的比例高达 63.3%，高于 2001 年 7.9 个百分点（杨东平，2006）④。这表明，近年来扩招所增加的农村大学生更多地分布在非重点的地

①　杨梅，饶学峰. 农村孩子上重点大学比例下降成高职生力军 [EB/OL]. [2007 - 10 - 08] http：edu. people. com. cn/GB/6347210. html.

②　杨梅，饶学峰. 农村孩子上重点大学比例下降成高职生力军 [EB/OL]. [2007 - 10 - 08] http：edu. people. com. cn/GB/6347210. html.

③　赵婀娜，田豆豆. 重点高校农村学生越来越少 [N]. 人民日报，2009 - 01 - 15（11）.

④　杨东平. 中国教育公平的理想与现实 [M]. 北京：北京大学出版社，2006：218.

方院校。

（3）在独立学院和民办高校中，来自城市尤其是县、乡（镇）等层次城市的生源所占的比重最大。樊明成（2008）[1] 研究发现，民办院校中的城乡差距都超过了 2.5 倍，尤其是在独立学院中，城镇居民的入学机会是乡村居民的 4.97 倍。

（4）在高职高专层次院校中，目前城乡学生几乎形成了平分天下的格局，城乡之间的大学入学最为公平。

从不同类型大学中城乡生源的分布看，众多调查研究都显示，高校中城市生源比例的变化趋势是按综合类、经管类、工程类、师范类、农林地质类院校的顺序逐渐降低，而农村生源学生的比重变化则由低逐渐升高。即城市生源学生主要集中在具有强势、热门和收费高等特征的优质教育资源的大学中，而农村学生则主要集中在城市学生不愿就读的教育资源和教育质量较弱的和比较冷门的高校中。

综上分析可知，优质高等教育资源更多地被城市适龄群体占有，城乡之间的大学入学公平存在巨大的质的差距。

2. 城乡学生在不同层次类型大学中的分布

从不同学科、专业中的生源构成看，城乡之间也存在着显著差异。根据蒋国河（2007）[2] 的调查统计数据（表 5 - 6），农村生源在社会学、心理学、教育学、理学、农林学、工学类的学科和专业中占有大量的份额，比例都在该学科在校生总体的一半以上，尤其是农林类和工科类的机电工程学，比例高达 60% 以上，并且这两个学科是所有学科中农村生源的人口代表指数和农村适龄人口代表指数超额的仅有的两个学科，同时也是所有学科中城市生源代表份额不足的仅有的两个学科。与此相反，城市生源在文学、外语、法学、艺术学、经济学、工商管理学等学科中占有较大的比重，并且在大部分学科中都超过 60%。此外，历史学是城乡生源比重相同的唯一学科。

---

① 樊明成. 我国高等教育入学机会的城乡差异研究［J］. 教育科学，2008，24（1）：63 - 67.

② 蒋国河. 当前我国高等教育入学机会的城乡差异［J］. 现代大学教育，2007，（6）：57 - 62.

表 5-6    城乡 2004—2005 年大学新生在不同专业中的分布及其代表指数

| 专业/学科 | 生源地（%） | | RI - 人口 | | RI - 适龄人口 | |
|---|---|---|---|---|---|---|
| | 农村 | 城市 | 农村 | 城市 | 农村 | 城市 |
| 文学 | 32.1 | 67.9 | 0.56 | 1.60 | 0.53 | 1.71 |
| 外语 | 32.5 | 67.5 | 0.56 | 1.59 | 0.54 | 1.70 |
| 法学 | 33.3 | 66.7 | 0.58 | 1.57 | 0.55 | 1.68 |
| 艺术学 | 35.0 | 65.5 | 0.61 | 1.53 | 0.58 | 1.65 |
| 经济学 | 35.8 | 64.2 | 0.62 | 1.51 | 0.59 | 1.62 |
| 工商管理 | 36.7 | 63.3 | 0.64 | 1.49 | 0.61 | 1.60 |
| 信息电子 | 41.9 | 58.1 | 0.73 | 1.37 | 0.69 | 1.47 |
| 旅游学 | 42.5 | 57.5 | 0.74 | 1.36 | 0.70 | 1.45 |
| 政治 | 42.8 | 57.2 | 0.74 | 1.35 | 0.71 | 1.44 |
| 历史 | 50.0 | 50.0 | 0.87 | 1.18 | 0.83 | 1.26 |
| 社会学/心理学 | 52.0 | 48.0 | 0.90 | 1.13 | 0.86 | 1.21 |
| 教育学 | 52.4 | 47.6 | 0.91 | 1.12 | 0.87 | 1.20 |
| 理学 | 56.7 | 43.3 | 0.98 | 1.02 | 0.94 | 1.09 |
| 农学/林学 | 62.0 | 38.0 | 1.08 | 0.90 | 1.03 | 0.96 |
| 机电工程 | 63.1 | 36.9 | 1.10 | 0.87 | 1.01 | 0.93 |

资料来源：根据蒋国河（2007）的调查数据整理、计算而成，适龄人口（18 至 22 岁）根据 2004 年全国人口变动情况抽样调查数据推算，其中城乡分别为 60.3%、39.61%。

从学科/专业的内容、市场需求等方面看，如表 5-7 所示，城市生源比重较大的学科一般都是需要努力程度较低、令人感兴趣或者市场需求较高的热门学科/专业；而农村生源比重高的学科/专业一般都是枯燥乏味、需要努力程度较高或市场需求比较低的冷门学科/专业。钟云华（2008）[1]、樊明成（2008）[2] 等人的调查研究都得出了类似的结论，所不同的是由于样本及其调查时间的不同，所给出的热门专业/学科有所不同，例如樊明成（2008）[3] 文献中的最热门专业/学科是经济学、法学、管理学等，其中经济学的入学机会中城镇是农村的 4.23 倍。由此可见，城乡之间大学入学在学科/专业中的分布方面也体现出了质的不公平。

表 5 - 7 城乡生源在冷热门专业中的分布

| 生源 | 专业人数（占样本数百分比），$\alpha < 0.01$ | | |
| --- | --- | --- | --- |
| | 热门专业 | 冷门专业 | 合计 |
| 农村 | 133（38%） | 135（55%） | 268（45%） |
| 城镇 | 218（62%） | 112（45%） | 330（55%） |
| 合计 | 351（59%） | 247（41%） | 598（100%） |

资料来源：钟云华. 高等教育入学机会城乡差异分析［J］. 大学·研究与评价，2008，（7/8）：43－47.

从生源地的角度讲，生源地的经济社会发展水平越低，其生源越趋向于理工和农科类专业；生源地的经济社会发展水平越高，其生源越趋向于其他类别的专业。表 5 - 8 列出了本研究所调查的城乡生源在不同学科类别中的分布比重，由表 5 - 8 可以看出，按照落后农村、发达农村、小城镇、县级城市、大中城市的次序，理工和农科类专业生源的比重依次下降，而法学、经济管理等类专业生源的比重却依次上升。

---

① 钟云华. 高等教育入学机会城乡差异分析［J］. 大学·研究与评价，2008，（7/8）：43－47.
② 樊明成. 我国高等教育入学机会的城乡差异研究［J］. 教育科学，2008，24（1）：63－67.
③ 樊明成. 我国高等教育入学机会的城乡差异研究［J］. 教育科学，2008，24（1）：63－67.

表 5 - 8　　　　　　　　城乡生源在不同学科类别中的具体分布（%）

| 学科或专业类别 | 家庭居住地 | | | | | 合计 |
| --- | --- | --- | --- | --- | --- | --- |
| | 落后农村 | 发达农村 | 小城镇 | 县级城市 | 大中城市 | |
| 理学类 | 39.1 | 29.0 | 20.3 | 4.3 | 7.2 | 100.0 |
| 工学类 | 48.3 | 19.8 | 13.8 | 11.2 | 6.9 | 100.0 |
| 农学类 | 48.6 | 37.1 | 5.7 | 8.6 | | 100.0 |
| 医学类 | 28.8 | 18.6 | 13.6 | 20.3 | 18.6 | 100.0 |
| 法学类 | 5.4 | 13.5 | 16.2 | 32.4 | 32.4 | 100.0 |
| 经济管理类 | 6.7 | 21.7 | 23.3 | 23.3 | 25.0 | 100.0 |
| 文史哲类 | 19.2 | 23.3 | 21.9 | 21.9 | 13.7 | 100.0 |
| 教育学类 | 15.4 | 30.8 | 23.1 | 19.2 | 11.5 | 100.0 |
| 合计 | 29.7 | 23.2 | 17.3 | 16.4 | 13.5 | 100.0 |

3. 城乡学生在相同层次与类型大学中的分数差异

以本研究的调查数据为例，对不同生源地高考分数进行总体比较和分析。由于调查样本涉及来自不同区域和不同年份入学的大学生，高考分数并不服从正态分布。因此，这里主要采用非参数检验的方法。表 5 - 9 给出了利用本研究调查数据对高考分数进行以生源地为分组变量的多独立样本检验的结果。可以看出，$\chi^2$ 值为 14.231，概率 $P$ 值 = 0.007 < 0.05。因此，从总体上看，不同生源地之间尤其是城乡之间生源的高考分数存在显著差异。分析中还发现，小城镇与其他生源地之间的高考分数存在显著差异，其高考分数均值最低。其中的原因可能在于，小城镇相对于农村和大中城镇而言，由于生活方式比较安逸，大学入学的竞争不如其他生源地激烈。但这种猜测还需要进一步证实。

表 5 – 9　　　　　　　　　生源地高考分数的 Kruskal-Wallis Test（Ranks）

| | Ranks | | | Test Statisticsa，b | |
|---|---|---|---|---|---|
| | 生源地 | N | Mean Rank | 统计量 | 高考分数 |
| 高考分数 | 落后农村 | 276 | 445.30 | Chi-Square | 14.231 |
| | 发达农村 | 216 | 489.22 | df | 4 |
| | 小城镇 | 158 | 414.08 | Asymp. Sig. | .007 |
| | 县级城市 | 156 | 505.45 | a. Kruskal Wallis Test | |
| | 大中城市 | 128 | 498.40 | b. Grouping Variable：生源地 | |

　　从不同层次高校中不同生源地之间高考分数的比较来看（表 5 – 10），本研究调查数据的分析与检验结果表明，在同一层次高校中，不同生源地大学生的高考分数存在显著差异（$P$ 值为 0.000，远小于 0.05），来自农村的学生的平均成绩一般要比城市学生的平均成绩高，其中重点院校中城乡高考分数差异最大。樊明成（2008）[①] 等其他调查研究也得出了类似的结论。不同生源地尤其是城乡之间高考分数差异的存在，主要是由于各自所拥有的组织资源和报考偏好等方面的不同所致。后面的研究还将进一步证实这一点。

　　综上所述，中国大学入学在数量方面得到增长的同时，在教育资源和教育机会的分配方面却呈现出一种向不公平方向演变的趋势，农村适龄人口更多地承受了大学入学不公平造成的后果，即城乡之间的大学入学不公平正从表面的、总量的、宏观的不均衡向隐性的、更深层面的城乡差距演变。

---

① 樊明成. 我国高等教育入学机会的城乡差异研究 [J]. 教育科学，2008，24（1）：63 – 67.

表 5 - 10　　　　不同层次与类型高校入学平均分数的生源地差异及其检验

| 家庭居住地 | 高职高专 | | 地方普通本科院校 | | "211 工程"大学 | | "985 工程"大学 | |
|---|---|---|---|---|---|---|---|---|
| | Mean | Mean Rank | Mean | Mean Rank | Mean | Mean Rank | Mean | Mean Rank |
| 落后农村 | 500.49 | 205.33 | 570.45 | 202.80 | 595.96 | 100.40 | 648.64 | 75.07 |
| 发达农村 | 489.24 | 166.73 | 578.58 | 235.28 | 597.87 | 99.62 | 637.35 | 60.70 |
| 小城镇 | 488.52 | 178.29 | 554.28 | 137.07 | 571.25 | 55.92 | 610.50 | 34.63 |
| 县级城市 | 452.83 | 98.07 | 560.21 | 162.74 | 570.63 | 52.03 | 614.56 | 35.39 |
| 大中城市 | 461.09 | 107.52 | 554.48 | 144.59 | 557.45 | 38.30 | 599.35 | 21.62 |
| Test Statisticsa，b | | | | | | | | |
| Chi-Square | 40.686 | | 42.630 | | 54.796 | | 54.221 | |
| df | 4 | | 4 | | 4 | | 4 | |
| Asymp. Sig. | .000 | | .000 | | .000 | | .000 | |

注：a. Kruskal Wallis Test；b. Grouping Variable：生源地。

# 第三节　中国大学入学的区域公平状况测量与分析

## 一、大学的区域分布差异

由于中国的大学招生一般以本省生源为主，考察大学的区域分布差异可以从侧面对大学入学的区域差异有一个大致的了解。以 2007 年的数据为例（表 5 - 11），大学的分布由西向东逐渐递减，国家重点大学（"211 工程"大学）的分布也基本呈现由东到西递减的趋势，东西部所拥有的教育资源尤其是优质教育资源存在着显著的差异。具体来讲：

从各区域拥有的高校数量及其占全国的比重看，京津沪地区拥有的高校数仅占全国的 9.7%，但所拥有的"211 工程"高校却占全国的 33.7%。在东部、中部和西部区域的粗略划分中，高校和"211 工程"高校的数量和比重都以东部最大，西部最小，东部与中部的差距并不是很大。

表 5 - 11　　　　　　　　　2007 年中国高校分布及其与人口的关系

| 区域 | 京津沪 | 东部 | 中部 | 西部 |
|---|---|---|---|---|
| 高校数（"211 工程"高校数） | 京 80（23）、津 46（3）、沪 60（10） | 浙 73（1），辽 79（4），苏 118（11），粤 109（5），鲁 110（3），闽 72（2），冀 88（1），琼 15（0） | 吉 44（3），黑 68（4），鄂 86（7），晋 59（1），湘 99（4），赣 66（1），豫 82（1），皖 89（3） | 渝 38（2），陕 76（7），川 76（5），新 31（1），内蒙古 37（1），宁 13（0），桂 56（1），甘 34（1），青 11（0），云 51（1），贵 37（1），藏 6（0） |
| 人口（占全国的比例 $a$） | 4 606 万人（3.5%） | 47 168 万人（35.7%） | 41 847 万人（31.7%） | 35 531 万人（29.1%） |
| 高校数（占全国的比例 $b$） | 186（9.7%） | 664（34.8%） | 593（31.1%） | 466（24.4%） |
| "211 工程"高校（占全国比例 $c$） | 36（33.7%）（33.6%）* | 27（25.2%）28（25%）* | 24（22.4%）24（21.4%）* | 20（18.7%）24（21.4%）* |
| 区域人口高校占有率 $b/a$ | 2.77 | 0.97 | 0.98 | 0.84 |
| 区域人口 211 高校占有率 $c/a$ | 9.63 9.6* | 0.71 0.70* | 0.71 0.68* | 0.64 0.74* |

　　资料来源：根据教育部网站全国普通高校名单（截至 2007 年 5 月 18 日）、"211 工程"学校名单（截至 2007 年数据）以及《中国统计年鉴 2008》等相关数据整理计算而成。

　　注：* 为 2009 年最新数据。

从区域人口的高校占有率（区域高校所占比重与区域人口所占比重之比）看，仍以西部最低，京津沪地区最高。其中，京津沪地区人口的高校总数占有率分别是东部、中部和西部的 2.86、2.83 和 3.30 倍，而"211 工程"高校的占有率分别是东部或中部的 13.56 倍，是西部的 15.05 倍。东部与中部人口的高校和"211 工程"高校的人口占有率基本持平，其中中部高校的人口占有率比东部还略高一些。

从"211 工程"高校的最新数据看（教育部，2009）[①]，东西部分别增加 1 所和 4 所，西部区域"211 工程"高校数量和比重增加，与中部持平。而区域人口西部的"211 工程"高校占有率超过了东部和西部的水平。

若从比"211 工程"高校更高层次的"985 工程"高校的占有情况看，京津沪地区有 14 所，除京津沪三地外的东部、中部和西部分别为 12 所、5 所和 8 所。人口占有率以中部最低，西部约是中部的 2 倍。

由以上分析可知，中国高等教育资源的分布，以京津沪地区最为集中，并且自东向西递减。优质高等教育的分布也基本呈此分布态势，但东部、中部和西部之间的差距已开始逐渐缩小，并且随着西部大开发战略的推进实施，西部地区优质高等教育资源的绝对数量迅速增加，人均优质教育资源开始超过中部甚至东部某些省份。

### 二、大学入学的省际录取差异

高考分省定额和划线录取是中国大学招生考试录取环节中至关重要的一环，而定额的标准直接影响着分省录取的人数多寡和录取分数线的高低。各地录取定额并非按考生数量平均分配，而是按各地拥有的高教资源状况来定。从全国来看，京、津、沪等地区由于集中了大量的高等教育资源，而其考生数量相对较少，导致人均高教资源拥有量处于全国前列，而高考录取分数线几乎处于全国末位。山东、河南等高考大省报考人数基数大但国家分配的招生数额有限，因此高考分数一直居高不下。省与省间招生录取分数存在巨大差距的现象被称为"倾斜的分数线"（胥晓莺，2003；孙崇文，2002；李立

---

① 教育部. "211 工程"学校名单［EB/OL］. ［2008 - 9 - 17］ http：//www. moe. gov. cn/edoas/website18/level3. jsp？tablename = 1300&infoid = 1207097171157851.

峰，2008）①②③；而中部地区由于高等教育资源短缺且高考招生配额少的现象被称为高考分数的"中部崛起"。

而高考录取省与省之间最大的差距体现在作为优质高等教育资源的重点大学入学机会的分配上。以部属大学的招生录取为例（表5-12），录取率最高的前十个省域是上海、北京、天津、海南、新疆、青海、宁夏、吉林、重庆、西藏，最低的十个省域是山东、贵州、甘肃、山西、江西、安徽、广西、河北、广东、河南，其中，录取率最高的上海其录取率是最低省份河南的7.29倍。从大学入学的人口代表指数看，居于前十位的西藏、青海、宁夏、海南、天津、上海、北京、新疆、吉林、重庆等省域的代表指数均在3或3以上，而居于后十位的江苏、江西、广西、湖南、安徽、四川、河北、山东、广东、河南等省域的代表指数均小于1。代表指数最高的西藏是最低的河南的121.08倍。通过对人口比重和录取率之间的相关分析，得到斯皮尔曼相关系数为−0.746，在显著性水平为0.01时，不相关的概率为0.000，呈现出显著的负相关关系，即高考录取分省定额并不是按照省域人口数量或比例从高到低进行定额，而是按照相反的方向。这些数字有力地表明了中央部属普通高校入学机会省与省间不公平的严重性，其中受益最多的是直辖市和民族自治区，而受益最少的是人口大省和中部省域。

表5-12 2006年各省域部属高校录取情况

| 省域 | 人口数（万人） | 占全国比重（%） | 高考报名人数（人） | 部属高校计划招生数（人） | 部属高校计划录取率（%） | 大学入学的人口代表指数 |
|---|---|---|---|---|---|---|
| 北京 | 1 581 | 1.20 | 110 259 | 11 970 | 10.86 | 9.03 |
| 上海 | 1 815 | 1.38 | 11 380 | 15 665 | 13.77 | 9.97 |
| 天津 | 1 075 | 0.82 | 85 073 | 8 488 | 9.98 | 12.20 |
| 河北 | 6 898 | 5.25 | 557 600 | 14 284 | 2.56 | 0.49 |

① 孙崇文. 追问高考分数线倾斜的背后 [J]. 上海教育科研，2002，（10）：25-31.
② 胥晓莺. 倾斜的高考分数线 [J]. 中国青年研究，2003，（1）：40-43.
③ 李立峰. 怎样公平分配高等教育入学机会 [N]. 中国教育报，2008-05-28（012）.

（续表）

| 省域 | 人口数（万人） | 占全国比重（%） | 高考报名人数（人） | 部属高校计划招生数（人） | 部属高校计划录取率（%） | 大学入学的人口代表指数 |
|---|---|---|---|---|---|---|
| 山西 | 3 375 | 2.57 | 320 000 | 9 520 | 2.98 | 1.16 |
| 内蒙古 | 2 397 | 1.82 | 174 382 | 7 813 | 4.48 | 2.46 |
| 辽宁 | 4 271 | 3.25 | 238 273 | 14 282 | 5.99 | 1.84 |
| 吉林 | 2 723 | 2.07 | 172 000 | 12 711 | 7.39 | 3.57 |
| 黑龙江 | 3 823 | 2.91 | 219 235 | 11 102 | 5.06 | 1.74 |
| 江苏 | 7 550 | 5.74 | 495 000 | 24 329 | 4.91 | 0.85 |
| 浙江 | 4 980 | 3.79 | 352 000 | 13 508 | 3.84 | 1.01 |
| 安徽 | 6 110 | 4.65 | 463 498 | 12 480 | 2.69 | 0.58 |
| 福建 | 3 558 | 2.71 | 279 000 | 11 524 | 4.13 | 1.53 |
| 江西 | 4 339 | 3.30 | 353 278 | 9 625 | 2.72 | 0.82 |
| 山东 | 9 309 | 7.08 | 800 000 | 25 430 | 3.18 | 0.45 |
| 河南 | 9 392 | 7.15 | 780 503 | 14 785 | 1.89 | 0.26 |
| 湖北 | 5 693 | 4.33 | 533 000 | 27 524 | 5.16 | 1.19 |
| 湖南 | 6 342 | 4.82 | 476 522 | 15 885 | 3.33 | 0.69 |
| 广东 | 9 304 | 7.08 | 517 400 | 10 162 | 1.96 | 0.28 |
| 广西 | 4 719 | 3.59 | 274 904 | 7 352 | 2.67 | 0.74 |
| 海南 | 836 | 0.64 | 41 000 | 3 536 | 8.62 | 13.55 |
| 重庆 | 2 808 | 2.14 | 175 173 | 12 369 | 7.06 | 3.30 |
| 四川 | 8 169 | 6.21 | 600 000 | 20 650 | 3.44 | 0.55 |
| 贵州 | 3 757 | 2.86 | 193 979 | 6 092 | 3.14 | 1.10 |
| 云南 | 4 483 | 3.41 | 181 374 | 6 109 | 3.37 | 0.99 |
| 西藏 | 281 | 0.21 | 13 678 | 920 | 6.73 | 31.48 |

（续表）

| 省域 | 人口数（万人） | 占全国比重（%） | 高考报名人数（人） | 部属高校计划招生数（人） | 部属高校计划录取率（%） | 大学入学的人口代表指数 |
|---|---|---|---|---|---|---|
| 陕西 | 3 735 | 2.84 | 373 157 | 16 099 | 4.31 | 1.52 |
| 甘肃 | 2 606 | 1.98 | 248 000 | 7 483 | 3.02 | 1.52 |
| 青海 | 548 | 0.42 | 40 000 | 3 421 | 8.55 | 20.51 |
| 宁夏 | 604 | 0.46 | 54 144 | 4 076 | 7.53 | 16.39 |
| 新疆 | 2 050 | 1.56 | 150 000 | 12 841 | 8.56 | 5.49 |

资料来源：根据《中国统计年鉴2007》，教育部、发改委"教发〔2006〕5号"文件附件"2006年全国普通高等教育招生计划"等相关数据整理、计算。

从作为最优质高等教育资源的"985工程"高校入学机会来看（表5-13），其各省录取率和新生的人口代表指数与部属高校的录取情况基本一致。但从高考录取平均分数来看，各省之间存在非常大的差距。通过对文、理科录取平均分数和录取率之间的相关分析，得到斯皮尔曼相关系数分别为-0.268和-0.313。这表明"985工程"高校在各省区之间没有按照分数从高到低的原则进行录取，而是在一定程度上采用了相反的录取原则。为了进一步分析各省在"985工程"高校招生中的获益情况，引入"受益指数"这一概念，即高考录取率的Z-score与录取平均分数的Z-score之差。而高考录取平均分数是通过文、理科高考平均分数和文、理科录取人数所占比重计算而来。受益指数大于0时，表示该省受益，受益指数越大则受益越多；受益指数等于0时，表示相对于其他省份该省受益为0；受益指数小于0时，表示该省受损，受益指数越小则受损越多。图5-7给出了各省域在"985工程"高校招生录取中的受益情况。可以发现：吉林、天津、上海、北京、重庆、西藏、云南、辽宁、贵州、四川、湖北、黑龙江、福建、湖南等15个省域的受益指数均大于0，其中吉林省的受益指数最大，其次是四个直辖市，此外是边远和少数民族自治省域。而受益指数小于0的省份主要是中部省域或者考生人数多的省域。结合考生数量情况，由于少数民族自治省域考生人数少，受益情况并不显著，不具有代表性；而四个直辖市的受益情况则非常显著。

表 5 - 13　　　　　　　　　2004 年各省域 "985 工程" 高校录取情况

| 省域 | 人口数（万人） | 占全国比重（%） | 平均分数 | | 录取率（%） | 新生人口代表指数 | 受益指数 |
|---|---|---|---|---|---|---|---|
| | | | 理 | 文 | | | |
| 北京 | 1 043 | 1.15 | 589.6 | 582.2 | 4.07 | 3.54 | 2.27 |
| 上海 | 1 742 | 1.34 | 608.1 | 597.5 | 5.13 | 3.83 | 2.37 |
| 天津 | 1 024 | 0.79 | 582.2 | 590.8 | 4.38 | 5.54 | 2.49 |
| 河北 | 6 809 | 5.24 | 641.7 | 621.5 | 1.19 | 0.23 | -2.14 |
| 山西 | 3 335 | 2.57 | 624.6 | 611.2 | 1.17 | 0.46 | -1.60 |
| 内蒙古 | 2 384 | 1.83 | 627.9 | 589.6 | 1.18 | 0.64 | -1.59 |
| 辽宁 | 4 217 | 3.24 | 610.0 | 610.0 | 3.53 | 1.09 | 0.87 |
| 吉林 | 2 709 | 2.08 | 560.7 | 538.9 | 3.81 | 1.83 | 2.93 |
| 黑龙江 | 3 817 | 2.94 | 595.9 | 560.8 | 2.22 | 0.76 | 0.39 |
| 江苏 | 7 433 | 5.72 | 631.8 | 631.8 | 1.93 | 0.34 | -1.26 |
| 浙江 | 4 720 | 3.63 | 640.6 | 618.7 | 2.79 | 0.77 | -0.71 |
| 安徽 | 6 461 | 4.97 | 633.2 | 606.9 | 1.04 | 0.21 | -1.95 |
| 福建 | 3 511 | 2.70 | 601.1 | 587.0 | 2.29 | 0.85 | 0.19 |
| 江西 | 4 284 | 3.30 | 640.1 | 613.4 | 1.44 | 0.44 | -1.83 |
| 山东 | 9 180 | 7.06 | 653.2 | 631.1 | 1.80 | 0.25 | -1.99 |
| 河南 | 9 717 | 7.48 | 641.5 | 627.5 | 0.99 | 0.13 | -2.33 |
| 湖北 | 6 016 | 4.63 | 619.1 | 582.2 | 3.20 | 0.69 | 0.45 |
| 湖南 | 6 698 | 5.15 | 595.2 | 602.2 | 2.12 | 0.41 | 0.14 |
| 广东 | 8 304 | 6.39 | — | — | 2.74 | 0.43 | — |
| 广西 | 4 889 | 3.76 | — | — | 1.26 | 0.34 | — |
| 海南 | 818 | 0.63 | — | — | 3.07 | 4.87 | — |
| 重庆 | 3 122 | 2.40 | 595.9 | 579.3 | 3.69 | 1.54 | 1.58 |
| 四川 | 8 725 | 6.71 | 596.0 | 574.7 | 2.42 | 0.36 | 0.50 |

（续表）

| 省域 | 人口数（万人） | 占全国比重（%） | 平均分数 | | 录取率（%） | 新生人口代表指数 | 受益指数 |
|------|------|------|------|------|------|------|------|
| | | | 理 | 文 | | | |
| 贵州 | 3 904 | 3.00 | 558.1 | 577.5 | 1.38 | 0.46 | 0.74 |
| 云南 | 4 415 | 3.40 | 553.9 | 577.4 | 1.42 | 0.42 | 0.87 |
| 西藏 | 274 | 0.21 | 542.8 | 525.3 | 0.98 | 4.67 | 1.12 |
| 陕西 | 3 705 | 2.85 | 637.1 | 624.2 | 1.69 | 0.59 | −1.58 |
| 甘肃 | 2 619 | 2.01 | 625.1 | 614.9 | 1.65 | 0.82 | −1.22 |
| 青海 | 539 | 0.41 | 588.2 | 557.3 | 3.46 | 8.44 | 1.72 |
| 宁夏 | 588 | 0.45 | 596.8 | 580.1 | 2.23 | 4.96 | −0.29 |
| 新疆 | 1 963 | 1.51 | 607.02 | 623.8 | 1.70 | 1.13 | −0.70 |

资料来源：根据《中国统计年鉴2005》、《中国高考年鉴（2004首发卷）》、《中国教育考试年鉴2005》等整理计算而成。其中，广东、广西和海南三省当年实施标准分，与其他省份无法直接比较，故没列出平均分。上海当年高考总分为630分，为便于比较，换算成750分。

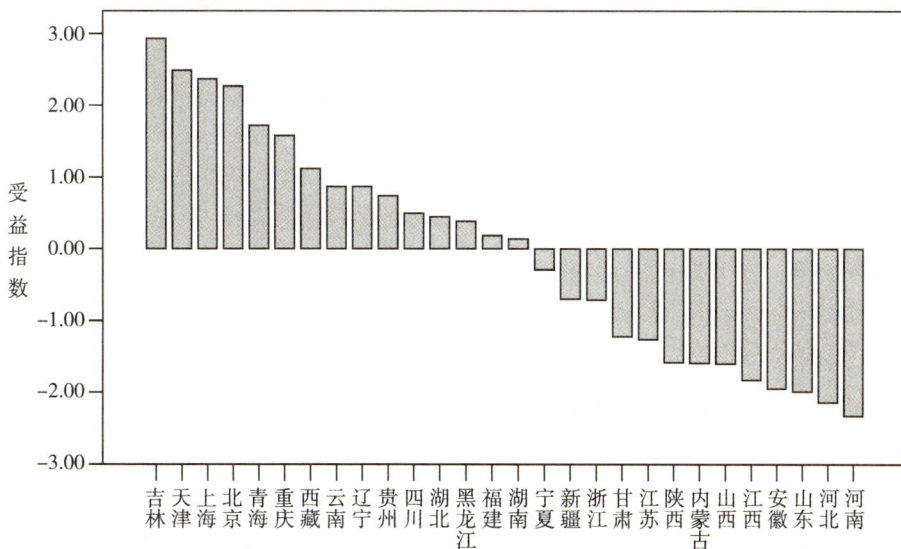

图5-7　2004年"985工程"高校录取中各省域受益情况比较

再从招生面向来看，重点高校的招生呈现本地化倾向。以"985 工程"高校新生中的本地生源比例为例，2004 年，复旦大学为 40% 左右，浙江大学接近 70%，中山大学招收的广东籍学生比例达到 67%，清华大学、北京大学、中国人民大学招收的北京籍学生比例分别为 14.7%、21.4%、14.2%（赖颢宁等，2005）①；2006 年，同济大学、上海交大、复旦大学在上海市的招生比例分别是 40.7%、44.2%、49.7%；南开大学和天津大学在天津的招生比例分别是 23.3%、27.1%，浙江大学在浙江的招生比例为 47.1%，山东大学在山东的招生比例为 54.6%，武汉大学和华中科技大学在湖北的招生比例分别为 40.2%、46.3%（杜瑞军，2007）②。从"985 工程"高校在所在省域的招生贡献率（即该校在本省招生人数占在全国招生总人数的份额）来看（图5－8），拥有"985 工程"高校的省域同时也占有了其大部分的招生份额，尤其是直辖市、东部省域以及湖北、四川、吉林、湖南、陕西等中西部省域。

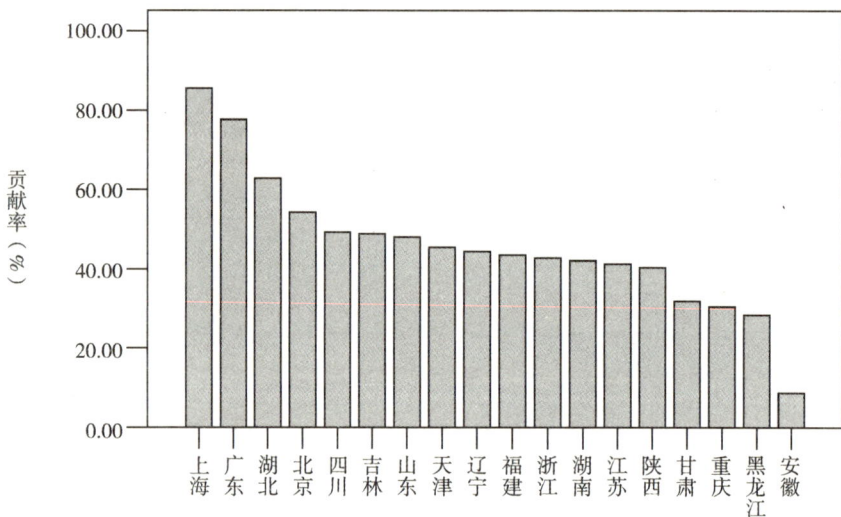

**图 5－8　2004 年"985 工程"高校对所在省域的贡献率**

---

① 赖颢宁，谢炜，廖卫华等．北大清华等九大高校负责人热议高考招生公平 ［EB/OL］．［2005－03－13］http://news. xinhuanet. com/edu/2005－03/13/content_ 2690918. htm.

② 杜瑞军．对我国高等教育入学机会分配的历史回顾 ［J］．复旦教育论坛，2007，5（2）：59－64.

　　根据部属高校高考录取份额的区域分布、"985 工程"高校对所在省域的贡献以及各省域从"985 工程"高校录取中的受益状况可知，优质高等教育入学机会的区域分布已经到了严重不公平的地步，剔除民族政策的影响，受益最显著的是直辖市，受损最严重的是中部省域尤其是人口大省。"倾斜的分数线"和分数线的"中部崛起"这两种具有代表性的现象深刻地反映了中国区域间大学入学不公平的现状。如果不考虑民族政策与民族人口数量等因素的影响，省域间大学入学不公平的状况更多地是由区域政治地位因素所致，因为直辖市在所占有的大学入学机会尤其是优质高等教育的入学机会方面居于绝对优势地位。

# 第四节　中国大学入学的性别公平状况测量与分析

## 一、总量层次

　　中国教育统计年鉴和中国统计年鉴的数据显示，1999 年大学扩招以来，女性在总人口中的比重基本保持在 48.5% 左右，而女性在高考报名和录取两方面占相应总数的比例逐年增加，且录取率总高于男性录取率和总录取率，女性的大学入学机会迅速增长。至 2007 年，普通本专科在校大学生中女生的比重达到 49.12%，已经超过了女性占总人口的自然比例，如图 5 - 9 所示。此外，近年来成人本专科的在册女性所占比重一直高于男性。因此，从总量上看，大学入学在性别方面已不是"平等"的问题了（苟人民，2006）[①]。

　　另外，使用 48.5% 和 49.12% 这两个数据对性别比例分别进行二项分布检验，结果得到的概率 $P$ 值均为 0.138，远大于 0.05；而进行卡方检验所得到的 $P$ 值则分别为 0.271 和 0.996，都远大于 0.05。这表明本研究抽样调查所得到的样本在性别比例上能很好地反映总体的实际情况。

---

[①]　苟人民. 高考公平的实证考察及认识［N］. 中国教育报，2006 - 05 - 24（5）.

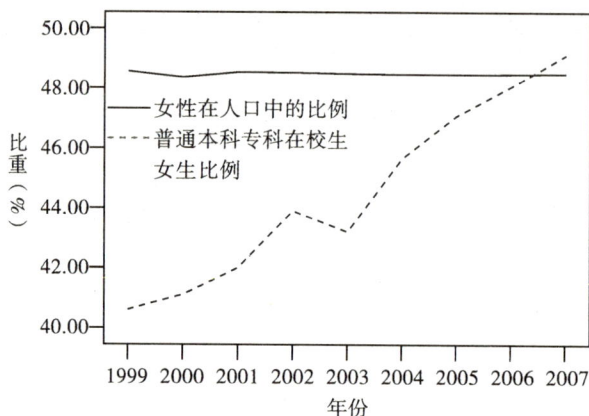

**图 5-9 1999—2007 年普通本专科女性在校生比重**

## 二、质量层次

大学入学在性别方面的深层次不公平问题主要表现在大学入学的质量差别上，包括就读的学历层次、高校层次与类别以及专业的选择等方面。

### 1. 学历层次的性别差异

在学历层次上，大学入学的性别差异主要体现在研究生尤其是博士层次上，但本课题主要考察普通本专科的大学入学情况，所以对研究生层次不予过多考虑。根据中国统计年鉴的数据，2007 年，普通本科与专科在校生中，女生的比例分别是 47.36% 和 51.21%，在 2006 年这两个数据分别为 46.32% 和 50.13%。由这些数据可以看出，虽然女性在专科层次多于本科层次，但差别不是很大并且都接近于女性占总人口的自然比例。根据历年中国教育统计年鉴的数据，有很多省区尤其是直辖市和西部民族地区，女性的高考报名和录取数已经超过男性。

### 2. 就读高校、专业的性别差异

从总体上看，以本研究的调查数据进行分析，表 5-14 给出了不同层次与类别高校中的性别比重，$\chi^2$ 检验有 0 个格值（占总格值数的 .0%），远低于所要求的 25%，说明 $\chi^2$ 检验是有效的。卡方检验结果表明，皮尔逊 $\chi^2$ 检验的 $P$ 值为 0.002，远小于 0.05，说明不同层次高校中在校生性别比例存在显著差异。其中，女性仅在高职高专院校中超过男性，在地方普通本科中接近女性的自然比例，而在"211 工程"大学和"985 工程"大学中则远低于男性。同理，我们也可以得出男女性别在就读学科、专业类别上存在显著差异（皮尔逊 $\chi^2$ 检验的 $P$ 值为 0.000，远小于 0.05）。其中，男性与女性在理学、经济管理、医学三类专业中所占的比重基本接近。此外，男性更多地集中在工学类专业中，女性则更多地集中于文科类专业中。

表 5 - 14　　　　　　　　　各层次与类型高校中性别比例及其检验

| 性别比例（%） | | | | Chi-Square Tests | | | |
|---|---|---|---|---|---|---|---|
| 高校层次 | 男 | 女 | Total | Chi-Square | Value | df | Asymp. Sig.（2-sided） |
| 高职高专 | 45.6 | 54.4 | 100.0 | Pearson Chi-Square | 14.853a | 3 | .002 |
| 地方普本 | 51.9 | 48.1 | 100.0 | Likelihood Ratio | 14.912 | 3 | .002 |
| "211 工程"大学 | 58.0 | 42.0 | 100.0 | Linear-by-Linear Association | 13.200 | 1 | .000 |
| "985 工程"大学 | 58.1 | 41.9 | 100.0 | a. 0 cells（.0%）have expected count less than 5. The minimum expected count is 42.73. | | | |
| Total | 49.7 | 50.3 | 100.0 | | | | |

从不同生源地看，对本研究的调查数据进行分析，高职高专院校以及地方普通本科院校中，性别差异并不显著，但是农村生源中的男性远高于女性，而城市生源中的女性则远高于男性；而在"211 工程"和"985 工程"高校所构成的重点高校中，皮尔逊卡方检验的 $P$ 值为 0.014，远小于 0.05，表明不同生源地生源的性别比重差异非常显著。其他相关调查研究也表明，在重点大学以及热门专业中，城乡之间生源的性别差异更大，城市生源中的女性比重高于男性比重，而农村生源中的女性比重远低于男性。根据蒋国河（2007）[①] 的调查统计数据计算可知，2004—2005 年重点大学农村新生生源

---

① 蒋国河. 当前我国高等教育入学机会的城乡差异［J］. 现代大学教育，2007，（6）：57 - 62.

中，男性生源是女性生源的 1.86 倍；在 2004—2005 年重点大学女性新生生源中，城市是农村的 3.07 倍。

3. 城乡与阶层生源的性别差异

众多研究均显示，当前中国大学入学的男女性别不平等问题已有很大改善，尤其城镇女性的入学机会与男性基本持平甚至超过男性，但农村女性仍处于明显的弱势地位，农村生源中性别不均衡问题依然严重。根据蒋国河 (2007)[①] 的统计数据可绘制成图 5 - 10，该图显示了不同层次生源地之间大学入学的性别差异状况。其中，农村生源中女性比重最小并且小于女性在人口中的自然比重；城市中除了镇以外，女性生源比重均高于女性在人口中的自然比重，小城市生源中的女性比重最高，达到 56.5% 。本研究也得出了类似的结论，所不同的是，本研究的调查数据分析显示，农村生源中男女性别比重之间的差别已开始减小，女性生源比例已趋近于女性人口的自然比例；镇一级生源的男性与女性比例基本持平。

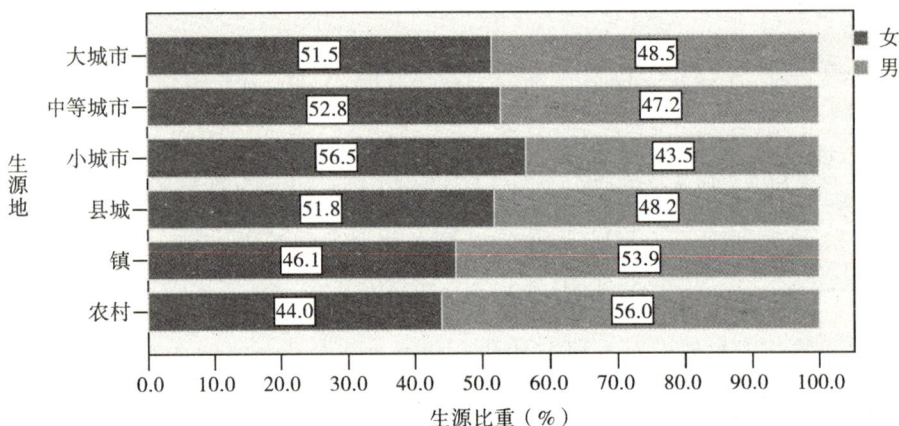

图 5 - 10  大学生源中的性别比重

从阶层生源的性别比较来看，对本研究的调查数据进行分析可知，不同阶层生源之间的性别差异是显著存在的。其中，无业、失业及半失业者，农业劳动者，工业生产工人和建筑工人阶层生源中的男性比例大于女性，而处于最高阶层的私营企业主、企业经理人员、国家和社会管理者阶层生源中的

---

① 蒋国河. 当前我国高等教育入学机会的城乡差异 [J]. 现代大学教育，2007，(6)：57 - 62.

女性比重则大于男性。

综上所述，大学入学的性别不公平问题无论是在总量层次还是本专科学历层次上都不是很明显，但在就读高校的层次与类别以及学科与专业的深层次上存在比较明显的性别差异，而这种深层次的差异根本上是由城乡、阶层之间的差异导致的。也就是说，大学入学在性别方面的不公平在本质上是城乡和阶层之间大学入学不公平的体现。

## 第五节　中国大学入学的阶层公平状况测量与分析

大学入学的阶层差异是社会阶层差异的表现。在不同类型的国家，拥有更多经济资本、社会资本和文化资本的优势阶层其子女在享受大学入学机会方面处于绝对优势，而弱势阶层子女则处于绝对劣势，这是一个共性现象。认识和评价大学入学中客观存在的阶层差距，是探究其影响因素和形成机制进而缩短这一差距的前提。本章中如不特加说明，都以父亲所处阶层作为社会阶层的基准。

### 一、阶层间大学入学公平的总体状况

由于对社会阶层的划分没有一个固定的尺度，很多调查研究中使用的社会阶层划分方法和阶层数目不同。表 5 – 15 从时间角度对部分调查中在校大学生阶层构成情况进行了汇总，此表仅仅列出了这些调查中都包括的 5 个阶层。从该表可以看出，自 20 世纪 90 年代以来，各阶层大学生所占比重有所变化，但位序变化不大。较为明显的变化是，工人阶层的子女比例有所下降，党政干部和个体户/私营企业主阶层的大学生比例明显上升，而这一变化与整个社会的经济发展、社会阶层结构的变化紧密相关，在一定程度上反映了1999 年大学扩招之后在校大学生阶层结构的变化趋势。

表 5 - 15　　　　　　　　部分调查中在校大学生的阶层构成情况（%）

| 调查样本（来源文献，调查年份） | 农民 | 工人 | 党政干部 | 专业技术人员 | 个体工商户/私营企业主 |
|---|---|---|---|---|---|
| 福州、厦门 9 所高校 1708 名学生（方跃林，1991）① | 22.3 | 19.9 | 14.3 | 33.4 | 6.8 |
| 哈尔滨船舶工程学院 1988—1991 级学生 918 人（姜相志，1992）② | 24.8 | 17.0 | 30.4 | 25.5 | 1.5 |
| 武汉大学 1995 级学生 1 890 人（刘宏元，1996）③ | 23.1 | 22.2 | 8.3 | 20.9 | 0.9 |
| 重庆市 8 所高校在校生 5 809 人（孟东方等，1996）④ | 39.2 | 23.5 | 8.4 | 10.8 | 2.0 |
| 厦门大学、郑州大学 1994、1996 级 1 395 人（赵叶珠，2000）⑤ | 25.2 | 18.6 | 12.5 | 15.6 | 4.9 |
| 闽、湘、川三省 18 所高校 2002 级在校生，有效样本 6 773 份（谢作栩、罗奇萍，2004）⑥ | 42.6 | 17.4 | 7.1 | 9.5 | 7.8 |
| 陕、闽、浙、沪等地 11 所高校 2 024 名在校生（谢作栩、王伟宜，2004）⑦ | 21.6 | 13.6 | 10.8 | 13.4 | 21.6 |

---

① 方跃林. 社会阶层化与高等教育入学机会的差异性研究 [D]. 厦门：厦门大学博士学位论文，1991.

② 姜相志. 社会分层对子女接受高等教育机会的影响 [J]. 青年研究，1992，(12)：28 - 30.

③ 刘宏元. 努力为青年人创造平等的受教育机会——武汉大学 1995 级新生状况调查 [J]. 青年研究，1996，(4)：7 - 11.

④ 孟东方，李志. 学生父亲职业与高等学校专业选择关系的研究 [J]. 青年研究，1996，(11)：24 - 29.

⑤ 赵叶珠. 家庭背景对高等教育入学机会的影响 [J]. 青年研究，2000，(3)：30 - 36.

⑥ 谢作栩，罗奇萍. 闽、湘、川 3 省社会阶层高等教育机会差异的初步调查 [J]. 教育与经济，2004，(3)：3 - 6.

⑦ 谢作栩，王伟宜. 不同社会阶层子女高等教育入学机会差异的探讨 [J]. 东南学术，2004，(S)：259 - 264.

（续表）

| 调查样本（来源文献，调查年份） | 农民 | 工人 | 党政干部 | 专业技术人员 | 个体工商户/私营企业主 |
|---|---|---|---|---|---|
| 陕、闽、浙、湘、粤、沪等地 34 所高校在校生，有效样本 7 264 份（王伟宜，2005）① | 25.5 | 13.3 | 8.1 | 12.3 | 22.7 |
| 京、鲁等 7 个省 34 所高校毕业生，有效样本 15 222 份（文东茅，2005）② | 31.7 | 5.9 | 10.9 | 5.8 | 11.1 |
| 厦门大学本科生调查，有效样本 1 043 份（胡荣、张义祯，2006）③ | 27.1 | 7.1 | 14.7 | 11.8 | 19.5 |
| 云南 23 所高校的 2 106 名学生，有效样本 2 002 份（伊继东等，2007）④ | 17.3 | 11.7 | 26.7 | 24.9 | — |
| 2008 年对在校大学生情况的随机调查，有效问卷 956 份（本研究调查，2008） | 35.6 | 14.4 | 10.3 | 11.5 | 15.7 |

　　为了更加全面地了解社会各个阶层大学入学的总体差异情况，采用中国社会科学院著名社会学家陆学艺（2004）⑤所划分的十大社会阶层，将以往对这十个阶层的大学入学状况的调查统计结果进行汇总比较，见表 5－16。其中，抽样 1 为文东茅（2005）⑥于 2003 年对 7 个省（直辖市、自治区）34 所

---

　　① 王伟宜. 不同社会阶层子女高等教育入学机会差异的研究［J］. 民办教育研究，2005，4（4）：55－62.

　　② 文东茅. 家庭背景对我国高等教育机会及毕业生就业的影响［J］. 北京大学教育评论，2005，3（3）：58－63.

　　③ 胡荣，张义祯. 现阶段我国高等教育机会阶层辈出率研究［J］. 厦门大学学报：哲学社会科学版，2006，（6）：98－106.

　　④ 伊继东，冯用军，郭锐华. 和谐视域下社会阶层差异与云南高等教育入学机会的实证研究［J］. 辽宁教育研究，2007，（5）：17－20.

　　⑤ 陆学艺. 当代中国社会流动［M］. 北京：社会科学文献出版社，2004：13.

　　⑥ 文东茅. 家庭背景对我国高等教育机会及毕业生就业的影响［J］. 北京大学教育评论，2005，3（3）：58－63.

高校本专科生的调查，有效样本为 15 222 人；抽样 2 为谢作栩、王伟宜（2004）① 于2004 年对陕西、福建、浙江、上海等省市共11 所高校所做的在校生家庭状况调查，回收有效问卷 2 024 份；抽样 3 为胡荣、张义祯（2006）② 于2006 年对厦门大学在读本科生及其家庭情况的调查，有效样本为 1 043 份；抽样 4 为王伟宜（2005）③ 对陕、闽、浙、湘、粤等地34 所高校在校生家庭状况的调查，有效样本为 7 264 份；抽样 5 为伊继东、冯用军和郭锐华（2007）④ 对云南省23 所高校在校生的调查，有效样本为 2 002 份；抽样 6 为本研究对在校大学生的随机调查。使用SPSS19.0 对五组调查数据进行相关分析可知，这些调查数据在代表指数的排序上存在高度的一致性。其中，在抽样高校学生家庭阶层构成上（表5 - 17），除了抽样 1 的数据与其他各抽样数据之间存在弱相关或中度相关关系之外，其他各抽样数据之间均存在高度相关或显著相关关系，Spearman 相关系数甚至达到1.000。

表5 - 16　　　　　　　　　　各阶层大学生源构成比例及代表指数

| 社会阶层 | | 国家与社会管理者 | 经理人员 | 私营企业主 | 专业技术人员 | 办事人员 | 个体工商户 | 商业服务员工 | 产业工人 | 农业劳动者 | 无业、失业、半失业人员 |
|---|---|---|---|---|---|---|---|---|---|---|---|
| 阶层总构成比例 | | 2.1 | 1.6 | 1.0 | 4.6 | 7.2 | 7.1 | 11.2 | 17.5 | 42.9 | 4.8 |
| 抽样1 | 抽样学生家庭阶层构成 | 10.90 | 2.70 | 4.10 | 5.80 | 17.90 | 7.00 | 1.00 | 5.90 | 31.70 | 13.00 |
| | 代表指数 | 5.19 | 1.69 | 4.10 | 1.26 | 2.49 | 0.99 | 0.09 | 0.34 | 0.74 | 2.71 |

① 谢作栩，王伟宜. 不同社会阶层子女高等教育入学机会差异的探讨 ［J］. 东南学术，2004，（S）：259 - 264.

② 胡荣，张义祯. 现阶段我国高等教育机会阶层辈出率研究 ［J］. 厦门大学学报：哲学社会科学版，2006，（6）：98 - 106.

③ 王伟宜. 不同社会阶层子女高等教育入学机会差异的研究 ［J］. 民办教育研究，2005，4（4）：55 - 62.

④ 伊继东，冯用军，郭锐华. 和谐视域下社会阶层差异与云南高等教育入学机会的实证研究 ［J］. 辽宁教育研究，2007，（5）：17 - 20.

（续表）

| 社会阶层 | | 国家与社会管理者 | 经理人员 | 私营企业主 | 专业技术人员 | 办事人员 | 个体工商户 | 商业服务员工 | 产业工人 | 农业劳动者 | 无业、失业、半失业人员 |
|---|---|---|---|---|---|---|---|---|---|---|---|
| 抽样2 | 抽样学生家庭阶层构成 | 10.80 | 4.40 | 6.30 | 13.40 | 6.70 | 15.30 | 5.60 | 13.60 | 21.60 | 2.20 |
| | 代表指数 | 5.15 | 2.78 | 6.27 | 2.91 | 0.93 | 2.16 | 0.50 | 0.78 | 0.50 | 0.45 |
| 抽样3 | 抽样学生家庭阶层构成 | 14.07 | 6.04 | 6.48 | 11.76 | 10.44 | 13.52 | 1.87 | 7.14 | 27.14 | 1.54 |
| | 代表指数 | 6.70 | 3.78 | 6.48 | 2.56 | 1.45 | 1.90 | 0.17 | 0.41 | 0.63 | 0.32 |
| 抽样4 | 抽样学生家庭阶层构成 | 8.20 | 4.00 | 5.90 | 12.30 | 6.00 | 16.80 | 5.70 | 13.30 | 25.50 | 2.20 |
| | 代表指数 | 3.930 | 2.52 | 5.93 | 2.67 | 0.84 | 2.370 | 0.51 | 0.76 | 0.59 | 0.47 |
| 抽样5 代表指数 | | 3.89 | 3.17 | 3.92 | 3.32 | 1.81 | 2.84 | 0.97 | 0.91 | 0.68 | 0.99 |
| 抽样6 | 抽样学生家庭阶层构成 | 6.30 | 4.00 | 5.02 | 5.40 | 11.50 | 10.30 | 4.00 | 14.40 | 35.60 | 2.70 |
| | 代表指数 | 3.0 | 2.5 | 5.40 | 2.50 | 0.80 | 1.50 | 0.40 | 0.80 | 0.80 | 0.60 |

注：该表中学生家庭社会阶层以父亲的社会基层为基准。

表5－17　　　　五种抽样调查中学生家庭阶层构成的相关分析

| | | 抽样1 | 抽样2 | 抽样3 | 抽样4 | 抽样5 |
|---|---|---|---|---|---|---|
| 抽样1 | Correlation Coefficient | 1.000 | .406 | .527 | .406 | .377 |
| | Sig.（2-tailed） | . | .244 | .117 | .244 | .283 |
| 抽样2 | Correlation Coefficient | .406 | 1.000 | .867** | 1.000** | .960** |
| | Sig.（2-tailed） | .244 | . | .001 | | .000 |

（续表）

| | | 抽样1 | 抽样2 | 抽样3 | 抽样4 | 抽样5 |
|---|---|---|---|---|---|---|
| 抽样3 | Correlation Coefficient | .527 | .867** | 1.000 | .867** | .827** |
| | Sig.（2-tailed） | .117 | .001 | . | .001 | .003 |
| 抽样4 | Correlation Coefficient | .406 | 1.000** | .867** | 1.000 | .960** |
| | Sig.（2-tailed） | .244 | . | .001 | . | .000 |
| 抽样5 | Correlation Coefficient | .377 | .960** | .827** | .960** | 1.000 |
| | Sig.（2-tailed） | .283 | .000 | .003 | .000 | . |

注：**. Correlation is significant at the 0.01 level（2-tailed）.

　　而就大学生源在阶层人口中的代表指数而言，各组数据的相关情况与抽样高校学生家庭阶层构成基本一致（表5－18），除了抽样1的数据与其他各抽样数据之间存在中度相关或高度相关关系之外，其他各抽样数据之间均存在显著相关关系。因此，可以认为这些调查所获的样本具有代表性，基本符合中国的社会现实，较为合理地反映了现阶段中国社会各阶层之间大学入学不公平的现实状况。对这些抽样调查统计结果进行分析比较，可得如下几点结论：

表5－18　　　　　六种抽样调查中各阶层大学生源代表指数的相关分析

| | | 抽样1 | 抽样2 | 抽样3 | 抽样4 | 抽样5 | 抽样6 |
|---|---|---|---|---|---|---|---|
| 抽样1 | Correlation Coefficient | 1.000 | .541 | .673* | .552 | .733* | .547 |
| | Sig.（2-tailed） | . | .106 | .033 | .098 | .016 | .102 |
| 抽样2 | Correlation Coefficient | .541 | 1.000 | .936** | .997** | .906** | .915** |
| | Sig.（2-tailed） | .106 | . | .000 | .000 | .000 | .000 |
| 抽样3 | Correlation Coefficient | .673* | .936** | 1.000 | .952** | .867** | .948** |
| | Sig.（2-tailed） | .033 | .000 | . | .000 | .001 | .000 |

（续表）

| | | 抽样 1 | 抽样 2 | 抽样 3 | 抽样 4 | 抽样 5 | 抽样 6 |
|---|---|---|---|---|---|---|---|
| 抽样 4 | Correlation Coefficient | .552 | .997＊＊ | .952＊＊ | 1.000 | .891＊＊ | .936＊＊ |
| | Sig.（2-tailed） | .098 | .000 | .000 | . | .001 | .000 |
| 抽样 5 | Correlation Coefficient | .733＊ | .906＊＊ | .867＊＊ | .891＊＊ | 1.000 | .802＊＊ |
| | Sig.（2-tailed） | .016 | .000 | .001 | .001 | . | .005 |
| 抽样 6 | Correlation Coefficient | .547 | .915＊＊ | .948＊＊ | .936＊＊ | .802＊＊ | 1.000 |
| | Sig.（2-tailed） | .102 | .000 | .000 | .000 | .005 | |

＊．Correlation is significant at the 0.05 level（2-tailed）.

＊＊．Correlation is significant at the 0.01 level（2-tailed）.

（1）中国现阶段不同社会阶层之间大学入学不公平状况已经达到了非常严重的程度，某些优势阶层子女的大学入学机会是某些弱势阶层子女的数倍甚至数十倍。经计算可知，不同阶层大学入学的基尼系数在抽样 2、3、4 和 6 中分别达到 0.41、0.48、0.36 和 0.31，基尼系数和洛伦兹曲线（图 5-11）进一步验证了各阶层大学入学的不公平程度。

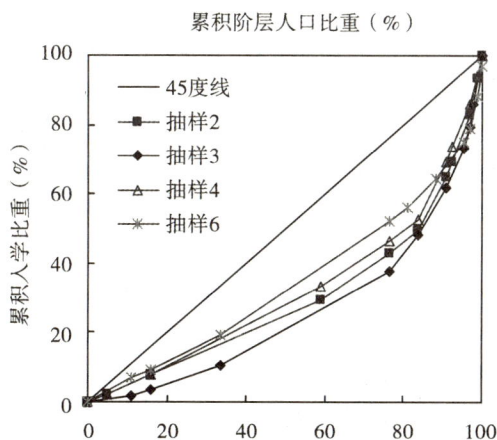

图 5-11　各阶层大学入学的洛伦兹曲线

（2）中国现阶段阶层间的生源代表指数与阶层排序基本一致，国家与社会管理者、经理人员、专业技术人员、私营企业主、个体户等 5 个中上阶层家庭子女的大学生源比重和代表指数均高于社会平均水平；而办事人员阶层的大学生源比重和代表指数接近平均水平；商业服务业人员、产业工人、农业劳动者和无业失业半失业人员等中下阶层家庭子女的大学生源比重和代表指数均低于社会平均水平。

（3）在阶层大学生源的代表指数方面，私营企业主阶层已经超过经理人员阶层，个体工商户阶层超过办事人员阶层，而工人等传统阶层子女的大学生源比重相对较小。这种现象的出现与当代中国转型社会的现实紧密相关，即改革开放以来，随着经济领域市场化进程的推进及其对高等教育领域的影响，以个体工商户、私营企业主阶层为代表的新兴社会阶层在经济和政治等领域逐渐成长并壮大，从而实现了对大学入学机会的过度占有。而以工人、农民阶层为代表的传统社会阶层的力量却有所削弱，其子女在大学招生录取中逐渐趋于不利地位。

### 二、阶层间大学入学公平状况的深层次差异

1. 各阶层生源在不同层次与类型高校中的分布

根据本研究调查所获得数据进行计算，可以得出中国现阶段不同层次与类型高校中各阶层的生源比重以及代表指数的差异状况（表 5 - 19 和图 5 - 12）。因卡方检验结果有效（12.5% < 25%），且皮尔逊 $\chi^2$ 值的检验的显著性水平达到 0.000，远小于 0.05。这表明不同层次与类型的高校中各阶层生源比例和代表指数之间存在显著差异。谢作栩、王伟宜（2004）[①]，王伟宜

---

① 谢作栩，王伟宜. 不同社会阶层子女高等教育入学机会差异的探讨［J］. 东南学术，2004，（S）：259 - 264.

（2005）①，杨东平（2006）② 以及伊继东、冯用军和郭锐华（2007）③ 等的调查研究也都得出了类似的结论。对这些调查研究进行比较，可以得出以下几点结论：

表 5－19　　　　　　　不同层次与类型高校生源的阶层分布与代表指数

| 社会阶层 | | 国家与社会管理者 | 经理人员 | 私营企业主 | 专业技术人员 | 办事人员 | 个体工商户 | 商业服务员工 | 产业工人 | 农业劳动者 | 无业失业半失业者 | 合计 |
|---|---|---|---|---|---|---|---|---|---|---|---|---|
| 阶层构成比例（%） | | 2.1 | 1.6 | 1.0 | 4.6 | 7.2 | 7.1 | 11.2 | 17.5 | 42.9 | 4.8 | 100 |
| 高职高专 | 生源比（%） | 3.3 | 3.3 | 5.5 | 8.7 | 4.9 | 18.0 | 0.5 | 15.3 | 37.7 | 2.7 | 100 |
| | RI | 1.6 | 2.1 | 5.5 | 1.9 | 0.7 | 2.5 | 0.0 | 0.9 | 0.9 | 0.6 | |
| 普通本科 | 生源比（%） | 6.6 | 3.3 | 4.9 | 12.6 | 4.9 | 4.9 | 6.6 | 15.3 | 38.3 | 2.7 | 100 |
| | RI | 3.1 | 2.1 | 4.9 | 2.7 | 0.7 | 0.7 | 0.6 | 0.9 | 0.9 | 0.6 | |
| "211工程"大学 | 生源比（%） | 10.1 | 5.8 | 5.8 | 13.0 | 8.7 | 5.8 | 5.8 | 11.6 | 30.4 | 2.9 | 100 |
| | RI | 4.8 | 3.6 | 5.8 | 2.8 | 1.2 | 0.8 | 0.5 | 0.7 | 0.7 | 0.6 | |
| "985工程"大学 | 生源比（%） | 11.6 | 7.0 | 7.0 | 16.3 | 9.3 | 7.0 | 4.7 | 11.6 | 23.3 | 2.3 | 100 |
| | RI | 5.5 | 4.4 | 7.0 | 3.5 | 1.3 | 1.0 | 0.4 | 0.7 | 0.5 | 0.5 | |

注：Chi-Square test：Pearson Chi-Square = 87.748，Asymp. Sig.（2-sided）＝.000

5 cells（12.5%）have expected count less than 5. The minimum expected count is 2.34.

① 王伟宜. 不同社会阶层子女高等教育入学机会差异的研究［J］. 民办教育研究，2005，4（4）：55－62.

② 杨东平. 中国教育公平的理想与现实［M］. 北京：北京大学出版社，2006.

③ 伊继东，冯用军，郭锐华. 和谐视域下社会阶层差异与云南高等教育入学机会的实证研究［J］. 辽宁教育研究，2007，（5）：17－20.

（1）各阶层生源代表指数在不同层次与类型高校中均呈现出由高阶层向低阶层递减的总体趋势。其中，在前五个阶层中变化最明显的为私营企业主阶层，处于最高点的是国家与社会管理者阶层和私营企业主阶层，其次是企业经理人员阶层和专业技术人员阶层，处于最低点的是企事业单位的基层办公人员阶层；而在后五个阶层中，处于最高点的是个体工商户，超过了处于其前的企事业单位的基层办公人员阶层，其余四个阶层之间的差异并不明显且都低于平均代表指数曲线。这表明，在中国现阶段，社会地位中的经济、政治因素对各阶层大学入学不公平状况的影响最大，其次是文化（学历）因素。

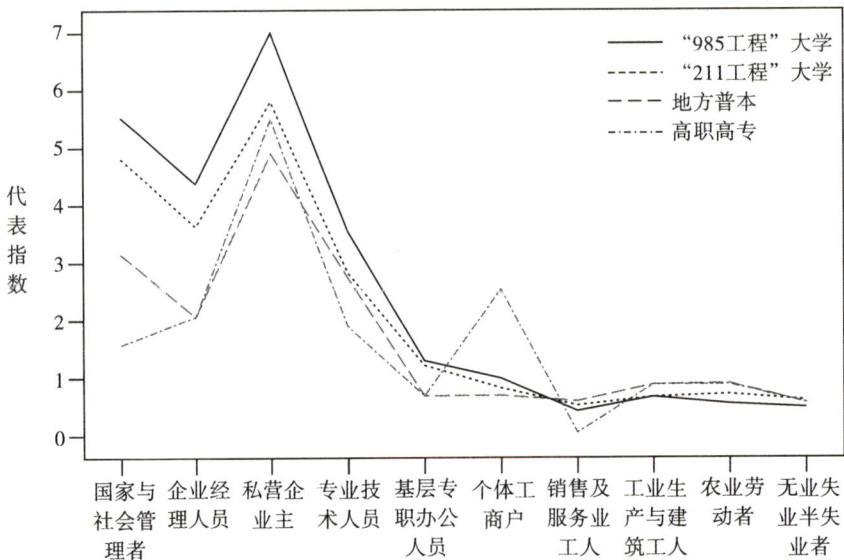

**图 5 - 12  不同层次与类型高校中各阶层生源代表指数图（Ⅰ）**

（2）生源代表指数曲线由高层次高校向低层次高校和高职类院校依次降低。其中，在"985 工程"高校、"211 工程"高校和地方普通本科高校中的分布趋势基本一致，只是差异程度不同而已。而在普通本科和高职高专院校中的分布趋势和差异程度都不大。这表明，各阶层之间的大学入学机会，在层次越高的高校中差异越大，在层次越低的高校以及高职高校中越趋于公平。需要说明的是，本研究调查所获得的生源代表指数曲线在重点高校中变动幅

度比王伟宜（2005）[①] 的结果要大，这可能一方面是由于本研究调查样本主
要来自私营经济比较发达的山东省，另一方面是由于本研究调查的样本量较
小的缘故。

（3）民办高校中的生源代表指数曲线高于公立高校，且生源代表指数曲
线变动幅度比较大，如图 5-13 所示，该图是根据王伟宜（2005）[②] 的调查数
据绘制而成。谢作栩、王伟宜（2004）[③]，杨东平（2006）[④] 等调查研究也都
得出了类似的结果。可以看出，这种现象主要是由于私营企业主阶层和个体
工商户阶层的生源代表指数比较大造成的，其中私营企业主阶层的生源代表
指数在所有阶层中居于第一位。这表明，在民办高校，相对于其他阶层尤
其是贫困阶层，经济优势阶层的子女占有了更多的入学机会。例如，根据王伟

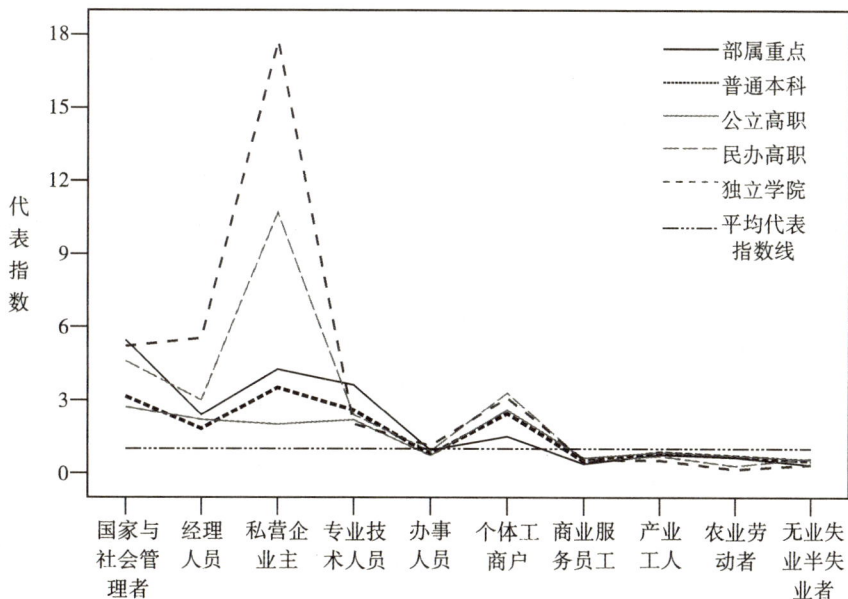

**图 5-13　不同层次与类型高校中各阶层生源代表指数图（Ⅱ）**

① 王伟宜. 不同社会阶层子女高等教育入学机会差异的研究 [J]. 民办教育研究，2005，
4（4）：55-62.

② 王伟宜. 不同社会阶层子女高等教育入学机会差异的研究 [J]. 民办教育研究，2005，
4（4）：55-62.

③ 谢作栩，王伟宜. 不同社会阶层子女高等教育入学机会差异的探讨 [J]. 东南学术，2004，
（S）：259-264.

④ 杨东平. 中国教育公平的理想与现实 [M]. 北京：北京大学出版社，2006.

宜（2005）① 的调查数据，私营企业主在独立学院和民办高职院校中的代表指数分别高达 17.7 和 10.7，分别约为农业劳动者阶层的 120 倍和 36 倍。

（4）公立高校的生源代表指数曲线变动比较平缓。如图 5 - 13 所示，通过对不同层次与类别的高校中阶层生源代表指数进行方差分析，结果显示，公立高职院校中的均值和标准差最小，其次是公立普通本院校，最高的是独立学院。这表明，在公立普通本科院校中，不同社会阶层子女的入学机会差异在逐步缩小；在公立高职院校中，不同社会阶层的辈出率仍存在着差异，但差异程度小于全国重点高校和公立本科院校；在公立高校尤其是公立高职院校中，各阶层的大学入学公平状况要优于民办院校尤其是独立学院，更多的中下阶层的子女就读于公立高职院校，公立高职院校中不同社会阶层子女入学机会的差异最小。

（5）不同阶层子女的大学入学表现为，所处阶层以及所拥有的资源状况与所就读高校层次和类型之间具有高度的一致性。政治和文化精英阶层的子女大多数就读于部属重点高校和公立普通本科院校，拥有较多经济资源的经理人员、私营企业主和个体工商户阶层子女，在民办高职院校和独立学院中拥有较多的入学机会；而占就业人口绝大多数的商业服务业员工、产业工人和农业劳动者阶层的子女则更多地就读于地方公立高职院校。由此，社会阶层方面的差异与不平等通过占有不同层次与类型高校的入学机会得以维系。

根据本研究数据和王伟宜（2005）② 的调查数据，可以计算出各层次与类型高校中不同阶层大学入学的基尼系数，其中"985 工程"大学、"211 工程大学"、部属重点高校、地方普通本科院校、公立高职高专、民办高职以及独立学院分别为 0.419、0.318、0.384、0.305、0.264、0.530、0.677，各层次高校中不同阶层大学入学的基尼系数和洛伦兹曲线（图 5 - 14）可以从整体上验证上述结论，即：不同阶层之间大学入学的不公平程度，在层次越高的公立高校中越严重，其中在公立高职高专院校中最公平；民办高校中的不公平程度远高于公立高校，民办高职和独立学院中不同阶层间的大学入学已

① 王伟宜. 不同社会阶层子女高等教育入学机会差异的研究 [J]. 民办教育研究, 2005, 4 (4): 55 - 62.

② 王伟宜. 不同社会阶层子女高等教育入学机会差异的研究 [J]. 民办教育研究, 2005, 4 (4): 55 - 62.

经达到差距悬殊甚至两极分化的程度。

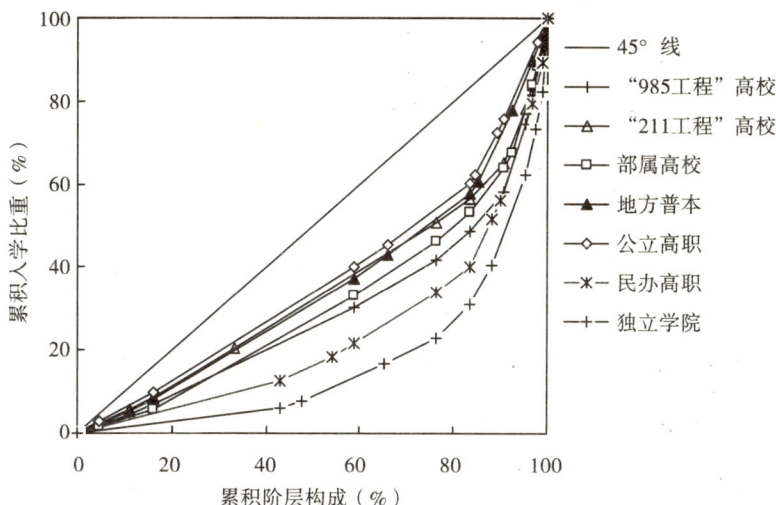

图 5 - 14　各层次与类型高校中不同阶层大学入学的洛伦兹曲线

2. 各阶层生源在不同学科与专业中的分布

以社会阶层为分组变量，利用本研究的调查数据和 Kruskal-Wallis H 单向评秩方差方法，对特定阶层生源在不同科类中的分布进行检验，可得 K-W 统计量（$\chi$ 值）为 112.629，概率 $P$ 值为 .000，远小于 0.05。同理，以科类为分组变量，对特定科类中不同阶层生源的分布进行检验，也可得到概率 $P$ 值为 .000，远小于 0.05。这表明，特定阶层生源在不同科类中的分布以及特定各科类中不同生源的分布均存在显著差异。使用本研究的调查数据，对特定阶层生源在不同科类中的分布和特定科类中不同生源的分布这两种条件概率进行统计，可以看出：

（1）从特定科类中不同阶层生源的分布看，在理学类专业中，代表指数大于 1 的是地位最高的四个阶层和个体工商户阶层，且以专业技术人员阶层为最大；在工学类专业中，除销售及服务业工人、个体工商户、专职办公人员三个阶层外，其他阶层的代表指数大于或接近 1，且以私营企业阶层为最大；在农学类专业中，代表指数大于 1 的是农业劳动者、工业生产与建筑工人、个体工商户、专业技术人员四个阶层；在医学类专业中，除无业、失业及半失业者以及农业劳动者、销售及服务员工三个阶层外，其他阶层的代表指数均大于 1；在法学、经济管理、文史哲、教育学四类专业中，社会地位最高的六个阶层的代表指数均大于 1。由此可见，各学科中不同阶层的大学入学机会是极其不公平的，其中在某些科类中高阶层的代表指数甚至达到低阶层的 60 倍左右。

（2）从特定阶层生源在不同学科中的比重看，国家与社会管理者阶层的生源主要集中在法学、文史哲、经管类专业中；企业经理人员阶层的生源在除农学和教育学之外的各科类专业中都有广泛分布；私营企业主阶层的生源主要集中在经管、文史哲、工学、法学类专业中；专业技术人员阶层的生源在除农学、法学和教育学之外的各科类专业中都有广泛分布；基层办公人员的生源主要分布在经管、文史哲、工学、医学类专业中；个体工商户基层的生源主要集中在文史哲、经管、理学类专业中；销售及服务员工阶层的生源在除农学之外的各科类专业中都有广泛分布；工业生产与建筑工人阶层的生源集中在工学、理学、医学、文史哲类专业中；农业劳动者阶层的生源在除法学、经管和教育学之外的各科类专业中都有广泛分布；无业、失业及半失业者阶层的生源主要集中在工学和文史哲类专业中。

为了更全面地反映各阶层子女在不同科类中的机会差异，采用王伟宜（2005）[①] 的处理方法，即先对上述两组数据进行标准化处理，然后比较对应的标准分数，比较结果可以用于观察各阶层子女对不同科类的偏好程度。当对应值均为负值时，则总偏好程度记为 "－"，表示弱偏好；一强一弱时记为 "0"，表示中性偏好；均为强偏好时记为 "＋"，表示强偏好。由此可以得到表 5－20，该表可以清晰地显示出不同社会阶层子女就读不同科类的机会差异。从总体上看，各社会阶层对文史哲、经济管理、医学以及工学四类专业基本都表现出强偏好或中性偏好；农业劳动者和专业技术人员两个阶层几乎对各科类都表现出强偏好或中性偏好；处于两端阶层，其偏好科类则较为集中。

---

① 王伟宜. 不同社会阶层子女高等教育入学机会差异的研究 [J]. 民办教育研究，2005，4 (4)：55－62.

表 5 - 20                          各社会阶层生源在不同科类中的偏好分布

| 阶层 | 理学类 | 工学类 | 农学类 | 医学类 | 法学类 | 经管类 | 文史哲类 | 教育学类 |
|---|---|---|---|---|---|---|---|---|
| 无业失业半失业者 | - | 0 | - | - | - | - | 0 | - |
| 农业劳动者 | + | + | + | 0 | - | 0 | 0 | 0 |
| 工业生产与建筑工人 | + | + | 0 | + | - | - | + | - |
| 销售及服务业工人 | - | 0 | - | 0 | - | 0 | - | - |
| 个体工商户 | + | - | 0 | - | 0 | + | + | 0 |
| 基层的专职办公人员 | - | 0 | - | - | - | + | + | 0 |
| 专业技术人员 | + | - | - | + | 0 | + | + | 0 |
| 私营企业主 | - | - | - | - | - | + | 0 | - |
| 企业经理人员 | - | 0 | - | 0 | 0 | + | 0 | - |
| 国家与社会管理者 | - | - | - | - | + | 0 | 0 | - |

上述分析表明：高校学生在不同学科专业中的分布具有明显的阶层属性。以往的众多调查研究也得出了相似的结论。谢作栩、王伟宜（2005）[1] 以来自中东部 7 个省份的 8 所部属重点高校的文科、理科、工科及管理学四大科类中 12 个专业的 1 613 个样本为分析对象，研究结果显示：高阶层与低阶层生源在各科类中的分布存在显著差异，管理学中各阶层子女入学机会差异最大，工科中次之，在理科中差异最小。而在具体专业中，杨东平（2006）[2]、谢作栩与王伟宜（2005）[3] 等人的调查研究都表明：优势阶层子女更多地选择管理学、经济学、国际贸易、国际金融、艺术、音乐、信息技术等热门专业或需要学术努力程度较低的专业，这些专业学费一般都比较高；而低阶层

① 谢作栩，王伟宜. 社会阶层子女高等教育入学机会差异研究 [J]. 大学教育科学，2005，(4)：58 - 66.
② 杨东平. 中国教育公平的理想与现实 [M]. 北京：北京大学出版社，2006：231 - 233.
③ 谢作栩，王伟宜. 社会阶层子女高等教育入学机会差异研究 [J]. 大学教育科学，2005，(4)：58 - 66.

的子女更多地就读于数学、物理、化学、建筑、冶金、焊接等冷门专业或需要学术努力程度较高的专业，这些专业学费一般都较低。

不同阶层生源在不同专业与学科中就读的差异状况，固然有阶层资本（经济资本、文化资本、权力资本以及社会资本等）差异方面的因素，更有潜在的和本质的因素在起作用。各学科和专业中入学不公平的状况，一方面揭示了不同阶层子女必然追求大学教育的不同价值，另一方面也揭示了不同学科和专业必然具有不同类型和不同侧重的价值，由此也进一步解释了为什么拥有不同资本的阶层会选择不同的学科与专业。可以认为，个人所处阶层与其学科和专业选择之间的对应关系，在很大程度上是由个人追求的教育价值及其类型所决定的，而阶层资本因素则在其中起到了推波助澜的作用。这为第三章和第四章的理论分析进一步提供了现实证据支持。

3. 不同阶层生源高考入学分数的差异

从总体上看，采用 Kruskal Wallis Test、Median Test、Jonckheere-Terpstra Test 三种非参数检验方法，使用本研究的调查数据分别对不同阶层生源高考入学分数的差异进行检验（表 5 - 21），概率 $P$ 值均为 0.000，远小于 0.05，这表明不同阶层生源的高考分数存在显著差异。高考分数边际均值在整体上随着阶层的上升呈现下降趋势，其中以个体工商户和私营企业主两个阶层为最低，而以地位最低的四个阶层和专业技术人员阶层为最高。由此可见，生源代表指数与高考分数边际均值之间存在反向变动关系，高考录取在很大程度上是以阶层为实质的优先决定变量，高考分数则仅仅作为名义的优先决定变量而存在。

表 5 -21　　　　　不同阶层生源高考入学分数的差异性进行检验

| Kruskal Wallis Test[a] | | Median Test[a] | | Jonckheere-Terpstra Test[a] | |
|---|---|---|---|---|---|
| Chi-Square | 90.573 | Median | 548.50 | Observed J-T Statistic | 153 079.500 |
| df | 9 | Chi-Square | 59.293[b] | Mean J-T Statistic | 178 232.000 |
| Asymp. Sig. | .000 | df | 9 | Std. Deviation of J-T Statistic | 4 640.553 |
| | | Asymp. Sig. | .000 | Std. J-T Statistic | −5.420 |
| | | | | Asymp. Sig. (2-tailed) | .000 |

a. Grouping Variable：父亲的社会地位

b. 0 cells (.0%) have expected frequencies less than 5. The minimum expected cell frequency is 13.0.

在各层次与类型高校中，对不同阶层大学生高考分数的差异性进行检验（表5-22），概率 $P$ 值均为0.000，这表明在各层次与类型高校中不同阶层大学生在高考分数上存在显著差异。统计结果显示（图5-15），在各层次高校中，高考分数在各阶层间的变动在整体上仍然均呈现出随阶层上升而下降的趋势，其中以在高职高专院校中的变动幅度最大，而在其他层次高校中的变动则相对平缓。

表5-22　特定层次与类型高校中不同阶层高考入学分数的 Jonckheere-Terpstra 检验[a]

| | "985 工程"大学 | "211 工程"大学 | 地方普通本科 | 高职高专 |
|---|---|---|---|---|
| N | 86 | 138 | 362 | 348 |
| Observed J-T Statistic | 612.500 | 1 573.000 | 15 873.000 | 15 299.000 |
| Mean J-T Statistic | 1 602.000 | 4 022.000 | 26 150.000 | 23 924.000 |
| Std. Deviation of J-T Statistic | 132.400 | 266.611 | 1 113.655 | 1 050.278 |
| Std. J-T Statistic | -7.474 | -9.186 | -9.228 | -8.212 |
| Asymp. Sig. (2-tailed) | .000 | .000 | .000 | .000 |

Grouping Variable：父亲的社会地位。

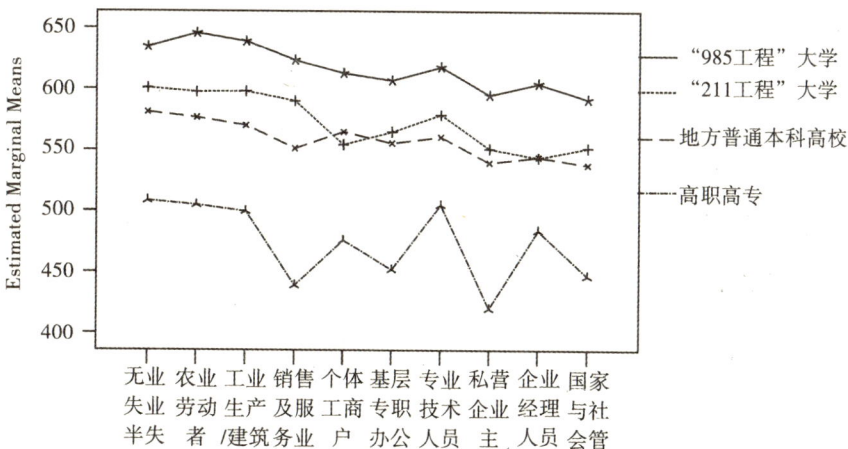

图5-15　不同层次与类型高校中阶层间高考录取分数的变动趋势

在各学科与专业中，检验与分析结果显示：阶层间生源高考入学分数的差异非常显著，从整体上看，高考分数的变动与阶层次序之间存在反向关系。就冷热门专业而言（表5-23），在不同阶层学生的平均分中，最低分与最高分在热门专业中相差20分，在冷门专业中相差37.4分，而在艺术类专业中则相差318分；在入学分数变动幅度方面，高阶层家庭子女一般大于低阶层家庭子女，在热门专业和艺术类专业中更明显（杨东平，2006）①。这表明，无论是在冷门专业、热门专业还是艺术类专业中，阶层间的大学入学都存在不公平现象，热门专业和艺术类专业中，不公平状况尤为严重。

表5-23　　　　某高校2003年部分阶层子女的高考录取分数比较

| | 热门专业 | | | 冷门专业 | | | 艺术类专业 | | |
|---|---|---|---|---|---|---|---|---|---|
| | 平均分A | 最低分B | A−B | 平均分A | 最低分B | A−B | 平均分A | 最低分B | A−B |
| 高级管理、技术人员 | 590.9 | 521 | 69.9 | 575.8 | 546 | 29.8 | 547.3 | 300 | 247.3 |
| 中层管理、技术人员 | 591.4 | 469 | 122.4 | 568.1 | 500 | 68.1 | 599.3 | 576 | 23.3 |
| 私营企业主 | 601.3 | 580 | 21.3 | 578.0 | 531 | 47.0 | 543.0 | 408 | 135.0 |
| 工人 | 602.5 | 549 | 53.5 | 591.0 | 548 | 43.0 | 559.0 | 501 | 58.0 |
| 农民、民工 | 611.0 | 590 | 21.0 | 607.3 | 598 | 9.3 | 618.0 | 618 | 0 |
| 下岗、失业、家务 | 594.0 | 584 | 10.0 | 613.2 | 586 | 27.2 | 603.5 | 593 | 10.5 |

综上可知，无论从总体上，还是从各层次与类型高校以及各学科与专业看，各阶层间生源的入学分数都存在显著差异，大学入学分数存在明显的阶层特征，即拥有各种资本优势的中上阶层家庭的子女其平均入学分数普遍低于低阶层家庭的子女。"高考分数面前人人平等"的录取准则已成为阶层变量面前的合法外衣，失却了实质的优先权。

4. 各阶层生源在自主招生、高考加分和免试保送中的差异

（1）自主招生。

---

① 杨东平. 中国教育公平的理想与现实［M］. 北京：北京大学出版社，2006：233-235.

　　自主招生考试重视学生的综合素质、特长能力甚至仪表、谈吐的要求。这些素质的形成极大地依赖于学生在上大学前所拥有的教育资源状况以及家庭的经济、文化和社会背景，并且依赖于长期的练习和培养，需要大量的花费。由此，上层社会和发达区域的生源自然会获得自主招生的特权，从而减少了下层社会和农村生源原本可以通过统考进入重点大学的入学机会，进一步加剧了大学入学的不公平。根据华中科技大学教育科学研究院"高校自主选拔录取及保送生制度实施效果调查与评价"项目组，对 2003—2006 年 53 所自主选拔录取改革试点高校经自主选拔录取的全部学生进行调查的 18 075 份有效问卷数据（刘进，2008）[①]，可以验证这一结论。具体来讲：

　　第一，在自主招生招录的学生中，不同阶层间的生源比重存在显著的差异，优势阶层子女的比重明显高于弱势阶层。如图 5 - 16（Ⅰ）所示，按父母的职业性质与角色将学生家庭划分为 4 个阶层，阶层 1 包括国家机关、企业、事业单位中高层管理人员，教师与专业技术人员；阶层 2 包括国家机关、企业、事业单位一般工作人员，商业、服务业一般从业人员，军人；阶层 3 包括农业从业人员，厂矿、运输等一般从业人员；阶层 4 为无业或失业人员。可以看出，无论是以父亲阶层还是以母亲阶层为基准，阶层 1 和 2 的子女所占有的录取名额明显高于阶层 3 和 4，如果按生源代表指数看，其趋势将随阶层的下降而下降。

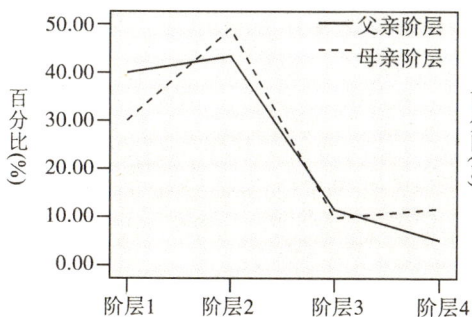

（Ⅰ）自主招生中各阶层生源比重　　　　（Ⅱ）自主招生城乡生源比重

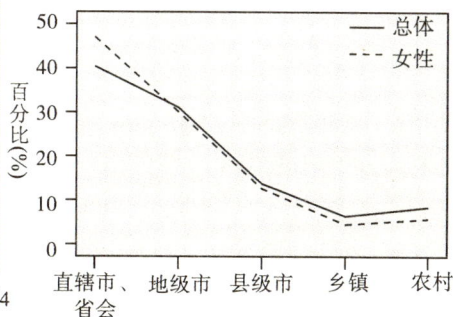

---

　　① 刘进. 高校自主招生公平问题研究——基于杨东平教育机会均等五因素模型的分析[C]. 2008 年中国教育经济学学术年会，2008：10.

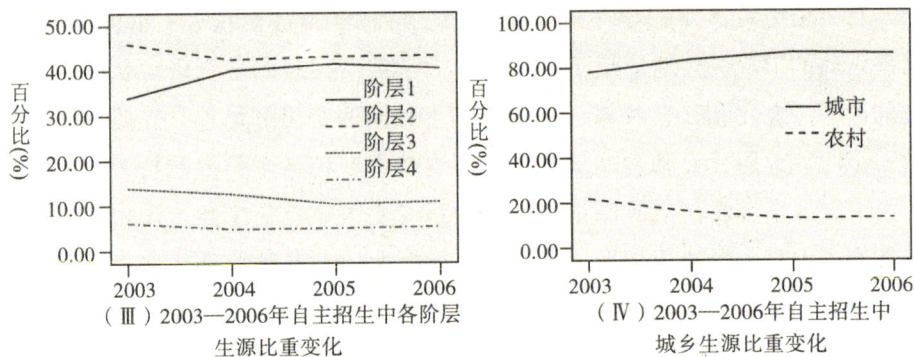

（Ⅲ）2003—2006年自主招生中各阶层
生源比重变化

（Ⅳ）2003—2006年自主招生中
城乡生源比重变化

图5-16　自主招生中阶层与城乡生源比重

第二，在自主招生招录的学生中，城乡之间的差异也非常明显，如图5-16（Ⅱ）所示，生源比重随着生源地级别下降而下降，城市明显高于农村。并且女性的城乡差距比总体的差距更大。这种城乡差异在一定程度上是阶层差异的体现。

第三，在自主招生招录的学生中，阶层间以及城乡间的差距有逐年拉大的趋势。如图5-16（Ⅲ）和（Ⅳ）所示，而且从4年的变动趋势来看，优势阶层和城市的生源比重逐渐增长；而弱势阶层和农村的生源比重却逐渐下降，已基本处于自主招生的边缘化群体。

（2）加分与保送制度。

加分与保送资格主要针对两类群体：一类是各种级别较高竞赛中的获奖者，而这需要丰富的文化资本积累和专门训练所需的大量经济投入；另一类是省级优秀学生等荣誉性称号获得者以及特长生、见义勇为者等，而这存在很多人为操作的制度空间。由此，社会优势阶层充分利用其所拥有的权力、文化、经济、组织以及社会网络等资本优势，获得高考加分资格和占有优质的保送入学机会，其结果是优质高等教育的入学机会更多地被社会优势阶层子女占有，加剧了阶层之间大学入学的不公平。根据罗立祝（2008）[①] 对D市1995—2005年的1 767份原始保送生档案资料的统计数据，可以深入了解保送生中各阶层间的生源差异状况。

---

① 罗立祝. 社会阶层对保送生高等教育入学机会的影响［J］. 高等教育研究，2008，29（8）：38-44.

从各阶层保送生在不同层次与不同类型高校中的分布差异看（表5-24），其中，阶层1＝国家与社会管理者阶层＋经理人员阶层＋私营企业主；阶层2＝专业技术人员阶层；阶层3＝办事人员阶层；阶层4＝个体工商户＋商业服务人员＋产业个人＋失业半失业无业人员；阶层5＝农林牧渔阶层。通过计算可知，阶层之间保送生的总体基尼系数为0.409，而重点高校和一般本科高校中的基尼系数分别为0.478和0.327，洛伦兹曲线如图5-17所示。因此，保送生生源在总体上和重点高校中都存在着巨大的阶层差距；一般本科高校中的不公平程度要小于总体水平和重点高校。具体来讲，优势阶层（阶层1与2）占据了大部分的保送名额，其中阶层1的比例是阶层5的3.4倍，而阶层代表指数则为25.7倍。从不同层次高校来看，这种差距更加明显。重点大学的保送机会主要被优势阶层占据，其中阶层1的代表指数是阶层5的73倍；而在一般本科院校中情况有所缓和，但不公平状况仍然非常突出，其中阶层1的代表指数是阶层5的11.8倍。在优势阶层内部，具有权力资本、文化资本与组织资本优势的阶层1所获得的保送机会大约是具有文化资本优势的阶层2的3倍。这些数据充分表明保送生制度呈现出严重的阶层不公平，各种资本在不同程度上发挥了作用，保送生制度具有非常明显的阶层地位维护和再生产特征。

表5-24　　　　D市1995—2005年保送生的阶层分布及其代表指数

| 比例与阶层代表指数 | | 阶层1 | 阶层2 | 阶层3 | 阶层4 | 阶层5 |
|---|---|---|---|---|---|---|
| 社会阶层构成比例 $A$（％） | | 4.03 | 12.05 | 7.52 | 45.98 | 30.42 |
| 所有保送生 | 构成比例 $B$（％） | 19.69 | 22.41 | 8.43 | 43.75 | 5.72 |
| | $RI \dfrac{B}{A}$ | 4.89 | 1.86 | 1.12 | 0.95 | 0.19 |
| 重点大学 | 构成比例 $B_1$（％） | 23.52 | 24.45 | 7.28 | 42.46 | 2.29 |
| | $RI \dfrac{B_1}{A}$ | 5.84 | 2.03 | 0.97 | 0.92 | 0.08 |
| 一般本科高校 | 构成比例 $B_2$（％） | 15.13 | 19.98 | 9.80 | 45.29 | 9.80 |
| | $RI \dfrac{B_2}{A}$ | 3.76 | 1.66 | 1.30 | 0.99 | 0.32 |

（续表）

| 比例与阶层代表指数 | | 阶层 1 | 阶层 2 | 阶层 3 | 阶层 4 | 阶层 5 |
|---|---|---|---|---|---|---|
| 计算机与电子信息专业 | 构成比例 $B$（%） | 21.16 | 28.33 | 7.17 | 38.91 | 4.43 |
| | $RI \dfrac{B}{A}$ | 5.25 | 2.35 | 0.95 | 0.85 | 0.15 |
| 外语专业 | 构成比例 $B_1$（%） | 21.88 | 19.22 | 9.61 | 42.94 | 6.33 |
| | $RI \dfrac{B_1}{A}$ | 5.43 | 1.60 | 1.28 | 0.93 | 0.21 |
| 国际贸易专业 | 构成比例 $B_2$（%） | 23.53 | 21.57 | 7.84 | 47.06 | 0.00 |
| | $RI \dfrac{B_2}{A}$ | 5.84 | 1.79 | 1.04 | 1.02 | 0.00 |

资料来源：罗立祝．社会阶层对保送生高等教育入学机会的影响［J］．高等教育研究，2008，29（8）：38－44．

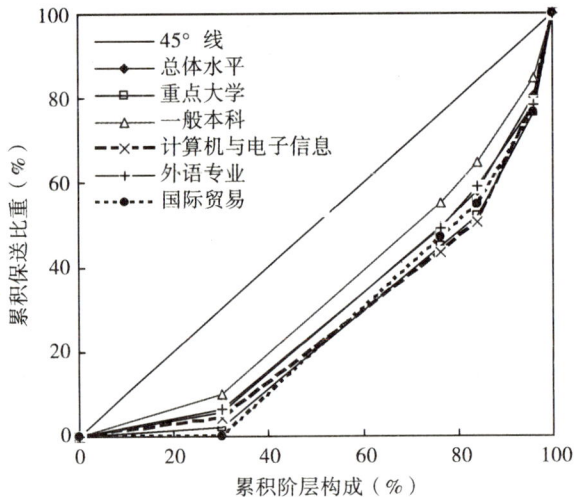

**图 5－17　不同阶层保送生洛伦兹曲线**

　　从保送生所在的专业看，优势阶层凭借其权力、文化、社会网络资本占据了大部分的热门专业的入学保送机会。以表 5－24 中的计算机与电子信息、外语、国际贸易三大热门专业为例，基尼系数分别为 0.468、0.407、0.478，其洛伦兹曲线的基尼面积比较大（图 5－17），这表明不同阶层保送生的数量存在较大的差距。其中，三种专业保送生中阶层 1 的生源比例分别为 21.16%、21.88% 和 23.53%，阶层代表指数分别达到了 5.25、5.43 和 5.84，而处于社会弱势地位的阶层 5 的子女分别只占 4.4%、6.3% 和 0%，代表指数分别只有 0.15、0.21 和 0.00，这说明阶层 1 的子女获得保送三种专业的入学机会分别是阶层 5 子女的 35 倍、27 倍和无穷大倍。值得注意的是，阶层 1 子女获得热门专业保送机会的代表指数比富含文化资本优势的专业技术人员阶层的子女高出两倍以上，这说明了高考保送制度中权力与组织资本相对于文化资本具有绝对优势。

罗立祝（2008）① 对 1988—1994 年期间保送生数据的分析进一步证明：优势阶层具有的各种优势资本在获取保送资格中发挥了决定性的作用。例如，在国家级竞赛获奖方面，国家与社会管理者阶层子女所占比例为 50%，阶层代表指数为 6.16，分别是专业技术人员、工人和农民阶层的 3.2 倍、14 倍和 36 倍。省级竞赛获奖者的阶层分布情况与国家级竞赛获奖相似。在获省、区、校级三好学生或优秀学生干部称号的保送生中，知识分子阶层子女所占比例和阶层代表指数都远低于干部阶层，国家与社会管理者阶层保送生的阶层代表指数约为专业技术人员阶层的 6 至 9 倍，而工人和农民阶层比较稳定。从保送生的高中学业成绩排名看，班级或年度成绩排名在前 20% 以内的保送生中，国家与社会管理者阶层占了 35.11%，其阶层代表指数分别是专业技术人员、工人和农民阶层的 7 倍、9 倍和 4 倍；而在排名在前 20% 以外的保送生中，国家与社会管理者阶层占了 50.38%，其阶层代表指数分别是专业技术人员、工人和农民阶层代表指数的 5.4 倍、13.3 倍和 18 倍。由此可见，大学入学保送制度实际上是资本优势群体充分运用自身所拥有的权力资本、文化资本或组织资本等优势，占据了由保送制度所提供的大学入学机会尤其是优质大学的入学机会。

由以上对阶层之间大学入学不公平状况的分析可知，无论是在整体上，还是在就读的高校层次、学科与专业的选择，以及高考录取分数、大学自主招生和高考保送中，大学入学都存在着巨大的阶层差距，都体现着明显的阶层属性。作为阶层区别标志的权力资本、社会资本、经济资本和文化资本等在大学入学机会的获得方面起了决定性的作用，并且在不同的方面发挥了不

---

① 罗立祝. 社会阶层对保送生高等教育入学机会的影响［J］. 高等教育研究，2008，29（8）：38－44.

同程度的作用。而高考分数、高中学业成绩等因素并没有真正成为高考录取和保送的最终裁判标准，实质上，它们是在具有了阶层属性之后才发挥了决定性作用，即阶层变量成为高考录取和保送的实质的优先决定量。

## 第六节　本章小结

现阶段中国的大学入学不公平具体体现为性别、城乡、区域、阶层等维度。本章研究发现，自大学扩招以来，大学入学的性别差异已经不是很明显，其深层次的差异更多地体现在城乡、区域和阶层等方面。城乡、区域之间的大学入学不公平是显著存在的，不仅表现为总体数量的差异，还表现为质量上的深层次差异。研究进一步发现，大学入学机会的城乡和区域差异与特定群体的经济和政治地位之间存在密切关联，城市尤其是城市化程度高的区域及其群体占有更多高等教育资源的倾向越来越公开且名正言顺。城乡、区域之间的差异实质上可以视为宏观上的阶层差异，而且城乡、区域的视角隐匿了大学入学的诸多差异与可比性（马维娜，2006）[①]。因此，还需要从更微观的阶层维度进一步探究大学入学与经济、政治以及政策之间的深刻关联。阶层维度没有限定招生人数，学生的分布属于随机分布，因此相对偏差较小，并可以同时整合性别、城乡、区域等维度，能够使研究更加系统和具体。

本章通过从数量和质量两个层面对中国大学入学公平状况进行剖析发现：目前，中国的大学入学不公平已经达到了非常严重的程度，并且正向更深层次发展。具体表现为资本优势群体凭借所拥有的各种优势资本超额占有了更多的大学入学机会尤其是优质大学的入学机会，而劣势群体则以比优势群体更高的学术成绩获得了相对较少的和低层次的入学机会。衡量个体智力和努力的学术成绩却没有成为大学入学的根本标准。因此，大学入学选拔中社会选择优先于技术选择，看似公平的高考制度安排背后隐藏着深刻的教育不公平和社会不公平。根据本章对不同群体就读大学类型和学科专业类别差异的分析结论，结合第四章对教育类型的选择与教育价值之间关系的阐述可知，优势群体入学的大学类型以及学科专业类型一般具有教育消费性价值高和学

---

① 马维娜. 教育公平中的权力制约与政策审视 [J]. 教育发展研究, 2006, (1): 36 - 41.

费高的特点，劣势群体获入学的大学类型以及学科专业类型一般具有教育生产性价值高和学费低的特点。这表明，优势群体以各种优势资本为手段，过度追求教育消费性价值，从而超额占有了大学入学机会尤其是优质大学的入学机会，导致了大学入学的严重不公平。这一分析结果与第三章的结论是一致的，同时也表明第四章从个体教育类型的选择和经济因素两方面构建大学入学不公平内外因的联系具有现实合理性和可行性。总之，本章的分析及结论进一步为上述各章的研究提供了宏观层面的现实证据。

# 第六章 中国大学入学公平的
# 提升策略与措施研究

以上各章基于教育双重价值框架从理论和实证的角度证明了大学入学不公平的内在原因，建立了大学入学不公平的内外部因素之间相互联系的三条一般性路径，并深入剖析了中国大学入学不公平的现状问题和深层次原因，通过理论分析和实证检验的相互佐证，实现了理论可行性和现实适用性的统一。本章运用以上各章的理论分析结果，结合中国现阶段大学入学公平存在的具体问题，以防止上层社会群体为过度追求教育消费性价值而利用金钱和特权等优势资本对大学入学机会寻租，或降低其寻租概率和空间为指导思想，沿着三条一般性路径，提出中国大学入学公平提升的策略和具体措施。

## 第一节 个体教育选择的引导

### 一、中国现阶段制约大学教育个体选择的因素

改革开放以来，随着我国市场经济体制改革的不断推进和经济的迅速发展，人们的生活水平得到了前所未有的提高，市场经济体制的运作方式也逐渐得到了人们的普遍接受和认可。市场经济的典型特征是以个人利益作为行为的出发点，通过契约精神在个人和社会、权利和义务之间求得平衡。市场经济体制所蕴含的这种市场精神已经深入人心。因此，尽管教育领域被认为是目前最保守的领域，但也不可避免地受到市场机制的影响，教育产业化的呼声也曾一度高涨，学生和家长也逐渐把教育选择视为一种个人权力，进行

教育选择的愿望和呼声也越来越强烈。但由于历史上已经存在的政治的、经济的、社会的、文化的、政策的原因，以及个体之间在各种资源占有方面的差异，使得个体在教育选择方面的空间和能力存在很大的差异。总的来讲，我国大学教育选择的现状和问题主要表现为以下三点：

1. 大学入学的多元标准导致群体间教育选择力量的失衡

我国现阶段的大学入学标准主要是代表个人学术能力的高考分数。但在当前转型期内，由于缺乏有效的社会参与和利益博弈机制，由掌控重要资源权力的部门和群体主导着高等教育领域的改革和发展，这种特点往往被称为"内部人改革"（杨东平，2006）[①]。这一机制必然催生基于自身利益主导大学入学门槛力量的特殊利益群体，而且已经出现了公开的设租寻租和以权力和金钱为筹码占有入学机会的现象，导致了高等教育市场的扭曲和入学机会选择的不公平竞争。由此，单一的高考分数标准被打破，金钱、特权等已经成为大学入学的"公开"的和合法的潜规则。也就是说，当前我国的大学入学实质上执行的是以显规则（高考分数）和潜规则所构成的多元入学标准，而且潜规则甚至在某种程度上凌驾于显规则之上。在这种背景下，个体教育选择必然成为上层社会家庭子女的特权，而符合学术能力标准并且高于上层社会家庭子女入学分数的很多底层社会家庭子女则被潜规则屏蔽于大学之外。群体间力量的失衡必然会导致阶层间大学入学差距的扩大。这一结论在第三章的理论分析和第五章的现实分析中得到证实，此处不再赘述。

2. 高等教育领域竞争机制的缺乏导致教育选择的无效

随着我国市场体制的发育与政府权力的有限退出，高度统一的中央集权制逐渐向分权体制过渡，计划经济体制逐渐向市场经济体制过渡。这种体制的转型波及了高等教育领域，在一定程度上导致了高等教育体制的强制性变迁。但总的来看，我国高等教育的改革与发展尚滞后于社会经济体制的改革和社会经济的发展，尤其是还没有形成适应社会发展的竞争机制。而个体教育选择具有实质性意义的前提包括：个人可以选择，即拥有选择的权利、机会和可供选择的多个异质的大学教育服务；个人控制全部或部分教育资源，从而能对大学产生影响，尤其是能激发大学间的有序竞争；关于大学教育服

---

① 杨东平. 中国教育公平的理想与现实 [M]. 北京：北京大学出版社，2006：61-62.

务的较为充分的信息；大学具有一定的办学自主权，可以根据市场的需要进行改革。但这些条件在我国现阶段均因高等教育领域缺乏完善的竞争机制而无法得到满足。

从大学外部看，我国高等教育市场仍然是以政府管理为主，如图 6 - 1 所示（其中虚线代表一种间接关系）。

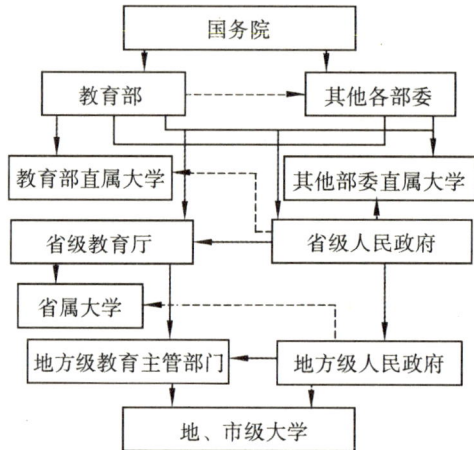

**图 6 - 1　我国公立大学的外部管理体制**

各级公立大学外部垂直方向上存在不同的层次，并且具有多轨的特点，存在的问题主要有：

（1）政府作为公立大学的产权所有者和正式委托人，为大学提供了外生的强制性制度安排，很少考虑其他委托人和作为最终代理人的大学的动态利益，致使大学办学自主权残缺。

（2）政府同时作为制度和规则的制定者和管理职责的行使者，权力高度集中，在很大程度上排斥了市场的参与，使得大学之间缺乏竞争机制。

（3）政府作为最终委托人，远离作为最终代理人的大学现场，实际上是委托人缺位，导致契约执行监督乏力和代理人寻租行为。

（4）委托代理链过于复杂，交易主体过多，责权利不明确，导致利益偏差损失和信息的扭曲与失真，增加交易成本。

我国大学外部的这种管理结构只会导致大学千篇一律，所提供的教育服务模式也整齐划一，缺乏多样性，难以形成适合于个体教育选择的竞争性环境。

从大学内部的管理看，如图6-2所示（虚直线表示一种模糊不清的关系），我国公立大学实行党委领导下的校长负责制，最高权力机关是校党委会，它实质上是政府和教育行政部门的管理权力在大学内部的贯彻和延伸。党委领导下的校长负责制要求大事要提交党委会进行讨论决定，小事由校长决策，但大小事无严格界限，故在实际运行过程中往往出现党政不分、以党代政的现象。学院一级也分党政两套班子，权力也高度集中在上层。系一级责大权小，缺乏积极主动性。有学者调查显示，我国大学内部基层普遍缺乏自主权；只有部分高校的基层学术组织发挥了组织者的作用，部属大学也仅为40.4%（郭石明，2004）①。大学的学术委员会等学术组织虽被赋予了很多权力，但处于上挤下压的两难境地，职能定位不清，没有实质性的权力。处于大学内部最底层的教学和科研工作者远离决策者，缺乏相互沟通，对学校事务的基本发言权都很难保障，只能按照决策者的命令行事。大学内部的这种管理结构必然使大学难以根据学生的需求提供高质量的教育服务，从而使学生对大学内部的课程、教师等具体服务的教育选择失去了应有的意义。

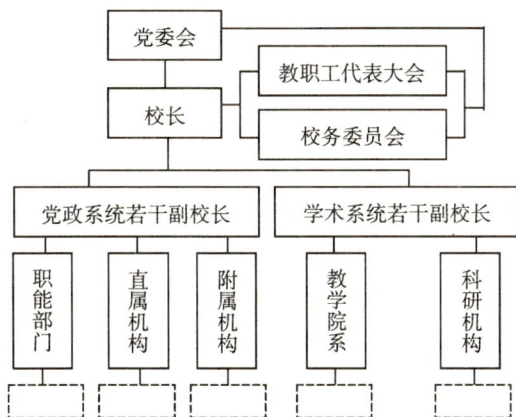

**图6-2 我国公立大学内部的管理结构**

从上述对我国大学内外部管理结构的分析可以看出，高等教育体制自身并没有进行实质性的市场化改革，大学教育的管理和运行在各个层面仍然保

---

① 郭石明. 社会变革中的大学管理［M］. 杭州：浙江大学出版社，2004：25.

留着明显的计划痕迹，实质上是戴着计划体制的残余脚镣在跳舞（王振洪，2007）①。此外，尽管近年来私立大学迅速兴起，但国家对其在招生、收费、专业设置等诸多方面进行限制，并且私立大学在管理模式上与公立大学存在很大程度的趋同，因此我国的私立大学无论在数量还是质量上都还远没有形成与公立高校抗衡的竞争力量。我国现阶段高等教育领域的市场化改革还仅仅停留在收费改革的层面上（程玉海，2007）②，仍然是卖方主导的市场。现有的改革和市场竞争状况，一方面导致了低收入群体家庭子女没有足够的资源进行大学选择，另一方面加重了信息不对称问题，从而增加了个人教育选择的风险。综上分析可知，我国高等教育的现有体制难以形成有利于个体教育选择的完善的制度空间和良性的竞争机制，在这种情况下，个体教育选择失去了必要的条件支持，因此也就失去了应有的意义，个体教育选择实际上仍然是大学在选择学生。

3. 大学教育消费主义的兴起导致个体教育选择的扭曲

现代意义的消费主义起源于19世纪末的美国，它是一种宣扬"消费是人生的终极目标"的文化思想，其目的在于差异的建构，人们所消费的不再是客体的物质性，而是差异，是一个个商品符号，是符号的象征性意义。在消费主义盛行的社会里，消费过程不再是劳动和超越的过程，而是吸收符号即被符号吸收的过程（波德里亚，2006）③，人变成了符号的灵魂，变成了玩弄差异和类同规则的游戏伙伴。受消费主义文化的影响，中国现阶段高等教育领域的消费主义已经兴起，或者说存在着消费主义的倾向，主要表现在以下两个方面：

第一，在校大学生的生活消费已经或正在超越传统的消费方式，并存在或普遍存在着消费主义现象或者倾向。具体表现为（方心清、王毅杰，2006）④：早熟消费，消费水平和质量超过了经济发展的实际水平；畸形消费，

---

① 王振洪. 双重市场竞争视野中的中国高等教育 [J]. 教育发展研究，2007，(11A)：80-83.

② 程玉海. 中国教育市场化进程中的政府责任分析 [J]. 宁夏社会科学，2007，(4)：7-11.

③ [法]波德里亚. 消费社会：2版 [M]. 刘成富，李志刚，译. 南京：南京大学出版社，2006：161.

④ 方心清，王毅杰. 现代生活方式前沿报告 [M]. 北京：社会科学文献出版社，2006：240-241.

消费内容过多过快，向高档型消费倾斜；豪华型消费，追求不切实际的奢侈与气派；炫耀性和攀比性消费，把高消费当做现实社会优越感和虚荣心理的手段，以追求个性差异、名牌、时尚商品为荣；悬空消费，追求脱离经济社会发展以及个人承受能力的消费；情绪化消费，把对消费品的占有、享乐作为弥补精神空虚的手段。来自高收入群体的学生是盲目消费、攀比消费、赶潮消费、面子消费、超前消费的主体，但他们对他人的示范效应和负面影响非同小可。赵燕平（2006）[①] 的调查研究显示，不仅高收入群体的学生，低收入群体的学生也出现了月消费偏高的现象，甚至就完全依赖贷款的学生而言，他们用于文体娱乐、旅游、香烟、零食等享乐品以及上网、通信等的消费支出额也比较大。该调查报告中描述了一位贫困大学生的心里话：

"我父母都是农民，我的学费都是他们借来的，这让我感到在同学面前抬不起头来。平时，我花钱大手大脚，让他们感到我家生活很好，什么彩屏手机、MP3、电脑，我都买了。可每当我给父母打电话要钱时，我心里多少有点不好受，没办法呀！我想以后再报答他们吧！"

这基本上是在校贫困生的消费心理写照。消费主义对低收入群体的学生尤其是贫困生而言，其消极影响涉及物质层面和精神层面，不仅使其生活更加拮据，而且还进一步加剧了他们的自卑感、压抑感，导致他们情绪的不稳定，直接影响他们的学习积极性和主动性。

大学生在生活中的消费主义表现或倾向具有潜在的危险。首先，容易淡化家庭亲情关系，扭曲校园人际关系。其次，大学生正处于人生观、价值观、世界观的形成时期，而消费主义很容易造成部分大学生的心理失衡，甚至道德人格的沦丧、文化价值观异化，形成自我迷失的价值虚无主义倾向，使大学生不去关注生存的真正目的和意义，迷失了自己的理想信念和人生目的，丧失了对知识和创造性的渴望。最后，这种消费主义的诉求在时机一旦成熟的情况下将导致其消费理性的彻底颠覆和解构，进而对社会消费产生不良的导向作用。这几个方面的消费主义倾向必然会从根本上影响大学生对大学教育内容的选择，包括与同学交往的目的、行为、方式以及学习目的、课程内

---

① 赵燕平．消费社会对大学生消费观念与消费行为的影响——长春工业大学学生消费状况调查 [J]．长春工业大学学报：高教研究版，2006，27（2）：50–53．

容、课程结构等方面，进而影响大学教育内在价值的获得。为此，必须正确引导大学生逐步确立一个正确和健康的消费观。

第二，我国高等教育自身也存在着消费主义色彩。目前社会舆论一般将就业作为评判个人大学教育成败的主要甚至唯一标准。大多数家庭或个人的求学动机就是毕业后能获得一份好工作，能获得更多的物质利益。而相当一部分用人单位在选人用人时过多地关注象征个人学历、学位、技能等各种证书文凭。由此，社会地位与文凭等级之间呈现出很强的正相关性，人们对大学教育的追求聚焦于对文凭的追求，与此同时，很多大学生进入大学之后，除了休闲娱乐之外，并没有把主要时间和精力用于学习专业知识，而是更多地用于考取各种与就业相关的凭证上。因此，文凭主义的盛行成为我国现阶段大学教育消费主义的主要表现。

大学教育消费主义带来了严重的后果。一方面，教育消费主义在一定程度上异化了大学教育的本质功能。一些大学和培训机构将文凭作为换取经济收入的主要手段，进一步导致文凭的泛滥和贬值，进而使探究和传播知识的教育活动"蜕化"为单纯的文凭交易的行为，弱化了应有的功能和责任。很多发放文凭和证书的大学和机构，"已经不能衡量智慧的层次和进展，只是满足对就业技巧的粗俗需求"（福塞尔，2000）①。另一方面，大学教育消费主义异化了个人接受大学教育的本质目的和学习动机。个人或家庭仅仅追求作为教育外在形式的学分和文凭，忽视了教育带给我们的知识、技能、情感、观念等素养的提高，远离了教育的本质。因此，消费主义将人们对大学教育的实质需求异化为虚假需求，人们所消费的不是大学教育的内在价值，而是象征大学教育的文凭的符号价值；接受大学教育变成了花钱买文凭和证书，从而扭曲了人们教育选择的目标、动机和行为。由此可见，大学教育消费主义实质上是对社会的一种"集体欺骗"，因为"在教育中，不管学生拥有多高的天赋，他们必须主动学习，学生是自身教育的合作者"（埃尔潘，2005）②，他们在交纳学费之后还必须进行自我服务。脱离了学生积极参与的大学教育，

---

① ［美］福塞尔. 恶俗：美国的种种愚蠢［M］. 何纵，译. 北京：中央编译出版社，2000：216.
② ［法］埃尔潘. 消费社会学［M］. 孙沛东，译. 北京：社会科学出版社，2005：129-130.

其内在价值不会自动地实现向学生的实质转移，更不会被学生内化为其自身
的真实素质。

## 二、促进中国个人大学教育选择的路径选择

针对以上制约中国现阶段大学教育个体选择的三方面因素，本课题从以
下三条路径提出相应的具体应对策略。

### 1. 路径一：提升入学学术能力标准

该条路径的指导思想是，在招生时提高以能力和努力所构成的学术能力
标准，进而缩小那些利用金钱和特权设租、寻租的上层社会群体范围，由此
限制该群体中的低学术能力者入学，从而防止该群体对教育消费性价值的过
度追求，增强低收入群体在大学教育选择中的力量。由于目前我国大学招生
的容量非常有限，提升入学的学术标准可以吸收学术能力高和学习努力的学
生入学，有助于提高教育效率，同时也符合本书所设定的公平原则。但这种
方法需要同时调整学费与补贴政策，以保证支付能力不足的学生入学。

Jimenez 和 Tan（1987）[①] 曾给出了以学术能力（个人天赋能力和后天努
力）为大学入学公平标准的效率效应，如图 6 - 3 所示。其中，函数 $f(a)$ 描
述了人口的学术能力分布，函数 $h(w)$ 描述了最富裕的五分之一人口的学术
能力分布，学术能力与家庭经济基础相互独立。当大学入学的学术能力标准
选择在 $a_1$ 点时，只有家庭富裕的学生才能入学，入学学生分布在图中（$A +
C$）的阴影区域内。显然这是以经济支付能力为实质入学标准的做法，既不利

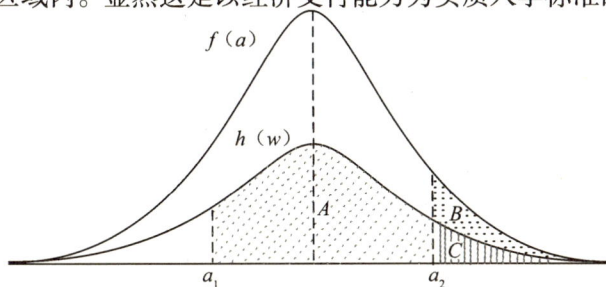

图 6 - 3 以学术能力为入学公平标准的效率效应

---

① E Jimenez，J P Tan. Selecting the Brightest for Post Secondary Education in Colombia：the Impact on Equity ［J］. Economics of Education Review，1987（6）：129 - 135.

于公平也没有效率。当将大学入学的学术能力标准限定在 $a_2$ 时，此时入学的学生分布在（$B + C$）的阴影区域内。这表明，提高学术能力这一刚性标准，可以降低富裕群体利用金钱、权力等超额占有大学入学机会的可能性，从而增加了其他群体中符合入学学术能力标准的学生的入学机会，这显然有助于促进大学入学公平和效率。

根据上述分析以及各种资本间的相关转换关系，由命题 1 可以得出如下推论：

**推论** 1：在我国现阶段，提高大学入学的高考录取分数，可以缩小上层社会群体在高考招生录取中的寻租空间，阻止其对教育消费性价值的过度追求，从而可以使下层社会群体中符合大学录取标准的边际学生更容易进入大学学习，进而可有效地促进我国的大学入学公平。

推论 1 给出了一种增强低收入群体中具有较高学术能力的个人的教育选择力量的方法，这种方法既适用于总体上高考录取分数的设定，也适用于各类型及层次大学的录取分数的确定，尤其适用于那些致力于提高教育质量和知名度的个体大学的招生。

2. 路径二：改革高等教育体制与结构

促进个体教育选择的教育体制与结构的改革应该包括三个方面：录取制度、管理制度、教育体系结构。这三个方面从不同的角度改善大学教育选择的环境。

（1）招生录取制度的改革。

招生录取制度的改革应该从两个方面着手进行：录取方法、入学机会的分配。我国的大学招生录取主要采取顺序志愿和平行志愿两种方式。顺序志愿是我国高考多年来采取的录取方式，采取第一志愿录取和其他志愿调剂的办法，本人的第一志愿优先于非第一志愿，第一志愿的考生在招生录取时具有优先于非第一志愿考生的选择权，其实质是"志愿优先，择优选择"。这种录取办法极大地限制了个体教育选择的机会。在第一志愿被录取的情况下，个人只有一次选择机会。如果第一志愿没有被录取，则无论个人服从调剂与否，都没有再次选择的机会：若不服从调剂则直接没有入学机会；若服从调剂虽然可能有入学机会但仍然没有再次选择的机会，而是被他人（录取工作者）随机选择。平行志愿是对顺序志愿的一种改进，虽然本人的第一志愿仍然优先于非第一志愿，但非第一志愿的考生和第一志愿的考生具有同等的选择权利，其实质是"分数优先，遵循志愿"。平行志愿的做法增加了考生的选择机会和选择空间，在一定程度上降低了考生报考的风险，促进了大学招生的公平。但无论是顺序志愿还是平行志愿，实质上都是"一考定终身"的游戏规则，即在一次高考后的有限时间内给予考生一次或少数几次选择机会。其不足之处主要包括：由于信息的不对称，有限时间内的一次或少几次选择往往难以达到令人满意的结果；对于因志愿填报失误而无缘重点大学的优秀考生非常不利；不利于平时一贯优秀却在高考中发挥失常的学生，也不利于整体成绩平平但单科成绩优异或特长明显的学生。总的来看，现行的招生录取制度都不能达到整体招生质量的最优。因此，可以采取给予考生多次考试机会和多次选择机会的录取方法来改进现行的录取制度以提高公平与效率，弥补一次高考灵活性不足的缺憾。可行办法之一是，在统一录取的基础上给予高分考生以及单科特长生再次甚至多次向高校直接申请的机会，以多次双向选择实现高考录取的公平与优化。

现有招生录取制度存在的另一个缺陷是入学机会分配的不公平，尤其是重点大学录取分配过度向所在地倾斜。改革的主要思路是按照大学的办学层次、类型和经费来源、办学定位等设立招生标准和名额分配标准。就"211工程"大学或"985工程"大学所构成的精英型大学而言，其公共经费来源以国家财政为主，而国家公共财政主要来源于各地的税收，故该类大学应该为国家的整体发展服务，所提供的教育机会面向全体国民，应该按人口比例等原则向全国各区域平等分配，而不应向学校所在地过多的倾斜。而对于作为承担高等教育大众化任务的地方院校而言，其公共经费来源主要是地方财政，故该类大学主要为所在区域的发展服务，所提供的教育机会应主要面向所在区域的居民。对于高等教育资源匮乏的省份，可以考虑采取计划配置的方式进行机会补偿。

（2）管理制度改革。

管理制度改革的目的是为了营造一种较为自由的竞争机制，增强大学的办学自主权，从而使大学提供多元化的服务，扩大个体教育选择的空间、增强教育选择的有效性。首先，从大学的外部管理看，改革的重点在于减少管理层级和管理的链条数目，降低高等教育管理的重心，为大学的自主运行松绑。其突破口在于政府重新定位其作用，适度引入市场机制。因为政府与市场都不是万能的，都具有一定的作用边界，都有失灵的可能。由于政府适用于宏观调节，可以纠正市场失灵，实现社会价值。因此，政府应该转变职能，从单一的直接行政管理转向为以立法、拨款、信息服务、政策指导等宏观管理，从大学举办者、办学者、管理者转向资助者、协调者、质量监控者。而适度引入市场机制则可以灵活调整微观层面的活动，纠正政府的失灵，反映多元化的需要并创造多元化的教育服务，培养高效率学校所必需的自治和竞争力。从大学内部的管理看，改革的关键是如何处理学术系统与行政系统的关系。从整体上看，行政系统运行的内在逻辑是等级控制，而学术系统运行的内在逻辑则是松散联结的学术权威控制，因此二者在实际运行中不可避免地会产生冲突。但是大学的学术系统承担的是大学的实质性任务，是大学的内核和主系统，是大学组织中权力的重心所在。因此，大学内部的运行必须以学术系统为主，行政系统为学术系统发展承担起服务与协调功能，并将其控制功能的行使范围限定在自身的边界内，其组织结构安排应该选择有利于集中决策和分散实施的科层结构模式。而学术系统的改革应该适应其灵活、自由和独立自控的特点以满足其局部适应和调节的要求，因此可以选择比较平坦的分权结构——矩阵结构模式。行政系统与学术系统的这种有效配合可以使大学自身的发展充满活力，适应学生多样化的需求。

（3）办学体系结构的改革。

长期以来，我国高等教育体系为单一的高等普通教育体系，其中高等职业教育仅作为其中的一个专科层次而存在。这种单一的体系安排已经不适应现实发展的需要。从社会发展的层面讲，当今世界科学技术发展日新月异，生产工艺的技术越来越复杂，对技术人才的要求也越来越高，简单工匠式的和一般性的工程技术人员很难适应未来社会生产的要求。这对高校尤其是高职院校在人才培养的层次、计划、专业知识等各方面都提出了更高更严的要求。从人的发展的层面讲，高等普通教育和高等职业技术教育都是对人的教育，最终目标都指向人的全面自由发展，只是提供不同类型的教育价值和适合于不同的群体而已。就我国现阶段的国情来看，应该大力发展以生存为导向的教育类型，尽快缩短贫富差距，而职业技术教育由于是以生产性价值为主的教育类型，恰恰适应了我国国情的需要。最后，从分类学的角度看，高等普通教育与高等职业教育并不存在层次上的关系，只是属于不同的体系和类型而已，二者之间的界限不是绝对的，而且二者必须存在融通性，即二者之间既要相互独立又要相互沟通。因此，有必要将职业技术教育从普通教育体系中独立出来，建立一个与普通教育体系并列的教育体系，同时注意两大体系的沟通与联系，使整个教育体系趋于结构完善、功能齐全。如图6-4所示，两大教育体系在层次结构上相互对应和相互沟通，最后同归到终身教育的体系中。两大教育体系的"能量交换"非常重要，主要包括：教育内容与教育思想的相互渗透；教育对象的相互转换，即高等普通院校与高等职业院校的学生可以在同一层次间相互转学，或者升学到对方的高一层次院校；师资的流动，即高等普通院校与高等职业院校的教师和科研人员可以相互流动。这种教育体系的构建不仅有利于培养理论与实践基础都过硬的高水平人才，还有利于增强学生的发展潜力和发展后劲；不仅有利于培养通晓理论的高水平师资，还有利于推动理论研究与应用研究双赢的局面。

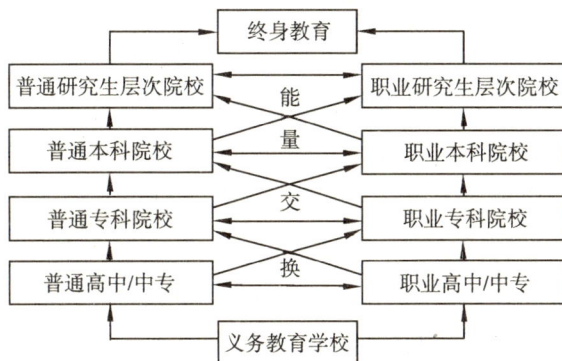

**图6-4　普通教育体系与职业教育体系的沟通与衔接**

### 3. 路径三：关注大学教育各个环节的突破

针对大学教育领域中的消费主义现象或倾向所导致的教育消费困境，可以从教育消费过程的各个环节入手进行突破，其核心和关键是引导大学生关注并努力获取各个环节的教育消费性价值和生产性价值。

（1）选择环节。

在经济学意义上，消费者是效用最大化的追求者，所做出的消费决策是经济理性的，即能够根据自身的能力、兴趣和家庭经济状况选择最适合于自身的教育类型和学习方式，从而实现以最低的成本获得最大的效用满足。但是教育消费不同于一般物品的消费，更容易形成信息不对称的现象。因为教育市场是专业性很强的市场，对于院校的类型、专业、文化、录取标准以及毕业和就业的难易程度等信息都需要具有一定的专业性知识才能获得和预知，在此基础上才能做出理性的选择。选择环节上的突破可以考虑采取以下措施：各院校的招生宣传工作要尽量到位，不仅要宣传本校的整体概貌和优势所在，还要详尽介绍各学科、专业的设置、发展现状和趋势等；权威部门定期发布关于全国各高校所有学科专业的排名以及各学科毕业生需求现状和趋势的信息；高校和高中学校在报考前联合开展面向学生和家长的报考培训。

（2）支付环节。

任何消费行为都要受到财力的制约，大学教育消费更是如此。而作为教育经费主要来源渠道的国家投入、学费、社会投入、社会捐助等都是非常稀缺的资源，只有采取适宜的配套措施使各种渠道相互配合才能降低财力预算对教育消费的限制性影响。可以考虑采取的配套措施有：第一，国家办学和社会办学的配套。从国内外的成功经验看，鼓励多元化办学可以拓展教育的融资渠道，并有助于形成不同体制高校之间的良性竞争，提高教育资源的利用效率。第二，国家补贴与学费的配套。国家补贴和学费是最重要的两大教育经费来源，国家以何种方式对高等教育进行补贴以及应该收取多么高的学费直接关系到经费的利用效率。目前很多研究都支持"高学费＋高补贴"的政策组合，即以较高收入家庭能够承受的学费标准进行收费，然后将收取的学费以及部分教育经费以补贴的形式再分配给来自低收入家庭的学生，从而达到既促进公平又提高资源利用效率的目的。第三，奖助体系的配套。完善的奖助体系应该包括奖学金、贷学金、学费减、缓、免和勤工助学基金以及社会资助等多元化的奖励和资助，目的的效率性是其显著特征。

（3）参与和获益环节。

该环节是大学教育生产和消费同一的环节，也是消费者获得大学教育消费效用的关键环节。参与什么以及以何种方式参与直接影响效用获取的程度和效率。高等教育消费的对象不仅仅是高校提供的课程和校园的设施，还包括校园文化、校园的社团活动、学术活动、文娱活动等。其中，校园文化的影响是潜移默化的，甚至能对学生一生的发展产生深远的影响，它应该成为高等教育消费的首要内容。而校园文化贯穿于各种活动和校园设施之中，并在各种活动之中不断发展和更新的。课堂学习、宿舍交流、班级活动等都是大学教育的重要构成内容，是学生形成和提升自身能力和素质、扩展社会资本和文化资本的主要途径，也是学生与大学文化互构的重要媒介。在获益环节，应该认识并做到如下几点：首先，货币回报等功利性结果都是理性教育消费的必然结果。高等教育消费的目的不仅仅是获得学历和学位证书，更重要的是获得一种生活的能力，即扩展自由的可行能力。这种能力的构成要素包括创新精神、合作精神、交流能力、学习能力、科学知识等。因此，大学生务必要避免教育消费的过分功利化，避免过分地追逐高等教育的货币性收益，更要避免以非理性为特征的教育"消费主义"。第二，教育消费效用的高低取决于教育过程的参与程度。大学生要根据自己的选择目的制定一个关于自身教育消费需求的"清单"，积极主动地参与所选择的活动，充分发挥自身的优势，并充分利用学校提供的一切可以利用的条件，在教育消费中实现自身素质与能力的"建构"。第三，教育供给方也是教育消费的参与和获益者。教育消费与教育服务供给的互动过程也是高等教育质量不断提升的过程。因此，高等教育主管部门和高校要提供多元化的教育服务，并根据学生的反馈不断完善服务的内容结构和改善服务的水平，从而在教育供求的动态平衡中实现高等教育质量的提升。

（4）享用环节。

享用环节是教育过程结束后毕业生对教育所得的享受和使用，是教育发挥作用的主要阶段。教育的消费性价值与生产性价值一起带来了教育投资性收益及其持续扩大。目前大学生就业难的问题不仅仅是一个教育投资收益低的原因，更重要的是所获得的教育消费性收益不足且没有发挥其作用的原因。因此，该环节应该做到两点：第一，毕业生应该了解自身的情况及其所处的环境，找到一个适合于自己施展抱负的发展空间，充分发挥所受教育在生活和生产中的作用。第二，在工作和生活过程中，树立终身学习的理念，不断扩展知识和才能以及不断培养判断能力和行动能力，提升自身的素质，从而更好地促进生活和社会的生产。

综合6.1.1.2、6.1.1.3、6.1.2.2和6.1.2.3各小节的分析可知，高等教育体制与结构方面的改革可以为所有群体提供对等的教育选择权利和空间，而重视教育过程各环节的突破可以帮助人们自主地避免非理性消费和滥消费行为，并消除贫困群体支付能力不足的障碍。这两方面的策略与措施实质上可以挤压优势群体的寻租空间，从而增加目前我国弱势群体学生的大学入学机会。由此，根据命题1和命题2可得如下推论：

**推论2：** 在我国现阶段，通过招生录取制度、管理制度、办学体系与结构等方面的变革以及关注对教育过程各环节的突破，可以赋予所有符合入学学术能力标准的学生以实质的自由选择权利和空间，突破学术能力标准之外的入学障碍，营造多样化的教育选择环境，从而可以稀释上层社会群体金钱和权力的寻租能力和空间，平衡各社会群体间的竞争性选择力量，进而促进大学入学的公平。

### 三、引导个体教育类型选择的一种具体方法

对于个体的教育选择，仅仅赋予个人教育选择的权利和营造选择的氛围还是远远不够的，还必须培养和引导他们具备相应的选择能力，才能达成个体与教育类型的最佳匹配，实现教育资源的最终优化配置。

第三章和第四章的分析已经表明，不同群体追求教育各种价值的非对称竞争导致了大学入学的不公平。而不同类型的教育具有不同类型的教育价值，需要不同的学术能力与努力，所以引导人们教育类型的选择也是一种提升教育公平的路径选择。一种可行的方法是，通过设定不同的学费标准引导人们选择合适的教育类型。三种类型中，类型Ⅲ应该设定最高的学费，类型Ⅰ次之，类型Ⅱ最低。以此为原理，可以就中国的实际情况提出一种基于选择价值指数的个人高等教育类型选择的方法，个人将自身的各类指标标准化后代入所建立的公式经计算比较即可确定应该选择的教育类型。这种方法可以帮助不同社会阶层的个人选择适合的教育类型，避免选择的盲目性；还可以优化教育资源配置和最大化教育的货币性和非货币性产出。这一部分的分析是在第四章第三节的基础上进行的，字母所代表的变量意义均与第三节相同。

由于教育消费性价值和生产性价值是影响个体教育选择的决定性变量，引入$\varphi_i$变量表示某人所选择的$i$型教育的相对价值，称为选择价值指数（SVI）。

$$\varphi_i = \frac{1}{2}\log\ (w_i \cdot e_i)\ = \frac{1}{2}\ (\log w_i + \log e_i)\ = \frac{1}{2}\ (\omega_i + \rho_i),\ i = C, P$$

$$(6-1)$$

其中，用 1/2 使 $\varphi_i$ 的值标准化至 0 到 1 的区间内，$\omega_i$ 和 $\rho_i$ 分别表示 $i$ 型教育的生产性价值指数和消费性价值指数。$w_i$ 可以根据联合国开发计划署所使用的计算人类发展指数的阈值法（$UNDP$, 2007/2008）[①] 计算出来：

$$\omega_i = \log\ w_i = \frac{\log w_{i0} - \log w_{imin}}{\log w_{imax} - \log_{imin}},\ \rho_i = \log e_i,\ i = C, P \qquad (6-2)$$

其中，$w_{i0}$ 为个人选择 $i$ 型教育的期望的工资现值，$w_{imin}$ 和 $w_{imax}$ 分别为该个体选择 $i$ 型教育能获得的最小和最大的工资值。这些数据可以从现实中观察到或预测到。因此，一旦将消费性价值指数 $\rho_i$ 计算出来，个人就可以获得 SVI，进而就能在一定程度上决定应该选择的教育类型。

教育消费性价值指数 $\rho_i$ 主要由学费、家庭收入、母亲的教育水平、父亲的社会地位和学生的能力等因素决定（Oosterbeek 等, 2000）[②]，本着实用、简单的原则可以从三个维度计算 $\rho_i$：经济支付能力、个人学术能力、个人偏好。经济支付能力可以由家庭的人均收入 $f_i$ 来代替。$i$ 型教育的个人直接成本是学费 $t_i$，可以在各校的招生信息中获得。由于个人的教育支出动机已反映在工资指数中，可不考虑机会成本。根据阈值法，可以得到个人的经济支付能力指数 $\rho_{i1}$：

$$\rho_{i1} = \frac{f_i - 0}{t_i - 0} = \frac{f_i}{t_i},\ \rho_{i1} \in\ [0, 1] \qquad (6-3)$$

个人学术能力以个人高考总分 $s_i$ 代替，高考试卷总分为 $s_0$，由阈值法可得到个人的能力指数 $\rho_{i2}$：

$$\rho_{i2} = \frac{s_i - 0}{s_i - 0} = \frac{s_i}{s_0},\ \rho_{i2} \in\ [0, 1] \qquad (6-4)$$

个人偏好决定了个人在成本与收益之间以及教育生产性价值与消费性价值之间的权衡取舍。它主要由家庭经济地位、父母的教育水平和职业等因素

① UNDP. Human Development Report 2007/2008 ［R］. Oxford：Oxford University Press, 2008：355 – 361.

② H Oosterbeek, H van Ophem. Schooling Choices：Preferences, Discount Rates and Rates of Return ［J］. Empirical Economics, 2000, 1（25）：15 – 34.

决定，为了估算方便，根据杨东平（2006）[①]、陆根书和钟宇平（2002）[②]、谢作栩和王伟宜（2005）[③]、Dur 和 Glazer（2008）[④]、Oosterbeek 和 Ophem（2000）[⑤] 等人的研究结果，可以仅选择家庭社会经济地位和母亲的教育水平两个维度。家庭社会经济地位决定了个人及其家庭拥有多少经济、组织和文化资源，这些资源无疑是个人偏好的决定性因素。而陆学艺（2004）[⑥] 对社会阶层的划分标准正是考虑了这些因素。本书将陆学艺（2004）所划分的十大社会阶层中的最后一个阶层进一步划分为城乡半失业者和城乡失业者两个阶层，并对 11 个社会阶层从高到低连续赋值 0 到 10，综合父亲的社会经济地位 $F_i$ 与母亲的社会经济地位 $M_i$ 可以得到个人社会经济地位指数 $\theta_i$：

$$\theta_i = \frac{F_i + M_i}{20}, \ \theta_i \in [0, 1] \tag{6-5}$$

同理，母亲的教育水平指数 $\eta_i$ 的获得也可以先将各级教育赋值再根据阈值法计算。不妨分别对文盲、半文盲、小学、初中、高中、本科、硕士和博士分别赋值 1、2、3、4、5.5、7.5、10，可得：

$$\eta_i = \frac{L_i - 0}{10} = \frac{L_i}{10}, \ \eta_i \in [0, 1] \tag{6-5}$$

因此，个人偏好指数 $\rho_{i3}$ 为：

$$\rho_{i3} = \frac{1}{2}(\theta_i + \eta_i) = \frac{F_i + M_i + 2L_i}{40} \tag{6-6}$$

最后，借鉴人类发展指数的计算方法可以将个人教育消费性价值指数表示为：

① 杨东平. 中国教育公平的理想与现实［M］. 北京：北京大学出版社，2006.

② 陆根书，钟宇平. 高等教育成本回收的理论与实证分析［M］. 北京：北京大学出版社，2002：137.

③ 谢作栩，王伟宜. 社会阶层子女高等教育入学机会差异研究［J］. 大学教育科学，2005，（4）：58－66.

④ R Dur, A Glazer. Subsidizing Enjoyable Education［J］. Labour Economics, 2008, 5（15）：1023－1039.

⑤ H Oosterbeek, H van Ophem. Schooling Choices: Preferences, Discount Rates and Rates of Return［J］. Empirical Economics, 2000, 1（25）：15－34.

⑥ 陆学艺. 当代中国社会流动［M］. 北京：社会科学文献出版社，2004：13.

$$\rho_i = \left[\frac{1}{3}\left(\rho_{i1}^{\alpha} + \rho_{i2}^{\alpha} + \rho_{i3}^{\alpha}\right)^{\frac{1}{\alpha}}\right] = \left\{\frac{1}{3}\left[\left(\frac{f_i}{t_i}\right)^{\alpha} + \left(\frac{s_i}{s_0}\right)^{\alpha} + \left(\frac{F_i + M_i + 2L}{40}\right)^{\alpha}\right]\right\}^{\frac{1}{\alpha}}$$

$$(6-7)$$

其中 $\alpha = 3$。对于取 $\alpha = 3$ 的原因，可以查阅 Anand 和 Sen（1977）以及《人类发展报告1997》中的详细解释。

由公式（6-1）、（6-3）和（6-7）可得个人教育选择价值指数的表达式：

$$\varphi_i = \frac{1}{2}(\omega_i + \rho_i) = \frac{1}{2}\frac{\log w_{i0} - \log w_{i\min}}{\log w_{i\max} - \log w_{i\min}} + \frac{1}{2}\left\{\frac{1}{3}\left[\left(\frac{f_i}{t_i}\right)^3 + \left(\frac{s_i}{s_0}\right)^3 + \left(\frac{F_i + M_i + 2L}{40}\right)^3\right]\right\}^{\frac{1}{3}}$$

$$(6-8)$$

由于公式（6-8）中的各变量都非常容易获得，个人教育选择价值指数通过上述简单的算术计算就可以得到，进而就可以根据以下方法选择适合自身情况的教育类型：

（1）如果 $\varphi_i \geqslant 0.5$，则表明 $i$ 型教育值得选择。在这种情况下，如果 $\omega_i > 0.5$ 且 $\rho_i < 0.5$，则 $i$ 型教育为 $P$ 型教育；如果 $\omega_i < 0.5$ 且 $\rho_i > 0.5$，则 $i$ 型教育为 $C$ 型教育；如果 $\omega_i \geqslant 0.5$ 且 $\rho_i \geqslant 0.5$，则 $i$ 型教育为 $M$ 型教育（即生产性价值和消费性价值均很高的教育类型）。

（2）如果 $\varphi_i < 0.5$，则表明 $i$ 型教育不值得选择。

由以上分析，根据命题2关于消费性价值与教育选择的关系以及各种资本间的转换关系可得如下推论：

**推论3**：在我国现阶段，引导高学术能力的穷人选择生产性教育，提升经济弱势群体的人力资本，摆脱经济上的弱势地位，促进弱势阶层向上流动；引导较低学术能力的富人选择消费性教育，提升优势群体的文化资本和整体素质，引领先进潮流，发挥其对社会的示范效应，促进社会健康发展。如此螺旋上升，可以在有限的几代时间内消除贫穷和不平等的闭路循环，从而促进整个社会的发展和进步。

该推论的基本原理是利用经济资本积累社会资本和文化资本，这是一种带有普适性的路径选择。其中，生产性教育和消费性教育是相对的概念，包括两个层面：第一个层面是总体上生产性教育比消费性教育具有较高的生产性价值和较低的消费性价值；第二个层面是相对于不同群体而言，例如下层社会群体相对于上层社会群体从生产性教育中能获得更高的消费性价值。这里的"引导"是一个阶段性概念，并不是让经济优势群体过度追求教育消费性价值而超额占有大学入学机会，也不是一直提倡经济优势群体永远选择消费性教育而让经济弱势群体永远选择生产性教育，而是达到如下目的：引导符合入学学术能力标准的经济优势群体中的边际学生更多地选择消费性教育，但也要主动获取其中的生产性价值，从而满足维持或提升其社会地位和文化品位的需要；引导经济弱势群体中的高学术能力学生更多地选择生产性教育，但也要积极主动地去享受其中的消费性价值，从而使其在有限的一两代时间内摆脱经济弱势地位。由此，通过个体与教育类型的适宜性匹配，可以在有限的几代内实现整个社会的进步：文明程度和经济发展水平的共同提高。

## 第二节　非统一纯学费价格政策的实施

前面的研究已经证明，为改善由于优势群体过度追求大学教育消费性价值而导致的入学不公平状况，应该实施非统一的学费政策和非统一的教育补贴政策。但是，由于信息的不对称、路径的依赖性以及相关利益群体的强干预，真正的非统一学费政策在实践中推行必然是很困难的，实质上它可以通过形式上的非统一学费政策，即非统一纯学费价格政策来实施。而由上一章的命题5可知，非统一纯学费价格政策可以通过学费政策与各种补贴政策之间的有效配合来完成。而在学费与教育补贴的有效组合中，学费的高低以及教育补贴的数量和形式必然影响组合政策的整体效果。下面就我国的实际情况进行分析。

### 一、中国现阶段学费及补贴政策存在的问题

我国自1994年开始试行大学收费制度改革、1997年全面实行收费制度以来，已经初步形成了由奖学金、助学金、助学贷款、勤工助学、困难补助以及学费减免等多种补贴项目构成的资助体系。总的来讲，我国现阶段学费及补贴政策存在的主要问题可以概括为如下几点：

1. 学费定价有悖国情且缺乏灵活性

（1）长期以来，我国大学实行统一的学费政策，即对同一专业不同学生

收取相同学费，这种学费政策虽然在实践中操作简单，但灵活性差，并且在实质上隐含着不公平的因素。因为同一高校同一专业的学生来自不同的区域，而不同的区域由于经济发展水平以及物价水平均存在差异，并且不同区域的办学成本也存在相当大的差距，所以统一的学费政策显然有失公允。此外，同一高校同一专业的学生来自收入水平、支付能力、价格弹性不同的家庭，统一的学费政策不符合能力支付原则，必然会阻碍部分低收入群体子女入学，进而导致不公平的结果。

（2）长期以来，我国的学费定价方法是1996年国家教委、计委联合颁布的《高等学校收费暂行管理办法》规定的"高等学校学费占年生均教育培养成本的比例最高不得超过25%，具体比例必须根据经济发展状况和群众承受能力分步调整到位。"2000年6月，教育部、国家计委和财政部发出的通知又要求高等学校的收费水平"依据高等学校年生均日常运行费用、财政拨款、当地经济发展水平和居民承受能力等情况确定"。但无论是生均教育成本还是生均日常运行费用的计量，无论是理论界、大学还是政府教育主管机构，都没有给出一个令人满意的权威解释和说法。大学学费的"25%成本定价法"是成本分担理论根据国际上大部分国家的经验确定的参考标准，但是这种定价法依赖于对相关成本的界定以及实际成本的核算。在目前的国情和教育成本核算制度下，这种定价法对我国学费政策制定的参考意义不大。首先，我国正处于教育大众化的初始阶段，国家财力有限，较低的学费不利于教育大众化的扩展，而且也不利于教育公平状况的改善。其次，生均日常运行经费或成本中的很大一部分是不应该由学生分担的非教育费用，尤其是近年来大学普遍大规模圈地扩张和豪华建设大大增加了大学日常运行经费的支出，此外机构臃肿、冗员泛滥、公款消费、应酬费等无不增加了日常的运行经费，"洗脚费"甚至都被计入生均成本之中（唐勇林，2007）[1]。"25%定价法"在这种成本核算方法下显然失去了实质性的意义。最后，近几年来，我国很多大学尤其是地方大学和高职院校的学费实际上已经远远超过了25%这个界限（余英，2007）[2]。由此可见，我国当前采用的大学学费定价方法既不利于教

---

① 唐勇林. 86.1%的人认为大学学费"太高了"［N］. 中国青年报，2007 - 01 - 15 (2).
② 余英. 高等教育成本分担的国际比较［J］. 清华大学教育研究，2007，28 (3)：111 - 118.

育公平的扩展，也不利于教育效率的提高。

（3）长期以来，我国的学费定价只分大类，如一本、二本、三本院校，理工类、文史类、艺术类专业等，并且各类院校和专业之间的学费并没有体现显著差异，更没有体现质量差异。总的来看，我国的大学学费水平以及净支付与大学的层次和学术声望之间存在一种逆向关系，即一般院校的平均学费水平和学生的实际"净"支付要高于"211工程"高校，"211工程"高校要高于"985工程"高校，见表6-1（李文利，2006）①，而高层次和高学术声望的大学提供的是高质量的教育，所花费的教育成本必然高于一般大学，因此这本身与成本定价原则相违背。从信息经济学的角度看，学费定价的这种逆向选择现象必然会导致大学办学的低效率，不利于高层次和高水平大学提高教育质量，也不利于一般大学的良性发展。同时，由第五章的分析可知，阶层地位与阶层的大学生源代表份额之间存在一种正向关系。所以，学费定价的逆向选择现象实质上是高收入阶层交纳了较低的学费，而低收入群体却交纳了较高的学费。显然，当前的学费定价方式不利于大学入学的公平。

2. 各种补贴缺乏协调且数量短缺

从现实看，各种补贴政策并没有有效地解决低收入家庭子女的大学入学问题。主要原因是：一方面，各种补贴政策效果交叉重叠，缺乏相互间的系统性协调，难以发挥互补作用。另一方面，各种补贴数量短缺，覆盖面或是过于平均或是不足，不能满足弥补学费支付能力缺口的需要。而现阶段各种补贴的数量与大学层次之间存在一种正向匹配关系（表6-1），这种不协调的匹配必然会加重教育补贴的短缺。

① 李文利. 高等教育财政政策对入学机会和资源分配公平的促进 [J]. 北京大学教育评论，2006，4 (2)：34-46.

表 6 - 1　　　　　　　　不同层次高校学杂费及补贴分配情况

| 高校层次 | 学费<br>（元） | 住宿费<br>（元） | 奖、助<br>学金<br>（元） | 学生<br>贷款<br>（元） | 勤工<br>助学<br>（元） | 净支付<br>（元） | 净支付<br>占家庭<br>人均收<br>入（%） |
|---|---|---|---|---|---|---|---|
| "985 工程"<br>高校 | 4 885.93 | 864 | 1 549.99 | 673.49 | 396.95 | 2 872.28 | 33.03 |
| "211 工程"<br>高校 | 5 066.46 | 887 | 1 096.18 | 546.16 | 420.72 | 3 720.53 | 51.88 |
| 一般院校 | 6 106.59 | 963 | 946.14 | 426.95 | 253.41 | 6 199.67 | 101.71 |
| 总体平均 | 5 340.42 | 905 | 1 144.95 | 537.07 | 370.47 | 4 137.59 | 56.62 |

资料来源：李文利. 高等教育财政政策对入学机会和资源分配公平的促进［J］. 北京大学教育评论，2006，4（2）：34 - 46。

（1）奖学金。

奖学金属于无偿性补贴，包括国家奖学金、国家励志奖学金、地方政府奖学金、研究生奖学金以及学校设立的其他奖学金，其主要功能是奖励少数优秀学生，其对象较为集中，被少部分优秀学生享有或重复享有，资助力度较弱。例如，2002 年政府设立的"国家奖学金"资助人数为 45 000 人，占 2004 年全日制本专科学生的 0.33%（徐国兴，2004）[①]。

（2）助学金。

助学金属于无偿性的补贴，包括国家助学金、地方政府助学金、研究生助学金以及学校设立的其他助学金等，资助金额较少，并且覆盖面广，分布均匀，起不到助贫的作用。例如，2007 年全国资助金额为 64.68 亿元，占当年资助总金额的 24%，资助约 572 万人次（教育部，2008）[②]。

---

①　徐国兴. 高等教育学费和机会均等［J］. 教育与经济，2004，（4）：6 - 11.

②　中华人民共和国教育部. 2007 年全国高校家庭经济困难学生资助工作情况［EB/OL］. ［2008 - 11 - 26］http：//www. moe. edu. cn/edoas/website18/24/info1216950788453524. htm.

（3）助学贷款。

助学贷款属于有偿性补贴，包括校内贷款、国家助学贷款、一般性商业助学贷款等类别。其中，国家助学贷款资助力度和规模最大，是助学贷款的主要内容。助学贷款是助贫的主要补贴手段，但是由于各方面原因并没有很好地发挥作用。首先，地区间、专业间以及高校间助学贷款的发放不均衡，东部发达地区、热门专业以及知名度高的大学一般获得的助学贷款较多，而更需要助学贷款的不发达地区和地方院校得到的助学贷款反而较少。第二，助学贷款金额有限，不能满足贫困生特别是高学费专业贫困大学生支付学费、住宿费、生活费以及其他在校期间的必要支出的需要。第三，助学贷款的覆盖面有限，仅能满足部分贫困生的需要。以 2007 年为例（教育部，2008）[①]：全国高校贫困生约 407.71 万人，占在校生总数的 20.39%，家庭经济特别困难学生约 14.93 万人，占在校生总数的 7.95%。其中，获得国家助学贷款的为 72.85 万人，仅占贫困生总数的 17.9%；获得校内无息贷款的为 7.44 万人，仅占贫困生总数的 1.82%。显然，助学贷款存在着巨大的缺口。第四，助学贷款还款时间较短，国家助学贷款虽然自 2004 年 6 月起由 4 年延长至 6 年，但仍然比较紧促；商业助学贷款的期限为剩余学习年限加 6 年；生源地信用助学贷款按剩余学习年限加 10 年确定，但学制超过 4 年或继续攻读研究生学位、第二学士学位的，要相应缩短学生毕业后的还贷期限。由于就业形势严峻且工资水平低，贫困生毕业之后偿还助学贷款难度非常大。第五，由于银行旨在谋求经济效益，与助学贷款谋求社会效益的目标产生矛盾，且由于信用体系不健全，贷款回收比较困难，出现了银行惜贷现象，从而使助学贷款难以进一步向更多的贫困生扩展。

（4）勤工助学。

这是一种通过学生付出一定的劳动而获取报酬的资助政策，但由于社会和高等学校没有足够的工作岗位，且其报酬较低，并不能有效地为学生完成学业提供资助。例如，2007 年全国高校共设置校内岗位 80.27 万个，资助金额为 12.42 亿元，占当年资助总金额的 5%，资助人数约为 270.74 万人次，

---

① 中华人民共和国教育部 .2007 年全国高校家庭经济困难学生资助工作情况［EB/OL］.［2008 - 11 - 26］http://www.moe.edu.cn/edoas/website18/24/info1216950788453524.htm.

仅能满足半数贫困生的岗位需求（教育部，2008）[①]。

（5）特殊困难补助。

它是国家和学校对于那些生活水平低于学校所在地居民平均最低水准线的学生提供的无偿资助方式。由于金额较少，只能在一定程度上缓解特困学生的生活压力，并无助于解决昂贵的学杂费问题。例如，2007 年全国共发放金额为 7.12 亿元，占当年资助总金额的 3%，发放人数约为 179.51 万人次，生均补助仅为 895 元（教育部，2008）[②]。

（6）学费减免。

国家对公办全日制普通高校中部分确因经济条件所限、交纳学费有困难的学生，特别是其中的孤残学生、少数民族学生及烈士子女、优抚家庭子女等，实行减免学费政策。但学校缺乏对学费减免政策执行的积极性，原因在于政府对高校的财政拨款占学校办学成本的比例越来越低，学费减免得越多，学校财政压力越大。

### 3. 学费与补贴的协调性差

中国的大学学费政策与补贴政策没有形成一个相互协调的有机整体。学费与补贴之间的不协调主要表现为"缺乏针对教育财政充足的财政规划"（黄斌、钟宇平，2008）[③]，致使中低收入群体的支付能力普遍存在着较大的支付能力缺口。后果是一些中低收入群体的高学术能力学生因支付能力不足而无法入学或中途退出，从而加剧群体间大学入学的不公平，并且不利于教育效率的提高。国内很多学者的调查研究都表明了这一点。李文利（2008）[④] 对全国范围的大样本调查表明，现行的学费和补贴政策存在一个较大的支付能力缺口，没有解决经济能力约束对中低收入家庭子女大学入学的影响。表 6-2 中，必要支出包括学费、住宿费、伙食费、教材与资料费、文具费、班

---

① 中华人民共和国教育部.2007 年全国高校家庭经济困难学生资助工作情况［EB/OL］.［2008-11-26］http：//www.moe.edu.cn/edoas/website18/24/info1216950788453524.htm.

② 中华人民共和国教育部.2007 年全国高校家庭经济困难学生资助工作情况［EB/OL］.［2008-11-26］http：//www.moe.edu.cn/edoas/website18/24/info1216950788453524.htm.

③ 黄斌，钟宇平.教育财政充足的探讨及其在中国的适用性［J］.北京大学教育评论，2008，6（1）：139-153.

④ 李文利.从稀缺走向充足——高等教育需求与供给研究［M］.北京：教育科学出版社，2008：191-192.

费以及转专业、补考、重修等学习方面的必要费用，家庭贡献能力是指家庭支付子女上大学的学习与生活费用的能力。李慧琴（2004）① 对云南在校生的调查数据表明，现有政策框架使很多家庭承受教育费用的巨大压力，其中30.6%的学生认为无力承受，45%认为父母需压缩生活开支才能勉强承受，22.7%认为可以承受，只有1.7%的学生认为再提高些也能承受。谢作栩、陈小伟（2007）② 等人的众多调查研究都表明，现有的收费与补贴政策对社会基础阶层子女有重要影响。教育补贴政策与学费政策之间的不协调使大学教育的纯价格水平远远超出了一般家庭的承受能力。中国青年报社会调查中心与腾讯网新闻中心联合开展的一项有 18 523 人参与的调查显示，86.1%的人认为大学学费"太高了"。（唐勇林，2007）③

表 6 - 2 　　　　　　　　现行学费与补贴政策对不同收入组的影响

| | 20%低 | 20%次低 | 20%中等 | 20%次高 | 20%高 | 平均 |
|---|---|---|---|---|---|---|
| 必须支出/元 | 8 677 | 9 026 | 9 793 | 10 173 | 11 246 | 9 802 |
| 家庭贡献能力/元 | 2 821 | 4 754 | 7 755 | 14 064 | 61 158 | 15 523 |
| 资助需求/元 | 5 854 | 4 416 | 3 067 | 778 | 13 | 2 842 |
| 实际资助/元 | 3 199 | 2 158 | 1 445 | 1 106 | 1 062 | 1 647 |
| 资助缺口/元 | 2 715 | 2 259 | 1 622 | - 328 | - 1 050 | 1 195 |

资料来源：李文利．从稀缺走向充足——高等教育需求与供给研究 [M]．北京：教育科学出版社，2008：191 - 192.

就不同层次的高校而言，学费与补贴政策出现了一种反常现象，即提供高质量教育的高层次大学学费较低且各种补贴较高，而提供低质量教育的地方大学的学费却较高且各种补贴较低（李文利，2006）④。有数据显示，2004年度部属和地方大学的收入中，财政性教育经费分别占51.7%和44.5%，而

① 李慧勤．高等教育收费与学生资助的实证研究——云南省案例 [D]．武汉：华中科技大学博士学位论文，2004：131 - 132.
② 谢作栩，陈小伟．中国大陆高校学费对不同社会阶层子女的影响——实证调查与分析 [J]．教育与经济，2007，(2)：12 - 15.
③ 唐勇林．86.1%的人认为大学学费"太高了" [N]．中国青年报，2007 - 01 - 15 (2).
④ 李文利．高等教育财政政策对入学机会和资源分配公平的促进 [J]．北京大学教育评论，2006，4 (2)：34 - 46.

学杂费则分别占19%和40%（鲍威，2007）①。高层次大学实行"低收费＋高补贴"政策不符合质量成本规律，不利于教育质量的进一步提高。地方大学实行"高学费＋低补贴"政策不利于高等教育大众化的巩固和进一步扩展。因此，优化和协调大学的学费与补贴政策是促进中国高等教育健康和可持续发展的当务之急。

### 二、中国现阶段学费与教育补贴政策的统筹优化

#### 1. 指导思想

由上述分析可知，我国目前所实施的学费与教育补贴政策必然会导致两方面的后果：一方面，中低收入群体支付大学教育费用的能力不足，由此必然会导致的政策后果是，增加了优势群体为追求教育价值尤其是消费性价值而以金钱和权力寻租的机会和空间，进而导致了大学入学的不公平；另一方面，大学的纯学费价格与大学的教育质量之间呈逆向关系，由此必然会导致的政策后果是，形成低质量教育驱逐高质量教育的逆向选择现象，从而导致教育质量和教育效率的整体下降，使高等教育走向非持续发展的道路。

理想的教育财政政策应该不阻碍人们接受高等教育，并且应该能够保证所有愿意进入大学并且符合大学入学学术能力标准的高中毕业生都进入大学学习，保证高等教育的可持续发展，这依赖于学费和教育补贴的数量及实施方式。因此，当前促进大学入学公平和大学健康发展的当务之急是：统筹调整和优化学费与教育补贴政策，使学费政策和教育补贴政策相互协调匹配，形成非统一的纯学费价格政策，增强中低收入群体的大学教育费用支付能力，使不同群体的大学入学都实现教育财政充足的局面，都体现出教育质量与学费价格呈正向变动关系的特征。这也是当前学费与教育补贴政策优化应该贯彻的核心思想，其中，公平、质量和效率是应该重点关注的具有优先次序的三个关键词。

---

① 鲍威．扩招后我国高等教育资金筹措机制研究［J］．教育发展研究，2007，（7－8A）：63－68.

2. 学费政策的优化

（1）选择适应中国现阶段国情的学费定价依据。

学费确定的依据主要有生均教育成本、边际教育成本、居民的支付能力等，对应着不同的学费定价方法。生均成本定价法是根据人均教育成本的一定比例收取学费。边际成本定价法是为了达到教育资源最优配置的目的而使市场价格等于边际成本。支付能力定价是根据居民的支付能力收取一定量的学费。教育成本和支付能力是学费定价应该综合考虑的主要因素，但在不同的背景下应当有不同的侧重。生均成本定价和边际成本定价法一般在具备较为成熟的核算方法、核算技术和相关理论基础之上使用，并且要求大学具有比较高的教育效率和教育成本意识。边际成本定价除了需要满足这些条件之外，还要求具备较为完善的高等教育市场竞争条件，更关注教育资源的配置效率。支付能力定价法一般适用于处于收入水平普遍较低、收入差距较大的发展阶段的国家和地区，其主要目标是促进社会公平和增进社会福利，兼顾公平与效率。我国正处于社会转型期，高等教育服务市场还基本是卖方市场，缺乏必要的竞争，且目前的核算方法非常不成熟，成本和质量意识还比较淡薄，再加上外部性的存在，教育成本与教育收益都难以计量，故生均成本定价以及边际成本定价都不能单独适应我国现阶段的学费定价需要。而支付能力定价则比较符合我国目前区域发展不均衡、收入差距大、人均收入水平较低的国情需要，并且居民的支付能力可以根据其可支配收入很容易地确定。因此，当前我国的学费定价首先应该考虑的因素是居民的支付能力，其次才是教育成本因素。

（2）确定适应中国现阶段国情的学费标准。

学费标准的确定首先是高低的问题，其次是具体的数量问题。高低问题可以根据现阶段的学费弹性来分析解决，而数量问题可以根据现阶段居民的可支配收入来分析解决。也就是说，我国现阶段的学费标准可以根据学费弹性和居民可支配收入的综合考量来确定。

关于我国学费弹性的相关调查研究表明，不同社会经济背景的个人及其家庭对学费提高同样幅度的反应不同，反应程度也存在不一致性。陆根书、

钟宇平（2002）① 对中国 14 所高校的 17 500 个大学生样本的研究表明（表
6 - 3），总体上高收入群体的需求学费弹性最小，中等收入水平群体最大，而
低收入群体则介于两者之间。李文利（2008）② 对中国 7 省市入户调查数据的
研究表明（表 6 - 4），低收入家庭对学费上涨的反应最敏感，而高收入家庭
反应则最不敏感。李慧琴（2004）③ 对云南省 26 所高校的 13 447 个大学生有
效样本的研究表明（表 6 - 5），中等偏下收入家庭学生对学费提高各水平的
反应都不敏感。上述研究结果的差异可能是由于调查的时间、地点以及样本
量等因素的差异所致。但这些研究都显示，不同收入家庭学生的学费弹性的
绝对值都小于 1，这表明我国居民对大学教育具有非常强烈的付费意愿，对任
何收入群体而言学费都还存在很大的上调空间。但对于学费应该提高多大幅
度最为合适，要视各地区学费弹性变化的具体情况以及各种教育补贴的数量
而定。这需要大量的调查研究和大量的计算才能完成，因此这是本研究的后
继研究，在此不再深入探讨。

表 6 - 3　　　　　　　　不同收入家庭学生的大学学费弹性（Ⅰ）

| 收入群体 | 学费上涨幅度 | | | | |
|---|---|---|---|---|---|
| | 30% | 50% | 100% | 200% | 300% |
| 低收入 | - 0. 42 | - 0. 074 | - 0. 0158 | - 0. 228 | - 0. 220 |
| 中等收入 | - 0. 048 | - 0. 098 | - 0. 257 | - 0. 428 | - 0. 483 |
| 高收入 | - 0. 025 | - 0. 031 | - 0. 091 | - 0. 206 | - 0. 279 |
| 样本总体 | - 0. 045 | - 0. 078 | 0. 0178 | - 0. 273 | - 0. 288 |

注：$P < 0.05$，$P < 0.01$，$P < 0.001$，$P < 0.0001$。

①　陆根书，钟宇平. 高等教育成本回收的理论与实证分析［M］. 北京：北京大学出版社，
2002：137.
②　李文利. 从稀缺走向充足——高等教育需求与供给研究［M］. 北京：教育科学出版社，
2008：137.
③　李慧勤. 高等教育收费与学生资助的实证研究——云南省案例［D］. 武汉：华中科技大学博
士学位论文，2004. 100.

表 6 - 4    **不同收入家庭学生的大学学费弹性（Ⅱ）**

| 收入分组 | 需求学费弹性 |
|---|---|
| 10%最低收入户 | - 0.738 |
| 10%低收入户 | - 0.704 |
| 20%中等偏下收入户 | - 0.620 |
| 20%中等收入户 | - 0.574 |
| 20%中等偏上收入户 | - 0.485 |
| 10%高收入户 | - 0.454 |
| 10%最高收入户 | - 0.330 |
| 总体 | - 0.562 |

表 6 - 5    **不同收入家庭学生的大学学费弹性（Ⅲ）**

| | 学费上涨幅度 | | | |
|---|---|---|---|---|
| | 30% | 50% | 100% | 200% |
| 低收入 | - 0.147 | - 0.278 | - 0.190 | - 0.075 |
| 中等偏下 | - 0.082 | - 0.103 | - 0.031 | - 0.092 |
| 中等 | - 0.142 | - 0.262 | - 0.330 | - 0.371 |
| 中等偏上 | - 0.092 | - 0.189 | - 0.349 | - 0.269 |
| 高收入 | - 0.119 | - 0.233 | - 0.391 | - 0.320 |
| 样本总体 | - 0.110 | - 0.753 | 0.213 | - 0.202 |

居民可支配收入决定了学费的最高支付能力。表 6 - 6 给出了 2004—2007 年期间我国城镇居民和农村居民支付子女大学教育费用（包括大学学习期间的学杂费和生活费）的能力。其中所使用的简单计算公式是：$d = a \times b - c \times (b-1)$。其基本假设是，假定每个家庭只为一个子女支付上大学的学习与生活费用，并且人均消费性支出中不含教育消费支出。实际上统计年鉴中的人

均消费性支出中已经包含了人均教育消费支出 $e$，可以进一步根据 $f=d+(b-1)\times e$ 对支付能力进行粗略调整。根据调整数据可知，2007 年城镇居民的大学教育费用支付能力在 2.3 万 ~ 2.4 万元，而农村居民的支付能力在 7 500 ~ 8 000 元之间。由此可见，我国的大学学费在相应的教育补贴支持下还可以继续提高。但对于学费具体提高多少最为合适，要视各地区居民支付大学教育费用的能力情况以及各种教育补贴的数量而定。这也需要大量的调查研究和大量的计算才能完成，作为本研究的后继研究，在此不再深入探讨。

表 6 - 6　　　　2004 - 2007 年中国城乡家庭支付大学教育费用的能力

| 居民 | 年份 | 人均可支配收入 $a$（元） | 平均每户家庭人口 $b$（人） | 人均消费性支出 $c$（元） | 大学教育费用支付能力 $d$（元） | 大学教育费用支付能力的调整值 $f$（元） |
|---|---|---|---|---|---|---|
| 城镇居民 | 2004 | 9 421.61 | 2.98 | 7 182.10 | 13 855.84 | 15 835.84 |
| | 2005 | 10 493.03 | 2.96 | 7 942.88 | 15 491.32 | 17 843.32 |
| | 2006 | 11 759.45 | 2.95 | 8 696.55 | 17 732.11 | 19 877.11 |
| | 2007 | 13 785.81 | 2.91 | 9 997.47 | 21 021.54 | 23 504.54 |
| 农村居民 | 2004 | 2 936.40 | 4.08 | 2 184.65 | 5 251.79 | 6 021.79 |
| | 2005 | 3 254.93 | 4.07 | 2 555.40 | 5 402.49 | 6 231.39 |
| | 2006 | 3 587.04 | 4.05 | 2 829.02 | 5 899.00 | 6 783.5 |
| | 2007 | 4 140.36 | 4.03 | 3 223.85 | 6 917.39 | 7 826.39 |

资料来源：根据 2005—2008 年中国统计年鉴的相关数据整理计算。

（3）实施适应中国国情的学费政策。

首先，我国的高等教育已经形成了多元化、多层次的办学体系，不同类型与不同层次的大学和学科、专业，其教学设备与设施、师资力量、办学投入不同，由此带来办学水平和办学成本的不同，所提供的教育服务不同，教育的供求状况不同，教育的个人收益不同。因此，根据教育质量成本原则、受益原则、供需原则，应该对不同层次和类型的大学和学科、专业实行差别定价。具体而言，对办学层次和水平高的大学、学科和热门专业收取较高的学费，反之收取较低的学费。其次，我国现阶段地区间的经济发展和阶层间的经济收入非常不平衡，各地区的教育财政投入、生活水平、物价水平都存在很大的差异，因此各地区大学教育成本以及各地区、各阶层的居民支付能力也必然存在很大的差别。根据能力支付原则，不同地区的大学应该收取不同的学费，对不同地区和阶层的生源应该收取不同的学费。具体而言，发达地区的大学收取较高的学费，对发达地区、高收入阶层的生源收取较高的学费，对欠发达地区及低收入阶层的生源收取较低的学费。

在具体的实施上，可以分为三步：首先，国家应该放松对大学学费的管制，根据全国的学费弹性变化、居民支付大学教育费用的平均能力、各省的物价水平以及国家经济社会发展的需要，对各省的大学以及不同的学科、专业设定学费上限。然后，由省级相关部门对本省各地区进行学费弹性、居民大学教育支付能力、地区物价水平的核算，并根据本省经济社会发展的需要，确定各地区以及各层次大学、学科与专业的学费水平作为该地区的学费上限；最后，由各大学对具体专业进行学费定价，对各大学的平均学费超过规定上限的现象，国家和省级教育主管部门可通过财政拨款等政策进行约束。对于不同阶层生源的差别学费定价可以通过教育补贴政策来实施。

综合上述分析，根据命题3可以得出如下推论：

**推论4**：在我国现阶段，以居民支付能力为首要定价依据，综合考虑教育成本、学费弹性、物价水平、居民可支配收入等因素，逐步实施区分城乡、区域和教育质量的非统一学费政策，可以使大多数居民在相应的补贴政策下较容易地实现学费支付能力充足的目标，从而有效地消除上层社会群体为过度追求教育消费性价值而利用金钱、权力等对大学入学机会的寻租空间，进而促进大学入学的公平。

3. **教育补贴政策的优化思路与措施**

教育补贴政策优化的主要目的包括两方面：一是配合学费政策，弥补经济弱势群体的学费支付能力缺口，促进大学入学公平；二是发挥刺激与激励作用，刺激居民的大学教育需求，激励学术努力，提高教育效率。为实现这两个目的，我国现阶段教育补贴政策优化应遵循的基本思路是，大力扩展教育补贴的来源渠道，进一步增加无偿补贴和有偿补贴的数量。对此，本书提出如下几点建议：

（1）建立和完善针对不同阶层学生的多元化的奖学金制度体系和助学金制度体系，以不同的学术标准对不同群体学生进行学术奖励，以不同的标准对不同群体学生提供助学金。加大国家对奖学金和助学金的资助额度，并通过税收优惠或减免措施提高校友与社会捐赠的数量。同时，建立奖学金与社会捐赠基金，并通过市场化运作使其保值增值。

（2）大学与企业联合共同建立勤工助学与就业实习一体化的"助学—实习基地"，该项措施不仅可以解决部分贫困学生的大学费用问题，还有助于解决毕业后的就业问题，同时还有利于企业降低人员费用支出和某些技术难题的解决。

（3）将一定比例的政府教育财政拨款设定为对入学者的直接拨款，按照地区和城乡的经济发展水平、家庭的经济收入状况或者入学者个人的学术成绩等标准进行分配。该项措施既能够满足经济弱势群体入学的经济支付需要；也有助于推进大学之间的良性竞争，实质上发挥了竞争性拨款的作用。

（4）进一步完善助学贷款制度。我国现阶段助学贷款制度优化的基本思路是：增加助学贷款数量，探索助学贷款的有效实施形式，满足弱势群体支付能力和偿还能力的需求以及多元化的偿还需要，提高助学贷款的回收率。回收困难是制约助学贷款金额进一步增加的主要问题，这固然有信用方面的原因，但就业困难和收入水平低是导致毕业生难以偿还助学贷款的主要原因。因此有必要根据偿还方式进一步改进和完善助学贷款的偿还形式。助学贷款可以分为两种：抵押型贷款（Mortgage Loan）、按收入比例还款型贷款（Income Contingent Loan）。抵押型助学贷款要求分期定额还款且还款时间较短，毕业生的还款负担比较重，不适合于我国现阶段的助学要求。而按收入比例还款型助学贷款要求按毕业生未来收入的一定比例来偿还贷款，直到所借贷款及其利息被还清为止，或者直到借款人还款的数额达到最高限额（这主要针对高收入者而言）为止，或直到借款人还款的时间达到最长期限（这时能最终免除低收入者的还款）为止（约翰斯通，2004）[①]，而且这种贷款一般还规定当毕业生收入少于某一定值时可以免于归还。按收入比例还款型贷款由

---

[①] ［美］约翰斯通. 高等教育财政：问题与出路［M］. 沈红，李红桃，译. 北京：人民教育出版社，2004：255.

于可获性强、借款和贷款的风险小、借款学生偿还负担小，比较适合于我国现阶段的助学要求。因此，可以考虑在现有贷款方式基础上通过适度延长偿还时间，并向按收入比例还款型方式适度发展，增加助学贷款的助学有效性。

（5）尝试引进助学贷款的替代形式。从国际经验看，还有很多资助方式可以满足助学的需要，例如毕业生税、雇主税、风险储备金、社会养老金的延期、人力资本合同等，这些方式实质上是按收入比例还款型贷款的细分或扩展（Chapman，2006）①，为中国现阶段助学政策的改革提供了崭新的思路和途径。

综合上述分析，由命题4可得如下推论：

**推论5**：在我国现阶段，各种教育补贴的短缺是制约经济弱势群体大学入学的障碍，也是上层社会群体得以利用金钱和权力等优势资本寻租来过度追求教育消费性价值从而超额占有大学入学机会的重要因素。目前增加教育补贴数量的一个可行策略就是，扩展补贴的来源渠道并加强它们之间的协调互补性。而其中一个可行的重要措施是，将教育财政拨款和学费的一定比例转换成教育补贴直接发放给经济弱势群体。

**4. 学费与教育补贴政策的协调**

学费政策和教育补贴政策的有效实施依赖于二者的良好配合。自大学收费以来，学费与教育补贴的关系实现了颠倒性的变化，实现了学费从"配角"向"主角"的转变，而教育补贴则从"主角"变为"配角"。在这种新型关系中，教育补贴实质上是发挥了学费折扣的作用。学费在教育补贴产生的折扣作用下形成的纯学费价格决定了教育的需求量。因此，在一定的学费水平下，通过调节教育补贴的数量可以实现不同的政策效果。以大学的招生为例，如图6-5所示，某大学在学费水平 $T$ 下的计划招生人数为 $Q_2$，但是在此价格水平下只有 $Q_1$ 人选择注册。为了达到招生人数 $Q_2$，该大学实施学费折扣政策，使需求曲线从 $D_1$ 左移至 $D_2$，从而达到计划的招生人数。最后一个注册者缴纳的学费为 $t$。阴影部分 $\triangle MFN$ 的面积即为学费折扣总额，$OTMNQ_2$ 的面积

---

① B. Chapman. Income Contingent Loans for Higher Education：International Reform［J］// E A Ha-nushek, F. Welch, et al. The Economics of Education Handbook. Amsterdam：North Holland，Elsevier，2006：15－24.

为该大学的净学费收入，二者之比为学费折扣率。就总体而言，我国现阶段为促进大学的入学公平，最有效的途径就是进一步扩大教育规模。因此，应该采取统一高学费与对经济弱势群体的高补贴相结合的政策，增加办学经费，进而增加教育资源，同时又可以实现公共资源向低收入群体的正向转移。但对具体情况需要具体分析。

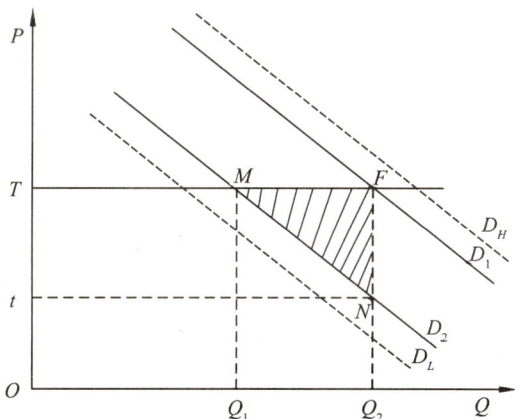

**图 6-5 学费折扣**

对于不同阶层的生源而言，为防止优势群体过度追求教育消费性价值而导致入学不公平，应该在实施较高的统一学费的同时对低收入群体提供较高的教育补贴。因为，当纯学费价格接近居民的支付能力时，居民入学的可能性和积极性就会降低。一方面，高收费政策可以降低优势群体的寻租行为，阻止优势群体过度占有大学入学机会；另一方面，对满足入学学术能力标准的弱势群体提供高额补贴，将其所支付的纯学费价格控制在他们的支付能力范围之内，从而使其顺利入学。

就我国当前不同层次大学的学费与教育补贴而言，名牌大学应该收取较高的学费，并提供较低的无偿补贴和较高的有偿补贴。这是因为，一方面，较高的学费可以将优势群体的权力和金钱寻租控制在一定范围内，同时由于名牌大学优势群体代表超额，故实施较低的无偿补贴。另一方面，名牌大学由于提供高质量的教育服务，其需求曲线（对应图 6-5 中的 $D_H$）比较高，这些大学不用实施学费折扣就可以达到计划的招生人数。而如果这些大学实施学费折扣，就必然会降低学校的收入。而对于地方大学而言，一方面，由于它们承担了我国高等教育大众化的任务，应该收取较低的学费并提供较高的补贴。另一方面，对于教育层次较低的大学尤其是职业技术类高校，其需求曲线（对应图6-5中$D_L$）比较低，招生存在一定的难度，可以通过增加教育补贴来提高招生数量，同时实施学费折扣也会提高学校的收入。总体而言，名牌大学比较适合于逆向价格歧视政策（Holzer & Neumark，2000）[①]，尤其适合于对不同收入群体实施较大差额的非统一纯学费价格政策；而地方大学则应该实施较小差额的非统一纯学费价格政策。

此外，不同类型的大学在贫困生比例上存在较大的差异，因此其学费与教育补贴的匹配方式也应该有所差异。对于贫困生比例较高的农林、地质、民族等类院校和专业，可以采取特殊的政策倾斜，实施低学费和对低收入群体提供较高教育补贴的政策，以保证大学入学的公平。

综合以上分析，根据命题5可得如下推论：

**推论6**：在我国现阶段，纯学费价格政策的实施应该达到两方面的目标：（1）使各群体具有充足的大学教育支付能力，从而压缩上层社会群体为过度追求消费性价值而利用其权力、金钱等优势资本对大学入学机会寻租的空间；（2）体现教育质量价格以及供求关系的特征，达到有效率的公平。为此，应该在实施统一高学费的同时，对经济弱势群体提供适度补贴。就不同层次和类型的大学而言，名牌大学应实施"高学费+低无偿补贴+高有偿补贴"政策，地方大学应实施"较低学费+较高补贴"政策，职业技术类院校应实施较为灵活的学费折扣政策，而贫困生比重非常高的冷门和特殊院校与专业应实施"低学费+高补贴"政策。

## 第三节　资格审查技术保障

资格审查技术是实施以上所提出的各种策略与措施的技术保障，也是促进大学入学的基本技术保障。基本的资格审查技术主要包括：入学学术能力资格的审查技术，涉及高考技术以及个人综合素质考察技术；补贴的资格审

---

① H Holzer，D Neumark. Assessing Affirmative Action ［J］. Journal of Economic Literature，2003（38）：483 - 568.

查技术，涉及各种补贴获得资格以及助学贷款偿还的信用资格审查技术。

**一、大学入学的学术能力资格审查技术**

学术能力资格审查技术是提高大学录取可信度与有效性以及维护入学公平的技术支撑，同时也是影响中学阶段教育改革方向的重要因素。我国现阶段大学入学的学术能力资格审查体系以高考为主，同时辅以推荐保送、自主招生等形式。

1. 中国大学招生的现行学术能力资格审查技术体系的主要缺陷

总的来说，我国大学招生的学术能力资格审查技术体系主要存在如下缺陷：

第一，传统的高考一考定终身，形式单一，标准过于刚性化。这样虽然操作方便且成本相对较低，但存在诸多弊端：没有赋予考生考试选择权，使考生面临高风险；难以真实地反映考生的实际知识和能力，不利于偏科的"怪才"考生，难以使考生获得最满意的结果；难以使考试规避外部偶然因素尤其是恶劣天气、考生身体健康情况、考生家庭事故等不可抗力对参加高考的影响，这必然会导致过高的复读成本；难以根据多层次和多元化办学的需要选拔相应的生源，降低了考生在大学之间的配置效率；难以发挥对大学前教育健康发展的导向性作用，形成"片面追求升学率"的现象，等等。

第二，推荐保送和大学自主招生等方式，由于缺乏有效的监督机制、信息甄别制度和技术的保障，其实施效果必然大打折扣。因此，实施推荐保送和大学自主招生需要经过比较复杂的程序和多方面的组织协调，才能保证其有效运作。这样一来，一方面，必须投入大量的人力、财力和物力，从而带来相当高的交易成本，导致招生效率低下；另一方面，必须将招生限制在一定的范围内，通常的做法主要是面向重点高中的毕业生，而重点高中一般位于城市尤其是大城市，由此必然导致大学招生是否公平的问题。

第三，现行的学术能力资格审查体系虽然在价值预设上体现了理想性的一面，但由于缺乏弹性，不具备抗外力扭曲的能力，外部力量尤其是权力和金钱的寻租、暗箱操作等扭曲了公正的规则，在很大程度上造成了政策的失灵甚至失效，进而导致高考录取分数的城乡与阶层差异，导致推荐保送和大学自主招生中的推良不推优、"送官不送民"以及优势阶层超额占有各种入学机会等不公平的现象。

2. 改进我国大学招生的学术能力资格审查技术的思路与措施

我国大学招生的学术能力资格审查技术体系一直在改革之中。自 1977 年恢复高考以来，高考至少有 14 次改革，更细化的改革和试验起码有 22 次（种）（周珣、原春琳，2007）①。一些试点省份的招生改革在近十年内经历了多次"变脸"之后又回归至"原点"，很多考生成为改革的"牺牲品"（李润文等，2008；谢苗枫，2008）②③。对于高考的弊端和改革成效的不显著性，社会上出现了一些主张彻底改革高考甚至取消高考的呼声。根据高考改革的经验教训，针对存在的主要问题，本书提出如下改进思路、观点和建议：

第一，传统的高考制度虽然存在诸多弊端，但它本身是中性的和正当的。高考本身是目前保障大学入学最公平、最有效的技术方式，也是最具社会认可度的技术方式。"高考所具有的公平意蕴、复杂功能与重大影响，无不夯实和力证了其存在的社会'立基'与合理性。"（郑若玲，2007）④ 高考自 1977 年恢复以来一直是人们择善而从、倍加珍惜的一项相对公平的大学入学制度。2007 年 5 月 22 日至 6 月 11 日，《中国青年报》联合教育部考试中心、ATA 公司进行的"恢复高考 30 年大型公众问卷调查"的调查数据进一步表明了这一点，高考的公众支持率达到 95%（叶铁桥，2007）⑤。而高考弊端的存在归根结底是由深层次的社会与文化问题造成的。前几章的研究已经表明，优势群体为追求大学教育的消费性价值而利用权力和金钱等资本进行寻租，以较低的高考分数超额占有了大量的入学机会。由此可见，当前的社会制度环境是导致高考制度弊端的根本原因。

第二，在我国现阶段的国情下，大学招生学术能力资格审查技术体系的改革只能是循序渐进和适度微调，而不能采取激进的方法。根据新制度经济学的相关知识可知，制度的转换需要消耗大量的时间、精力和资源，必然会

---

① 周珣，原春琳. 30 年风雨：我们见证的改革和试验［N］. 中国青年报，2007 - 6 - 27（T15）.

② 李润文，吴琼. 江苏高考改革逆水行舟［N］. 中国青年报，2008 - 11 - 29（2）.

③ 谢苗枫，石婧雯，赵思华，等. 2010 年广东高考五大"变脸"［N］. 南方日报，2008 - 11 - 06（A03）.

④ 郑若玲."举国大考"的合理性——对高考的社会基础、功能与影响之分析［J］. 高等教育研究，2007，28，（6）：33 - 37.

⑤ 叶铁桥. 公众表决高考是非［N］. 中国青年报，2007 - 06 - 28（T19）.

形成非常高的交易成本，包括新制度形成之前的草拟、谈判和确保履行成本，以及新制度形成之后的不适应成本、各参与方讨价还价的成本、建立相应治理结构及其运转的成本、保证新制度有效履行的成本。因此，如果采取激进的强制性制度变迁方式，由于整个社会体制没有提供相适宜的环境，并且由于制度变迁的路径依赖性、环境的惰性、相关利益群体的自利性及其力量的极其不均衡性等，必然会在一定时期内带来较高的摩擦成本，导致政策执行的严重扭曲和失真，甚至导致改革失败和原有制度"复辟"。而采取渐进和微调的方式，则一方面在原有的高考制度框架内运行可以降低相应的交易成本，另一方面，某些渐进性的微调有可能形成诱致性的制度变迁，从而突破原有的高考制度框架，并内生出有效的制度形式。

第三，目前大学招生录取制度的改革应当遵从的现实理性是选择与社会物质和文明水平相适应的方式与进度（刘海峰，2007）[①]。针对高考制度的弊端并结合我国现阶段的国情，当前的大学招生录取制度改革应遵循的关键原则应包括：增强弹性化和多元化，将刚性化弊端限定在局部范围内，并适应多元化的教育需求和办学需要；增强排他性，降低各种寻租行为的概率，阻止优势群体对教育消费性价值的过度追求；增强能力与知识综合考核，改变死记硬背的应试教育导向，引导学生追求大学教育的消费与生产两方面的综合价值。应该实施的一般性措施应该包括：

（1）逐步增加高考组织形式的灵活性：尊重考生的偏好和选择权，由一年一次招生考试逐渐向多次发展，由较为单一的科目内容向多元科目内容发展；适应不同层次、类型高校的办学需要甚至特定学科发展的需要，由统一命题逐渐向分层次、类型和学科的多元化命题方向发展；尊重考生的个体差异，尤其是尊重由于生存和生活环境造成的个体差异，由面向所有考生统一命题逐步面向不同群体、类型、地区和民族以及不同志愿考生的多元化命题方向发展。

（2）逐渐丰富考核手段的多样性：由较为单一的笔试逐渐向以笔试、面试、中学阶段学业成绩、推荐、竞赛、发明、创作、特殊经历等为录取手段的多元化综合方向发展。

---

① 刘海峰. 高考改革的回顾与展望［J］. 教育研究，2007，（11）：19～24.

（3）逐步增强高考选拔功能的过滤性和防护性：高考命题以知识为主逐步向知识与能力并重的综合方向发展，增强高考对学术能力资格的选拔过滤功能；提升学术能力的最低资格标准以干预各利益群体间极其不公平的博弈规则，将优势群体的优势资本寻租控制在更小范围和更高要求的空间内。

结合以上分析，本书提出如下改进当前大学入学学术能力资格审查技术体系的具体措施或方案：第一，规范高中会考，并将其成绩和高考成绩一同作为大学录取资格的重要构成部分。第二，放松国家对大学招生录取工作的约束。由于大学的录取政策在很大程度上取决于其使命和特色（Anderson，1994）①，而不同类型和层次的大学具有不同的使命和特色，国家应该放松对大学录取方式选择的控制。一方面，可以允许各大学可以根据自身的办学层次与类型的定位自由地选择其中一次或两次考试分数作为招生录取的标准；另一方面，可以允许各大学自主命题对申请者进行考核录取，但申请者必须达到国家或本省规定的高中会考和高考成绩标准。考生也可以根据大学的要求自由地申请合意的学校和专业。

### 二、教育补贴获得资格与偿还信用的审查技术

教育补贴获得与偿还信用的资格审查技术是指保障教育补贴能提供给最需要的学生，以及保障教育的有偿补贴能顺利回收的技术支持，主要包括贫困生资格审查和助学贷款偿还信用的资格审查两方面的技术。

1. 贫困生资格审查

目前，教育补贴的分配面临着两方面的困难：一方面是"僧多粥少"，有限数额的教育补贴难以覆盖庞大的需求群体。该问题更多的是一种资源短缺问题，这在前文中已经探讨过。另一方面是"真假难辨"，有限的教育补贴数额难以完全发放给真正贫困的学生。第二个方面的问题已经成为困扰目前各大学助学工作的一大难题，甚至出现"走关系办低保"以及上大学父母开车送、放假回家坐飞机的学生却被认定为贫困生的现象，而真正贫困的却依然

---

① B Anderson. Permissive Social and Educational Inequality 40 Years after Brown ［J］. The Journal of Negro Education，1994，3（63）：443－455.

在经济困难面前挣扎（杨晨光，2008）①。因此，贫困生资格审查困难已经成为目前制约各大学学生资助效率和大学入学公平的重要问题。对此，本书提出如下建议和措施：

第一，完善贫困生资格审查的操作程序。目前，各大学一般采取"学生申请—教师认定—学校批准"的程序对贫困生进行审查。而这一审查程序在执行过程中，由于申请人数过多且信息不对称而难以掌握学生的真实情况，因此在最终认定上过多地掺杂了人为因素甚至人情因素，在具体操作上甚至使用"轮流受助""平均享受"以及投票"选举"贫困生的认定方式。完善贫困生资格审查程序的关键是，增加对学生信息甄别的环节，从而形成对假贫困生的过滤。一个可行的办法是，建立集学生原户籍档案、高中学籍档案、大学学籍档案等信息一体化的学生电子信息数据平台，结合申请材料，通过该平台对申请学生的信息进行查询、分析和核查，就可以分辨出真正需要资助的贫困生。

第二，加强对贫困生的心理教育，使其主动争取贫困资助。贫困生一般具有高度的自尊，往往惧怕周围的同学知晓自己家庭的贫困。这种心理贫困一方面表现为部分贫困生不愿主动申请和争取学校和社会的资助，另一方面表现为部分贫困生在同学面前摆阔，有时甚至会出现"老父卖血儿子挥霍"的可悲现象。因此，有必要开展心理助贫工作，帮助贫困生提高心理承受能力，提高认识现实、认识自我和自我调节的能力，提高人际关系协调、环境适应和消除与社会隔阂的能力，帮助学生树立正确的人生观、价值观，树立自立、自信、自强的观念，使其自信主动地参与贫困资助的竞争。

第三，加强对贫困生的动态管理。贫困是一个发展的动态概念，在现实中，一些学生可能会因家庭遭遇突发事件而失去经济支持，从而成为贫困生。还有一些贫困生可能由于家庭经济状况变好而成为非贫困生。同时，贫困又是一个相对的概念，不同的地区由于经济发展水平和物价水平不同，有着不同的最低生活保障标准。尤其是物价水平等因素的变化也会影响学生家庭的经济状况。因此，为了保证贫困资助的有效性，应该通过对家庭情况的调查以及与学生的广泛交流，及时掌握相关信息，对贫困生的资格做出适时的

---

① 杨晨光. 高校如何准确认定贫困生？［N］. 中国教育报，2008 – 12 – 12（2）.

调整。

第四，通过信用惩罚保证贫困生资格的真实性。当前，各大学一般将生源地政府（或民政部门）开具的贫困证明作为确定贫困生资格的必备条件，并且一般都要求县一级政府的证明。由于当地政府并不能直接了解学生家庭经济状况方面的信息，所开具的贫困证明可能存在一定的"水分"，一些非贫困学生甚至开具"假证明"或"假低保证"来申请贫困资助，影响非常恶劣。对此，有的大学如清华大学无奈而拒绝承认贫困证明（苗福生，2006）①。可以考虑通过法律和信用惩罚的办法来避免这些贫困证明作假现象的发生。贫困证明的出具可以由家长、学生和村委会签署贫困证明及责任书，然后由镇级政府和县级政府盖章证明。一旦出现假证明的现象，上一级政府就可以通过减少相关利益分配的方式对下一级政府进行惩罚，同时将相关信息记录到相关学生的信用档案中，使其受到终生的信用惩罚。对于行为恶劣者，可以追究其法律责任。

第五，在工作实践中不断探索贫困生资格的量化标准和有效措施。贫困生的认定不能仅从定性的角度进行衡量，关键还要从定量的角度来制定一个科学合理的并且操作性强的标准。国际上一般采用大学生的平均消费水平作为本校学生的贫困线（李少荣，2005）②。各大学可以在此基础上，结合当地的最低生活保障标准、校内消费状况、学生家庭收入状况等因素，制定贫困生认定的量化标准，探索相关的认定措施。例如，厦门大学采用结合学生家庭经济情况和学生在校实际情况进行综合认定的方法，并将食堂的消费数据作为其中一个指标。具体做法是在基本条件认定的同时引入量化指标，提取所有学生连续 3 个月的食堂消费数据，计算出每名学生的用餐总次数和每月在食堂消费的平均金额，作为衡量学生家庭经济状况的参考指标之一（杨晨光，2008）③。

2. 助学贷款偿还信用与能力的资格审查

目前，我国的助学贷款拖欠已经成为非常严重的问题，已经影响了助学

---

① 苗福生. 贫困证明的信任危机［N］. 中国财经报，2006 – 08 – 17.
② 李少荣. 建立和完善高校贫困生认定制度的探讨［J］. 高等工程教育研究，2005，（6）：53 – 55.
③ 杨晨光. 高校如何准确认定贫困生［N］. 中国教育报，2008 – 12 – 12（2）.

贷款资金的循环及其助学功能的可持续性。据统计，全国借贷学生平均违约率接近 20%（李军、毅雷芳、邱卫林，2007）[①]，广州、北京等地一些商业银行的国家助学贷款的不良贷款比率高达 20% ~ 40%（刘光岭、李晓宁，2007）[②]。面对如此高的违约率，银行方面做出了无奈的选择，或者惜贷、暂停助学贷款业务、将违约率高的大学列入黑名单，或者将学生告上法庭（卢勇刚，2008）[③]。大学方面也只能做出以扣押毕业证与学位证来约束毕业生偿还助学贷款的无奈选择。从学生方面看，拖欠助学贷款主要有两方面的原因：一部分毕业生信用意识较差，抱有侥幸心理拖欠贷款，对于该部分毕业生应该采取强制性约束使其偿还欠款。还有一部分毕业生由于就业困难或收入水平低而确实无力偿还贷款，对这一类的拖欠应该适当延长还款期限或者减免部分金额，以增强助学贷款的实效性。但如何区分这两种情况是一个涉及信用审查、还款能力资格审查的技术性问题。而这一问题可以通过信用体系的建立和完善来解决。

我国助学贷款个人信息查询系统于 2001 年开始建设，统一的个人信用信息基础数据库也于 2006 年 1 月起正式运行。这两个数据库的建设为助学贷款的回收提供了相应的技术支持，但仅通过它们还不能有效地实现对毕业生的贷款信用审查、还款能力资格审查，尤其还没有形成对违约者的有效监督约束机制。可以考虑在上述两个数据库的基础上提取相关信息建立一个包含个人完整信息的大学毕业生个人征信系统，作为国家个人信用信息基础数据库的子库。大学毕业生个人征信系统起码应该包括四方面的信息：一是个人的自然信息，包括身份证号码、籍贯、家庭住址、家庭主要成员信息、工作单位信息、有效联系方式等；二是个人的学籍档案信息，包括毕业院校、学号、院系、专业、班级、班主任、辅导员以及个人在校学习的一切信息等；三是大学期间收支的相关信息，包括学费与生活费支出，获得的各种资助金额，助学贷款的申贷金额、获贷时间、还息时间方式、还款期限、诚信承诺书、

① 李军毅，雷芳，邱卫林. 高校国家助学贷款存在的问题及对策 [J]. 价格月刊，2007，(10)：41 – 42.

② 刘光岭，李晓宁. 助学贷款的诚信机制研究 [J]. 经济经纬，2007，(2)：130 – 132.

③ 卢勇刚. 银行无奈状告 400 大学生，共 496 万助学贷款收不回 [EB/OL]. [2008 – 04 – 28] http://news.sohu.com/20080428/n256551439.shtml.

家庭经济状况说明等；四是个人信用信息，包括品行记录、信用记录、信用评价、信用等级等。该系统直接将个人的户籍系统、银行信用系统、学校学籍档案系统和用人单位的人事档案系统的相关信息都纳入进来，而个人的这些信息也均可以从个人诚信系统中直接提取生成，故可降低相关的管理成本。

大学毕业生征信系统的有效实施还依赖于社会各部门的信息共享和有机协调，其关键是实现银行、学校、用人单位、公安、法院以及其他社会公用事业部门之间的数据共享，创造一个使个人资信公平使用的监管环境，形成一个系统化的个人信用的约束体系。个人在申请工作、领取工资、租房、纳税、贷款、经商、子女入学等诸多环节都受到其自身信用状况的制约，一旦个人有不良信用记录，就会造成很多不必要的麻烦，甚至很容易受到法律制裁。

## 第四节　本章小结

本章沿着第四章所建立的影响大学入学公平状况的内外因相联系的三条路径，针对我国大学入学的具体情况，从个人教育选择的引导、非统一纯学费价格政策的实施以及资格审查技术保障三个方面提出了提升中国大学入学公平的思路、策略和建议。前两个方面针对第五章分析的我国大学入学公平存在的具体问题，根据第三章和第四章的理论分析成果，以六个推论的形式提出了相应的策略和建议。最后一部分提出了实施这些策略和建议的三方面的技术保障措施。以上三部分作为相互联系的一个整体，共同服务于大学入学公平的提升。

# 结　论

从教育双重价值的视角探讨大学入学公平的提升是一次崭新的尝试。本书在分析现实和理论两方面规定性和大学教育价值的基础上，提出了基于教育双重价值视角的我国大学入学公平提升研究的理论分析框架。该框架沿着"大学教育的价值—对教育价值的竞争性追求—入学不公平"的分析路径证明了大学入学不公平的内在原因，沿着"内因—外因—内外因联系—策略与措施"的分析路径得到了提升大学入学公平的一般性路径，进而并提出了提升我国大学入学公平的具体策略和措施。具体来讲，本书研究的主要结论与创新性工作包括如下几点：

（1）提出了基于教育双重价值视角的我国大学入学公平提升研究的理论分析框架。该框架融合了我国社会转型对大学入学公平在主客体两向度的基本规定性，以学术能力为主要入学资格，以生存为优先的价值取向，遵循基本权利保障、基本差别补偿、公平与效率相统一、促进个人自由发展等若干公平的基本原则，具有深厚的理论基础支持和现实针对性。该框架将大学教育所具有的生产和消费两方面的内在价值均纳入其中，故相对以往仅考虑生产性价值或其他单一因素的研究，更具有一般性。基于该框架的分析，有助于进一步创新和完善相关学科的理论框架与内容，有助于从根本上探寻解决大学入学不公平问题的思路和措施。

（2）在包含双重价值的综合模型中证明了我国现阶段大学入学不公平的内在原因：上层社会群体为过度追求大学教育的消费性价值，而凭借其优势资本的参与扭曲了以学术能力为标准的大学入学竞争规则。该证明是在系统地论证大学教育消费性价值和消费属性的存在、生产性价值与消费性价值的作用机理以及包含教育双重完整价值的模型中进行的，突破了传统上仅仅关注经济支付能力约束的教育不公平成因分析模型的局限性；对教育消费性价值和消费属性的论证弥补了舒尔茨和贝克尔等学者承认的人力资本理论由于对消费性价值的疏漏和忽视而导致的内在缺陷。

（3）依据内外因的辩证关系原理，使用补偿差值和均衡分析的方法证明并建立了大学入学不公平内外因之间相联系的三条一般性路径：引导个体教育选择、实施非统一学费政策、实施非统一教育补贴政策。补偿差值的方法引申出了一种以教育生产性价值度量教育消费性价值的几何方法，在思路上是对教育消费性价值难以度量的一种突破。三条一般性路径的建立突破了人们反对以高收费提升入学公平的狭隘认识，同时也表明教育的公平与效率可以实现有机的统一。

（4）引入代表指数、吉尼系数和洛兹曲线等方法，精确地测量了我国大学入学深层次的不公平程度和表现形态，揭示了我国大学入学的潜在的、微观的和隐性层次的不公平局限。测量结果表明，目前我国的大学入学公平问题正在由显性层次向更严重的隐性层次发展。在某些特定方面，最优势与最劣势群体之间入学代表指数的最大差距已达到120倍。进一步的分析发现，上层社会群体利用各种优势资本占有了更多的尤其是更优质的大学入学机会，而劣势群体则以比优势群体更高的学术成绩却获得了相对较少和低层次的入学机会；衡量个体智力和努力的学术成绩只有在有了城乡、阶层等分层属性后才能发挥其决定性作用。

（5）沿着大学入学不公平的成因以及内外因联系的一般性路径，从三个方面提出了提升我国大学入学公平的具体策略和措施：个体教育选择的引导、实施非统一的纯学费价格政策、资格审查的技术保障。依据的指导思想是，防止优势群体为过度追求教育消费性价值而利用金钱和权力等优势资本寻租或降低其寻租概率。其创新性主要体现在：第一，从大学教育的四环节揭示了引导个人充分获取教育双重价值应持有的思路，同时提出了基于个人选择价值指数的教育选择方法，体现了教育本体价值和工具价值的统一以及促进个人自由发展的基本原则。第二，提出了选择适应国情和大学校情的"教育财政充足"的学费与补贴协调匹配模式，控制了上层群体的寻租空间，达到了通过外部经济因素控制内部因素作用的效果。

本书仅仅是从教育双重价值的视角对大学入学公平问题的初次探索和尝

试，虽然得出了具有一定价值的结论，但还很不完备，仍有很多重要问题有待于进一步研究，主要包括：①大学教育消费性价值难以计量是制约教育双重价值理论进一步发展的障碍，有必要进一步探索适应理论发展和现实需要的教育消费性价值计量方法。②大学学费与教育补贴的定量问题。本书的分析虽然表明大学学费还存在很大的上调空间，但对于学费提高多大幅度最为合适以及补贴的最优数量为多少，还有待于进一步研究。③本研究仅仅给出了提升大学入学公平的三条路径，还有待于进一步探索其他路径。④税收与大学教育消费性价值以及教育公平之间的关系。已有研究表明，税收与教育消费性价值存在着较为复杂的关系，同时也直接或间接地影响着教育公平，故有必要进一步开展该方面的相关研究。

# 参考文献

1. 英文部分

［1］A. Alstadsæte. *Income Tax, Consumption Value of Education, and the Choice of Education Type*［R］. CESifo Working Paper No. 1055, October 2003.

［2］A. Alstadsæter. Does the Tax System Encourage too much Education［J］. *FinanzArchiv: Public Finance Analysis*,2003,59(1).

［3］A. Alstadsæter. *Measuring the Consumption Value of Higher Education*［R］Norwegian School of Economics and Business Administration, April 2004.

［4］A. Alstadsæter. *Tax Effects on Education. Department of Economics*, Norwegian School of Economics and Business Administration, January 4, 2005.

［5］A. Alstadsæter, A-s. Kolm, B. Larsen. Money or Joy: The Choice of Educational Type ［J］. *European Journal of Political Economy*,2008,24(1).

［6］A. E. Raftery, M. Hout［J］. Maximally Maintained Inequality: Expansion, Reform, and Opportunity in Irish Education, 1921 – 1975［J］. *Sociology of Education*,1993,66(1).

［7］A. Gamoran. Curriculum Standardization and Equality of Opportunity in Scottish Secondary Education: 1984 – 90［J］. *Sociology of Education*,1996,69(1).

［8］A. J. Kondrassis, S. C. Tseng. The Demand for Higher Education［J］. *Journal of Social Economics*,1976,33(3).

［9］A. K. Sen. *Commodities and Capabilities*［M］. Amsterdam: North – Holland,1985.

［10］A. K. Sen. *Inequality Reexamined*［M］. New York: Harward University Press, 1992.

［11］A. K. Sen. *On Economic Inequality* (expanded edition)［M］. Oxford:Clarendon Press, 1997.

［12］A. K. Sen. *Freedom, Rationality and Social Choice: Arrow Lectures and Other Essays*

[M]. Oxford: Clarendon Press , 2002.

[13]A. L. Bovenberg, B. Jacobs. Redistribution and Education Subsidies are Siamese Twins [J]. *Journal of Public Economics*,2005,89(6).

[14]A. Lleras – Muney. The Relationship Between Education and Adult Mortality in the U-nited States[J]. *Review of Economic Studies*,2005,72(1).

[15] A. MacIntyre [J]. *After Virtue* [M]. Notre Dame: University of Notre Dame Press,1984.

[16]A. Matear. Barriers to Equitable Access: *Higher Education Policy* and Practice in Chile Since 1990[J]. *Higher Education Policy*,2006,(19).

[17]A. Matear. Equity in Education in Chile: The Tensions Between Policy and Practice [J]. *International Journal of Educational Development*,2007,27(1).

[18]A. Miranda, M. Bratti. *Non – Pecuniary Returns to Higher Education: The Effect on Smoking Intensity in the UK*[R]. The Institute for the Study of Labor (IZA) in Bonn, Discussion Paper No. 2090, April 2006.

[19]A. Sahin. The Incentive Effects of Higher Education Subsidies on Student Effort[J]. *Federal Reserve Bank of New York Staff Reports*,2004,(192).

[20]A. Sakamoto, M. D. Chen. Effect of Schooling on Income in Japan[J]. *Population Research and Policy Review*,1992,11(3).

[21]A. Ziderman, D. Albrecht. Financing Universities in Developing Countrie[M]. Washington, D. C. : The Falmer Press, 1995.

[22]A. Ziderman. The Role of Educational Certification in Raising Earnings: Evidence from Israeli Census Data[J]. *Economics of Education Review*,1990,9(9).

[23]B. Anderson. Permissive Social and Educational Inequality 40 Years after Brown[J]. *The Journal of Negro Education*,1994,63(3).

[24] B. Chapman. Income Contingent Loans for Higher Education: International Reform [M]// in E. A. Hanushek, F. Welch (eds), *The Economics of Education Handbook*, Amsterdam: North Holland,Elsevier, 2006.

[25]B. F. Germain. Standardized Testing + High – Stakes Decisions = Educational Inequity [J]. *Interchange*,2001,32(2).

[26]B. Jacob, L. Lefgren. Are Idle Hands the Devil's Workshop? Incapacitation, Concentration, and Juvenile Crime[J]. *American economic Review*,2003,93(5).

[27]B. Jacobs, S. J. G. van Wijnbergen. Capital Market Failure, Adverse Selection and

Equity Financing of Higher Education[J]. *FinanzArchiv*,2007,63(1).

[28]B. Shulruf, R. Turner, J. Hattie. A Dual Admission Model for Equity in Higher Education: A Multicohort Longitudinal Study[J]. *Procedia Social and Behavioral Sciences*,2009,(1).

[29]B. Wolfe, R. Haveman. Social and Nonmarket Benefits from Education in an Advanced Economy[M]// in Y. Kodrzycki(eds.), *Education in the Twenty First Century: Meeting the Challenges of a Changing World*, Boston: Federal Reserve Bank of Boston, 2003.

[30]B. Wolfe. Nonmarket Outcomes of Schooling. Institute for Research on Poverty[R]. Discussion Paper no. 1065 – 95, May 1995.

[31]C. Caldwell, J. P. Shapiro, S. J. Gross. Ethical Leadership in Higher Education Admission: Equality vs. Equity[J] *Journal of College Admission*,2007,195(1):14 – 19.

[32]C. Calhoun. The University and the Public Good[J]. *Thesi*,2006,84(11).

[33]C. J. Hitch, R. B. McKean. The Economics of Defense in the Nuclear Age, Cambridge[M] Mass. : Harvard University Press, 1965.

[34]C. R. Belfield. *Economic Principles for Education: Theory and Evidence*[M]. Glos: Edward Elgar Publishing Limited, 2000.

[35]C. Sá, R. J. G Florax. , M. P. Rietveld. Determinants of the Regional Demand for Higher Education in the Netherlands: a Gravity Model Approach[J]. *Regional Studies*,2004,38 (4).

[36]C. Winston, Subsidies. Hierarchy and Peers: the Awkward Economics of Higher Education[J]. *Journal of Economic Perspectives*,1999,13(1).

[37]D. A. Kodde, J. M. M. Ritzen. Integrating Consumption and Investment Motives in a Neoclassical Model of Demand for Education[J]. *Kyklos*,1984,37(4).

[38]D. A. Kodde. On Estimating the Impact of Tuition on the Demand for Education from Cross – sections[J]. *Economics Letters*,1985,18(2 – 3).

[39]D. B. Johnstone. *Sharing the Costs of Higher Education: Student Financial Assistance in the United Kingdom, the Federal Republic of Germany, France, Sweden, and the United States* [M]. New York: College Entrance Examination Board, 1986.

[40]D. B. Johnstone. The Economics and Politics of Cost Sharing in Higher Education: Comparative Perspective[J]. *Economics of Education Review*,2004,23(4).

[41]D. Checchi. Inequality in Incomes and Access to Education: A Cross – country Analysis (1960 – 95)[J]. *Labour*,2003,17(2).

[42]D. E. Heller. Student Price Response in Higher Education: An update to Leslie and

Brinkman[J]. *Journal of Higher Education*,1997,68(6).

[43]D. M. Cutler, A. Lleras – Muney. *Education and Health: Evaluating Theories and Evidence*[R]. NBER Working Paper No. W12352, June 2006.

[44]D. R. Entwisle, K. L. Alexander, L. S. Olson. First Grade and Educational Attainment by Age 22: A New Story[J]. *American Journal of Sociology*,2005,110(5).

[45]D. R. Winkler. *Higher Education in Latin America: Issues of Efficiency and Equity* [M]. Washington D. C. : the World Bank, 1990.

[46]D. Restuccia, C. Urrutia. Intergenerational Persistence of Earnings: The Role of Early and College Education. *American Economic Review*,2004,94(5).

[47]E. A. Jamison, D. T. Jamison, E. A. Hanushek. The Effects of Education Quality on Income Growth and Mortality Decline[J]. *Journal Economics of Education* Review,2007,26(6).

[48]E. A. Kroch, K. Sjoblam. Schooling as Human Capital or a Signal: Some Evidence [J]. Journal of Human Resources,1994,29(1).

[49]E. F. Denison. *Trends in American Economic Growth* 1929 – 1985[M]. Washington, D. C. : Brookings Institution, 1985.

[50]E. F. Toma, J. E. Long. Public Employees' Consumption of Government Goods: The Case of Education[J]. *Public Choice*, 1987,53(3).

[51]E. Jimenez, J. P. Tan. Selecting the Brightest for Post Secondary Education in Colombia: the Impact on Equity[J]. *Economics of Education Review*,1987,(6).

[52]E. Lazear. Education: Consumption or Production[J] *Journal of Political Economy*, 1977,85(3).

[53]E. M. Bensimon, L. Hao, L. T. Bustillos. Measuring the State of Equity in Public Higher Education[M]// in Harvard Civil Rights and University of California Conference on Expanding Opportunity in Higher Education: California and the Nation. Sacramento, CA, California, 2003.

[54]E. M. Caucutt, S. Imrohoroglu, K. B. Kumar. Does the Progressivity of Income Taxes Matter for Human Capital Growth[J]. *Journal of Public Economic Theory*, 2006,8(1).

[55]E. P. St John. Price Response in Enrollment Decisions: An Analysis of the High School and Beyond Sophomore Cohort[J]. *Research in Higher Education*, 1990,31(2).

[56]E. Strobl. Is Education Used as a Signaling Device for Productivity in Developing Countries? Evidence from Ghana[J]. *Applied Economics Letters*, 2004,11(4).

[57]F. D. Waltenberg, V. Vandenberghe. What does It Take to Achieve Equality of Oppor-

tunity in Education? An Empirical Investigation Based on Brazilian Data[J]. *Economics of Education Review*, 2007,9(2).

[58]F. Hirsch. *Social Limits to Growth*, Cambridge, Mass: Harvard University Press, 1976.

[59]G. C. Becker, C. Mulligan. On the Endogenous Determination of Time Preference[J]. *The Quarterly Journal of Economics*, 1997,112(3).

[60]G. De Fraja. Reverse Discrimination and Efficiency in Education[J]. *International Economic Review*,2005,46(3).

[61]G. Eliasson. Educational Efficiency and the Markets for Competence[J]. *Vocational Training*,1994,(2).

[62]G. Fethke. Strategic Determination of Higher Education Subsidies and Tuitions[J]. *Economics of Education Review*,2005,24(5).

[63]G. Psacharopoulos. *The Rate of Return to Investment in Education at the Regional Level* [M]. Honolulu: Economic Research Center, University of Hawaii, 1969.

[64]G. Psacharopoulos. Estimating Shadow Rates of Return to Investment in Education[J]. *Journal of Human Resources*,1970,5(5).

[65]G. Psacharopoulos. The Profitability of Higher Education: A Review of the Experience in Britain and the United States[M]// in H. J. Butcher and E. Rudd(eds.), *Contemporary Problems in Higher Education: An Account of Research*, London: McGraw – Hill, 1972.

[66]G. Psacharopoulos. On the Weak Versus the Strong Version of the Screening Hypothesis [J]. *Economics Letters*,1979,(4).

[67]G. Psacharopoulos. Returns to Education: A further International Update and Implications[J]. *Journal of Human Resources*,1985,24(4).

[68]G. Psacharopoulos, A. Patrinos. Returns to Investment in Education: A Further Update [J]. *Education Economics*,2004,12(2).

[69]G. Psacharopoulos, H. Patrinos. *Human Capital and Rates of Return*[M]. *International Handbook on the Economics of Education*, Cheltenham: Edward Elgar Publishers, 2004.

[70]G. Psacharopoulos. The Value of Investment in Education: Theory, Evidence and Policy [M]. *Journal of Education Finance*,2006,32(2).

[71]G. S. Becker. *Human capital, A Theoretical and Empirical Analysis, With Special Reference to Education*[M]. New York: Columbia University Press, 1964.

[72]G. S. Becker. Human Capital and the Personal Distribution of Income[M]. Ann Arbor: University of Michigan Press, 1967.

[73] G. S. Becker. A Theory of Social Interactions[J]. *Journal of Political Economy*,1974, 82(6).

[74] G. Vernez, R. A. Krop, C. P. Rydell. *Closing the Education Gap: Benefits and Cost* [M]. Washington, D. C. : Rand, 1999.

[75] G. W. Sazama. Has Federal Student Aid Contributed to Equality in Higher Education [M]. *The American Journal of Economics and Sociology*,1992,51(2).

[76] G. Wolfram. Making College More Expensive, the Unintended Consequences of Federal Tuition Aid[J]. *Policy Analysis*,2005,25(1).

[77] H. Ayalon, A. Yogev. Field of Study and Students' Stratification in an Expanded System of Higher Education: The Case of Israel[J]. *European Sociological Review*,2005,21(3).

[78] H. Ayalon, Y. Shavit. Educational Reforms and Inequalities in Israel: The MMI Hypothesis Revisited[J]. *Sociology of Education*,2004,77(2).

[79] H. Frazis. Human Capital, Signaling, and the Pattern of Returns to Education[J]. *Oxford Economic Papers*,2002,54(2).

[80] H. Frazis. Selection Bias and the Degree Effect[J]. *Journal of Human Resource*,1993, 28(3).

[81] H. Holzer, D. Neumark. Assessing Affirmative Action[J]. *Journal of Economic Literature*,2000,38(3).

[82] H. M. Levin. Education as a Public and Private Goods[J]. *Journal of Policy Analysis and Management*, 1987,6(4).

[83] H. M. Lwvin. School Finance[M]// in M. Carnoy(eds. ), *International Encyclopedia of Economics of Education*, New York: Pergamon, 1995.

[84] H. Oosterbeek, D. Webbink. Enrolment in Higher Education in the Netherlands[J]. *De Economist*,1995,143(3).

[85] H. Oosterbeek. Education and Earnings in the Netherlands: An Empirical Analysis[J]. *European Economic Review*,1990,34(7).

[86] H. Oosterbeek, H. van Ophem. Schooling Choices: Preferences, Discount Rates and Rates of Return[J]. *Empirical Economics*,2000,25(1).

[87] H. Oosterbeek. Study Duration and Earnings: A Test in Relation to the Human Capital Versus Screening Debate[J]. *Economics Letters*,1992,40(2).

[88] H. R. Bowen. *Investment in Learning: the Individual and Social Value of American Higher Education*[M]. San Francisco: Jossey – Bass Publisher, 1977.

[89]H. R. Varian. Intermediate Microeconomics: A Modern Approach[M]. New York: W. W. Norton & Company Ltd, 1999.

[90]H. S. Chang, Y. Hsing. A Study of Demand for Higher Education at Private Institutions in the US: A Dynamic and General Specification[J]. *Education Economics*,1996,4(3).

[91]H. Von Recum. Education in the Affluent Society: Problems and Conflicts, *International Review of Education*, Vol. 27, No. 1 (1981).

[92]H. Youn Kim. The Consumer Demand for Education[J]. *Journal of Human Resources*, 1998,22(2).

[93]HERI of UCLA. *Cooperative Institutional Research Program*[EB/OL]. 2008 – 10 – 18, http://heri. ucla. edu/cirp. html.

[94]I. B. Tucker, L. Amato. Does Big – time Success in Football or Basketball Affect SAT Scores? [J]. *Economics of Education Review*,1993,12(2).

[95]I. Duchesne, W. Nonneman. The Demand for Higher Education in Belgium [J]. *Economics of Education Review*, 1998,17(2).

[96]I. Hendel, J. Shapiro, P. Willen. Educational Opportunity and Income Inequality[J]. *Journal of Public Economics*,2005,89(5 – 6).

[97]I. Lochner, E. Moretti. The Effect of Education on Crime: Evidence from Prison Inmates, Arrests and Self – reports[J]. *American Economic Review*,2004,94(1).

[98]I. Walker, Y. Zhu, Education[J]. Earnings and Productivity: Recent UK Evidence [J]. *Labour Market Trends*,2003,111(3).

[99]Institute for Higher Education Policy. *The Investment Payoff*: *A 50 – State Analysis of the Public and Private Benefits of Higher Education*[M]. Washington, DC,February, 2005.

[100]Inter – American Development Bank. *Facing up to Inequality in Latin America*: *Economic and Social Progress in Latin America*, 1998 – 99 Report[R]. Johns Hopkins University Press, 1999.

[101]J. Arendt. Does Education Cause Better Health? A Panel Data Analysis Using School Reforms for Identification[J]. *Economics of Education Review*,2005,24(2).

[102]J. Arthur, J. Davison. Experiential Learning, Social Literacy and the Curriculum [M]// in D. Scott, H. Lawson(eds. ), *Citizenship education and the curriculum*, 2002.

[103]J. Blanden, S. Machin. Education Inequality and the Expansion of UK Higher Education[J]. *Scottish Journal of Political Economy*,2004,51(2).

[104]J. D. Sherman, J. M. Poirier. *Educational Equity and Public Policy*: *Comparing Re-*

sults *From* 16 *Countries*[M]. Montreal：UNESCO Institute for Statistics，2007.

[105]J. Garen. The Returns to Schooling：A Selectivity Bias Approach with a Continuous Choice Variable[J]. *Econometrica*,1984,52(5).

[106]J. Hartog,H. Oosterbeek. Health，wealth and Happiness：Why Pursue a Higher Education[J]. *Economics of Education Review*,1998,17(3).

[107]J. J. Heckman, L. Lochner, C. Taber. General – equilibrium Cost – benefit Analysis of Education and Tax Policies[M]// in G. Ranis, L. K. Raut(eds. ), *Trade*, *Growth*, *and Development*, Amsterdam：Elsevier Science, 1999.

[108]J. King. The Demand for Higher Education in Puerto Rico[J]. *Economics of Education Review*,1993,12(3).

[109]J. Knight. Crossborder Education：An Analytical Framework for Program and Provider Mobility[M]// in J. Smart and B. Tierney(eds. ), *Higher Education Handbook of Theory and Practice*, Netherlands, Dordecht：Springer, 2006.

[110]J. Knight. *Higher Education Crossing Borders：A Guide to the Implications of GATS for Crossborder Education*[M]. COL(the Commonwealth of Learning) and UNESCO, 2006.

[111]J. Mincer. Investment in Human Capital and Personal Income Distribution[J]. *The Journal of Political Economy*,1958,66(4).

[112]J. Mincer. On – the – Job Training：Costs, Returns, and Some Implications[J]. *The Journal of Political Economy*,1962,70(5).

[113]J. Preston, A. Green. Educational Inequality and Social Cohesion：A Time Series Analysis, Working Paper,2005[EB/OL]. http：//www. ioe. ac. uk/schools/leid/staff/Preston And Green. pdf.

[114] J. Salmi, A. M. Verspoor. *Revitalizing Higher Education* [M]. Oxford：Pergamon, 1995.

[115]J. Shea. Does Parents' Money Matter[J]. *Journal of Public Economics*,2000,77(2).

[116]J – C. Eicher. The Costs and Financing of Higher Education in Europe[J]. *European Journal of Education*,1998,33(1).

[117]K A. Weeden, D. B. Grusky. The Case for a New Class Map[J]. *American Journal of Sociology*,2005,111(1).

[118]K. A. Spadaro. Education, Redistributive Taxation and Confidence[J]. *Journal of Public Economics*,2006,90(1 – 2).

[119]K. Arrow. The Benefits of Education and the Formation of Preferences[M]// in J.

Behrman, N. Stacey(eds. ), *The Social Benefits of Education*, Ann Arbor: The University of Michigan Press, 1997.

[120] K. Bedard. Human Capital Versus Signaling Models: University Access and High School Dropouts[J]. *Journal of Political Economy*,2001,109(4).

[121] K. E. Jung. Chronic Illness and Educational Equity: The Politics of Visibility[J]. *Nwsa Journal*,2002,14(3).

[122] K. Kawamoto. Preferences for Educational Status, Human Capital Accumulation, and Growth[J]. *Journal of Economics*,2007,9(1).

[123] K. Sylwester. Enrolment in Higher Education and Changes in Income Inequlity[J]. *Bulletin of Economic Research*,2003,55(3).

[124] L. Nerdrum. *The Economics of Human Capital: A Theoretical Analysis Illustrated Empirically by Norwegian Data*[M]. Oslo: Scandinavian University Press. 1999.

[125] L. Quadrado, S. Loman, H. Folmer. Multi – dimensional Analysis of Regional Inequality: the Case of Higher Educational Facilities in Spain[J]. *Regional Science*, 2001,80(2).

[126] M. Binswanger. Why does Income Growth Fail to make us happier?: Searching for the Treadmills Behind the Paradox of Happiness[J]. *Journal of Sociology of Education*,2006,35(2).

[127] M. Blaug. Where Are We Now in Economics of Education[J]. *Economics of Education Review*,1985,4(1).

[128] M. Chatterjji. P. T. Seaman, L. D. Singell. A Test of the Signaling Hypothesis[J] *Oxford Economic Papers*,2003,55(2).

[129] M. Grossman. *Education and Nonmarket Outcomes*[R]. National Bureau of Economic Research Working Paper 11582,August 2005.

[130] M. J. Bowman. Education and Economic Growth: An Overview [M]// in T. King (eds. ), *Education and Income: A Background Study for World Development Report*, World Bank Working Paper no. 402, Washington, D. C. : World Bank, 1980.

[131] M. L. Henry, C. Kelly. Can Education do it Alone[J]. *Economics of Education Review*,1994,13(2).

[132] M. P. Keane, K. I. Wolpin. The Effect of Parental Transfers and Borrowing Constraints on Educational Attainment[J]. *Inter – national Economic Review*,2001,42(4).

[133] M. S. Ahluwalia. Policies for Poverty Alleviation [J]. *Asian Development Review*, 1990,8(1).

[134] M. Walzer. *Spheres of Justice: A Defence of Complex Equality* [M]. Oxford: Basil

Blackwell, 1983.

[135] M. Walzer. *Thick and Thin* [M]. Notre Dame: University of Notre Dame Press, 1994.

[136] N. Birdsall, J. L. Londono. Asset Inequality Matters: An Assessment of the World Bank's Approach to Poverty Reduction[J]. *American Economic Review*, 1997, 87(2).

[137] N. G. Mankiw, D. W. Romer. A Contribution to the Empirics of Economic Growth [J]. *Quarterly Journal of Economics*, 1992, 107(2).

[138] N. Malchow – Møller, J. R. Skaksen. *How to Finance Education: Taxes or Tuition Fees?* [R]. CEBR discussion paper, 2004.

[139] P. Arcidiacono. Ability Sorting and the Returns to College Major [J]. *Journal of Econometrics*, 2004, 121(1 – 2).

[140] P. Bourdieu, J. C. Passeron. *Reproduction in Education, Society and Culture* [M]. London: Sage, 1977.

[141] P. Bourdieu. *The State of Mobility, Elite Schools in the Field of Power* [M]. London: the Polity Press, 1996.

[142] P. Bourdieu. The Forms of Capital [M] // in A. H. Halsey, H. Lauder, B. A. S. Wells(eds.), *Education: Culture, Economy, Society*, Oxford: Oxford University Press, 1997.

[143] P. Carneiro, T. K. Hansen, J. J. Heckman. Estimating Distributions of Treatment Effects with an Application to the Returns to Schooling and Measurement of the Effects of Uncertainty on College Choice[J]. *International Economic Review*, 2003, 44(2).

[144] P. Fajnzylber, D. Lederman, N. Loayza. What Causes Violent Crime[J]. *European Economic Review*, 2002, 46(7).

[145] P. Muennig, M. Fahs. The Cost – Effectiveness of Public Postsecondary Education Subsidies[J]. *Preventive Medicine*, 2001, 32(1).

[146] P. W. Liu, Y. C. Wong. Educational Screening by Certificates: an Empirical Test [J]. *Economic Inquiry*, 1982, 20(1).

[147] R. Bohaceka, M. Kapicka. Optimal Human Capital Policies[J]. *Journal of Monetary Economics*, 2008, 55(1).

[148] R. Collins. *The Credential Society: An Historical Sociology of Education and Stratification* [M]. New York: Academic Press, 1979.

[149] R. D. Osborne. Equality in Higher Education in Northern Ireland[J]. *Higher Education Quarterly*, 2005, 59(2).

[150] R. Dore. *The Diploma Disease: Education, Qualification and Development* [M].

Berkeley CA: University of California Press: 1976.

[151]R. Dur, A. Glazer. Subsidizing Enjoyable Education[J]. *Labour Economics*, 2008,15 (5).

[152]R. Dur, C. Teulings. Are Education Subsidies an Efficient Redistributive Device? [M]// in J. Agell, Keen, M. Keen, A. J. Weichenrieder(eds. ), *Labor Market Institutions and Public Regulation*, Cambridge, Massachusetts: MIT Press, 2004.

[153]R. G. Murphy, G. A. Trandel. The Relationship Between a University's Football Record and the Size of its Applicant Pool[J]. *Economics of Education Review*, 1994,13(3).

[154]R. J. Barro. Economic Growth in a Cross Section of Countries[J]. *Quarterly Journal of Economic*, 1991,106(2).

[155]R. J. Barro, J. W. Lee. International Measures of Schooling Years and Schooling Quality[J]. *American Economic Review*, 1997,86(2).

[156]R. J. Willis. Wage determinants: A Survey and Reinterpretation of Human Capital Earnings Functions[M]// in O. Ashenfelter, R. Layard(eds. ), *Handbook of labor economics*, Amsterdam: Elseviers Science Publishers,1986.

[157]R. Layard, G. Psacharopoulos. The Screening Hypothesis and the Returns to Education[J]. *Journal of Political Economy*, 1974,82(5).

[158]R. Levine, D. Renelt. A Sensitive Analysis of Cross Country Growth Regression[J]. *American Economic Review*, 1992,82(4).

[159]R. Levine, S. J. Zervos. What We Have Learned About Policy and Growth from Cross-country Regressions[J]. *American Economic Review*, 1992,83(2).

[160]R. Moore, *Education and society: Issues and Explanations in the Sociology of Education* [M]. Cambridge, MA: Polity Press, 2004.

[161]R. Willis, S. Rosen. Education and Self – selection[J]. *Journal of Political Economy*, 1979,87(5).

[162]S. Adams. Educational Attainment and Health: Evidence from a Sample of Older Adults[J]. *Education Economics*, 2002,10(1).

[163]S. B. Nielsen, P. B. Sorensen, On the Optimality of the Nordic System of Dual Income Taxation[J]. *Journal of Public Economics*, 2005,63(3).

[164]S. Cameron, J. J. Heckman. The Dynamics of Educational Attainment for Black, Hispanic, and White Males[J]. *Journal of Political Economy*, 2001,109(3).

[165]S. Marginson, Competition and Markets in Higher Education: a 'Glonacal' Analysis

[J]. *Policy Futures in Education*, 2004,2(2).

[166]S. Marginson. The Public/Private Divide in *Higher Education*: A global revision[J]. *Higher Education*, 2007,53(3).

[167]S. R. Lucas. Effectively Maintained Inequality: Education Transitions, Track Mobility, and Social Background Effects[J]. *American Journal of Sociology*, 2001,106(6).

[168]S. Rosen. Hedonic Prices and Implicit Markets: Product Differentiation in Pure Competition[J]. *Journal of Political Economy*, 1974,82(1).

[169]S. Turner, W. Bowen. Choice of Major: the Changing (unchanging) Gender Gap [J]. *Industrial and Labor Relations Review*, 1999,53(2).

[170]S. V. Cameron,C. Taber. Estimation of Educational Borrowing Constraints Using Returns to Schooling[J]. *Journal of Political Economy*, 2004,112(1).

[171]S. V. Cameron, J. J. Heckman, Can Tuition Policy Combat Rising Wage Inequality? [M]// in M. H. Kosters(eds.), *Financing College Tuition. Government Policies and Educational Priorities*, Washington, D. C. : AEL Press, 1999.

[172]T. Hungerford, G. Solon. Sheepskin Effects in the Education[J]. *The Review of Economics and Statistics*, 1987,69(1).

[173]T. Kikkawa. Effect of Educational Expansion on Educational Inequality in Post – industrialized Societies: A Cross – cultural Comparison of Japan and the United States of America[J]. *International Journal of Japanese Sociology*, 2003,(13).

[174]T. P. Gerber. Educational Stratification in Contemporary Russia: Stability and Change [J]. *Sociology of Education*, 2000,73(4).

[175]T. W. Schultz, Capital Formation by Education[J]. *Journal of Political Economy*, 1960,68(6).

[176]T. W. Schultz. Investment in Human Capital[J]. *The American Economic Review*, 1961,51(1).

[177]T. W. Schultz. The Rate of Return in Allocating Investment Resources to Education [J]. *Journal of Human Resources*, 1967,2(3).

[178]The World Bank. *World Development Report* 1984[R]. Oxford University Press, 1984.

[179] The World Bank. *Higher Education: Lessons of Experience* [R]. Washington, DC, 1994.

[180] UNDP. *Human Development Report* 2007/2008 [R]. Oxford: Oxford University Press, 2008.

[181]UNESCO. *World Declaration on Higher Education for the Twenty – First Century：Vision and Action*[R]. Paris, 9 October 1998.

[182] UNESCO. *Higher Education in a Globalized Society* [R]. ED – 2004/WS/33 (Paris), 2004.

[183]V. Thomas, Y. Wang, X. B. Fan. Measuring Education Inequality：Gini Coefficients of Education[R]. *The World Bank Policy Research Working Paper 2525*, January 2001.

[184]W. F Yan. Successful African American Students：the Role of Parental Involvement [J]. *Journal of Negro Education*, 1999,68(1).

[185]W. Groot, H. M. van den Brink. Allocation and the Returns to Overeducation in the United Kingdom[J]. *Education Economics*, 1997, (5).

[186]W. Groot, H. M. van den Brink. *The Effects of Education on Crime*[R]. University of Amsterdam, 2004.

[187]W. Groot, H. Oosterbeek. Earnings Effects of Different Components of Schooling, Human Capital Versus Screening[J]. *Review of Economics and Statistics*, 1994,76(2).

[188]W. W. McMahon. Efficiency and Equity Criteria for Education Budgeting and Finance [M]// in W. W. McMahon, T. G. Geske(eds. ), *Financing Education – Overcoming Inefficiency and Inequity*, Chicago：University of Illinois Press, 1982.

[189]X. G. Zhou, P. Moen, N. B. Tuma. Educational Stratification in Urban China, 1949 – 1994[J]. *Sociology of Education*, 1998,71(3).

[190]X. H. Wang, Questions and Explorations on the Attributes of Education as an Economic Sector[J]. *Chinese Education and Society*, 2006,36(5).

[191]X. L. Qian, R. Smyth. Measuring Regional Inequality of Education in China：Widening Coast – Inland Gap or Widening Rural – Urban Gap[J]. *Journal of international development*, 2008,20(2).

[192]Y. Azuma, H. I. Grossman. Educational Inequality[J]. *Labour*, 2003,17(3).

[193]Y. Shavit, H. P. Blossfeld. *Persistent Barriers：Inequality of Educational Opportunity in 13 Countries*[M]. Boulder CO：Westview Press, 1993.

[194]Z. Griliches. *Technology, Education and Productivity* [M]. New York：Basil and Blackwell, 1988.

## 2. 中文部分

[195][德]帕普克. 知识、自由与秩序[M]. 黄冰源,等译. 北京:中国社会科学出版

社,2001

[196][法]埃尔潘. 消费社会学[M]. 孙沛东,译. 北京:社会科学出版社,2005

[197][法]波德里亚. 消费社会[M]. 2版. 刘成富,李志刚译. 南京:南京大学出版社,
2006

[198][加]金里卡. 当代政治哲学[M]. 刘莘,译. 上海:上海三联书店,2004

[199][美]刘易斯. 经济增长理论[M]. 周师铭,沈炳杰,沈伯根,译. 上海:上海三联
书店,上海人民出版社,2005

[200][美]吉尔伯特,卡尔. 美国阶级结构[M]. 中国社会科学出版社,1992

[201][美]约翰斯通. 高等教育财政:问题与出路[M]. 沈红,李红桃,译. 北京:人民
教育出版社,2004

[202][美]博登海墨. 法理学——法哲学及其方法[M]. 邓正来等,译. 北京:华夏出
版社,1987

[203][美]奥肯. 平等与效率[M]. 王奔洲等,译. 北京:华夏出版社,1999

[204][美]利迪,奥姆罗德. 实用研究方法论:计划与设计[M]. 顾宝炎,牛冬梅,陈国
沪等. 北京:清华大学出版社,2005

[205][美]福塞尔. 恶俗:美国的种种愚蠢[M]. 何纵,译. 北京:中央编译出版
社,2000

[206][美]海伦. 大学的门槛——美国低收入家庭子女的高等教育机会问题研究[M].
安雪慧,周玲,译. 北京:北京师范大学出版社,2008

[207][美]贝克尔. 人类行为的经济分析[M]. 王业宇,陈琪,译. 上海:上海三联书
店,上海人民出版社,1995

[208][美]贝克尔. 人力资本[M]. 梁小民,译. 北京:北京大学出版社,1989

[209][美]金德尔伯格,赫里克. 经济发展[M]. 张欣,译. 上海:上海译文出版
社,1986

[210][美]科恩. 教育经济学[M]. 王玉昆,李国良,李超,译. 上海:华东师范大学出
版社,1989

[211][美]诺齐克. 无政府、国家与乌托邦[M]. 何怀宏等,译. 北京:中国社会科学出
版社,1991

[212][美]德沃金. 至上的美德:平等的理论与实践[M]. 冯克利,译. 南京:江苏人民
出版社,2003

[213][美]萨托利. 民主新论[M]. 冯克利,阎克文,译. 北京:东方出版社,1993

[214][美]舒尔茨. 人力资本投资——教育和研究的作用[M]. 蒋斌,张蘅,译. 北京:

商务印书馆,1990

[215][美]舒尔茨.教育的经济价值[M].曹延亭,译.长春:吉林人民出版社,1982

[216][美]舒尔茨.论人力资本投资[M].吴珠华,译.北京:北京经济学院出版社,1990

[217][美]布鲁贝克.高等教育哲学[M].王承绪等,译.杭州:浙江人民出版社,1987

[218][美]罗尔斯.正义论[M].何怀宏,何包钢,廖申白,译.北京:中国社会科学出版社,2005

[219][美]斯蒂格利茨.公共部门经济学[M].3版.郭庆旺,杨志勇,刘晓薇等,译.北京:人民大学出版社,2005

[220][日]矢野真和.高等教育的经济分析与政策[M].张晓鹏等,译.北京:北京大学出版社,2006

[221][瑞典]胡森,[德]波斯尔斯韦特.教育大百科全书:教育经济学卷[M].杜育红,曹淑江,孙志军,译.海口:海南出版社,重庆:西南师范大学出版社,2006

[222][英]森.以自由看待发展[M].任赜,于真,译.北京:中国人民大学出版社,2002

[223][英]边沁.道德与立法原理导论[M].时殷弘,译.北京:商务印书馆,2000

[224][英]米勒.社会正义原则[M].应奇,译.南京:江苏人民出版社,2005

[225][英]哈耶克.自由秩序原理:上[M].邓正来等,译.上海:生活·读书·新知三联书店,1997

[226][英]哈耶克.法律、立法与自由:第二、三卷[M].邓正来等,译.北京:中国大百科全书出版社,2000

[227][英]密尔.功利主义[M].唐钱译.北京:商务印书馆,1957

[228][英]密尔.论自由[M].程崇华译.北京:商务印书馆,1982

[229][英]布雷.高等教育筹措经费前模式、趋势与选择方案[J].教育展望,2001,(3)

[230]鲍威.扩招后我国高等教育资金筹措机制研究[J].教育发展研究,2007,(7-8A)

[231]别敦荣,朱晓刚.我国高等教育大众化道路上的公平问题研究[J].北京大学教育评论,2003,1(3)

[232]蔡永莲.高等教育非公共消费研究[D].上海:华东师范大学,2002

[233]查显友,丁守海.低收费政策能改善教育公平和社会福利吗?[J].清华大学教育研究,2006,27(1)

[234]陈彬.论中国高等教育公平的价值追求与政策抉择[J].华中师范大学学报:人文社会科学版,2003,42(2)

[235]陈昌贵.公平与效率:我国高等教育的对策趋向[J].中山大学学报:社会科学版,2003,43(3)

[236]陈曙红.新中产阶级的教育消费及其动因探析[J].学术交流,2006,(9)

[237]陈新力.重庆市低收入群体子女教育消费内部结构分析[J].消费经济,2005,21(1)

[238]程星,周川.院校研究与美国高校管理[M].长沙:湖南人民大学出版社,2003

[239]程玉海.中国教育市场化进程中的政府责任分析[J].宁夏社会科学,2007,(4)

[240]楚红丽.营销视角下的高等教育消费行为及其特点分析[J].煤炭高等教育,2007,25(1)

[241]大市场·广告导报编辑部.两项调查揭示大学生的消费形态[J].大市场·广告导报,2006,(7)

[242]丁小浩.规模扩大与高等教育入学机会均等化[J].北京:北京大学教育评论,2006,4(2)

[243]杜瑞军.从高等教育入学机会的分配标准透视教育公平问题[J].高等教育研究,2007,28(4)

[244]杜瑞军.对我国高等教育入学机会分配的历史回顾[J].复旦教育论坛,2007,5(2)

[245]樊明成.我国高等教育入学机会的城乡差异研究[J].教育科学,2008,24(1)

[246]范先佐.教育经济学[M].北京:人民教育出版社,1999

[247]方心清,王毅杰.现代生活方式前沿报告[M].北京:社会科学文献出版社,2006

[248]方跃林.社会阶层化与高等教育入学机会的差异性研究[D].厦门:厦门大学,1991

[249]傅如良.综论我国学界关于公平与效率问题的研究[J].湖南师范大学社会科学学报,2005,34(1)

[250]苟人民.从城乡入学机会看高等教育公平[J].教育发展研究,2006,(5A)

[251]苟人民.高考公平的实证考察及认识[N].中国教育报,2006-05-24(5)

[252]顾明远.教育大辞典:第6卷[M].上海:上海教育出版社,1992

[253]郭石明.社会变革中的大学管理[M].杭州:浙江大学出版社,2004

[254]郝庆堂,王华春.基础教育经济学[M].辽宁大学出版社,1998

[255]何智蕴,董乃涵.中美家庭高等教育消费不平衡比较[J].比较教育研究,2007,

（5）

[256]胡建华．高等教育领域中的公平与效率是一对矛盾吗？[J]．江苏高教,2003,（1）

[257]胡荣,张义祯．现阶段我国高等教育机会阶层辈出率研究[J]．厦门大学学报:哲学社会科学版,2006,（6）

[258]黄斌,钟宇平．教育财政充足的探讨及其在中国的适用性[J]．北京大学教育评论,2008,6（1）

[259]黄河清．对文化教育是第一消费力的认识[J]．消费经济,1993,（2）

[260]黄佳．促进教育消费的金融和财政措施[J]．消费经济,2002,（3）

[261]黄晓慧,唐见兵．高等教育中的社会公平研究[J]．江淮论坛,2007,（3）

[262]黄有光．效率、公平与公共政策[M]．北京:社会科学文献出版社,2003

[263]姜相志．社会分层对子女接受高等教育机会的影响[J]．青年研究,1992,（12）

[264]蒋国河．当前我国高等教育入学机会的城乡差异[J]．现代大学教育,2007,（6）

[265]蒋乃华．城市教育消费中的性别差异[J]．中国人口科学,2002,（2）

[266]教育部．"211 工程"学校名单[EB/OL]．[2008－9－17]http://www.moe.gov.cn/edoas/website18/level3.jsp? tablename＝1300&infoid＝12070971711157851

[267] 靳希斌．教育经济学 [M]．北京：人民教育出版社,2005

[268] 赖德胜．教育与收入分配 [M]．北京：北京师范大学出版社,1998

[269] 赖颢宁,谢炜,廖卫华,等．北大清华等九大高校负责人热议高考招生公平 [EB/OL]．[2005－03－13] http://news.xinhuanet.com/edu/2005－03/13/content_ 2690918.htm

[270] 乐志强,高鹏．论高等教育外部性内在化的政府补贴措施 [J]．高教探索,2007,（5）

[271] 李慧勤．高等教育收费与学生资助的实证研究——云南省案例 [D]．武汉：华中科技大学,2004

[272] 李军毅,雷芳,邱卫林．高校国家助学贷款存在的问题及对策 [J]．价格月刊,2007,（10）

[273] 李润文,吴琼．江苏高考改革逆水行舟 [N]．中国青年报,2008－11－29（2）

[274] 李少荣．建立和完善高校贫困生认定制度的探讨 [J]．高等工程教育研究,2005,（6）

[275] 李文利．从稀缺走向充足——高等教育需求与供给研究 [M]．北京：教育科学出版社,2008.

[276] 李文利．高等教育财政政策对入学机会和资源分配公平的促进 [J]．北京大学教育评论，2006，4（2）

[277] 李文利．高等教育成本补偿政策对社会公平的促进作用 [J]．江苏高教，2001，（3）

[278] 李元春．对中国城市教育收益率的实证分析 [J]．教育与经济，2003，（4）

[279] 李正明，邓国用．高等教育消费学基本理论框架初探 [J]．湖南师范大学社会科学学报，2006，35（4）

[280] 李正明．论高等教育消费环境的和谐 [J]．消费经济，2006，22（5）

[281] 厉以宁，闵维方．教的社会经济效益 [M]．贵阳：贵州人民出版社，1995

[282] 联合国教科文组织．世界教育报告 2000——教育的权利：走向全民终身教育 [M]．北京：中国对外翻译出版公司，2001

[283] 林荣日．教育经济学 [M]．复旦大学出版社，2001

[284] 林文达．教育经济学 [M]．台北：台湾三民书局，1984

[285] 刘方棫．应进一步加强教育消费的研究 [J]．经济经纬，2004，（1）

[286] 刘光岭，李晓宁．助学贷款的诚信机制研究 [J]．经济经纬，2007，（2）

[287] 刘海峰．高考改革的回顾与展望 [J]．教育研究，2007，（11）

[288] 刘宏元．努力为青年人创造平等的受教育机会——武汉大学 1995 级新生状况调查 [M]．青年研究，1996，（4）

[289] 刘进．高校自主招生公平问题研究——基于杨东平教育机会均等五因素模型的分析 [C]．2008 年中国教育经济学学术年会，2008

[290] 刘精明．国家、社会阶层与教育 [M]．北京：中国人民大学出版社，2005

[291] 刘俊学．高等教育服务质量论 [M]．长沙：湖南大学出版社，2002

[292] 刘茂芹．现代教育的经济价值 [M]．武汉：华中师范大学出版社，2000

[293] 刘民权，俞建托，李鹏飞．学费上涨与高等教育机会公平的问题分析——基于结构性和转型的视角 [J]．北京大学教育评论，2006，4（2）

[294] 刘清生．评"受教育消费论" [J]．内蒙古师范大学学报：教育科学版，2005，（11）

[295] 刘社建．教育消费的经济学分析 [J]．经济经纬，2002，（6）

[296] 刘社建．中国教育消费经济研究 [M]．郑州：河南人民出版社，2003

[297] 刘维奇，靳共元．我国教育消费结构失衡研究：收入分配视角的考察 [J]．工业技术经济，2006，25（7）

[298] 刘业进．论教育服务的提供和生产 [J]．江苏大学学报：高教研究版，2004，

26 (4)

[299] 刘奕, 张帆. 我国居民高等教育支付能力及学费政策的实证研究 [J]. 中国软科学, 2004, (2)

[300] 卢勇刚. 银行无奈状告400大学生, 共496万助学贷款收不回 [BE/OL]. [2008-04-28] http://news.sohu.com/20080428/n256551439.shtml

[301] 陆根书, 钟宇平. 高等教育成本回收的理论与实证分析 [M]. 北京: 北京大学出版社, 2002

[302] 陆学艺. 当代中国社会流动 [M]. 北京: 社会科学文献出版社, 2004

[303] 罗立祝. 社会阶层对保送生高等教育入学机会的影响 [J]. 高等教育研究, 2008, 29 (8)

[304] 中共中央编译局.《马克思恩格斯选集》: 第3卷 [M]. 北京: 人民出版社, 1995

[305] 上海师范大学教育系. 马克思恩格斯论教育. 北京: 人民教育出版社, 1978

[306] 马维娜. 教育公平中的权力制约与政策审视 [J]. 教育发展研究, 2006, (1)

[307] 孟东方, 李志. 学生父亲职业与高等学校专业选择关系的研究 [J]. 青年研究, 1996, (11)

[308] 苗福生. 贫困证明的信任危机 [N]. 中国财经报, 2006-08-17

[309] 苗绘, 杨颖秀. 教育知情权及其保障机制的构建 [J]. 中国教育学刊, 2004, (8)

[310] 苗力田. 亚里士多德选集: 伦理学卷 [M]. 北京: 人民大学出版社, 1999

[311] 宁本涛. 对"教育产业化"争论的再思考 [J]. 当代教育科学, 2006, (18)

[312] 潘懋元, 朱国仁. 高等教育的基本功能: 文化选择与创造 [J]. 高等教育研究, 1995, (1)

[313] 庞国斌. 公平理论视阈下我国公共高等教育投资资源配置若干思考 [J]. 教育科学, 2007, 23 (4)

[314] 钱民辉. 教育社会学——现代性的思考与构建 [M]. 北京: 北京大学出版社, 2005

[315] 乔锦忠. 高等教育入学机会的城乡差异 [J]. 教育学报, 2008, 4 (5)

[316] 任丽娟, 陈佳琪. 高等教育收费制度与社会公平研究 [J]. 辽宁大学学报: 哲学社会科学版, 2005, 33 (6)

[317] 世界银行. 2006年世界发展报告: 公平与发展 [M]. 北京: 清华大学出版社, 2006

[318] 舒远招，朱俊林．系统功利主义的奠基人——杰里米·边沁［J］．保定：河北大学出版社，2005

[319] 唐琳．弥漫在大学中的消费主义［M］．中国青年研究，2005，(3)

[320] 唐勇林．86.1％的人认为大学学费"太高了"［N］．中国青年报，2007－01－15 (2)

[321] 陶爱萍，石涛．高等教育收费中的价格歧视和教育公平［J］．兰州学刊，2007，(5)

[322] 陶美重，强侠．个人高等教育消费的经济学分析［J］．湖北社会科学，2006，(5)

[323] 王宝状，张秀明，张根昌．当代大学生消费心理现状及其消费观教育［J］．中国高教研究，2007，(6)

[324] 王建国．争鸣的经济学——位置消费理论［M］．北京：商务印书馆，1999

[325] 王培根．高等教育经济学［M］．北京：经济管理出版社，2004

[326] 王善迈．教育投入与产出研究［M］．石家庄：河北教育出版社，1996

[327] 王善迈．论高等教育的学费［J］．北京师范大学学报：人文社会科学版，2000，(6)

[328] 王伟宜．不同社会阶层子女高等教育入学机会差异的研究［J］．民办教育研究，2005，4 (4)

[329] 王香丽．广东高等教育入学机会研究［J］．高教探索，2005，(3)

[330] 王雅林．中国社会转型研究的理论维度［J］．社会科学研究，2003，(1)

[331] 王振洪．双重市场竞争视野中的中国高等教育［J］．教育发展研究，2007，(11A)

[332] 文东茅．家庭背景对我国高等教育机会及毕业生就业的影响［J］．北京大学教育评论，2005，3 (3)

[333] 吴根州．"985"高校高考录取公平问题研究［J］．教育与考试，2007，(4)

[334] 吴梅兴．当前我国高等教育公平存在的主要问题与对策［J］．高教探索，2007，(1)

[335] 夏文斌．公平、效率与当代社会发展［M］．北京：北京大学出版社，2006

[336] 肖雪慧．最刺眼的不公正——2001 再谈高考录取线［J］．社会科学论坛，2001，(11)

[337] 谢苗枫，石婧雯，赵思华，等．2010 年广东高考五大"变脸"［N］．南方日报，2008－11－06（A03）

［338］谢作栩，陈小伟．中国大陆高校学费对不同社会阶层子女的影响——实证调查与分析［J］．教育与经济，2007，（2）

［339］谢作栩，罗奇萍．闽、湘、川 3 省社会阶层高等教育机会差异的初步调查［J］．教育与经济，2004，（3）

［340］谢作栩，王伟宜．不同社会阶层子女高等教育入学机会差异的探讨［J］．东南学术，2004，（S）

［341］谢作栩，王伟宜．社会阶层子女高等教育入学机会差异研究［J］．大学教育科学，2005，（4）

［342］徐殿龙，刘晓阳．中国培养一个大学生需要多少钱？［J］．金融信息参考，2005，（10）

［343］徐国兴．高等教育学费和机会均等［J］．教育与经济，2004，（4）

［344］徐佳丽．和谐社会视阈下的高考录取制度公平的构建［J］．国家行政学院学报，2007，（10）

［345］燕云捷．发展我国高等教育消费的对策与建议［J］．西北工业大学学报：社会科学版，2004，24（4）

［346］杨葆焜，范先佐．教育经济学新论［M］．南京：江苏教育出版社，1995

［347］杨晨光．高校如何准确认定贫困生［N］．中国教育报，2008－12－12（2）

［348］杨春梅．国外高等教育公平问题与改革趋势［J］．外国教育研究，2006，33（1）

［349］杨东平．中国教育公平的理想与现实［M］．北京大学出版社，2006

［350］杨梅，饶学锋．农村孩子上重点大学比例下降成高职生力军［EB/OL］．［2007－10－08］http：edu．people．com．cn/GB/6347210．html

［351］杨晓霞．关注学生的教育消费性收益［J］．江西教育科研，2001，（9）

［352］杨秀芹．试论教育的消费性收益［J］．青年探索，2002，（3）

［353］叶铁桥．公众表决高考是非［N］．中国青年报，2007－06－28（T19）

［354］伊继东，冯用军，郭锐华．和谐视域下社会阶层差异与云南高等教育入学机会的实证研究［J］．辽宁教育研究，2007，（5）

［355］尹世杰．文化教育是第一消费力［J］．消费经济，1992，（5～6）

［356］余英．高等教育成本分担的国际比较［J］．清华大学教育研究，2007，28（3）

［357］俞海山，周亚越．消费外部性：一项探索性的系统研究［M］．北京：经济科学出版社，2005.22

[358] 曾满超. 教育政策的经济分析 [M]. 北京: 人民教育出版社, 2000

[359] 曾五一, 李海涛. 中国区域间教育平等状况的统计考察 [J]. 统计研究, 2007, 24 (7)

[360] 翟静丽. 个人教育选择问题研究 [J]. 上海: 学林出版社, 2008

[361] 张启树. 论教育活动的相对独立性 [J]. 教育理论与实践, 1999, 19 (6)

[362] 张小萍, 谭章禄. 基于教育公平的高等教育收费策略 [J]. 辽宁教育研究, 2005, (9)

[363] 张学敏. 教育经济学 [M]. 重庆: 西南师范大学出版社, 2001

[364] 赵婀娜, 田豆豆. 重点高校农村学生越来越少 [N]. 人民日报, 2009 - 01 - 15 (11)

[365] 赵力涛. 中国农村的教育收益率研究 [J]. 中国社会科学, 2006, (3)

[366] 赵雄辉. 试论大学生的高等教育服务消费者身份 [J]. 江苏高教, 2007, (1)

[367] 赵燕平. 消费社会对大学生消费观念与消费行为的影响——长春工业大学学生消费状况调查 [J]. 长春工业大学学报: 高教研究版, 2006, 27 (2)

[368] 赵叶珠. 家庭背景对高等教育入学机会的影响 [J]. 青年研究, 2000, (3)

[369] 郑杭生, 李路路. 社会结构与社会和谐 [J]. 中国人民大学学报, 2005, (2)

[370] 郑杭生, 李强, 李路路, 等. 当代中国社会结构和社会关系研究 [M]. 北京: 首都师范大学出版社, 1997

[371] 郑杭生, 刘少杰. 中国社会发展研究报告2007 [M]. 北京: 中国人民大学出版社, 2007

[372] 郑若玲. "举国大考" 的合理性——对高考的社会基础、功能与影响之分析 [J]. 高等教育研究, 2007, 28, (6)

[373] 志文. 中国教育最大的不公 [N]. 中国青年报, 2000 - 02 - 24 (5)

[374] 中共中央编译局. 马克思恩格斯全集: 20 卷. 北京: 人民出版社, 1971

[375] 中共中央编译局. 马克思恩格斯全集: 19 卷 C. 北京: 人民出版社, 1963

[376] 中华人民共和国教育部. 2007 年全国高校家庭经济困难学生资助工作情况 [EB/OL]. [2008 - 11 - 26] http://www.moe.edu.cn/edoas/website18/24/info1216950788453524.htm

[377] 钟秉林, 赵应生. 我国高等教育大众化进程中教育公平的重要特征 [J]. 北京师范大学学报: 社会科学版, 2007, (1)

[378] 钟宇平, 陆根书. 高等教育需求影响因素分析——一个系统分析框架 [M]. 北京: 经济日报出版社, 2006

［379］钟宇平，陆根书．高中生高等教育需求的经济动因分析［J］．高等教育研究，2005，26（6）

［380］钟宇平，占盛丽．从公平视角看公立学校收费［J］．高等教育：人大复印资料，2004，（2）

［381］钟云华．高等教育入学机会城乡差异分析［J］．大学研究与评价，2008，（7/8）

［382］周采．公共经济学视野中的高等教育公平［J］．南京师大学报：社会科学版，2006，（5）

［383］周觉．论全面小康建设中的文化教育是第一消费力［J］．消费经济，2003，19（2）

［384］周晓丽，陶美重．教育消费扩张的正负效应及引导策略［J］．教育导刊，2006，3（上半月）

［385］周珣，原春琳．30 年风雨：我们见证的改革和试验［N］．中国青年报，2007 - 6 - 27（T15）

# 附录：关于在校大学生情况的调查

各位同学：

　　您好！本调查旨在了解在校大学生的学习、生活和就业预期等情况。本调查采用匿名形式，您的个人资料不会被公开，所收集到的资料仅供研究之用，请根据自身的情况实事求是地放心填答，谢谢您的合作！

2008 年 6 月

　　注：本调查问卷共 4 页，问题有选择和填空两种形式，选择题在选项上直接画"√"即可。

## 一、您的基本情况

1. 您的性别：
   　①男　②女

2. 您的家庭居住地在：
   　①落后农村　②经济发达农村　③小城镇　④县级城市　⑤大中城市

3. 您父亲的教育程度：
   　①文盲　②小学　③初中　④高中或中专　⑤专科　⑥本科
   　⑦硕士　⑧博士

4. 您母亲的教育程度：（选项同上题）_____。

5. 您父亲的职业角色属于：
   　①城乡失业、半失业者　②农民（包括农林牧渔业）　③工业生产工人和建筑业工人　④销售及服务业工人　⑤个体工商户　⑥企事业单位基层的专职办公人员　⑦专业技术人员（教师、科研工作者、工程技术人员、经济师、律师、会计师、设计师、医生等）　⑧私营企业

主　⑨企业经理人员（企业的厂长、书记、经理、科长、工段长）

⑩国家与社会管理者（党政与事业单位领导）。

6. 您母亲的职业角色属于：（选项同上题）_____。

## 二、您上大学前的学术能力背景

7. 您小学期间的学习成绩在班级内的名次大约是：

①最高 20%　　②次高 20%　　③中间 20%　　④次低 20%

⑤最低 20%

8. 您初中期间的学习成绩在班级内的名次大约为：（选项同上题）_____。

9. 您的高考总分数（原始分）为：_____。（若为免试保送，则填：

保送）

## 三、您的报考志愿以及就读学校与专业情况

10. 您上大学的愿望：

①非常强烈　　②一般

11. 您上大学的主要动机或原因：（根据重要性程度①～⑤选择）

| 项目 | ①非常不重要 | ②不重要 | ③一般重要 | ④重要 | ⑤非常重要 |
|---|---|---|---|---|---|
| 获得比较好的就业机会或比较高的收入 | | | | | |
| 获得高学位和高学历 | | | | | |
| 学习高深的知识和技能 | | | | | |
| 提高自身的综合素质 | | | | | |
| 向往、享受大学或城市的生活方式和乐趣 | | | | | |
| 获得或保持比较高的社会地位 | | | | | |

12. 您填写报考志愿时主要根据（限选三项）：

①自己的真实意愿　②大学的名气　③父母的意愿、建议或亲戚朋友的建议　④大学的宣传材料　⑤学费的高低　⑥大学中该专业的实力　⑦就业前景　⑧自己的考分和能力　⑨其他

13. 您就读高校的层次为：

①专科院校　②地方普通本科院校　③"211 工程"大学　④"985 工程"大学

14. 您就读的专业或学科类别属于：

①理学类（数学、物理、化学、天文、地球、地理、海洋、地质学、生物学等）　②工学类　③军事类　④农学类　⑤医学类　⑥法学类　⑦经济管理类　⑧文史哲类　⑨教育学类（教育学、心理学、体育等）

15. 您对所学专业课感兴趣吗？

①非常感兴趣　②比较感兴趣　③一般　④不感兴趣

## 四、您大学期间的学习与生活情况

16. 您课外时间主要从事的活动（按照实际所花费时间、精力的多少来衡量）：

| 项目 | ①最不主要或优先 | ②不主要或优先 | ③一般主要或优先 | ④主要或优先 | ⑤最主要或最优先 |
|---|---|---|---|---|---|
| 学习课程知识，准备各种证书考试 | | | | | |
| 勤工助学以及其他兼职工作 | | | | | |
| 参与或组织社团与班级活动 | | | | | |
| 逛街、上网玩游戏或聊天以及其他休闲娱乐活动 | | | | | |

17. 到目前为止，您的功课是否有不及格现象？

①没有　②有一门　③有两门　④有三门　⑤有四门或以上

18. 您课外自习的情况是：

①考前突击或偶尔自习　②每天 1 个小时左右　③每天 2 个小时左右

④每天 3 个小时左右　⑤每天 4 小时及以上

19. 您是否经常与同学、老师交流探讨学习与生活上的问题？

①经常　②偶尔　③从来不

20. 您认为大学期间的讲座、报告在大学教育中的地位是：

①可有可无　②一般　③非常重要

21. 您认为宿舍在大学教育中的地位是：

①不重要　②一般重要　③非常重要

22. 您认为所在学校的校风、教风、学风、文化氛围等软因素对您的影响是：

①几乎没有影响　②比较小　③一般　④比较大　⑤非常大

## 五、就业期望

23. 您毕业后准备到什么单位工作？

①国有或集体企业　②三资企业　③家庭或亲戚朋友开办的个体企业

④政府部门　⑤新闻媒体单位　⑥慈善机构　⑦医疗卫生单位

⑧学校或科研单位　⑨继续深造　⑩其他

24. 你找工作时，对以下几方面主要看中：

| 项目 | ①非常不重要 | ②不重要 | ③一般重要 | ④重要 | ⑤非常重要 |
|---|---|---|---|---|---|
| 工资水平 | | | | | |
| 专业对口 | | | | | |
| 个人的长远发展、工作的稳定性 | | | | | |
| 工作条件、工作乐趣与兴趣、 | | | | | |
| 地理位置、闲暇的多少 | | | | | |

25. 如果您高中毕业后直接就业并从事您所期望的工作，在刚开始工作时，您希望获得的月收入是（按现时的工资水平考虑）：＿＿＿＿＿元。

26. 如果您大学毕业后直接就业并从事您所期望的工作，在刚开始工作时，您希望获得的月收入是（按现时的工资水平考虑）：＿＿＿＿＿元。

**六、学费与资助情况**

27. 如果大学期间不需要交纳学杂费，但需要大学毕业后从您每月的工资收入中扣除一定比例来偿还大学的学费损失，您是否同意这种安排？
①同意　②不同意

28. 如果大幅度提高大学的收费标准，但同时也大幅提高奖学金及贷款的数额，并提高对贫困生的资助力度，您是否同意这种安排？
①同意　②不同意

29. 您认为偿还贷款的最好方式是：
①毕业后在一定的期限内还清，在此期间每月定额还款　②工作后按工资的一定比例偿还，直至还清　③工作后按一定的比例偿还贷款，直至退休　④毕业后到政府指定的地区或部门工作一定时间以补偿贷款

30. 您认为学费的收取标准应该如何确定？（限选三项）
①按专业类型确定　②按学生来源地的经济发展程度确定　③按照专业的受欢迎程度或报考人数确定　④按照学校的类型、层次确定
⑤按照学生家庭经济状况确定　⑥按照高考分数的档次确定　⑦按照专业的生均培养成本确定　⑧按照就业前景确定

31. 考虑到您家庭的支付能力，以您大学期间的年均学费为基础，如果学费按如下不同的幅度上涨，你还会选择继续上学吗？
上涨30%：①会　②不会　③不确定
上涨50%：①会　②不会　③不确定
上涨1倍：①会　②不会　③不确定
上涨2倍：①会　②不会　③不确定

# 后 记

　　本书是在本人的博士学位论文基础上修改而成的，其选题是在导师王雅林教授主持的国家社科基金重点项目"新发展观的学理基础与东北区域发展应用研究"（04ASH001）基础上确定的，是高等教育领域新发展观的一种探索和应用。根据科学发展观的要求，大学教育必须坚持"发展是第一要义"的思想，做到"以人为本"的和谐发展。因此，本书突出了大学教育和"人"和谐发展的根本目的，遵循以教育双重价值的均衡获取实现"人"的本体性价值与工具性价值内在统一的思想。在对文献和相关理论进行深入发掘的基础上，从中国社会转型在主体和客体向度上对大学入学公平的要求出发，构建了基于教育双重完整价值观的大学入学公平提升的理论分析框架，并分别从大学入学公平问题的内外因、内外因间的联系路径以及大学公平状况的测量分析、提升策略与措施等方面设计了研究内容。本书还吸收了本人主持的黑龙江省教育科学"十一五"规划重点项目"东北区域高等教育发展战略研究"（HZG166）的部分研究成果。

　　本书的初稿是在本人的导师——哈尔滨工业大学社会发展研究所所长王雅林教授的悉心指导下完成的，在本书的选题、构思、开题和撰写过程中，都倾注了恩师王先生无私的心血，在此谨向恩师致以最崇高的敬意和最衷心的感谢！哈尔滨工业大学管理学院的胡运权教授、惠晓峰教授、鞠晓峰教授、于渤教授、齐中英教授、田金信教授、姜明辉教授、王久云教授，以及哈尔滨工业大学高等教育研究所的李家宝教授、赵汝祥教授、姜华教授、吴绍春教授对本书提出了许多宝贵的建设性意见，在此一并表示由衷的感谢。感谢本书参考文献的各位作者，他们的工作为本研究提供了必要的研究基础和重要的思想源泉。感谢参与调研的各位同学以及所有认真回答问卷的大学生，他们的帮助和配合为本研究提供了一手数据，从而使本研究了顺利地完成了实证部分的研究工作。

本书初稿完成于 2009 年 5 月，之后计划在对其中的框架和内容进一步拓展和完善的基础上出版，但由于在初稿基础上的形成的关于教育双重价值框架的理论与实证研究的两篇学术论文被 CSSCI 期刊多次拒稿，将教育双重价值框架拓展到人力资源能力建设方面的研究申请仅获得了两项省级无资课题，以相关主题多次申请教育部和国家项目也都以失败告终，这使本人不得不思考问题的所在和研究方向的转型。此外，考虑到调查数据和参考文献的时效性，再加上各种琐事缠身而使本人无法潜心继续进行相关研究，本书的出版计划被长期搁置下来，甚至有放弃的打算。直到 2014 年年初，曲阜师范大学评选青年学术文丛，所在学院的领导督促青年教师参与评选，这才硬着头皮把初稿原封不动的提交了上去，结果竟然入选了。在此，感谢曲阜师范大学青年学术文丛的评审专家以及学院领导对本项研究的垂爱，这同时也表明该研究具有一定的学术价值，仍然有继续开展的必要。由于时间仓促，本书出版前仅对初稿进行了结构微调和小幅修改，但本人将在后继中进一步完善和拓展本研究的框架，并将其应用于更广泛的领域之中。

在本书出版之际，即将迎来曲阜师范大学六十周年校庆和哈尔滨工业大学九十五周年校庆，谨以此书向曲阜师范大学建校六十周年和哈尔滨工业大学建校九十五周年献礼！

作者

2014 年 8 月